公路常用支挡
设 计 与 案 例

主 编／黄钏鑫　周元辅

副主编／徐 伟 黄 伟

参 编／索晓庆　王约斌　薛 果　何邹祥

　　　　唐 凯　王升堂　沈 为

重庆大学出版社

内容提要

本书简要介绍了常用支挡结构的基本概念及适用范围,对朗金、库伦土压力理论、特殊场地环境下的土压力、滑坡推力及支挡结构常见荷载组合进行了系统阐述。书中根据《公路路基设计规范》(JTG D30—2015)着重强调了重力式、抗滑桩及桩板式、悬臂式、扶壁式、锚杆式、桩基托梁等挡土墙的构造及设计基本原理,在此基础上,通过工程案例结合理正岩土计算6.5版本对各个案例设计的具体操作做了详细说明。

本书可作为道路桥梁工程、土木工程、岩土工程等高等院校本科生和研究生的参考书籍,也可供从事路基支挡工程设计相关技术人员参考。

图书在版编目(CIP)数据

公路常用支挡设计与案例 / 黄钏鑫,周元辅主编
.-- 重庆:重庆大学出版社,2020.4(2021.7 重印)
ISBN 978-7-5689-2072-8

Ⅰ.①公… Ⅱ.①黄… ②周… Ⅲ.①道路—支挡结构—结构设计 Ⅳ.①U417.1

中国版本图书馆 CIP 数据核字(2020)第 058307 号

公路常用支挡设计与案例

主　编　黄钏鑫　周元辅
副主编　徐　伟　黄　伟
参　编　索晓庆　王约斌　薛　果　何邹祥
　　　　唐　凯　王升堂　沈　为
策划编辑:鲁　黎
责任编辑:姜　凤　　版式设计:鲁　黎
责任校对:万清菊　　责任印制:张　策

*

重庆大学出版社出版发行
出版人:饶帮华
社址:重庆市沙坪坝区大学城西路 21 号
邮编:401331
电话:(023)88617190　88617185(中小学)
传真:(023)88617186　88617166
网址:http://www.cqup.com.cn
邮箱:fxk@ cqup.com.cn(营销中心)
全国新华书店经销
POD:重庆新生代彩印技术有限公司

*

开本:787mm×1092mm　1/16　印张:16.25　字数:451 千　插页:8 开 10 页
2020 年 4 月第 1 版　　2021 年 7 月第 2 次印刷
ISBN 978-7-5689-2072-8　定价:58.00 元

编写委员会

主   编：黄钏鑫   重庆路威土木工程设计有限公司

           周元辅   重庆交通大学

副主编：徐 伟   四川宏图都市建筑设计有限公司

           黄 伟   核工业西南勘察设计研究院有限公司

参   编：索晓庆   重庆交通大学

           王约斌   核工业西南勘察设计研究院有限公司

           薛 果   核工业西南勘察设计研究院有限公司

           何邹祥   四川宏图都市建筑设计有限公司

           唐 凯   四川齐航交通勘察设计有限公司

           王升堂   重庆路威土木工程设计有限公司

           沈 为   湖南省建筑设计院有限公司

前言

近年来，随着国民经济的持续发展，公路、铁路、市政等基础设施建设投资持续增加，工程设计行业人员的专业基础、知识结构差异较大，设计经验、水平参差不齐。目前工程设计行业主要存在以下两个问题：一是设计单位的设计任务普遍偏重，且多数项目工期短，然而许多设计人员没有系统学习公路工程支挡结构设计理论，主要参考类似项目图纸完成设计；二是大多数小型设计单位人员配备不齐或者人才断层，岩土工程设计技术整体不强。公路路基支挡结构是公路工程的重要组成部分，其结构的安全性、经济合理性是公路工程建设成败的关键因素之一。

编者为提高从事支挡结构设计人员的相关理论与实践应用能力，组织撰写了本书，希望能帮助读者掌握各种土压力计算方法，熟悉常用支挡结构设计的相关规范规定，正确使用理正岩土软件进行设计。

本书系统介绍了支挡结构设计中可能遇到的所有特殊边界条件和特殊场地条件的土压力计算理论；按照现行《公路路基设计规范》（JTG D30—2015）、《公路桥涵地基与基础设计规范》（JTG 3363—2019）、《公路圬工桥涵设计规范》（JTG D61—2005）及《公路钢筋混凝土及预应力混凝土桥涵设计规范》（JTG 3362—2018）等相关规范内容，对常用的多种支挡结构构造、适用条件和计算原理进行了详细介绍，并编写了相应工程案例。希望读者在参阅本书之后，能够丰富自己的理论知识，通过案例学习积累经验。

本书第 1 章由重庆交通大学索晓庆编写；第 2 章及第 6 章理论部分由重庆交通大学周元辅编写；第 3 章由重庆路威土木工程设计有限公司黄钏鑫（曾用名黄长春）编写；第 4 章理论部分由核工业西南勘察设计研究院有限公司黄伟编写，案例部分由王约斌编写；第 5 章理论部分由四川宏图都市建筑设计有限公司徐伟编写，案例部分由何邹祥编写；第 6 章案例部分由核工业西南勘察设计研究院有限公司薛果编写；第 7 章理论部分由四川齐航交通勘察设计有限公司唐凯编写，案例部分由重庆路威土木工程设计有限公司王升堂编写；全书由黄钏鑫与周元辅统稿,本书案例复核由湖南省建筑设计院有限公司沈为完成。

本书的出版得到大量行业单位和同行友人的支持,在此表示感谢。尤其感谢重庆交通大学王成教授对本书编写工作的指导和建议,以及重庆交通大学硕士研究生张丹锋和李明勇对部分书稿的校对工作。同时,感谢引用文献的作者及对本书提出意见和建议的读者。

由于作者水平有限,书中疏漏之处在所难免,恳请同行专家和读者批评指正。

编　者

2019 年 6 月

本书使用建议

1. 对于有相关理论基础的读者,可直接参阅相关案例,相应操作界面上均有备注,如此可提高学习效率。

2. 对于理论基础薄弱(时间充足)的读者,可根据书中的内容编排进行学习。土压力计算是支挡工程设计的理论基础,每种结构的实用条件和计算模型是设计的核心,建议深入学习,加深理解,便于灵活运用。

3. 支挡结构设计都是基于一定的假设、简化基础上建立的计算模型,因此结构的安全、合理性取决于模型、边界(岩土界面、结构与岩土体的约束情况)及关键参数(岩土体抗剪强度参数 c、φ 值,地基承载力,基底摩擦系数 μ,水平地基系数 K 值等)的合理性。因此,读者在支挡结构设计时,要结合项目现场情况,对勘察报告提供的岩土体参数进行复核,以确保项目的安全、经济、合理性。

编　者
2019 年 6 月

主 要 符 号

H	挡土墙高度(m)
α_0	挡土墙基底倾斜角(°)
α	墙背与竖直面夹角(°)
δ	墙背摩擦角(°)
β	填土上表面与水平面的倾角(°)
θ	破裂面与竖直面的夹角(°)
θ_i	第一破裂面角(°)
α_i	第二破裂面角(°)

μ	基底与地基土的摩擦因数
φ	内摩擦角(°)
φ_D	等效内摩擦角(°)
φ_0	综合内摩擦角(°)
c	黏聚力(kPa)
v	填土的泊松比
γ	填土的重度(kN/m³)
R	填土的超固结比

E_0	静止土压力(kN)
E_a	主动土压力(kN)
E_p	被动土压力(kN)
σ_z	填土的自重应力(kPa)
σ_x	填土的水平应力(kPa)
σ_0	静止土压应力(kPa)
σ_a	主动土压应力(kPa)
σ_p	被动土压应力(kPa)
σ_1	最大主应力(kPa)
σ_3	最小主应力(kPa)

| e_a | 倾斜表面对应的侧向土压力（kPa） |
| e_a' | 水平表面对应的侧向土压力（kPa） |

K_0	静止土压力系数
K_a	主动土压力系数
K_p	被动土压力系数

z	填土表面至某一点的深度（m）
h_c	临界深度（m）
Q_L	线分布荷载标准值（kN/m）
W	自重（kN）
C_z	地震综合影响系数
K_h	水平地震力系数
θ_s	地震角
C_i	抗震重要性修正系数
T	滑体单位长度重力及其他外力引起的下滑力（kN）
R	滑体单位长度重力及其他外力引起的抗滑力（kN）
L	滑面长度
G_b	单位宽度竖向附加荷载（kN）
Q	单位宽度水平荷载（kN）
E_h	水平地震力
h_w	后缘陡倾裂隙充水高度（m）
F_s	稳定安全系数
ψ_i	传递系数
K_c	抗滑稳定系数
$\sum N$	作用于基底的竖向力的代数和（kN）
W_0	墙顶上的有效荷载（kN）
W_r	墙背与第二破裂面之间的有效荷载（kN）
E_y	墙背主动土压力的竖向分力（kN）
E_x	墙背主动土压力的水平分力（kN）
E_P'	墙前被动土压力水平分量的0.3倍（kN）
ΔG	基底与通过墙踵的地基水平面间的土楔重力（kN）

μ_n	地基土的内摩擦因数
e_p	凸榫的被动土压力强度(kN/m)
h_t	基础凸榫的深度(m)
b_2	基础凸榫的宽度(m)
$\sum M_y$	稳定力矩之和
$\sum M_0$	倾覆力矩之和
Z_G	挡土墙自重对墙趾 O 点的力臂(m)
Z_x	墙背主动土压力的水平分力对墙趾 O 点的力臂(m)
Z_y	墙背主动土压力的竖向分力对墙趾 O 点的力臂(m)
Z_p	墙前被动土压力水平分量的0.3倍对墙趾 O 点的力臂(m)
$\sum M$	各力对中性轴的力矩之和(kN·m)
A	基底面积(m²)
$[f_a]$	修正后的地基承载力特征值(kPa)
$[f_{a_0}]$	地基承载力特征值(kPa)

目录

1

第**1**章
绪 论

1.1 常用支挡结构类型及适用范围

支挡结构是用来支承路基填土或山坡土体,防止填土或土体变形失稳的设施。支挡结构可用于稳定路堤和路堑边坡,减少土石方工程量和占地面积,防止水流冲刷路基,整治塌方、滑坡等路基病害。支挡结构主要包括各类挡土墙和抗滑桩。

1.1.1 挡土墙的作用及分类

工程中挡土墙是最常用的支挡结构。当山区地面横坡过陡,常在下侧边坡或在靠山侧设置挡土墙。如果刷坡过多,不仅土石方工程数量大,而且破坏了天然植被,容易引起灾害,因此,应设置挡土墙以降低路堑高度。平原地区多为良田,为了节约用地,往往会在路基一侧或两侧设置挡土墙。在滨河地段或有其他建筑物时,修建挡土墙可以收回坡脚,以避免冲刷威胁或避开建筑物。当高路堤、深路堑土石方数量大,取、弃土困难时,也可设置挡土墙以减少土石方数量。因此,挡土墙的用途可简要归纳为:

①降低挖方边坡高度,减少挖方数量,避免山体失稳滑塌。

②收缩路堤坡脚,减少填方数量和占地面积,保证路堤稳定。

③避免沿河路基挤缩河床,防止水流冲刷路基。

④防止山坡覆盖层下滑和滑坡治理。

根据在路基横断面上的位置,挡土墙可分为路肩墙(图1.1)、路堤墙及路堑墙(图1.2)。当墙顶置于路肩时,称为路肩式挡土墙;如果挡土墙支撑路堤边坡,墙顶以上尚有一定的填土高度,则称为路堤式挡土墙,又称坡脚式挡土墙;如果挡土墙用于稳定路堑边坡,称为路堑式挡土墙。设置在山坡上用于防止山坡覆盖层下滑的挡土墙,称为山坡挡土墙。

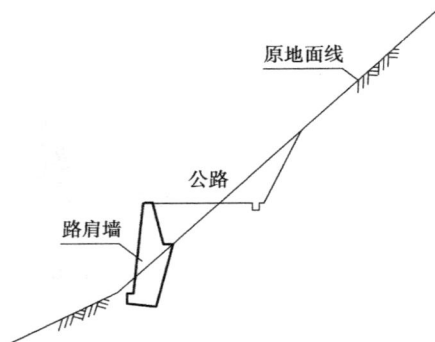

图 1.1　路肩墙示意图

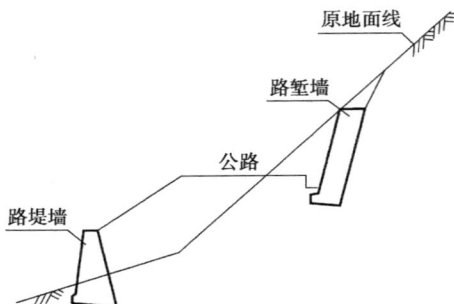

图 1.2　路堤墙及路堑墙示意图

根据所处环境和作用,挡土墙可分为一般地区挡土墙、浸水地区挡土墙、地震地区挡土墙和用于整治滑坡的抗滑挡土墙。

1.1.2　挡土墙的选型

挡土墙的结构形式很多,常见的挡土墙形式有重力式、衡重式、悬臂式、扶壁式、锚杆式、桩板式、抗滑桩及桩基托梁挡土墙等。各类挡土墙的适用范围取决于支挡处地形、工程地质、水文地质、建筑材料、墙的用途、施工方法、技术经济条件及当地的应用经验和习惯等因素。表1.1 简要列出了各类常用挡土墙的结构形式、特点及适用范围。

表 1.1　常用挡土墙的结构形式、特点及适用范围

类型	结构示意图	特点及适用范围
重力式		重力式主要依靠墙身自重保持稳定。它取材容易,形式简单,施工简便,适用范围广。多用浆砌片(块)石,墙高不宜超过 12 m,墙高较低(≤6 m)时也可用干砌,在缺乏石料的地区可用混凝土浇筑。**其断面尺寸较大,墙身较重,对地基承载力的要求较高**
衡重式		上下墙背间有衡重台,利用衡重台上填土重力和墙身自重共同作用维持其稳定。其断面尺寸较重力式小,且因墙面陡直、下墙墙背仰斜,其稳定性好,可降低墙高和减少基础开挖量,但地基承载力要求较高。多用于地面横坡陡峻的路肩墙,也可作路堤墙或路堑墙。由于衡重台以上有较大的容纳空间,**上墙墙背加缓冲层后,可拦截落石**

类型	结构示意图	特点及适用范围
悬臂式		钢筋混凝土结构由立壁(墙面板)、墙趾板和墙踵板组成,墙身稳定主要依靠墙踵板上的填土重力来保证。其断面尺寸较小,但墙较高时,立壁下部的弯矩大,钢筋与混凝土用量大,经济性差。它**多用作墙高不大于 5 m 的填方地段**,适用于缺乏石料的地区和承载能力较低的地基
扶壁式		钢筋混凝土结构由立壁(墙面板)、墙趾板、墙踵板和扶肋(扶壁)组成,即沿悬臂式挡土墙的墙长,每隔一定距离增设扶肋,把立壁与墙踵板连接起来。它**适用于缺乏石料的地区和地基承载力较低的地段,墙较高($5 \text{ m} < H \leqslant 15 \text{ m}$)时,比悬臂式挡土墙经济**
锚杆式		锚杆式由锚杆和钢筋混凝土墙面组成。锚杆一端锚固在稳定的地层中,另一端与墙面连接,依靠锚杆与地层之间的锚固力(即锚杆抗拔力)承受土压力,维持挡土墙的平衡。土石方和圬工量都较少,施工安全,较为经济。它**适用于墙高较大,缺乏石料的地区或无放坡条件的岩质挖方地段的路堑墙**,对地基承载力要求不高,墙高时可分级修建
桩板式		桩板式由钢筋混凝土锚固桩和挡土板组成。利用深埋的锚固段的锚固作用抵抗侧向土压力,从而维持挡土墙的稳定。它**适用于岩质地基、土压力较大的地段,悬臂不宜大于 15 m**。开挖面小,施工较为安全

续表

类型	结构示意图	特点及适用范围
抗滑桩		抗滑桩(也称锚固桩)依靠埋于稳定滑床中桩与桩周岩土体的相互嵌制作用把滑坡推力传递到稳定地层,利用稳定地层的锚固作用和被动抗力,使滑坡得到稳定。抗滑桩是钢筋混凝土埋式侧向受力桩,被广泛应用于滑坡的整治。抗滑桩还可用于路基边坡加固,阻止填方沿基底滑动,加固既有构造物,如挡土墙及隧道防止开裂扩大等。由于抗滑桩利用桩周土体对桩的嵌制作用稳定土体,因而不宜在软塑体滑坡中应用
桩基托梁挡墙		桩基托梁挡土墙是挡土墙与桩基托梁的组合结构,主要用于地面横坡较陡且稳定性较差的松散覆盖土(深基坑开挖失稳风险大)、基岩埋藏较深(常规方法处理后,地基承载力仍然不满足设计要求)或与既有建筑结构基础紧邻基础无法开挖等地段

挡土墙类型的选择应根据支挡填土或土体稳定的需要,结合荷载大小、基础埋置深度、地形地质条件、与既有建筑物平顺衔接、容许的不均匀沉降、可能的地震作用、墙壁的外观、环保的特殊要求、施工的难易和工程造价等,综合比较后确定。

1.2 常用支挡结构总体布置与构造

1.2.1 挡土墙布置

挡土墙布置是挡土墙设计的一个重要内容,通常在路基横断面图和墙趾纵断面图上进行。布置前,应现场核对路基横断面图,不满足要求时应补测,并测绘墙趾处的纵断面图,收集墙趾处的地质和水文等资料。挡土墙布置包括位置选定、纵向布置、横向布置以及平面布置等。

1)位置选定

路堑挡土墙大多设在边沟旁,山坡挡土墙应考虑设在基础可靠处。墙的高度应保证设墙后墙顶以上边坡或土体的稳定。

路肩挡土墙因能充分收缩坡脚,可大量减少填方和占地。当路肩墙与路堤墙的墙高或墙身断面圬工数量相近、基础情况相似时,应优先选用路肩墙,按路基宽度布置挡土墙位置。若路堤墙的高度或圬工数量比路肩墙显著降低,而且基础可靠时,宜选用路堤墙。必要时应作技术经济比较以确定挡土墙的位置。

沿河路堤设置挡土墙时,应结合河流的水文、地质情况以及河道工程来布置。注意:设墙后,仍应保持水流顺畅,以免挤压河道而引起局部冲刷。

2)纵向布置

纵向布置在墙址纵断面图上进行,布置后绘制挡土墙立面图,如图1.3所示。

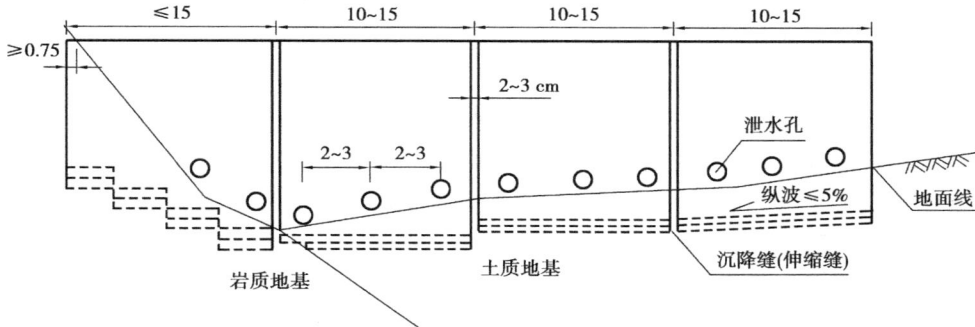

图1.3 挡土墙纵向布置图(尺寸单位:m)

布置的内容包括:

①确定挡土墙的起讫点和墙长,选择挡土墙与路基或其他结构物的衔接方式。

按照《公路路基设计规范》(JTG D30—2015)第5.4.4条第1款要求:挡土墙与路堤之间可采用锥坡连接,墙端应伸入路堤内不小于0.75 m;路堑挡土墙端部应嵌入路堑坡体内,其嵌入原地层的深度,土质地层不应小于1.5 m,风化软质岩层不应小于1.0 m,微风化岩层不应小于0.5 m。

②按地基、地形及墙身断面变化情况进行分段,确定伸缩缝和沉降缝的位置。

③布置各段挡土墙的基础。墙趾地面有纵坡时,挡土墙的基底宜做成不大于5%的纵坡。但地基为岩质时,为减少开挖,可沿纵向做成台阶。台阶尺寸随纵坡大小而定,但其高宽比不宜大于1:2。对于加筋土挡土墙,基底则不宜设置纵坡。

④布置泄水孔,包括数量、间隔和尺寸等。

此外,在布置图上应注明各特征断面的桩号、墙顶、基础顶面、基底、冲刷线、冰冻线、常水位或设计洪水位的高程等。

3)横向布置

横向布置选择在墙高最大处、墙身断面或基础形式有变异处,及其他有桩号的横断面图上进行。根据墙型、墙高、地基及填土的物理力学指标等设计资料,确定墙身断面、基础形式和埋置深度,布置排水设施等,并绘制挡土墙横断面图。

4)平面布置

对于个别复杂的挡土墙而言,如高、长的沿河挡土墙和曲线挡土墙,除了纵、横向布置外,还应作平面布置。绘制平面图,应标明挡土墙与路线的平面位置关系及附近地貌和地物等情况。特别是与挡土墙有干扰的建筑物的情况,沿河挡土墙还应绘出河道及水流方向、其他防护与加固工程等。

除此之外,还应编写简要说明,说明选用挡土墙方案的理由,选用挡土墙结构类型和设计参数的依据,对材料和施工的要求及注意事项,主要工程数量等。

1.2.2 防排水措施

挡土墙防排水的作用在于疏导墙后土体地下水和防止地表水下渗后积水,以免墙身承受额外的静水压力;减小季节性冰冻地区填料的冻胀压力。

挡土墙的防排水措施通常由地面防排水和墙身排水两部分组成。地面防排水主要防止地表水渗入墙后土体或地基,主要措施有:

①设置地面排水沟,截引地表水。

②夯实回填土顶面和地表松土,防止雨水和地表水下渗,必要时可设铺砌层。

③路堑挡土墙趾前的边沟应予以铺砌加固,以防边沟水渗入基础。

墙身排水主要是排除墙后积水,按照《公路路基设计规范》(JTG D30—2015)第5.4.4条第2款要求:墙身应设置倾向墙外且坡度不小于4%的排水孔,墙背应设置反滤层。排水孔的位置及数量应根据挡土墙墙背渗水情况合理布设,排水孔可采用管型材料,进水口应设置反滤层,并宜采用透水土工布。墙背反滤层宜采用透水性的砂砾、碎石,含泥量应小于5%,厚度不应小于0.50 m(图1.4)。

通常在墙身的适当高度处布置一排或数排泄水孔,如图1.4所示。泄水孔的尺寸可视泄水量大小分别采用5 cm×10 cm、10 cm×10 cm、15 cm×20 cm的矩形孔或直径为5~20 cm的圆孔。孔眼间距一般为2~3 m,干旱地区可予增大,多雨地区则可减小。对于浸水挡土墙孔眼间距则为1.0~1.5 m。孔眼应上下交错设置,最下一排泄水孔的出水口应高出地面30 cm;如为路堑挡土墙,应高出边沟水位30 cm;浸水挡土墙则应高出常水位30 cm。下排泄水孔进水口的底部,应铺设30 cm厚的黏土层,并夯实,以防水分渗入基础。泄水孔的进水口部分应设置反滤层,以防孔道淤塞。干砌挡土墙可不设泄水孔。

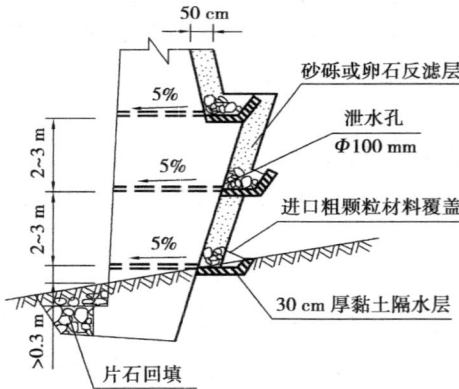

图1.4 挡土墙泄水孔及反滤层布置图

需要在挡土墙上开孔设置涵洞时,应对挡土墙墙身及基础进行补强和防水处理,并采取有效措施,防止涵洞渗漏及保证填料排水顺畅。

1.2.3 变形缝

各类挡土墙应根据构造特点,设置容许构件收缩、膨胀及适应不均匀沉降的变形缝,变形缝包括沉降缝和伸缩缝。

按照《公路路基设计规范》(JTG D30—2015)第 5.4.4 条第 3 款要求:具有整体式墙面的挡土墙应设置伸缩缝和沉降缝。沿墙长度方向在墙身断面变化处、与其他构造物相接处应设置伸缩缝,在地形、地基变化处应设置沉降缝。伸缩缝和沉降缝可合并设置。

为避免因地基不均匀沉陷而引起墙身开裂,根据地基地质、水文条件的变化和墙高、墙身断面的变化情况须设置沉降缝。在平曲线地段,挡土墙可按折线形布置,并在转折处以沉降缝断开。为防止圬工砌体因收缩硬化和温度变化而产生裂缝,应设置伸缩缝,与其他建筑连接处也需设置伸缩缝。一般将沉降缝和伸缩缝合并设置,沿路线方向每隔 10 ~ 15 m 设置一道,岩质地基也不宜超过 20 m。缝宽 2 ~ 3 cm,自墙顶贯通至基底,缝内宜采用沥青麻筋或沥青木板等具有弹性的材料堵塞,沿内、外、顶三侧填塞,填塞深度不宜小于 15 cm。当挡土墙位于冻害不严重的地区,且墙后为岩质路堑或填石路堤时,也可不填塞,即设置空缝。

为防止墙身表面出现微小的开裂,钢筋混凝土挡土墙表面还应设置垂直的 V 形槽,如图 1.5 所示,间距不应大于 10 m。当墙高较低,地基坚固时,可在前后墙面设置槽口缝,如图 1.6 所示。特别应注意 V 形槽和槽口缝在钢筋构造上的区别,即设 V 形槽处钢筋不截断,而在设槽口缝处水平钢筋应截断。

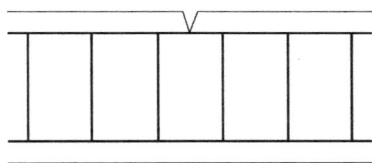

图 1.5　V 形槽

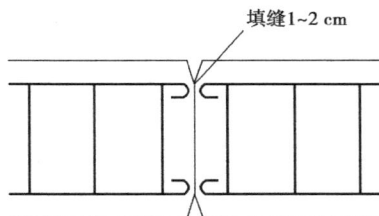

图 1.6　槽口缝

1.2.4　基础埋置深度

基础埋置深度应按地基的性质、承载力的要求、冻胀的影响、地形和水文地质条件等确定。挡土墙基础的埋置深度应符合《公路路基设计规范》(JTG D30—2015)第 5.4.3 条要求:

①基础最小埋置深度不应小于 1.0 m。风化层不厚的硬质岩石地基,基底应置于基岩未风化层以下。

②受水流冲刷时,应按路基设计洪水频率计算冲刷深度,基底应置于局部冲刷线以下不小于 1.0 m。

③当冻结深度小于或等于 1.0 m 时,基底应在冻结线以下不小于 0.25 m,且最小埋置深度不小于 1.0 m。冻结深度大于 1.0 m 时,基础最小埋置深度不应小于 1.25 m,并应对基底至冻结线以下 0.25 m 深度范围的地基土采取措施,防止冻害。

④路堑挡土墙基底在路肩以下不应小于 1.0 m,并低于边沟砌体底面不小于 0.2 m。

⑤基础位于稳定斜坡地面上时,前趾埋入深度和距地表的水平距离满足《公路路基设计规范》(JTG D30—2015)表 5.4.3(表 1.2)的规定。位于纵向斜坡上的挡土墙,当基底纵坡大于 5% 时,基底应设计为台阶式。

表 1.2　斜坡地面基础埋置条件

土层类别	埋深 H_m/m	距地表水平距离 L_m/m	
硬质岩层	0.6	1.50	
软质岩层	1.00	2.00	
土层	≥1.00	2.50	

挡土墙采用倾斜基底是提高抗滑稳定性行之有效的措施,但当基底斜坡较大时,将增加墙身与基底土体一起滑动的可能,而且将影响地基承载能力。可按照《公路挡土墙设计与施工技术细则》表5.1.4控制,见表1.3。

表 1.3　基底倾斜度

地层类型		基底倾斜度 $\tan \alpha_0$
一般地基	岩质	≤0.3
	土质	≤0.2
浸水地基	$\mu < 0.5$	0.0
	$0.5 \leqslant \mu \leqslant 0.6$	≤0.1
	$\mu > 0.6$	≤0.2

注:α_0 为基底倾斜角(°),为基底面与水平线的夹角;μ 为基底与地基土的摩擦系数。

1.3　常用支挡结构设计原则

支挡结构应保证填土、边坡及构筑物本身的稳定,结构应具有足够的承载力和刚度,保证结构的安全正常使用。同时,在设计中还应做到技术先进、经济合理及方便施工。

为保证安全正常使用,支挡结构必须满足承载能力极限状态和正常使用极限状态的设计要求,对支挡结构应进行下列计算和验算:

1)承载能力极限状态的计算

支挡结构均应进行承载能力极限状态的计算,计算内容应包括:

①根据支挡结构形式及受力特点进行土体稳定性计算。稳定性验算通常应包括以下内容:

a. 支挡结构的整体稳定验算,即保证结构不会沿墙底地基中某一滑动面产生整体滑动;

b. 支挡结构抗倾覆稳定验算;

c. 支挡结构抗滑移验算;

d. 支护结构抗隆起稳定验算;

e. 支挡结构抗渗流验算。

②支挡结构受压、受弯、受剪、受拉承载力计算。

③当有锚杆或支撑时,应对其进行承载力计算和稳定性验算。

2)正常使用极限状态计算

支挡结构正常使用极限状态计算,计算内容主要包括:

①支挡结构周围环境有严格要求时,应对结构的变形进行计算。

②对钢筋混凝土构件的抗裂度及裂缝宽度进行计算。

3)支挡结构类型选择

应认真分析地形、地质、填土性质、荷载条件,结合规范、经验及当地的材料供应与现场地区技术经济各种条件,并结合当地环境和地区经验,确定支挡结构类型。

4)平面、立面布置及截面尺寸拟定

应根据工程用途的要求、地形及地质等条件,综合考虑以确定支挡结构的平面布置及其高度,根据平面立面布置结合地质条件,确定支挡结构截面尺寸及配筋。

5)质量检测、验收及维修养护要求

设计工作中给出质量检测及验收的要求,为保证支挡结构的耐久性,在设计中应对使用中的维修养护给出相应规定。

1.4 支挡结构建筑材料选用及其参数

1.4.1 支挡结构的材料选用

随着社会经济发展,在经济容许的前提下尽量避免采用干砌挡土墙。在有石料的地区,重力式挡土墙应可采用浆砌片石、块石。在缺乏石料的地区,重力式挡土墙可用 C20 混凝土或片石混凝土浇筑,墙顶宽度不应小于 40 cm。

挡土墙材料强度等级应按挡土墙类别、部位及用途,根据《公路路基设计规范》(JTG D30—2015)附录 G、表 G-2 选用,见表 1.4。

表 1.4 防护、支挡常用材料强度要求

挡土墙类别	挡土墙地区	公路路基设计规范最低要求
浆砌片石一般挡土墙 ($H < 10$ m)	非冰冻区、轻冻区	M7.5 砌筑 MU30 片石
	中冻区、重冻区	M10 砌筑 MU40 片石
片石混凝土(浸水挡土墙及 $H \geqslant 10$ m 挡墙)	非冰冻区、轻冻区	C20 片石混凝土 (片石强度≥MU30)
	中冻区、重冻区	C25 片石混凝土 (片石强度≥MU40)
抗滑桩	非冰冻区、轻冻区、中冻区、重冻区	C30 混凝土

续表

挡土墙类别	挡土墙地区	公路路基设计规范最低要求
锁口、护壁	非冰冻区、轻冻区	C15 混凝土
	中冻区、重冻区	C20 混凝土
框架格子梁、锚索垫墩、地梁	非冰冻区、轻冻区、中冻区、重冻区	C30 混凝土
喷射混凝土	非冰冻区、轻冻区	C15 混凝土
	中冻区、重冻区	C20 混凝土
土钉面板	非冰冻区、轻冻区	C20 混凝土
	中冻区、重冻区	C25 混凝土

1.4.2　挡土墙材料参数的选取

石料、材料选择及相关强度要求应参照《公路圬工桥涵设计规范》(JTG D61—2005)相关要求执行。

一般采用片石或块石砌筑。石料应经过挑选,采用结构密实、质地均匀、不易风化、无裂缝的硬质石料,其抗压强度不应小于 30 MPa。《公路圬工桥涵设计规范》(JTG D61—2005)第 3.2.4 条:石材应具有耐风化和抗侵蚀性。用于浸水或气候潮湿地区的受力结构的石材的软化系数不应低于 0.8。

《公路圬工桥涵设计规范》(JTG D61—2005)附录 A.0.2 条,关于片石砌体、块石砌体、粗料石砌体的定义:

片石砌体:砌块厚度不小于 150 mm 的石材,砌筑时敲去其尖锐凸出部分,平稳放置,可用小石块填塞空隙。

块石砌体:砌块厚度 200～300 mm 的石材,形状大致方正,宽度为厚度的 1.0～1.5 倍,长度为厚度的 1.5～3.0 倍,每层石材高度大致一致,并错缝砌筑。

粗料石砌体:砌块厚度 200～300 mm 的石材,宽度为厚度的 1.0～1.5 倍,长度为厚度的 2.5～4.0 倍,表面凹陷深度不大于 20 mm,外形方正的六面体,错缝砌筑。砌筑缝宽不应大于 20 mm。

挡土墙计算的材料参数,应按《公路圬工桥涵设计规范》(JTG D61—2005)选用,结合规范整理出挡土墙常用计算材料参数表,见表 1.5。

表 1.5　挡土墙计算材料参数表

材料名称	砌体容重 /(kN·m^{-3})	砌体容许压应力 /kPa	砌体容许弯拉应力 /kPa	砌体容许剪应力 /kPa	极限强度 /MPa	材料抗力分项系数		系数 α_s	圬工间摩擦系数
						受压	受弯、拉、剪		
M7.5 浆砌 MU30 片石	23	630	89	147	3	2.31	2.31	0.002	0.6

材料名称	砌体容重/(kN·m⁻³)	砌体容许压应力/kPa	砌体容许弯拉应力/kPa	砌体容许剪应力/kPa	极限强度/MPa	材料抗力分项系数		系数 α_s	圬工间摩擦系数
						受压	受弯、拉、剪		
M10 浆砌 MU30 片石	23	700	102	170	3.4	2.31	2.31	0.002	0.6
M7.5 浆砌 MU30 块石	24	2 670	51	63	4.8	1.92	2.31	0.002	0.6
M10 浆砌 MU30 块石	24	2 980	59	73	5.3	1.92	2.31	0.002	0.6
C20 混凝土	24	7 820	800	1 590	14	1.54	2.31	0.002	0.6

注:按照《公路圬工桥涵设计规范》(JTG D61—2005)第3.2.2条,片石混凝土当片石含量体积不超过20%时,片石强度等级不应低于混凝土强度等级和规范第3.2.1条规定的石材最低强度等级。片石混凝土各项强度、弹性模量和剪切模量可按同强度等级的混凝土采用。

1.4.3 墙背填料综合内摩擦角参数的选取

按照《公路路基设计规范》(JTG D30—2015)附录H,第 H.0.1 第 9 款,作用在墙背上的主动土压力,可按库仑理论计算。应进行墙后填料的土质试验,确定填料的物理力学指标。当缺乏可靠试验数据时,填料内摩擦角 φ 可参照《公路路基设计规范》(JTG D30—2015)表 H.0.1-4(表 1.6)选用。根据大量工程实践,对一般黏土填料,综合 φ 取值,采用30°,对于墙高超过8 m时可采用25°~28°;对碎块石土作为填料,综合 φ 取值,采用35°,对于墙高超过 8 m 时可采用30°~32°。填料重度取值:当填料中含有较多的碎块石时,重度可取20.5 kN/m³。

表 1.6 填料内摩擦角或综合内摩擦角

填料种类		综合内摩擦角 φ_0/(°)	内摩擦角 φ/(°)	重度/(kN·m⁻³)
黏性土	墙高 $H \leqslant 6$ m	35~40	—	17~18
	墙高 $H > 6$ m	30~35	—	
碎石、不易风化的块石		—	45~50	18~19
大卵石、碎石类土、不易风化的岩石碎块		—	40~45	18~19
小卵石、砾石、粗石、石屑		—	35~40	18~19
中砂、细砂、砂质土		—	30~35	17~18

注:填料重度可根据实测资料作适当修正,计算水位以下的填料重度采用浮重度。

第 **2** 章
土压力

2.1　土压力概述

作用在支挡结构上的土压力,即填土(填土和填土表面上荷载)或挖土坑壁原位土对支挡结构物产生侧向土压力时,是支挡结构物所承受的主要荷载。因此,设计支挡结构物时,首先要确定土压力的大小、方向和作用点。这是一个复杂的问题,它与支挡结构物的形状、刚度、位移、背后填土的物理力学性质、墙背和地面形态及外荷载等有关。由于朗金土压力和库仑土压力是目前工程行业的主要计算理论,公路支挡结构主要采用库仑土压力进行计算,而建筑边坡设计和建筑基坑设计主要采用朗金土压力理论,因此本章重点介绍这两种土压力计算理论。

2.1.1　土压力分类及其定义

各种形式的挡土墙,都以支撑土体使其保持稳定为目的,所以这类构造物的主要荷载,就是土体的侧向压力,简称土压力。为了使挡土墙的设计经济合理,关键是正确计算土压力,其中,包括土压力的大小、方向与分布等。

土压力的计算是一个复杂的问题。它涉及填土、墙身以及地基三者之间的共同作用。土压力不仅与墙身的几何尺寸、墙背的粗糙度以及填土的物理和力学性质、填土的顶面形状和顶部的外荷载有关,而且还与墙和地基的刚度,以及填土的施工方法有关。现在国内外土压力计算仍采用古典的极限平衡理论,它是对上述复杂问题进行诸多假定和简化而得出的。

土压力问题的理论研究,18 世纪末已开始。依据研究途径的不同,可以把有关极限状态下的土压力理论,大致分为库仑理论和朗金理论两类:

①假定破裂面形状,依据极限状态下破裂棱体的静力平衡条件来确定土压力,这类土压力理论最初是由法国的库仑(C. A. Coulomb)于 1773 年提出的,称为库仑理论。

②假定土体为松散介质,根据土中一点的极限平衡条件来确定土压力强度和破裂面方向,这类土压力理论是由英国的朗金(W. J. Rankine)于 1857 年提出的,称为朗金理论。

在影响土压力大小及其分布规律的诸多因素中,挡土墙的位移方向和位移量是计算中要

考虑的特殊因素。根据挡土墙的位移和墙后土体所处的应力状态,土压力有以下 3 种类型:

1)静止土压力

如果支挡结构在土压力的作用下,结构不发生变形和任何位移(移动或转动),背后填土处于弹性平衡状态,如图 2.1(a)所示,则作用在结构上的土压力称为静止土压力,并以 E_0 表示。

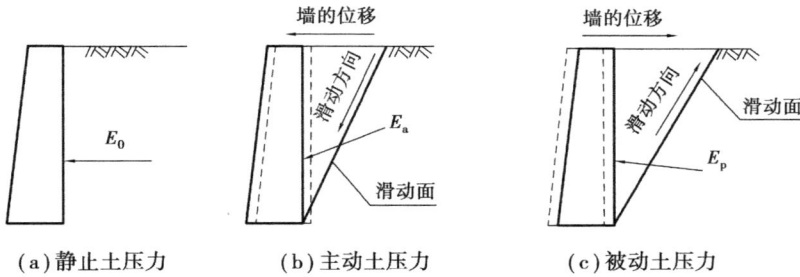

图 2.1　土压力类型

2)主动土压力

若挡土墙,(由于支挡结构本身无变形,取重力式挡土墙为代表,以下简称"挡土墙")在填土产生的土压力作用下离开填土向墙前发生位移时,则随着位移的增大,墙后土压力将逐渐减小。当位移达到表 2.1 中所列数值时,土体出现滑裂面,墙后填土处于主动极限平衡状态。此时,作用于挡土墙上的土压力称为主动土压力,用 E_a 表示,如图 2.1(b)所示。

表 2.1　产生主、被动土压力所需墙位移量

土的类别	土压力类别	墙体位移(变形)方式	所需位移量
砂土	主动	平移	$0.001H$
	主动	绕墙趾转动	$0.001H$
	被动	平移	$>0.05H$
	被动	绕墙趾转动	$>0.1H$
黏土	主动	平移	$0.004H$
	被动	绕墙趾转动	$0.004H$

注:①H 为挡土墙高度;
　　②主动土压力向墙前方向平移、转动,被动土压力向墙背方向平移、转动。

3)被动土压力

如挡土墙在外荷载作用下,向填土方向位移,随着位移增大,墙受到填土的反作用力逐渐增大,当位移达到表 2.1 所需的位移量时,土体出现滑裂面,墙背后填土就处于被动极限平衡状态,如图 2.1(c)所示。这时作用在墙背上的土压力称为被动土压力,用 E_p 表示。

由于土的应力-应变状态不同,土压力的大小和方向也随之变化。被动土压力和主动土压力是土压力的最大值和最小值,静止土压力介于其间,如图 2.2 所示:$E_p > E_0 > E_a$。

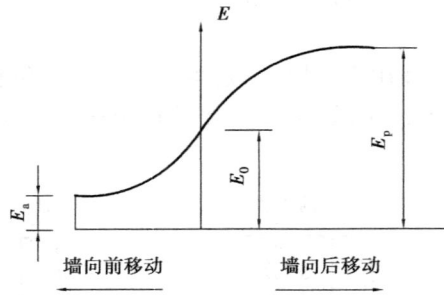

图 2.2　土压力与墙身位移图

在挡土墙设计中,应根据它在外力作用下可能的位移方向来判断是主动土压力还是被动土压力,如拱桥桥台在荷载和重力作用下,有向土体移动的趋势,故台背所受土压力为被动土压力。而对一般挡土墙,墙身有向墙外运动的趋势,墙背承受的是主动土压力。

一般挡土墙均属平面应变问题,故在以后研究中均取沿墙长度方向每延米计算。

2.1.2　静止土压力计算

静止土压力可根据弹性半无限体的应力状态求解。图 2.3(a)中,在填土表面以下深度 z 处 M 点取一单元体(在 M 点处取一微小正六面体),作用于单元体上的力有两个:一是竖向土的自重 σ_z;二是侧向压力 σ_0。

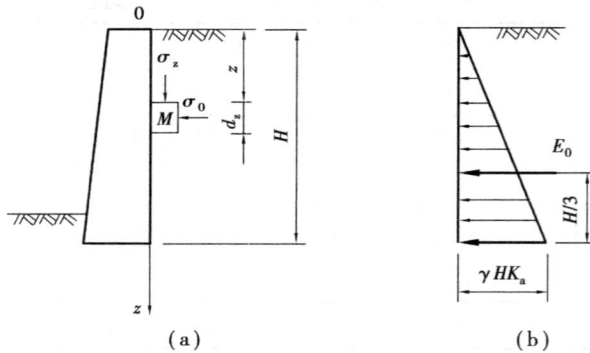

（a）　　　　　　　　　　（b）

图 2.3　静止土压力计算图

土的自重应力 σ_z 为:

$$\sigma_z = \gamma z \tag{2.1}$$

式中　γ——填土的重度,kN/m^3;

　　　　z——由填土表面至 M 点的深度,m。

侧向土压力是由于土侧向不能产生变形而产生的,它的反作用力就是静止土压应力 σ_0。弹性半无限体在无侧向变形的条件下,其侧向压力之间的关系为:

$$\sigma_0 = K_0 \sigma_z = K_0 \gamma z \tag{2.2}$$

式中　K_0——静止土压力系数,按下式计算:

$$K_0 = \frac{\nu}{1 - \nu} \tag{2.3}$$

ν——填土的泊松比。

静止土压力系数 K_0 与填土的性质、密实程度等因素有关,可由试验测定。由于目前试验设备和方法还不够完善,所得结果不能令人满意,因此常采用下述经验公式估算:

$$\begin{cases} K_0 = 1 - \sin \varphi_m & (正常固结土) \\ K_0 = \sqrt{R}(1 - \sin \varphi_m) & (超固结土) \end{cases} \tag{2.4}$$

式中 φ_m——填土的有效内摩擦角,(°);

  R——填土的超固结比。

由式(2.1)知,静止土压应力沿墙高呈三角形分布,如图 2.3(b)所示,其合力 E_0 为:

$$E_0 = \frac{1}{2}\gamma H^2 K_0 \tag{2.5}$$

静止土压力 E_0 方向为水平方向,作用点位于离墙踵 $H/3$ 高度处。

2.2 朗金土压力计算

2.2.1 基本原理

朗金土压力理论是由英国学者朗金(W. J. W. Rankine)于 1857 年提出的,朗金土压力理论是从研究弹性半无限体内的应力状态出发,根据土的极限平衡理论来计算土压力。朗金理论在分析土压力时作了如下基本假定:

①挡土墙墙背垂直、光滑,即墙背倾角 $\alpha = 0°$,墙背与填土无摩擦作用,即墙背摩擦角 $\delta = 0°$。

②土体是地表为一平面的半无限体,土压力方向与地表面平行。

③达到主动应力状态时,土体向侧向伸张;达到被动应力状态时,土体向侧向压缩。

④伸张与压缩对土的影响很小,忽略竖直方向上土的变形对土压力的影响。

⑤主动或被动应力状态只存在于破裂棱体之内,即局部土体中出现极限状态,而破裂棱体之外仍处于弹性平衡状态。

⑥土体发生剪切时,破裂面为平面。

若土体表面为水平面的均质弹性半无限体,即水平面垂直向下和沿水平方向都为无限伸展。由于土体内任一竖直面都是对称面,因此地面以下 z 深度处的 M 点在土的自重作用下竖直面和水平面上的剪应力为零,故该点处于弹性平衡状态,其应力状态为:

竖向应力(为大主应力):$\sigma_z = \gamma z$;

水平应力(为小主应力):$\sigma_x = K_0 \gamma z$。

如果用挡土墙代替 M 点一侧的土体,如图 2.4(a)所示,由于墙背与填土间无摩擦力,因而无剪应力,即墙背为主应力面。当挡土墙无位移时,它不影响土体中原有的应力状态,墙后土体仍处于弹性状态,即作用在墙背上的应力状态与弹性半无限上体应力状态相同,以 $\sigma_1 = \sigma_z$,$\sigma_3 = \sigma_x$ 做成的莫尔应力圆与土的抗剪强度曲线不相切,如图 2.4(d)中 I 所示。

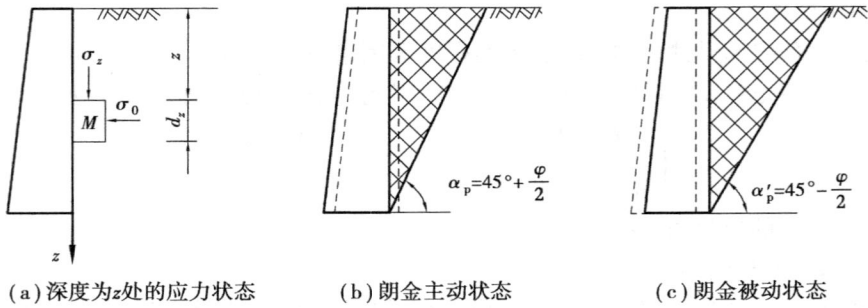

（a）深度为z处的应力状态　　（b）朗金主动状态　　（c）朗金被动状态

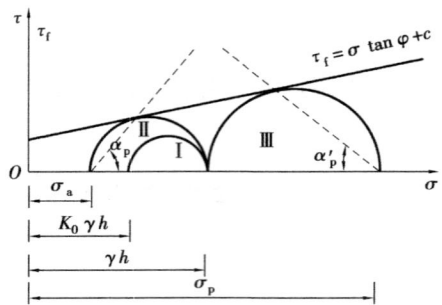

（d）莫尔应力圆与朗金状态的关系

图 2.4　半无限体的极限平衡状态

当挡土墙离开土体向外移动时,如图 2.4(b)所示,墙后土体有伸张趋势。此时竖向应力 σ_z 不变,墙背法向应力 σ_x 减小,σ_z 和 σ_x 仍为大、小主应力。当挡土墙位移使 σ_x 减小到土体达极限平衡状态时,σ_x 达到最小值,σ_z 和 σ_x 的莫尔应力圆与抗剪强度包线相切,如图 2.4(d)中圆 Ⅱ 所示。土体形成一系列破裂面,破裂面上各点都处于极限平衡状态,称为朗金主动状态。此时墙背上的法向应力 σ_x 为最小主应力,即朗金主动土压力。破裂面与大主应力作用面(即水平面)成 $\alpha_p = 45° + \dfrac{\varphi}{2}$。

同理,若挡土墙在外力作用下挤压土体,如图 2.4(c)所示,σ_z 仍不变,而 σ_x 随着挡土墙位移增加而逐步增大,当 σ_x 超过 σ_z 时,σ_x 为大主应力,σ_z 则为小主应力。当挡土墙位移挤压土体使 σ_x 增大到土体达极限平衡状态时,σ_x 达最大值 σ_p,莫尔应力圆与抗剪强度包线相切,如图 2.4(d)中圆 Ⅲ 所示。土体形成一系列破裂面,此种状态称为朗金被动状态。此时墙背上的法向应力 σ_x 为最大主应力,即朗金被动土压力。破裂面与水平面成 $\alpha'_p = 45° - \dfrac{\varphi}{2}$。

2.2.2　主动土压力

根据土的强度理论,土体中某点达到极限平衡状态时,大、小主应力 σ_1 和 σ_3 有如下关系式,如图 2.4(d)所示。

砂土:
$$\sigma_1 = \sigma_3 \tan^2\left(45° + \frac{\varphi}{2}\right) \qquad (2.6a)$$

或
$$\sigma_3 = \sigma_1 \tan^2\left(45° - \frac{\varphi}{2}\right) \qquad (2.6b)$$

黏性土：
$$\sigma_1 = \sigma_3 \tan^2\left(45° + \frac{\varphi}{2}\right) + 2c \cdot \tan\left(45° + \frac{\varphi}{2}\right) \tag{2.7a}$$

或
$$\sigma_3 = \sigma_1 \tan^2\left(45° - \frac{\varphi}{2}\right) - 2c \cdot \tan\left(45° - \frac{\varphi}{2}\right) \tag{2.7b}$$

当挡土墙墙背垂直光滑，填土表面水平（图 2.5），挡土墙离开土体位移时，墙背任一深度 z 处竖向应力 σ_z 为大主应力 σ_1，σ_x 为小主应力 σ_3，利用式（2.6b）和式（2.7b）即可求得朗金主动土压应力 σ_a：

砂土：
$$\sigma_a = \sigma_x = \sigma_3 = \gamma z K_a = \gamma z \tan^2\left(45° - \frac{\varphi}{2}\right) \tag{2.8a}$$

黏性土：
$$\sigma_a = \sigma_3 = \gamma z \tan^2\left(45° - \frac{\varphi}{2}\right) - 2c \cdot \tan\left(45° - \frac{\varphi}{2}\right) \tag{2.8b}$$

$$令 K_a = \tan^2\left(45° - \frac{\varphi}{2}\right) \tag{2.9}$$

式（2.8b）可简化为：
$$\sigma_a = \sigma_3 = \gamma z K_a - 2c\sqrt{K_a} \tag{2.10}$$

式中　σ_a——沿深度方向的主动土压力强度，即主动土压应力，kPa；

c——墙后土体的黏聚力，kPa；

φ——墙后土体的内摩擦角，(°)；

K_a——主动土压力系数。

其余符号同前。

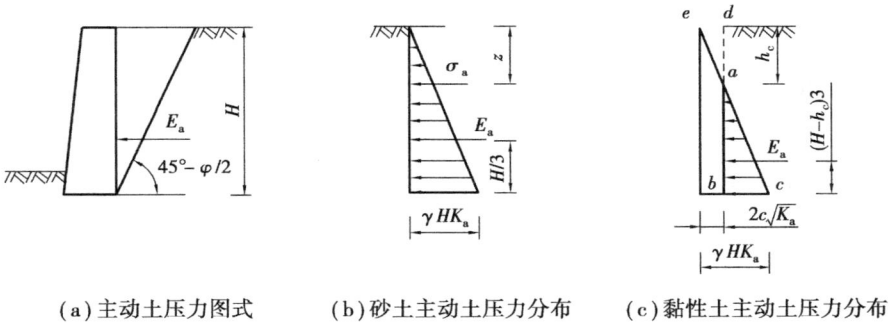

（a）主动土压力图式　　（b）砂土主动土压力分布　　（c）黏性土主动土压力分布

图 2.5　朗金主动土压力

由式（2.8a）可知，砂土的主动土压应力与 z 成正比，沿墙高的压力分布为三角形，如图2.5 所示，如取纵向单位墙长计算，则主动土压力为：

$$E_a = \frac{1}{2}\gamma H^2 K_a \tag{2.11}$$

且 E_a 作用在离墙踵 $H/3$ 高度处。

黏性土的土压应力由两部分组成：一部分是由土的自重引起的土压力 $\gamma h K_a$；另一部分是由黏聚力 c 引起的土压力 $2c\sqrt{K_a}$，但这部分侧压力为负值。这两部分土压力叠加的结果如图 2.5（c）所示，图中 ade 部分为负侧压力。由于墙背光滑，土对墙背产生的拉力将使土体脱离墙体，在计算土压力时，该部分应略去不计。因此黏性土的土压力分布实际上仅为 abc 部分。

a 点离填土表面深度 h_c 称为临界深度。在填土表面无荷载的条件下，临界深度 h_c 可根据式(2.8b)，并令 $\sigma_a = 0$ 求得：

$$h_c = \frac{2c}{\gamma\sqrt{K_a}} \tag{2.12}$$

若取单位墙长度计算，则黏性土的主动土压力为：

$$E_a = \frac{1}{2}(H - h_c)(\gamma H K_a - 2c\sqrt{K_a}) = \frac{1}{2}\gamma H^2 K_a - 2cH\sqrt{K_a} + \frac{2c^2}{\gamma} \tag{2.13}$$

主动土压力 E_a，通过三角形压力分布图 abc 的形心，即作用在离墙踵 $(H - h_c)/3$ 处。

应注意的是，当填土表面有超载时，不能直接应用式(2.12)计算临界深度 h_c。此时应按考虑超载后，h_c 处土压应力 $\sigma_a = 0$ 求 h_c。

2.2.3 被动土压力计算

如上所述，当挡土墙在外力作用下，向填土方向位移时，墙后填土被压缩，出现被动土压力状态。墙背任一深度 z 处竖向应力 σ_z 变为小主应力 σ_3，而 σ_x 变为大主应力 σ_1。同理可根据式(2.6a)和式(2.7a)求得朗金被动土压力 σ_p：

砂土：

$$\sigma_p = \sigma_x = \sigma_1 = \gamma z K_p = \gamma z \tan^2\left(45° + \frac{\varphi}{2}\right) \tag{2.14a}$$

黏性土：

$$\sigma_p = \sigma_1 = \gamma z \tan^2\left(45° + \frac{\varphi}{2}\right) + 2c \cdot \tan(45° + \varphi) \tag{2.14b}$$

令

$$K_p = \tan^2\left(45° + \frac{\varphi}{2}\right) \tag{2.15}$$

式(2.14b)可简化为：

$$\sigma_p = \gamma z K_p + 2c\sqrt{K_p} \tag{2.16}$$

式中 σ_p——沿深度方向的主动土压力强度，即主动土压应力，kPa；

　　　K_p——被动土压力系数。

被动土压力分布如图2.6所示，如取单位墙长计算，则被动土压力为：

砂土：

$$E_p = \frac{1}{2}\gamma H^2 K_p \tag{2.17a}$$

黏性土：

$$E_p = \frac{1}{2}\gamma H^2 K_p + 2cH\sqrt{K_p} = \frac{1}{2}\gamma H^2 \tan^2\left(45° + \frac{\varphi}{2}\right) + 2cH \cdot \tan\left(45° + \frac{\varphi}{2}\right) \tag{2.17b}$$

被动土压力 E_p 通过三角形或者梯形压力分布图形的形心，三角形时作用在离墙踵 $H/3$ 高度处。

2.2.4 倾斜平面时的土压力

填土上表面为倾斜平面，与水平面的倾角为 β，如图2.7所示。当填土向两侧方向伸张而达到主动极限平衡状态时，填土内出现两破裂面，即第一、第二破裂面，两破裂面的夹角为 $90° - \varphi$，根据应力圆的几何关系(图2.8)，第一、第二破裂面倾角分别为：

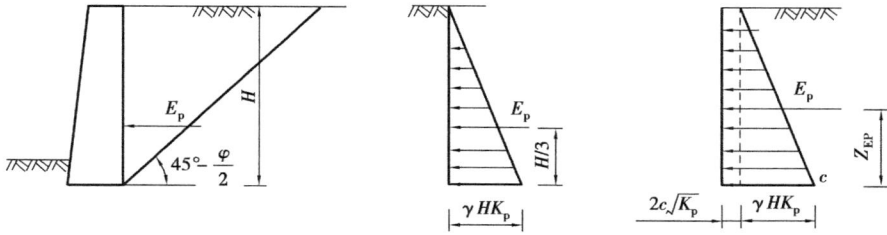

（a）被动土压力图　　　　　（b）砂土被动土压力分布　　　　（c）黏性土被动土压力分布

图 2.6　朗金被动土压力

$$\theta_i = \frac{1}{2}(90° - \varphi) + \frac{1}{2}(\xi - \beta) \tag{2.18}$$

$$\alpha_i = \frac{1}{2}(90° - \varphi) - \frac{1}{2}(\xi - \beta) \tag{2.19}$$

式中 $\xi = \arcsin\dfrac{\sin\beta}{\sin\varphi}$。

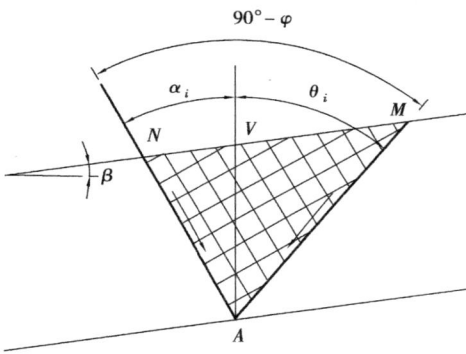

图 2.7　倾斜表面时朗金理论破裂面

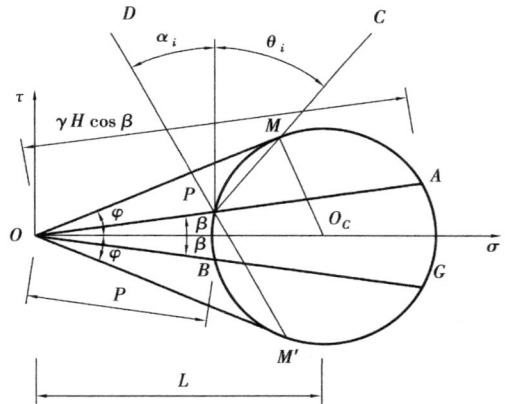

图 2.8　朗金主动状态的应力图

作用在垂直面上的主动土压力为：

$$E_a = \frac{1}{2}\gamma H^2 K_a \tag{2.20}$$

$$K_a = \cos\beta\frac{\cos\beta - \sqrt{\cos^2\beta - \cos^2\varphi}}{\cos\beta + \sqrt{\cos^2\beta - \cos^2\varphi}} \tag{2.21}$$

E_a 的方向与填土表面平行，土压力呈三角形分布，合力作用点距离墙踵高度为 $H/3$。

当填土向内侧压缩，且土体抗剪强度充分发挥，填土达到被动极限平衡状态时，填土内出现两破裂面，其夹角为 $90° + \varphi$，第一、第二破裂面倾角分别为：

$$\theta_i' = \frac{1}{2}(90° + \varphi) - \frac{1}{2}(\xi + \beta) \tag{2.22}$$

$$\alpha_i' = \frac{1}{2}(90° + \varphi) + \frac{1}{2}(\xi + \beta) \tag{2.23}$$

作用在垂直面上的被动土压力为：

$$E_p = \frac{1}{2}\gamma H^2 K_p \tag{2.24}$$

$$K_p = \cos\beta\frac{\cos\beta + \sqrt{\cos^2\beta - \cos^2\varphi}}{\cos\beta - \sqrt{\cos^2\beta - \cos^2\varphi}} \tag{2.25}$$

E_p 的方向与填土表面平行,土压力呈三角形分布,合力作用点距离墙踵高度为 $H/3$。

2.2.5 朗金土压力理论的应用

1)具有均布荷载、填土表面为倾斜平面的垂直墙

具有均布荷载、填土表面为倾斜平面的垂直墙,如图 2.9 所示,若该均布荷载换算高度为 h_0,则土压力为:

$$E_a = \frac{1}{2}\gamma H(H + 2h_0)K_a \tag{2.26}$$

$$E_p = \frac{1}{2}\gamma H(H + 2h_0)K_p \tag{2.27}$$

2)墙背(或假想墙背)为俯斜挡土墙土压力近似计算

虽然朗金理论只适用于垂直墙背,但可利用朗金理论近似计算土压力。其方法是从墙踵 A 点引竖直线交于右上表面的 C 点,以 AC 为假想墙背,如图 2.10 所示。假想墙背的计算墙高为 H':

$$H' = H(1 + \tan\alpha\tan\beta) \tag{2.28}$$

用式(2.13)或式(2.20)求出假想墙背 AC 上的主动土压力 E_a,然后计算 $\triangle ABC$ 的填土重 W,作为该土体对实际墙背的竖直压力,则 E_a 与 W 的矢量和可近似认为是 AB 墙背上的土压力。

3)朗金理论不适用于仰斜墙背

对于仰斜墙背,由于朗金状态只存在于棱体 AMN 中(图 2.11),其下部破裂面 AA' 段将是曲面,目前还没有简单的方法进行近似计算。

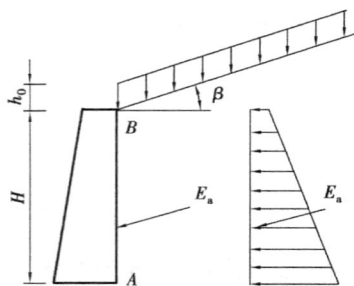

图 2.9 均布荷载作用　　　　图 2.10 俯斜墙背　　　　图 2.11 仰斜墙背

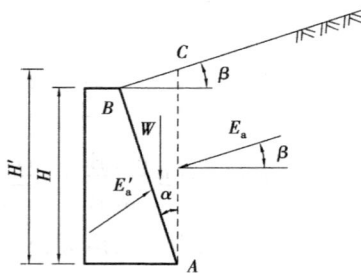

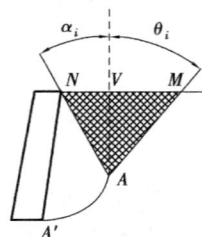

朗金土压力理论是应用弹性半无限体的应力状态,根据土的极限平衡理论推导和计算土压力,其概念明确,计算公式简单。但由于假定墙背垂直、光滑、填土表面为单一平面,使计算条件和适用范围受到限制,计算结果与实际有出入,所得主动土压力值偏大,被动土压力值偏小。

2.2.6 复杂边界条件下的朗金土压力计算

朗金土压力理论应用,在建筑行业中作为墙背垂直、光滑支挡结构的主要计算理论,《建筑边坡工程技术规范》(GB 50330—2013)和《建筑基坑支护技术规程》(JGJ 120—2012)均有相关的计算公式,并含有相关特殊荷载及边界的土压力计算公式。而本书仅摘录《建筑边坡工程技术规范》(GB 50330—2013)附录 B 中几种特殊荷载下的侧向土压力计算公式,供类似工程设计时参考。

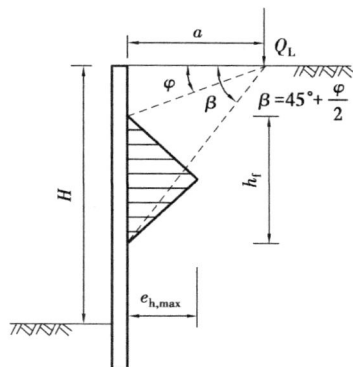

图 2.12　线荷载产生的附加侧向压力分布图

1)距支护结构顶端作用有(纵向)线分布荷载引起的侧向压力

距支护结构顶端作用有(纵向)线分布荷载(图 2.12)引起的侧向压力,侧向压力分布可简化为等腰三角形,最大附加侧向土压力可按下式计算:

$$e_{h,max} = \left(\frac{2Q_L}{h_f}\right)\sqrt{K_a} \qquad (2.29)$$

式中　$e_{h,max}$——最大附加侧向压力,kPa;

h_f——附加侧向压力分布范围,m,$h_f = a(\tan\beta - \tan\varphi)$,$\beta = 45° + \dfrac{\varphi}{2}$;

Q_L——线分布荷载标准值,kN/m;

K_a——朗金主动土压力系数,$K_a = \tan^2\left(45° - \dfrac{\varphi}{2}\right)$。

2)距支护结构顶端作用有一定宽度的均布荷载引起的侧向压力

距支护结构顶端作用有一定宽度的均布荷载(图 2.13)引起的侧向压力,侧向压力分布可简化为有限范围内矩形,附加侧向土压力可按下式计算:

$$e_h = K_a \cdot q_L \qquad (2.30)$$

式中　e_h——附加侧向土压力,kN/m^2;

K_a——主动土压力系数;

q_L——局部均布荷载标准值,kN/m^2。

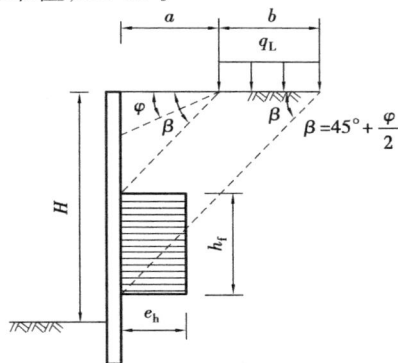

图 2.13　局部均布荷载产生的附加侧向土压力分布图

3)当坡顶地面非水平时,支护结构的主动土压力计算

①坡顶地面局部为水平时(图2.14),支护结构的主动土压力可按下列公式计算:

可将填土表面分解为水平面或倾斜面分别计算,最后再组合。先延长倾斜填土面交于 C 点。在水平面填土的作用下,其土压力强度分布如图2.14所示中的 BAd;在倾斜面填土作用下其土压力强度分布图为 cAe。两个三角形交于 f 点,则土压力分布图形 $BAefB$ 为此填土情况下土压力分布图,支护结构上的主动土压力可按下列公式计算:

$$e_a = \gamma z \cos \beta \frac{\cos \beta - \sqrt{\cos^2 \beta - \cos^2 \varphi}}{\cos \beta + \sqrt{\cos^2 \beta - \cos^2 \varphi}} \tag{2.31}$$

$$e_a' = K_a \gamma (z + h) - 2c\sqrt{K_a} \tag{2.32}$$

式中 e_a——倾斜表面对应的侧向土压力,kPa,如图2.14中的 ce 段;

e_a'——水平表面对应的侧向土压力,kPa,如图2.14中 Bd 段;

h——地表水平面距地表斜坡和支护结构相交点的距离,m;

z——距地表斜坡和支护结构相交点以下计算点的深度,m;

K_a——朗金主动土压力系数。对式(2.31),$K_a = \cos \beta \dfrac{\cos \beta - \sqrt{\cos^2 \beta - \cos^2 \varphi}}{\cos \beta + \sqrt{\cos^2 \beta - \cos^2 \varphi}}$;对式

(2.32),$K_a = \tan^2 \left(45° - \dfrac{\varphi}{2}\right)$;

其余符号同前。

②坡顶地面局部为斜面时(图2.15),在倾斜面填土作用下,土压力分布如图中 BAe,按式(2.31)计算;在水平面填土作用下,先延长水平面与延长线交于 c,此时,土压力分布图为 cAd,[按式(2.32)计算]。两三角形相交于 f 点,则图形 $BAdfB$ 为此填土的土压力分布图。

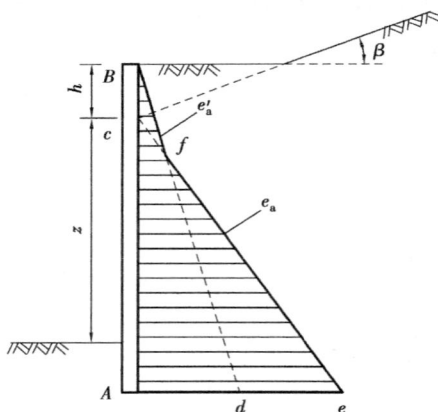

图2.14   地面局部为水平时支护结构上
主动土压力的近似计算

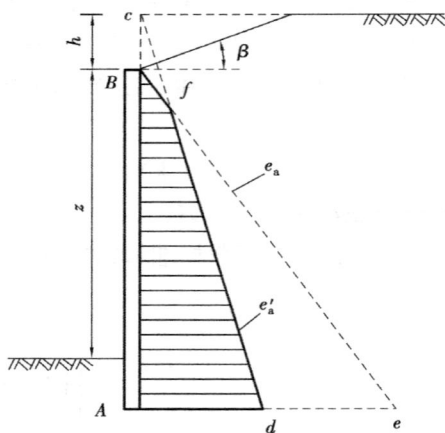

图2.15   地面局部为斜面时支护结构上
主动土压力的近似计算

③地面中部为斜面时(坡顶先水平面,再倾斜面,最后水平面填土),支护结构上主动土压力的近似计算。如图2.16所示,首先画出支护顶第一级水平面作用下的土压力三角形 BAg [采用式(2.32)计算,$h = 0$],延长墙背与坡顶平面相交 c 点,绘出土压力三角形 cAe [采用式

（2.32）计算];再绘出在倾斜填土作用下的土压力三角形 *dAf*,此时, *ce* 与 *df* 交于 *h* 点;则图形 *BAehg'B* 为此填土的土压力分布图。

当填土面形状极不规则或为曲面时,可采用以上原理结合图解法计算。

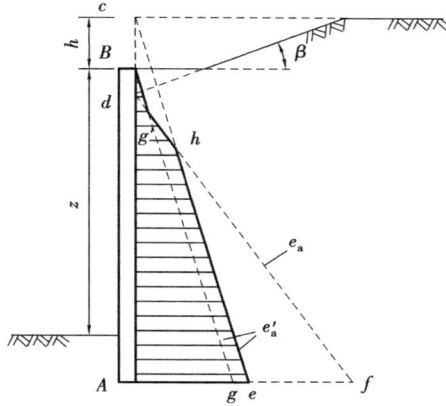

图 2.16　地面中部为斜面时支护结构上主动土压力的近似计算

④当边坡为二阶且竖直、坡顶水平且无超载时(图 2.17),水平岩土压力的合力和边坡破坏时的平面破裂角应符合下列规定:

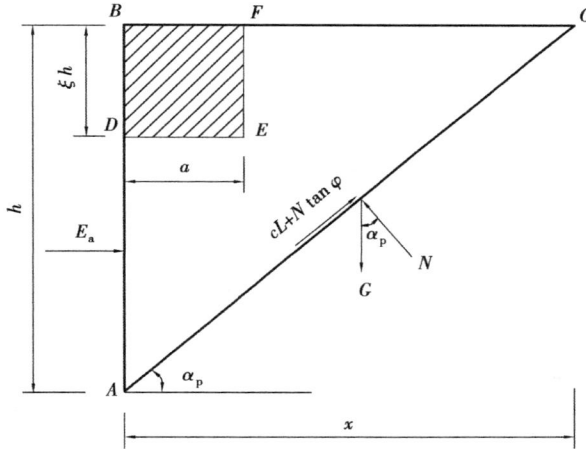

图 2.17　二阶竖直边坡的计算简图

a. 岩土压力的合力应按下列公式计算:

$$E_a = \frac{1}{2}\gamma h^2 K_a \tag{2.33}$$

$$K_a = \left(\cot \alpha_p - \frac{2a\xi}{h}\right)\tan(\alpha_p - \varphi) - \frac{\eta \cos \varphi}{\sin \alpha_p \cos(\alpha_p - \varphi)} \tag{2.34}$$

式中　h——边坡的垂直高度,m;

　　　a——上阶边坡的宽度,m;

　　　ξ——上阶边坡的高度与总边坡的高度的比值;

23

α_{p}——岩土体的临界滑动面与水平面的夹角,(°);当岩体存在外倾结构面时,α_{p} 可取外倾结构面的倾角,取外倾结构面的抗剪强度指标;当存在多个外倾结构面时,应分别计算,取 K_{a} 的最大值为设计值;当岩体中不存在外倾结构面时,α_{p} 可按式(2.35)计算。

b. 边坡破坏时的平面破裂角应按下列公式计算:

$$\alpha_{\mathrm{p}} = \arctan\left[\frac{\cos\varphi}{\sqrt{1 + \dfrac{2a\xi}{h(\eta + \tan\varphi)}} - \sin\varphi}\right] \qquad (2.35)$$

$$\eta = \frac{2c}{\gamma h} \qquad (2.36)$$

2.3 库仑土压力计算

库仑土压力理论是法国科学家库仑于 1773 年提出的计算土压力的经典理论,随着生产和科学技术的不断发展,这个理论在很大程度上得到了丰富和发展。

库仑理论是一种计算土压力的简化方法。它具有计算简便,能适用于各种复杂情况和计算结果比较接近实际等优点。因此,目前仍被工程界所广泛应用。公路挡土墙所受的土压力,一般按库伦理论计算。

2.3.1 基本原理

库仑土压力理论是从研究墙后宏观土体的滑动出发的,这和朗金理论先求得土压应力有所不同。当墙后破裂棱体产生滑动时,**土体处于极限平衡状态**,根据破裂棱体的静力平衡条件,求得墙背主动土压力和被动土压力。库仑理论在分析土压力时,基于下述基本假定:

①墙后土体为均质散粒体,粒间仅有内摩擦力而无黏聚力。

②当墙产生一定位移(移动或转动)时,墙后土体将形成破裂棱体,并沿墙背和破裂面滑动(下滑或上移)。

③破裂面为通过墙踵的一平面。

④当墙后土体开始滑动时,土体处于极限平衡状态,破裂棱体在其自重 W、墙背反力(它的反作用力即为土压力 E)和破裂面反力 R 的作用下维持静力平衡,如图 2.18(a)所示。由于破裂棱体与墙背及土体间具有摩擦阻力,故 E 与墙背法线成 δ 角、R 与破裂面法线成 φ 角,并均偏向阻止棱体滑动的一侧。

⑤挡土墙及破裂棱体均视为刚体,在外力作用下不发生变形。

库仑理论可以计算砂性土填料,挡土墙墙背倾斜、填土表面倾斜、墙背粗糙,与填土间存在摩擦作用等各种情况下的土压力。

2.3.2 主动土压力

如图 2.18(a)所示,AB 为挡土墙墙背,BC 为破裂面,BC 与竖直方向的夹角 θ 为破裂角,ABC 即为破裂棱体。在这个棱体上作用着 3 个力,即破裂棱体自重 W、主动土压力的反力 E_{a}、

破裂面上的反力 R。其中，E_a 的方向与墙背法线成 δ 角，且偏于阻止棱体下滑的方向，R 的方向与破裂面法线成 φ 角，同样偏于阻止棱体下滑的方向。由于棱体处于极限平衡状态，因此，力三角形必须闭合，如图 2.18(b) 所示。从力三角形中，可得：

$$E_a = W \frac{\cos (\theta + \varphi)}{\sin (\theta + \psi)} \tag{2.37}$$

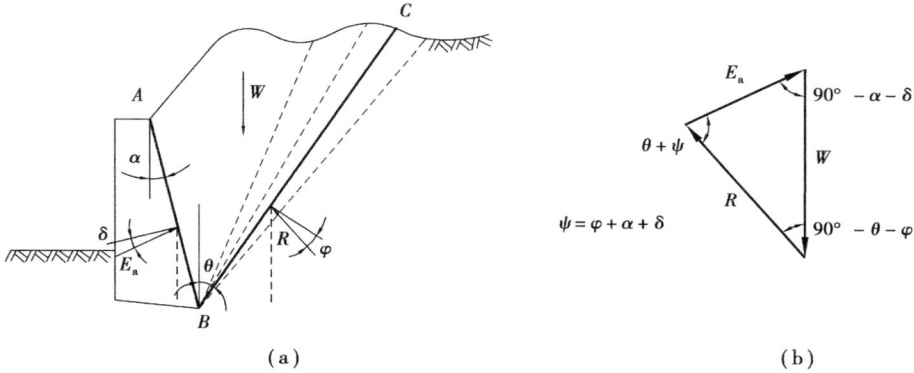

图 2.18　库仑主动土压力计算图示

但是，破裂角 θ 是未知的，由式(2.37) 和图 2.18 可知，由于所假定的破裂面的位置不同（即 θ 不同），W 和 E_a 都将随之改变。当 $\theta = 90° - \varphi$ 时，R 与 W 重合，$E_a = 0$，当 $\theta = \alpha$ 时，破裂面与墙背重合，$W = 0$，$E_a = 0$；当 $\theta > \alpha$ 时，E_a 随 θ 增加而增大；当 θ 等于某一定值时，E_a 值达最大，而后又逐渐减小，至 $\theta = 90° - \varphi$ 时变为零。E_a 的最大值即为主动土压力，相应的 BC 面即为主动状态最危险的破裂面，θ 称为主动状态破裂角。

根据上面分析，E_a 是 θ 的函数，且存在最大值。因此，利用微分极值原理，将式(2.37) 对 θ 求导，并令：

$$\frac{\mathrm{d}E_a}{\mathrm{d}\theta} = 0$$

由此即可求得主动状态时破裂角 θ，然后将 θ 代入式(2.37) 求得 E_a 值，这就是库仑理论求算 E_a 的各种图解法和数解法的依据。

当填土表面为倾斜平面时，如图 2.19 所示，依据上述方法所得的主动土压力的表达式为：

$$E_a = \frac{\gamma H^2}{2} \cdot \frac{\cos^2(\varphi - \alpha)}{\cos^2\alpha \cos (\delta + \alpha) \left[1 + \sqrt{\dfrac{\sin(\delta + \varphi)\sin(\varphi - \beta)}{\cos(\delta + \alpha)\cos(\alpha - \beta)}} \right]^2} = \frac{\gamma H^2}{2} K_a \tag{2.38}$$

$$K_a = \frac{\cos^2(\varphi - \alpha)}{\cos^2\alpha \cos (\delta + \alpha) \left[1 + \sqrt{\dfrac{\sin(\delta + \varphi)\sin \varphi(\varphi - \beta)}{\cos(\delta + \alpha)\cos(\alpha - \beta)}} \right]^2} \tag{2.39}$$

式中　γ——填土重度，$\mathrm{kN/m^3}$；

φ——填土内摩擦角，(°)；

α——墙背倾角，即墙背与铅垂线之间的夹角，(°)，俯斜为正，仰斜为负；

β——墙背填土表面的倾角，(°)；

δ——墙背与土体之间的摩擦角，(°)；

K_a——主动土压力系数。

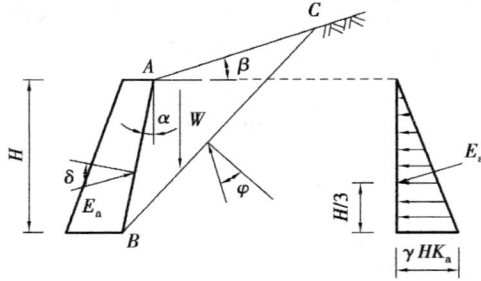

图 2.19 倾斜表面库仑主动土压力

沿墙高的土压应力 σ_a,可通过 E_a 对 h 求导而得:

$$\sigma_a = \frac{\mathrm{d}E_a}{\mathrm{d}h} = K_a \cdot \gamma \cdot h \tag{2.40}$$

由式(2.40)可知,土压力应力沿墙高呈三角形分布,合力作用点距墙踵为 $H/3$ 处,作用方向与墙背成 δ 角或与水平方向成 $\delta + \alpha$ 角,如图 2.19 所示。

2.3.3 被动土压力计算

挡土墙在外力作用下向填土方向位移足够大,直至使墙后填土沿某一滑裂面(BC)滑动而破坏。此时,作用在隔离体 ABC 上仍是 3 个力:楔体 ABC 自重力 W,滑动面上的反力 R,墙背的反力 E_p。由于破裂棱体被推挤向上滑动,因而 E_p 和 R 偏离法线方向与主动极限状态相反。在发生破坏的瞬间,滑动棱体处于极限平衡状态,力三角形是闭合的,如图 2.20(b) 所示,依据力三角形即可求得:

$$E_p = W \frac{\cos(\theta - \varphi)}{\sin(\theta - \varphi - \delta + \alpha)} \tag{2.41}$$

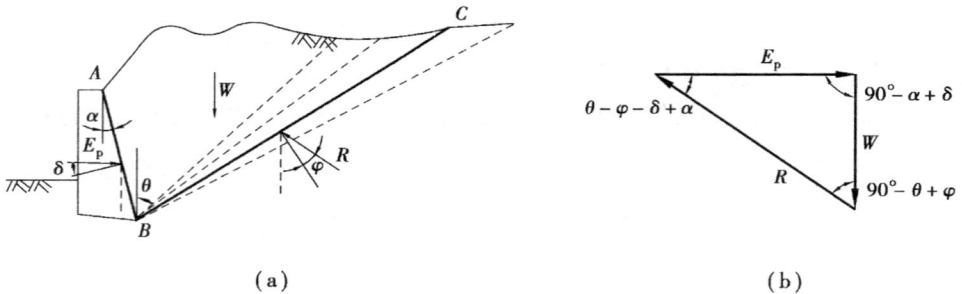

图 2.20 库仑被动土压力计算图

如图 2.20(a)可知,θ 值不同,求得的土压力也不同。在被动极限状态下,土压力的最小值,即为被动土压力 E_p,相应于土压力的最大值时的破裂面即为被动状态破裂面。

按照求解主动土压力的原理与方法,即可求得填土表面为倾向平面时的被动土压力 E_p,如图 2.21 所示。

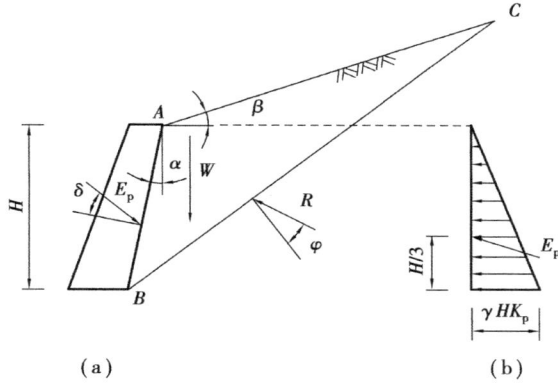

图 2.21 倾斜表面库仑被动土压力计算图

$$E_p = \frac{\gamma h^2}{2} \cdot \frac{\cos^2(\varphi + \alpha)}{\cos^2\alpha \cos(\delta - \alpha)\left[1 - \sqrt{\dfrac{\sin(\varphi + \delta)\sin(\varphi + \beta)}{\cos(\delta - \alpha)\cos(\alpha - \beta)}}\right]^2} = \frac{\gamma h^2}{2}K_p \qquad (2.42)$$

式中 K_p——被动土压力系数,按下式计算:

$$K_p = \frac{\cos^2(\varphi + \alpha)}{\cos^2\alpha \cos(\delta - \alpha)\left[1 - \sqrt{\dfrac{\sin(\varphi + \delta)\sin(\varphi + \beta)}{\cos(\delta - \alpha)\cos(\alpha - \beta)}}\right]^2} \qquad (2.43)$$

被动土压力应力分布也呈三角形,如图 2.21(b)所示,土压应力为:

$$\sigma_p = K_p \cdot \gamma \cdot h \qquad (2.44)$$

被动土压力合力 E_p 作用点距墙踵为 $H/3$ 处,其方向与墙背法线顺时针成 δ 角,即与水平方向成 $\delta - \alpha$ 角。若填土表面水平,墙背垂直光滑时,即 $\beta = 0$、$\alpha = 0$ 及 $\delta = 0$ 时,式(2.39)和式(2.43)可简化为:

$$K_a = \frac{\cos^2\varphi}{(1 + \sin\varphi)^2} = \tan^2\left(45° - \frac{\varphi}{2}\right) \qquad (2.45)$$

$$K_p = \tan^2\left(45° + \frac{\varphi}{2}\right) \qquad (2.46)$$

这与砂质土填料的朗金土压力系数公式相同。由此可见,在特定条件下,两种土压力理论的计算结果相同。

2.3.4 复杂边界条件下主动土压力计算方法

式(2.40)的库仑主动土压力公式,是按照墙后土体表面为平面的边界条件推导的,适用于路堑墙或破裂面交会于边坡上的路堤墙。实际工程中,挡土墙后的填土表面有时不是平面,而且在路基表面有车辆荷载作用,因此边界条件较为复杂。挡土墙因路基形式和荷载分布不同,土压力有多种计算图式。按破裂面交于路基面的位置不同,可分为下列几种图式,如图 2.22所示,破裂面 BC_1 交会于内边坡、破裂面 BC_2 交会于荷载内侧、破裂面 BC_3 交会于荷载中部、破裂面 BC_4 交会于荷载外侧、破裂面 BC_5 交会于外边坡等。

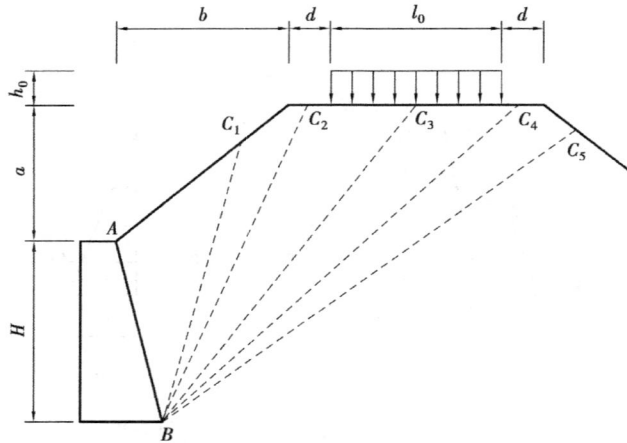

图 2.22　不同边界土压力计算图

复杂边界条件的主动土压力计算公式的推导思路和方法同式(2.37)，其中破裂棱体的自重可统一表示为：

$$W = \gamma(A_0 \tan\theta - B_0) \tag{2.47}$$

式中　A_0, B_0——与破裂角 θ 无关的边界条件系数，按表 2.2 中的公式计算。

表 2.2　边界条件 A_0, B_0

边界条件	A_0	B_0
破裂面交于荷载内侧	$A_0 = \dfrac{1}{2}(a+H)^2$	$B_0 = \dfrac{1}{2}ab - \dfrac{1}{2}H(H+2a)\tan\alpha$
破裂面交于荷载中部	$A_0 = \dfrac{1}{2}(a+H+2h_0)(a+H)$	$B_0 = \dfrac{1}{2}ab + (b+d)h_0 - \dfrac{1}{2}H(H+2a+2h_0)\tan\alpha$
破裂面交于荷载外侧	$A_0 = \dfrac{1}{2}(a+H)^2$	$B_0 = \dfrac{1}{2}ab - l_0 h_0 - \dfrac{1}{2}H(H+2a)\tan\alpha$

将式(2.47)代入式(2.37)得：

$$E_a = \gamma(A_0\tan\theta - B_0)\frac{\cos(\theta+\varphi)}{\sin(\theta+\psi)} \tag{2.48}$$

令 $\dfrac{\mathrm{d}E_a}{\mathrm{d}\theta} = 0$，经整理简化得：

$$\tan\theta = -\tan\psi \pm \sqrt{(\tan\psi + \cot\varphi)\left(\tan\psi + \frac{B_0}{A_0}\right)} \tag{2.49}$$

2.3.5　土压应力分布图

1)土压应力分布图的概念及作用

当地面不是一个平面而是多个平面或有荷载作用时，墙背上的土压力往往不呈直线分布。为了求得土压力的作用点，常借助于土压应力分布图，土压应力分布图还可用来计算挡土墙任一截面上所受的土压力。

土压应力分布图表示墙背在竖直投影面上的应力分布情况,按下述原则绘制:墙顶以上的填土及均布荷载向墙背扩散压应力的方向平行于破裂面;各点压应力与其所承受的竖直应力成正比,即

$$\sigma = K \cdot \gamma \cdot h$$

式中　K——主动土压力系数。

应当指出的是,主动土压力系数 K 不同于前文的 K_a(也称为主动土压力系数),只有在特殊工况下,$K = K_a$。

2)土压应力分布图的表示方法

土压应力分布图有下列 3 种表示方法,常采用第一种方法:

①土压力 E_a 按水平方向绘制,其面积等于 E_a,但不能表示土压力的方向,如图 2.23(b)所示。

②土压力 E_a 按与水平方向成$(\delta + \alpha)$角绘制,它可以表示土压力的方向,但应力图形的面积不等于土压力,如图 2.23(c)所示。

③水平土压力 E_x 按水平方向绘制,它既表示土压力 E_x 的方向,同时应力图形的面积等于土压力 E_a 的水平分力 E_x,如图 2.23(d)所示。

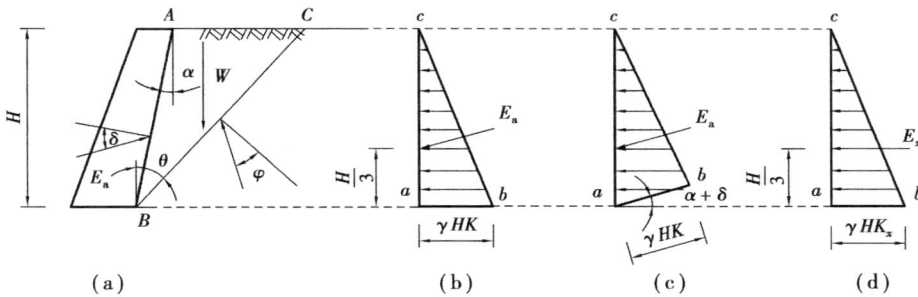

图 2.23　土压应力分布图表示方法

3)土压力系数 K 的计算方法

土压力系数 K 可按下述方法推求,从图 2.23(a)可以求得,当填土表面水平时,则破裂棱体 ABC 的重力为:

$$W = \frac{1}{2}\gamma \cdot H^2 (\tan\theta + \tan\alpha) \tag{2.50}$$

将式(2.50)代入式(2.37),得土压力:

$$E_a = \frac{1}{2}\gamma \cdot H^2 \frac{\cos(\theta + \varphi)}{\sin(\theta + \psi)}(\tan\theta + \tan\alpha) \tag{2.51}$$

由土压应力分布图可求得:

$$E_a = \frac{1}{2}\gamma \cdot H^2 K \tag{2.52}$$

式(2.51)和式(2.52)相等,于是得土压力系数:

$$K = \frac{\cos(\theta + \varphi)}{\sin(\theta + \psi)}(\tan\theta + \tan\alpha)$$

按照上述推导过程,可以推导各种复杂边界条件时的土压应力分布图。

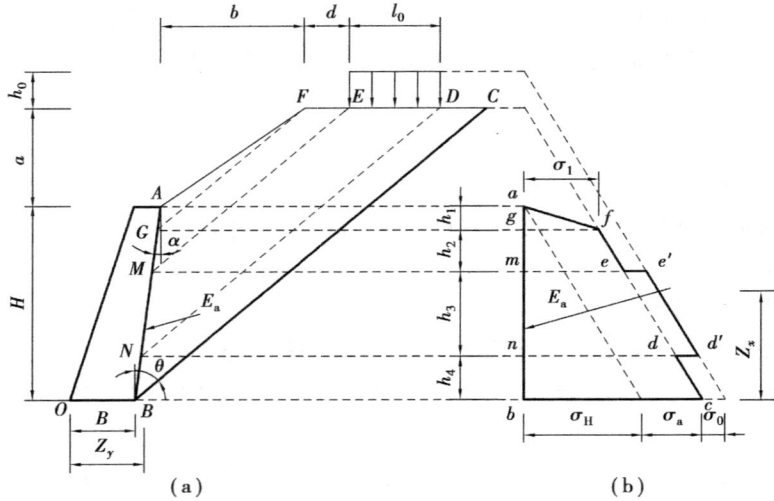

图 2.24 土压应力分布图(破裂面交会于荷载外的路堤墙)

对如图 2.24(a)所示的破裂面交会于荷载外的路堤墙,其土压应力分布图如图 2.24(b)所示。图中 GF,ME,ND 都是平行于破裂面 BC 的直线。墙背上各应力变化点的应力值为:

$$\sigma_H = \gamma H K; \quad \sigma_a = \gamma a K; \quad \sigma_0 = \gamma h_0 K; \quad \sigma_1 = \gamma(a + h_1)K \tag{2.53}$$

应力图中各变化点的高度可由几何关系求得:

$$h_1 = \frac{b - a \tan\theta}{\tan\theta + \tan\alpha}; \quad h_2 = \frac{d}{\tan\theta + \tan\alpha}; \quad h_3 = \frac{l_0}{\tan\theta + \tan\alpha}; \quad h_4 = H - h_1 - h_2 - h_3 \tag{2.54}$$

绘出应力图就可求出应力图的面积 S(等于土压力 E_a)和该面积对 B 点的面积矩 M_0,土压力 E_a 及作用点分别为:

$$E_a = S \qquad Z_x = \frac{M_0}{E_a} \qquad Z_y = B - Z_x \tan\alpha \tag{2.55}$$

2.3.6 特殊条件下的库仑土压力计算

1)第二破裂面的土压力

在挡土墙设计中,往往遇到墙背俯斜很缓,即墙背倾角 α' 比较大,如衡重式挡土墙的上墙,如图 2.25(a)所示,其假想墙背 AC 的倾角一般比较大。当墙身向外移动,土体达到主动极限平衡状态时,破裂棱体并不沿墙背滑动,而是沿土体中另一破裂面 CD 滑动,这时土体中出现相交于墙踵 C 的两个破裂面,远墙的破裂面 CF 称为第一破裂面,而近墙的破裂面 CD 则称为第二破裂面,用 θ_i 和 α_i 分别表示第一、第二破裂角。由于土体中出现了两个破裂面,用库仑理论的一般公式来计算土压力便不适用了,在这种情况下,应按破裂面出现的位置来求算土压力。在工程实际中,常把出现第二破裂面时计算土压力的方法称为第二破裂面法。

(1)第二破裂面产生的条件

①墙背(或假想墙背)倾角 α 或(α')必须大于第二破裂面的倾角 α_i,即墙背不妨碍第二破裂面的产生。

②墙背(或假想墙背)上的诸力(第二破裂面与墙背之间的土体自重 W_1 及作用在第二破裂面上的土压力 E_a)所产生的下滑力必须小于墙背上的抗滑力,E_x 为 E_a 在水平方向分力,E_y

为 E_a 在竖直方向分力,可表示为:

$$E_x \tan(\alpha_i + \delta) > (E_y + W_1) \tag{2.56}$$

即作用在墙背上的合力对墙背法线的倾角 δ' 必须小于墙背摩擦角 δ。也可表述为第二破裂面与墙背之间的土体不会沿墙背下滑。

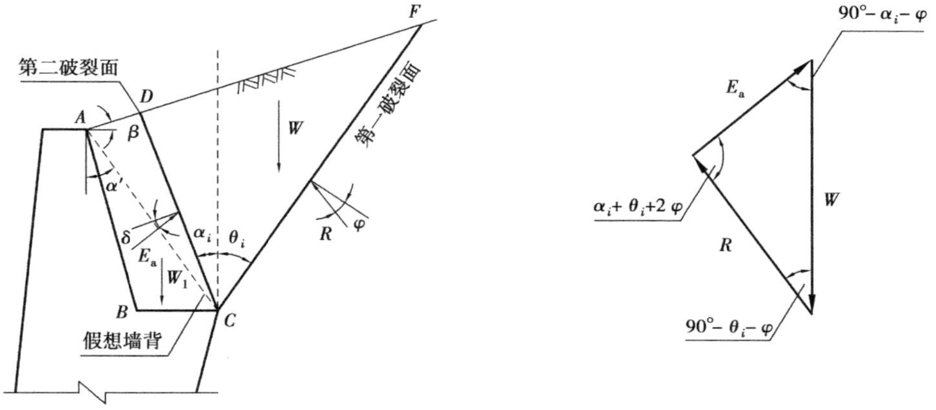

图 2.25　第二破裂面法计算图式

(2)第二破裂面的土压力计算

用库仑理论的方法可求算第二破裂面的土压力,这时,第二破裂面上的摩擦角等于土体的内摩擦角 φ。由于破裂棱体有两组破裂面,按照库仑理论,作用在第二破裂面上的土压力 E_a 或 E_x 是 α_i 与 θ_i 的函数,即

$$E_a = f(\alpha_i, \theta_i) \text{ 或 } E_x = f(\alpha_i, \theta_i)$$

从图 2.25(b)所示的力三角形中可知:

$$E_a = W \frac{\cos(\theta_i + \varphi)}{\sin[(\alpha_i + \varphi) + (\theta_i + \varphi)]} \tag{2.57}$$

$$E_x = E_a \cos(\alpha_i + \varphi) \tag{2.58}$$

取 E_x 等于最大值为出现第二破裂面的极值条件,即

$$\begin{cases} \dfrac{\partial E_x}{\partial \alpha_i} = 0 \\ \dfrac{\partial E_x}{\partial \theta_i} = 0 \end{cases} \tag{2.59}$$

求解式(2.59)可分别得到第一、第二破裂角 θ_i 与 α_i。并将 θ_i 与 α_i 代入式(2.57)中,即可求得第二破裂面的土压力 E_a。

2)折线形墙背的土压力

为了适应地形和工程需要,常采用凸形墙背的挡土墙或衡重式挡土墙。这些挡土墙背不是一个平面,而是折面。对这类折线形墙背,以墙背转折点或衡重为界,分为上墙与下墙,如图2.26 所示。

如前所述,库仑理论仅适用于直线墙背。当墙背为折线时,不能直接用库仑理论求算全墙的土压力。这时,应将上墙与下墙看成独立的墙背,分别按库仑理论计算主动土压力。然后取两者的矢量和作为全墙的土压力。

计算上墙土压力时,不考虑下墙的影响,采用一般库仑理论公式计算;若上墙墙背(或假想墙背)倾角较大,出现第二破裂面,则采用第二破裂面法计算。

下墙土压力计算较为复杂,目前普遍采用简化计算方法,常用的有延长墙背法和力多边形法两种。

(1)延长墙背法

如图 2.27 所示,AB 为上墙墙背,BC 为下墙墙背。先将上墙视为独立的墙背,用一般方法求出主动土压力 E_1,土压应力分布图形为 abc。计算下墙土压力时,先延长下墙墙背 CB,交填土表面于 D 点;以 DC 为假想墙背,用一般库仑土压力理论求算假想墙背的土压力,其土压力分布图形为 def;截取其中与下墙相应的部分,即 hefg,其合力即为下墙主动土压力 E_2。

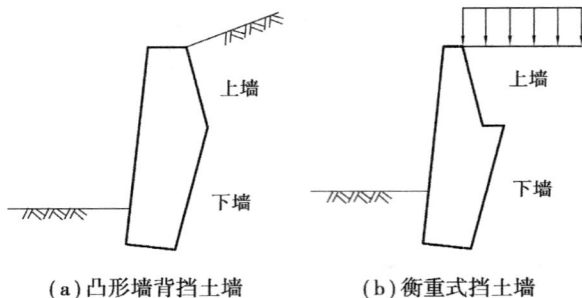

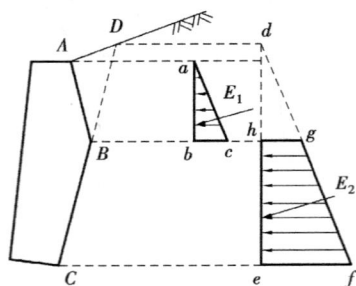

图 2.26　折线形墙背　　　　图 2.27　延长墙背法求下墙土压力

延长墙背法是一种简化的近似方法,由于计算简便,该方法至今在工程界仍得到广泛应用。然而,它的理论根据不足,给计算带来一定的误差,这主要是忽略了延长墙背与实际墙背之间的土体重力及作用其上的荷载,但多考虑了由于延长墙背与实际墙背上土压力作用方向的不同而引起的竖直分量差,虽然两者能相互补偿,但未必能抵消。此外,在计算假想墙背上的土压力时,认为上墙破裂面与下墙破裂面平行,实际上,一般情况下两者是不平行的,这就是产生误差的第二个原因。

(2)力多边形法

力多边形法依据极限平衡条件下作用在破裂棱体上的诸力应构成闭合力多边形的原理来求算下墙土压力。这种方法不需要借助任何假想墙背,因而避免了延长墙背法所引起的误差。

力多边形法求算折线墙背下压力采用数解法,作用在破裂棱体上的力及由此构成的力多边形如图 2.28 所示。在多边形中,根据其几何关系,即可求得下墙土压力 E_2:

$$E_2 = W_2 \frac{\cos(\theta_2 + \varphi)}{\sin(\theta_2 + \varphi + \delta_2 - \alpha_2)} - \Delta E \tag{2.60}$$

$$\Delta E = R_1 \frac{\sin(\theta_2 - \theta_i)}{\sin(\theta_2 + \varphi + \delta_2 - \alpha_2)} \tag{2.61}$$

$$R_1 = E_1 \frac{\cos(\alpha_1 + \delta_1)}{\cos(\theta_2 + \varphi)} \tag{2.62}$$

式中　W_2——挡土墙下墙破裂棱体的重力,包括破裂棱体上的荷载,kN;

　　　θ_i——上墙第一破裂角,(°);

　　　θ_2——下墙破裂角,(°);

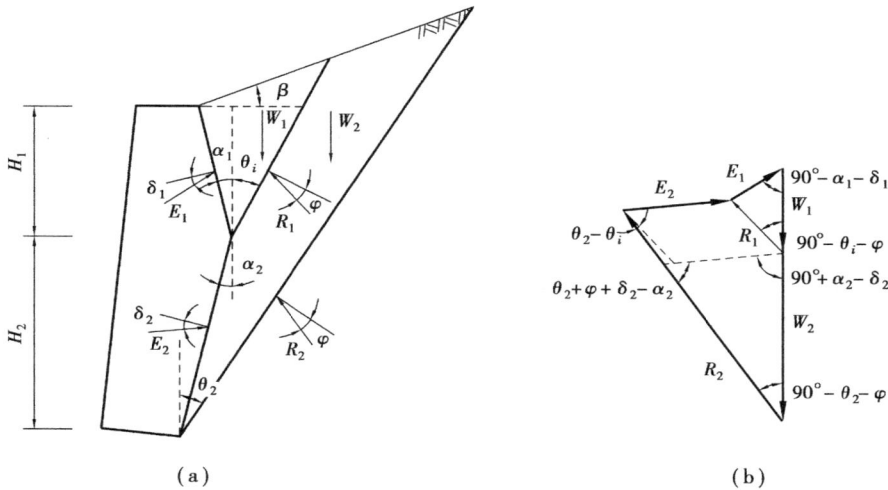

图 2.28 力多边形法求下墙土压力

R_1——上墙破裂面上的反力,kN;

E_1——上墙土压力,kN;

α_1——上墙墙背倾角,(°);

α_2——下墙墙背倾角,(°);

δ_1——上墙墙背摩擦角,(°);

δ_2——下墙墙背摩擦角,(°);

φ——填土的内摩擦角,(°)。

由上式可知,下墙土压力 E_2 是试算破裂角 θ_2 的函数,为求 E_2 的最大值,可令 $\dfrac{\mathrm{d}E_2}{\mathrm{d}\theta_2}=0$,求得破裂角 θ_2。将 θ_2 代入式(2.54)即可求得下墙土压力 E_2。

3)黏性土的土压力

当墙后填料为黏性土时,由于黏聚力的存在,对土压力值有很大影响,因此,在计算土压力时,应考虑黏聚力,一般采用等效内摩擦角法和力多边形法进行计算。

(1)等效内摩擦角法

由于库仑理论仅限于计算砂质土的土压力,因此最简单的方法就是增大内摩擦角的计算数值,把黏聚力的影响考虑在内摩擦角这一参数内,然后按砂土的公式计算其主动土压力。这就是所谓的等效内摩擦角法。

等效内摩擦角选取主要有 3 种方法:一是按照抗剪强度相等原则确定;二是按土压力相等原则计算;三是根据规范经验取值。经验取值按照《公路路基设计规范》(JTG D30—2015)表H.0.1-4(表1.6)选用,地下水位以下可按表1.6中参数结合经验降低取值。

按经验确定等效内摩擦角 φ_D,仅与一定的墙高 H 相适应,按 φ_D 设计挡土墙,对低于 H 的挡土墙偏于保守,而对高于 H 的挡土墙则偏于危险,如图 2.29 所示。为消除这一不利因素,等效内摩擦角 φ_D 可以按换算前后土体抗剪强度相等的原则或土压力相等的原则进行计算。

①按照土体抗剪强度相等的原则计算 φ_D,如图 2.29 所示。

$$\tan\varphi_D = \tan\varphi + \frac{c}{\gamma H} \tag{2.63}$$

由式(2.63)抗剪强度相等的原则可得：$\varphi_D = \arctan\left(\tan\varphi + \dfrac{c}{\gamma H}\right)$。

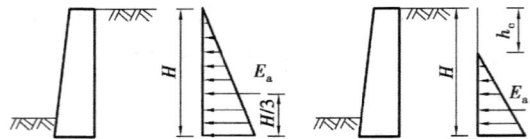

②按照土压力相等的原则计算 φ_D，如图 2.30 所示。

$$\tan\left(45° - \frac{\varphi_D}{2}\right) = \tan\left(45° - \frac{\varphi}{2}\right) - \frac{2c}{\gamma H} \tag{2.64}$$

由式(2.64)土压力相等的原则可得：$\varphi_D = 90° - 2\arctan\left[\tan\left(45° - \dfrac{\varphi}{2}\right) - \dfrac{2c}{\gamma H}\right]$。

等效综合内摩擦角主要有根据抗剪强度相等和土压力相等两种原则进行换算。当 $c = 0$ 时，两种方式换算结果一致，即 $\varphi_D = \varphi$。

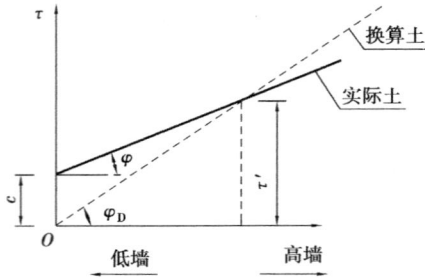

图 2.29　按抗剪强度计算 φ_D　　　　图 2.30　按土压力相等计算 φ_D

事实上，影响土体等效内摩擦角的因素很多，**按土体抗剪强度相等或土压力相等的原理计算** φ_D，虽然考虑了土体的黏聚力 c 和墙高 H 的影响，但未能考虑边界条件(如填土表面倾角 β 和墙背倾角 α 等)对 φ_D 的影响。因此，选取能真实反映黏性土抗剪强度的 φ_D 是比较困难。最好按实际的 c,φ 值计算黏质土的主动土压力，即按力多边形法来计算黏质土的主动土压力。

(2)力多边形法

力多边形法仍以库仑理论为依据，其计算图式如图 2.31 所示，其中，图 2.31(b)为作用于图 2.31(a)中破裂棱体 ABDEFMNA 上的各力所构成的力多边形。图中，C 为破裂面上的黏结力，$C = \overline{BD} \cdot c$；$h_c$ 为考虑黏聚力后，填土表面所产生的裂缝深度，如式(2.12)所示。

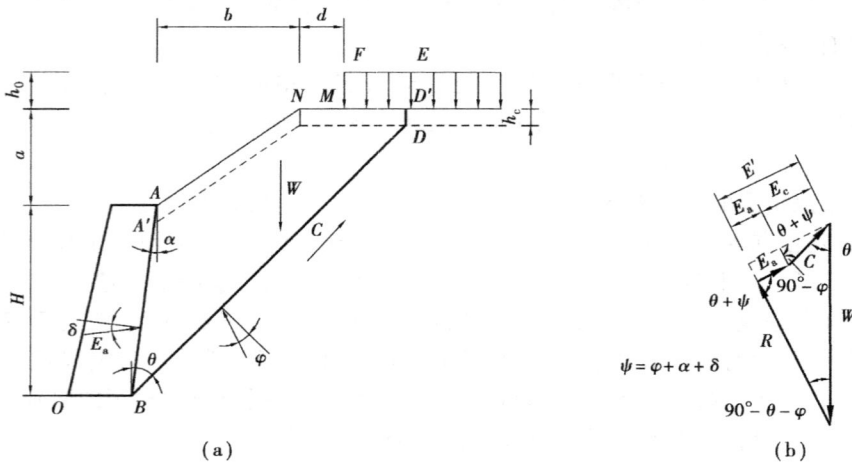

(a)　　　　　　　　　　　　　　　　(b)

图 2.31　力多边形法求黏质土土压力

用力多边形计算黏质土土压力时,仍然是先列出主动土压力 E_a 与试算破裂角 θ 间的函数关系, $E_a = f(\theta)$,然后取 $\dfrac{\partial E_a}{\partial \theta} = 0$,即可求得破裂角 θ,进而计算主动土压力 E_a。

由力多边形可知,作用在墙背上的主动土压力为:

$$E_a = E' - E_c \tag{2.65}$$

$$E' = W \frac{\cos(\theta + \varphi)}{\sin(\theta + \psi)} \tag{2.66}$$

$$E_c = \frac{c \cdot \cos \varphi}{\sin(\theta + \psi)} \tag{2.67}$$

式中　E'——当 $c = 0$ 时的土压力,kN;

E_c——由于黏聚力 c 的存在减少的土压力,kN。

4)有限范围填土的土压力

库仑理论和朗金理论的假设条件,均要求破裂面不受阻,能在填土中形成,**当墙后存在着已知坡面或潜在的滑动面**(如修筑在陡山坡上的半路堤或山坡土体内有倾向路基的层面等),**而且其倾角比破裂角陡**($\theta_0 < \theta$,θ 为墙后全匀质土的破裂角),或者墙后开挖面为岩石或坚硬土质时,为减小开挖和回填工程量,开挖边坡较陡,其倾角也较破裂角小。**在这种情况下,墙后填土不是沿着计算破裂面滑动,而是沿着这些已知滑动面滑动。这属于有限范围填土土压力计算问题。**

有限范围填土土压力计算图,如图 2.32 所示。根据棱体极限平衡条件作用在墙背上的主动土压力为:

$$E_a = W \frac{\cos(\varphi + \theta_0)}{\sin(\psi + \theta_0)} \tag{2.68}$$

式中　W——滑动土体的自重,包括土体上的荷载,kN;

φ——填土与滑动面间的摩擦角,(°);

θ_0——滑动面与竖直方向的夹角,(°)。

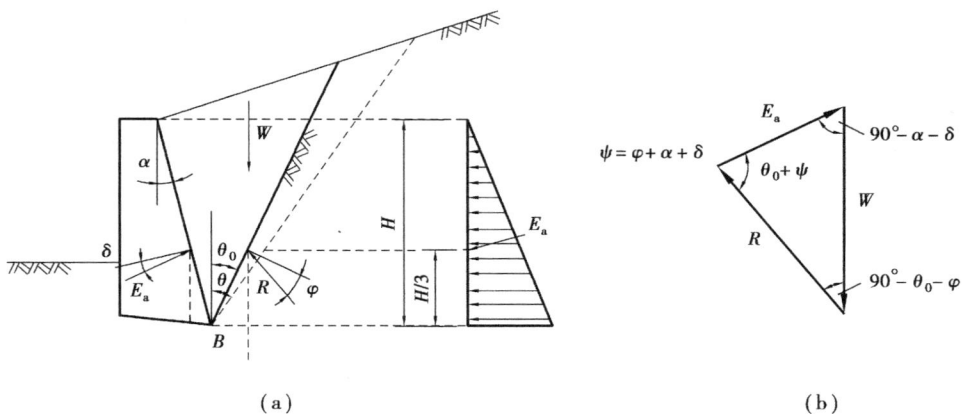

图 2.32　有限范围填土土压力计算图

2.3.7 库仑土压力理论的适用范围

1）库仑主动土压力的适用范围

①库仑理论虽有不够严谨之处，但概念清晰，计算简单，适用于不同墙背坡度和粗糙度、不同墙后填土表面形状和荷载作用情况下的主动土压力计算。一般情况下，计算结果均能满足工程要求。

②库仑理论较适用于砂土，主动土压力计算值与实际情况比较接近。当应用于黏性土时，应考虑黏聚力的影响。

③库仑理论不仅适用于墙背为平面或近似平面的挡土墙，也适用于 L 形墙背（如悬臂式和扶壁式挡土墙），此时可将墙背顶点和墙踵的连线为假想墙背来计算土压力，其中墙背摩擦角为填土的内摩擦角 φ。

④当俯斜墙背（包括 L 形墙背的假想墙背）的坡度较缓时，破裂棱体不一定沿墙背（或假想墙背）滑动，而可能沿土体内某一破裂面滑动，即土体中出现第二破裂面，此时应按第二破裂面法计算土压力。

⑤当库仑理论应用于仰斜墙背时，墙背坡度不宜太缓，一般以不缓于 1:0.3 ~ 1:0.35 为宜，不然将出现较大的误差，计算土压力偏小，如墙背倾角 $\alpha = \varphi$，理论上 $E_a = 0$，但实际上 $E_a \neq 0$。

⑥库仑理论仅适用于刚性挡土墙。对锚杆式、锚定板式、桩板式等柔性挡土墙的土压力只能按库仑理论近似计算。

⑦库仑理论适用于地面或墙后填土表面倾角 $\beta < \varphi$ 的情况，否则在计算主动土压力系数时将出现虚根。

2）库仑被动土压力的使用条件

用库仑理论计算被动土压力时，常会引起很大的误差，并且它随 α、δ 和 β 值的增大而迅速增大。另外，实际的被动土压力达不到理论计算值。这是因为产生被动极限状态时的位移量远较主动极限状态大（表 2.1），这对一般挡土墙来说几乎是不可能的，有时也是不允许的。因此，如果在设计中考虑土的被动抗力，应对被动土压力的计算值进行大幅度的折减。

例如，重力式挡土墙设计时，墙背上承受主动土压力，墙趾处虽有部分土层，但由于主动土压力产生的位移量较小，墙前土体难以达到被动状态，因此，墙前被动抗力要比理论计算的被动土压力小得多。目前，尚无可靠的计算方法，根据经验并为安全起见，一般只取 1/3 的被动土压力计算值作为设计值，并且常常是在基础埋深较大（如大于 1.5 m），土层稳定不受水流冲刷或其他扰动破坏时才考虑。

2.4 特殊场地环境下土压力计算

2.4.1 地震作用下的土压力计算

地震对挡土墙的破坏主要是水平地震力引起的，因此，在分析地震作用下的土压力时，只考虑水平方向地震力的影响。求地震土压力通常采用静力法，又称惯性力法。这种方法与计算一般土压力的区别在于多考虑了一个由破裂棱体自重 W 所引起的水平地震力 P_h。P_h 作用于棱体重心，方向水平，并朝向墙前滑动，其大小为：

$$P_h = C_z K_h W \tag{2.69}$$

式中　C_z——综合影响系数，$C_z = 0.25$；

　　　K_h——水平地震力系数，见表 2.3。

地震力 P_h 与破裂棱体自重 W 的合力 W_s［图 2.33（c）］为：

$$W_s = \frac{W}{\cos \theta_s} \tag{2.70}$$

式中　θ_s——地震角，按下式计算（实际应用可按表 2.3 取值）：

$$\theta_s = \arctan(C_z K_h) \tag{2.71}$$

表 2.3　水平地震力系数与地震角

基本烈度		7	8	9
K_h		0.1	0.2	0.4
θ_s	非浸水	1°30′	3°	6°
	浸水	2°30′	5°	10°

已知地震力与破裂棱体自重的合力 W_s 的大小与方向，假定在地震条件下土的内摩擦角 φ 与墙背摩擦角 δ 不变，则墙后破裂棱体上的平衡力如图 2.33（a）所示。

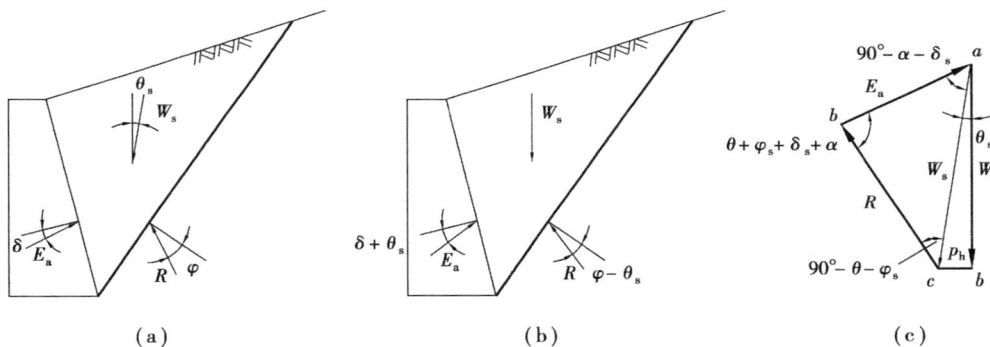

图 2.33　地震土压力计算图

若保持挡土墙和墙后棱体位置不变，将整个平衡力系转动 θ_s 角，使 W_s 位于竖直方向，如图 2.33（b）所示。由于没有改变平衡力系中三力间的相互关系，即没有改变图 2.33（c）中的力三角形 abc，则这种改变并不影响对 E_a 的求算。由图 2.33（b）可以看出，只要用下列各值：

$$\begin{cases} \gamma_s = \dfrac{\gamma}{\cos \theta_s} \\ \delta_s = \delta + \theta_s \\ \varphi_s = \varphi - \theta_s \end{cases} \tag{2.72}$$

取代 γ, δ, φ 值时，地震作用下的力三角形 abc 与一般情况下的力三角形 abc 完全相似，可直接采用一般库仑土压力公式来计算地震土压力。

按上述方法计算时，必须满足下列条件：

$$\begin{cases} \alpha + \delta + \theta_s < 90° \\ \varphi \geqslant \beta + \theta_s \end{cases} \tag{2.73}$$

用静力法求得地震土压力 E_a 后，在计算 E_x 和 E_y 时，仍应采用实际墙背摩擦角 δ，而不应

用 δ_s。对于路肩墙还可按下式计算地震土压力 E_a 作用于距墙踵以上 $0.4H$ 处：

$$E_a = \frac{1}{2}\gamma H^2 K_a (1 + 3C_i C_z K_h \tan\varphi) \qquad (2.74)$$

式中 C_i——重要性修正系数,见表2.4。

表2.4 其他公路工程构筑物抗震重要修正系数 C_i

公路等级	构筑物重要程度	抗震重要性修正系数 C_i
高速公路、一级公路	抗震重点工程	1.7
	一般工程	1.3
二级公路	抗震重点工程	1.3
	一般工程	1.0
三级公路	抗震重点工程	1.0
	一般工程	0.8
四级公路	抗震重点工程	0.8
	一般工程	0.8

注:抗震重点工程是指隧道和破坏后抢修困难的路基、挡土墙工程。

2.4.2 浸水挡土墙土压力计算

墙后土体浸水时,一方面因水的浮力作用使土的自重减小;另一方面浸水时砂性土的抗剪强度变化虽不大,但黏性土的抗剪强度会发生显著降低。

1)砂性土浸水后假设 φ 值不变

在假设填土的 φ 值不变的条件下,则主动土压力系数 K 也不变。当墙后填土表面水平时,破裂角 θ 不受浸水影响;当填土表面倾斜或有荷载作用时,则破裂角 θ 受浸水影响略有变化。虽然破裂角 θ 有变化,但对计算土压力影响不大,而影响浸水挡土墙土压力计算因素复杂,为简化计算,可假设浸水后破裂角 θ 不变。

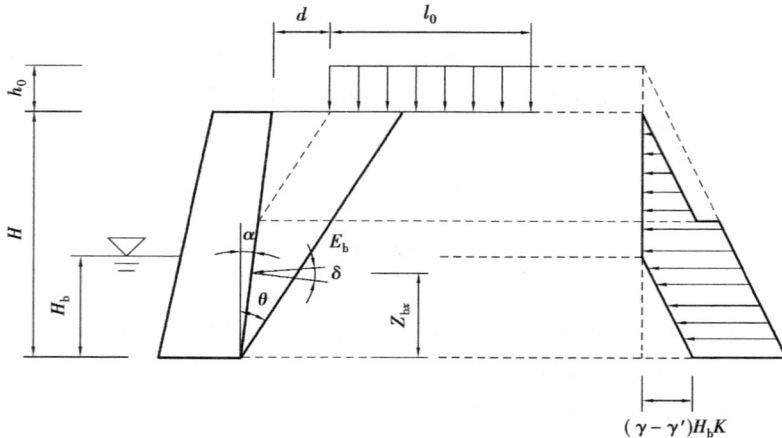

图2.34 浸水挡土墙土压力计算图

当 θ 都不变时,浸水挡土墙的土压力,可采用不浸水条件下的土压力 E_a,然后再扣除计算水位以下因浮力影响而减小的土压力 ΔE_b(图 2.34),即得浸水条件下的土压力 E_b。因此,E_b 也可按下式计算:

$$\begin{cases} E_b = E_a - \Delta E_b \\ \Delta E_b = \dfrac{1}{2}(\gamma - \gamma')H_b^2 K_a \end{cases} \tag{2.75}$$

式中　γ'——填土的浮重度,kN/m^3。

土压力作用点为:

$$Z_{bx} = \frac{E_a Z_x - \Delta E_b \dfrac{H_b}{3}}{E_b} \tag{2.76}$$

式中　Z_x——填土浸水前土压力作用点的高度,m。

对浸水的凸折式挡土墙下墙的土压力,当采用延长墙背法时,按上述方法计算,即扣除由水的浮力影响而减少的土压力 ΔE_b 后由应力分布图确定土压力及作用点。当采用力多边形法时,土压力及作用点按下式计算:

$$Z_{2b} = E_{2a} - \Delta E_{2b} \tag{2.77}$$

$$Z_{2bx} = \frac{E_{2a} Z_{2x} - \Delta E_{2b} \Delta Z_{2bx}}{E_{2b}} \tag{2.78}$$

$$\Delta E_{2b} = \frac{1}{2}(\gamma - \gamma')H_2(2H_b - H_2)K$$

$$\Delta Z_{2bx} = \frac{H_2}{3}\left(1 + \frac{H_b - H_2}{2H_b - H_2}\right)$$

式中　H_2——下墙高度,m,当 $H_b \leqslant H_2$ 时,式中 H_2 用 H_b 代替。

2)黏性土考虑浸水后 φ 值降低时的土压力计算

这种情况应以计算水位为界,将填土的上下两部分视为不同性质的土层,分层计算土压力。计算中,先求出计算水位以上填土的土压力 E_1;然后再将上层填土重力作为超载,计算浸水部分的土压力 E_2,上述两部分土压力 E_1 和 E_2 的向量和即为全墙土压力 E_b。

在计算浸水部分的土压力 E_2 时,将上部土层(计算水位以上部分填土)及其上荷载按浮重度 γ' 换算为均布土层,作为浸水部分的超载,均布土层厚度 h_b 为:

$$h_b = \frac{\gamma}{\gamma'}(h_0 + H - H_b) \tag{2.79}$$

2.5　滑坡推力计算及稳定性评价

当公路路线穿越滑坡地段时,应根据滑坡勘测和稳定性分析结果,通过设置抗滑结构物来提高滑坡的稳定性。抗滑结构物设计时,必须了解滑坡推力的特点和性质,确定滑坡推力的大小。在确定滑坡推力时,除需知道滑动面的位置外,还需知道坡体的重度 γ,滑动面土的抗剪强度指标 c,φ 值,以及设计所要求的安全系数 F_s。

滑坡体重度确定比较容易,通常采用试验的方法确定。而抗剪强度指标确定比较困难,而且它与安全系数对滑坡稳定性分析和滑坡推力计算影响很大。因此,应给予足够的重视。

2.5.1 滑坡推力的特征

作用在抗滑结构物上的侧压力为滑坡推力,它不同于挡土墙上的土压力,主要表现在力的大小、方向、分布和合力作用点等方面。

1)大小

作用在挡土墙上的土压力,是按库仑理论或朗金理论来计算的,其破裂面与土压力的大小均随墙高和墙背形状的变化而变化。作用在抗滑构造物上的滑坡推力则在已知滑动面(如直线、折线或圆弧滑动面等)的情况下按剩余下滑力法来计算。一般情况下,滑坡推力远大于土压力。

2)方向

普通土压力的方向与墙背法线成 δ 角(墙背与填土摩擦角),它与墙背的形状及粗糙程度有关;对于朗金土压力来说,则与墙顶填土(或土体)表面平行。而滑坡推力,其方向与墙(桩)后滑动面(带)有关,并认为与紧挨桩(墙)背的一段较长滑动面平行。

3)分布及合力作用点

普通土压力一般为三角形分布。其合力作用点在墙踵以上 1/3 墙高处(如有车辆荷载作用或路堤墙,土压力为梯形分布)。滑坡推力分布和作用点则与滑坡的类型、部位、地层性质、变形情况等因素有关,推力分布一般假设为矩形、三角形和梯形如图 2.35 所示。

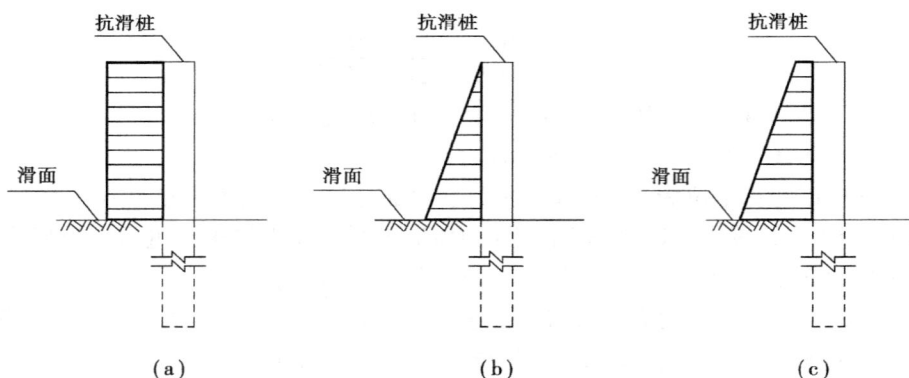

图 2.35 滑坡推力在桩上的分布

①当滑坡体为黏聚力较大的土层时,如黏土、土夹石或滑坡体为较完整的岩层时,滑坡体系均匀向下蠕动,或整体向下移动,滑坡推力可按矩形分布考虑,如图 2.35(a)所示。

②当滑坡体以内摩擦角为主要抗剪特性的堆积体,或滑坡体为松散体和堆积层时,其靠近滑动面的滑动速度较大,而滑坡体表层的滑动速度较小,可按三角形分布考虑,如图 2.35(b)所示。

③介于以上两种情况之间,滑坡推力可按抛物线形或简化为梯形分布考虑,如图 2.35(c)所示。

就抗滑桩而言,滑坡推力的分布,实际上还与桩的变形性质、桩前滑坡体产生抗力的性质、滑坡体滑动的速度等因素有关。抗滑桩实体试验和模型试验表明,滑坡推力基本呈抛物线分布,最大值出现在滑坡体的中部,靠近滑动面的应力较小。当滑坡体土质为黏质土时,由于黏聚力的影响,顶部应力较松散介质时大,作用点也较高。

2.5.2 滑面抗剪强度指标的确定

滑动面土的抗剪强度指标 c,φ 值的确定是抗滑结构物设计成败的关键,一般可用土的剪切试验、根据滑坡过去或现在的状态进行反算以及选用经验数据三方面来获得,并相互印证。

滑面岩土抗剪强度取值,可根据滑面岩土室内试验资料、极限平衡反算值、工程地质类比经验数据,结合滑坡可能出现的最不利情况进行分析确定。必要时可由现场试验资料进行确定。在有滑动变形特征的滑坡,应室内试验与反算参数相结合。对贯通滑面的参数应选取滑面参数,而无贯通滑面应选取滑体参数,一般滑体参数高于滑面参数。

《公路滑坡防治设计规范》(JTG/T 3334—2018)第 5.3.3 条:滑动面(带)土的抗剪强度指标应根据滑坡受力状态、物质成分、滑动面形态、含水状态等进行分段选取,并应符合下列规定:处于蠕动阶段滑坡体内未曾有过位移的潜在滑动面(带)的滑坡,以及潜在滑坡,宜采用峰值强度指标;处于整体滑动状态或已出现滑移的坡段,宜采用残余强度指标;处于变形阶段的滑坡可在峰值强度指标与残余强度指标之间取值,并结合反算强度值,进行综合选取。

1)剪切试验法

(1)参数选取的原则

根据滑坡的滑动性质用剪切试验法确定滑动面土的抗剪强度指标,关键在于尽可能地模拟它的实际状态,只有这样才可能获得符合实际情况的数值。

土样在剪切试验过程中,随着剪切变形的增加,剪切应力逐渐增加,当剪切破裂面完全形成时,剪切应力达到峰值(τ_F),然后随变形的增加,剪切应力逐渐下降,最终趋近于一稳定值 τ_w。其中,τ_F 为峰值抗剪强度;τ_w 则为残余抗剪强度,如图 2.36 所示。

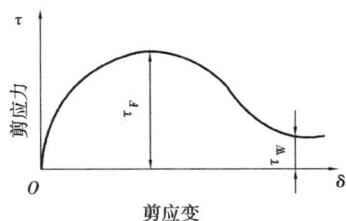

图 2.36 剪应力与剪应变的关系

对各种类型的滑坡,就其滑动面上的剪切状况来说,大致可分为 3 种情况:

①新生滑坡,现在尚未滑动而即将发生滑坡者,显然这时潜在滑动面上并未发生剪切破坏,待发生剪切破坏时滑坡就滑动了。对于新生的即将滑动的滑坡,由于滑动面尚未完全形成,采用滑动面原状土根据滑动面土的充水情况(持续充水或季节充水)做固结快剪或快剪试验,取其峰值(图 2.36 的 τ_F)作为抗剪强度指标。

②滑坡已滑动,而且持续不断发生剪切位移,滑动面土已剪坏,可取残余强度指标。

③介于上述两者之间,历史上曾发生过滑动而目前并非经常滑动的滑坡,可结合反算取峰值与残值之间的参数。

④对于多次滑动并仍在活动的滑坡,由于滑动面已经完全形成,滑动面土的原状结构已遭受破坏,所以应取残余值(图 2.36 的 τ_w)作为抗剪强度指标。

(2)残余抗剪强度指标测定

残余抗剪强度指标可用以下试验方法测定:

①滑动面重合剪切试验。从试坑或钻孔中取含有滑动面的原状土试样,用直剪仪保持沿原有滑动方向剪切,试验方法同一般快剪试验。由于滑动面已多次滑动,取样及试验保持原有

含水率,则得到的将为残余强度。当试样含水率太高,剪切时土易从剪切盒间挤出,此法将不适用。

②重塑土多次直剪试验。由于多次滑动后,滑动面土原状结构已遭破坏,在原状土不易取得时,用重塑土做剪切试验得到的残余强度,与用原状土试验得到的大致相同。试验时用一般应变式直剪仪按常规快剪方法进行一次剪切后,在已有剪切面上,再重复做多次剪切,直至土的抗剪强度不再降低为止。

③环状剪力仪大变形明切试验(简称环剪试验)。

试样可用重塑土或原状土,剪切时试样因上下限制环的相对旋转而产生环形剪切面。环剪试验的主要特点是试样在剪切时剪切面积保持不变,相应的正应力也是恒定的,适合进行大变形的残余强度试验。

在室内试验中,也可用三轴剪切试验来较快地测得黏质土的残余强度。试样为含有滑动面的原状土,或为人工制备剪切面的土,使剪切时剪切强度达到残余值时的剪切位移可以缩小。

残余强度指标除用上述各种室内试验方法确定外,还可以做现场原位剪切试验。即在选定的土结构遭到破坏的滑动面上,沿滑动方向进行直接剪切,这样可以克服室内试验的一些限制,反映实际情况。试验多在滑坡前缘出口处挖试坑或探井进行。

对于古滑坡或滑动量不大的滑坡,滑动面土的抗剪强度介于峰值强度与残余强度之间,故较难确定。一般可在现场实际滑动面上做原位剪切试验测定。但是这种方法往往受条件限制,只能在滑坡体四周进行,而主滑地段滑动面太深,不易做到,用边缘部位的指标来代替则有一定出入。抗剪强度指标也可做滑动面处原状土样的重合剪切试验求得。另外,还可根据滑坡当前所处的状态,用滑动面土的重塑土做多次剪切试验,可选用其中某几次剪切试验结果作为抗剪强度指标。

滑动面土的抗剪强度指标不仅与滑坡体的滑动过程和当前所处的状态有关,而且与季节含水情况有关。即使是同滑动面,所取试样的位置不同,抗剪强度指标也会不同。因此,确定滑动面土的抗剪强度指标时应按最不利的情况考虑,同时滑动面上各段指标应分别确定。

2)反算法

滑坡的每一次滑动都可看成一次大型的模型试验。只要弄清滑动瞬间的条件,就可求出该条件下滑动面土的抗剪强度指标。通常假定滑坡体即将滑动的瞬间处于极限平衡状态,令其剩余下滑力为零,按安全系数 $K = 1$ 的极限平衡条件反算滑动面土的抗剪强度指标。反算法所求出 c,φ 值的可靠性取决于反算条件是否完备与可靠。实践证明,只要反算条件可靠,所得指标将能较好地反映土的力学性质。因此,反算法得到较广泛的应用。

根据滑动面土的性质不同,滑坡极限平衡状态抗剪强度指标的推算可分为综合 c 法,综合 φ 法及兼有 c,φ 法。

用反算法只能求出一组 c,φ 值,它只能代表整个滑动面上的平均指标。对于大多数滑坡来说,由于滑动面各段的性质有差别,从上到下使用同一组 c,φ 值将带来一定误差。为了消除这种影响,反算时可先用试验方法或经验数据确定上下两段(即所谓牵引段、抗滑段)的指标,只反算埋深较大的主滑段指标。

按上述方法反算的指标只能代表过去的情况,以后滑动的指标可能要低一些。对于过去滑动次数较少的滑坡来说,这种降低将比较明显;对于多次滑动过的滑坡,则不明显。因此,应用反算指标时应考虑这一情况,加适当的安全系数后再使用。

如果能估计出现今滑坡的稳定状态,即日前的抗滑稳定系数有多大,也可按上述原则反算获得现今的滑动面土指标。当然,这种稳定状态的判断更具有经验性质,目前工程界运用较多。稳定状态的判定参照表2.5的经验。

表 2.5　滑坡反算稳定系数取值

变形状态	滑坡稳定安全系数
整体蠕动状态	1.0 ~ 1.05
整体滑动状态	0.95 ~ 1.00

注:滑坡处于蠕动变形阶段或弱变形阶段,反算可信度低,有时反而会造成出错,因而有的专家认为不宜反算,但有的专家认为可在1.05左右取值。

3)经验数据法

根据过去的经验发现,滑坡的出现具有一定规律,例如构成滑动面的土往往是某些性质特别软弱的土层,如风化的泥质岩层及含有蒙脱石等矿物的黏质土,滑动时滑动面土的含水率也比较高,或滑动面被水浸湿。因此,可从以往整理滑坡所积累的资料中,根据滑动面土的组成、含水情况等与现今滑坡进行工程地质类比,参考选用指标。需要指出的是,使用经验数据要特别注意地质条件的相似性,可参考《铁路工务技术手册—路基》表8.8滑带土计算强度指标经验数据表,含28种滑带土体参数。

对每一个滑坡的滑动面土的抗剪强度指标,为了确保其可靠性,通常都采用现场剪切或者室内剪切作为基础数据,然后结合反算法经过分析整理确定使用值。

2.5.3　滑坡推力的计算

1)滑坡推力计算的假设

滑坡推力是作用在抗滑构造物上的主要荷载。滑坡推力计算是在已知滑动面形状、位置和滑动面土的抗剪强度指标的基础上进行的,并采用极限平衡理论来计算单位宽度上滑动断面的推力。计算滑坡推力时作了如下假定:

①滑坡体是不可压缩的介质,不考虑滑坡体的局部挤压变形。

②块间只传递推力不传递拉力。

③块间作用力(即推力)以集中力表示,其方向平行于前一块滑动面。

④垂直于主滑动方向取1 m宽的土条作为计算单元,忽略土条两侧的摩阻力。

⑤滑坡体的每一计算块体的滑动面为平面,并沿滑动面整体滑动。

滑坡推力按照滑面形态主要有平面滑动(图2.37)和折线滑动(图2.38)两种,折线滑动法用于岩土界面滑移或土体内部滑移的滑坡较多。平面滑动法用于挖方顺层岩质边坡较多。

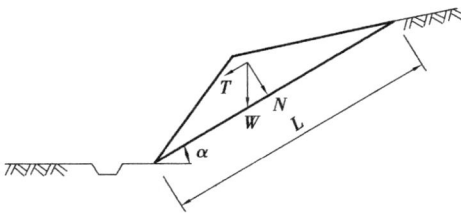

图 2.37　平面滑动　　　　　　　　图 2.38　折线滑动

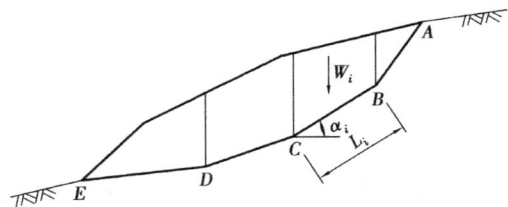

2）安全系数选取原则

安全系数的选取与整治滑坡的工程规模及整治效果有着密切的关系,安全系数越大,工程规模越大,整治效果越好。对凡是计算中已考虑了一切不利因素,即不但考虑了主力,也考虑了附加力的滑坡;规模不大、形态和滑动性质、形成原因等容易判断、今后动向易于控制的滑坡;整治滑坡为附属或临时工程;危害性较小的滑坡以及掌握资料可靠的滑坡,安全系数可取小值;反之,对计算中仅考虑主力的滑坡,规模较大、一时不易摸清全部性质的滑坡等,安全系数应取大一些。总之,为了工程建设的安全和人力物力的合理使用,安全系数的取用应尽可能做到基本符合实际,并稍留余地。

3）平面滑动法计算

挖方可能遇到顺层岩质边坡问题,而且可能存在裂隙水压力,目前《公路路基设计规范》(JTG D30—2015)及公路路基设计手册均未考虑该力,但是《建筑边坡工程技术规范》(GB 50330—2013)附录 A.02 平面滑动法已经考虑,更能适应复杂边界条件的稳定性问题,故平面滑动计算公式主要参照《建筑边坡工程技术规范》(GB 50330—2013)附录 A.02 编写。

顺层岩质边坡是指由外倾结构面控制边坡整体稳定性的岩质边坡,根据《公路路基设计规范》(JTG D30—2015)附录 E.0.2,外倾结构面是指倾向与坡向夹角小于 30°的结构面。

（1）计算工况的选取

按照《公路路基设计规范》(JTG D30—2015)第 3.7.6 条:边坡稳定性计算应考虑下列三种工况。对于季节冻土边坡,尚应考虑冻融的影响。

①正常工况:边坡处于天然状态下的工况。

②非正常工况Ⅰ:边坡处于暴雨或连续降雨状态下的工况。

③非正常工况Ⅱ:边坡处于地震等荷载作用状态下的工况。

（2）稳定安全系数的取值

《公路路基设计规范》(JTG D30—2015)第 3.7.7 条:各等级公路路堑边坡稳定系数不得小于表 3.7.7(表 2.6)所列的稳定安全系数值。对非正常工况Ⅱ,路堑边坡稳定性分析方法和稳定安全系数应符合现行《公路工程抗震规范》(JTG B02—2013)的规定。

表 2.6 路堑边坡稳定安全系数

分析工况	路堑边破稳定安全系数	
	高速公路、一级公路	二级及二级以下公路
正常工况	1.20 ~ 1.30	1.15 ~ 1.25
非正常工况Ⅰ	1.10 ~ 1.20	1.05 ~ 1.15

注:①路堑边坡地质条件复杂或破坏后危害严重时,稳定安全系数取大值;地质条件简单或破坏后危害较轻时,稳定安全系数可取小值。

②路堑边坡破坏后影响区域内有重要建筑物(桥梁、隧道、高压输电塔、油气管道等)、村庄和学校时,稳定安全系数取大值。

③施工边坡的临时稳定安全系数不应小于1.05。

（3）岩质边坡岩体力学参数确定

按照《公路路基设计规范》(JTG D30—2015)第 3.7.3 条:

①岩体和结构面抗剪强度指标宜根据现场原位试验确定。试验应符合现行《工程岩体试验方法标准》(GB/T 50266—2013)的规定。当无条件进行试验时,可采用现行《工程岩体分级标准》(GB 50218—2014)、《公路路基设计规范》(JTG D30—2015)表 3.7.3-1(表 2.7)和反分

析等方法综合确定。

表 2.7　岩体和结构面抗剪强度指标标准值

结构面类型		结构面结合程度	内摩擦角 $\varphi/(°)$	黏聚力 c/MPa
硬性结构面	1	结合好	>35	>0.13
	2	结合一般	35~27	0.13~0.09
	3	结合差	27~18	0.09~0.05
软弱结构面	4	结合极差	18~12	0.05~0.02
	5	结合极差(泥化层)	根据地区经验确定	

注：①表中数值已考虑结构面的时间效应。

②极软岩、软岩取表中低值。

③岩体结构面连通性差时，取表中高值。

④岩体结构面浸水时取表中低值。

②岩体结构面结合程度按照《公路路基设计规范》(JTG D30—2015)表 3.7.3-2(表 2.8)确定。

表 2.8　岩体结构面结合程度

结合程度	结构面特征
结合好	张开度小于 1 mm,胶结良好,无充填;张开度 1~3 mm,硅质或铁质胶结
结合一般	张开度 1~3 mm,钙质胶结;张开度大于 3 mm,表面粗糙钙质胶结
结合差	张开度 1~3 mm,表面平直,无胶结;张开度大于 3 mm,岩屑充填或岩屑夹泥质充填
结合很差、结合极差(泥化层)	表面平直光滑,无胶结;泥质充填或泥夹岩屑充填,充填物厚度大于起伏差;分布连续的泥化夹层;末胶结的或强风化的小型断层破碎带

(4)顺层边坡稳定性计算

顺层边坡稳定系数 F_p 为边坡抗滑力与边坡下滑力的比值按式(2.80)计算,计算图示如图2.39所示。边坡设计剩余下滑力 E 按式(2.81)计算。

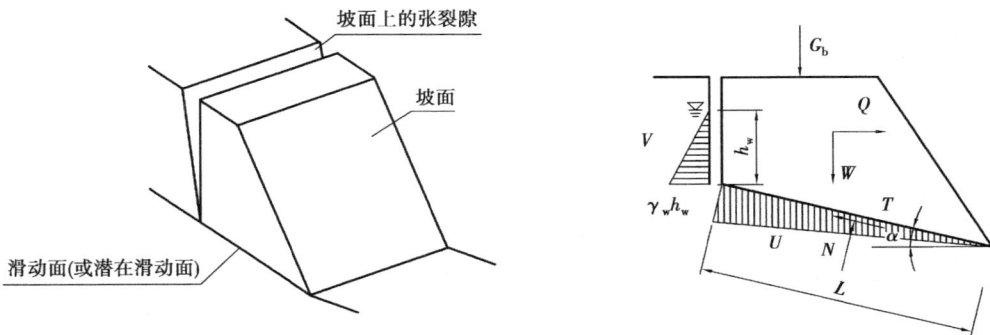

图 2.39　顺层岩质边坡稳定性计算示意图

$$F_p = \frac{R}{T} = \frac{\left[(W+G_b)\cos\alpha - Q\sin\alpha - E_h\sin\alpha - V\sin\alpha - U\right]\tan\varphi + cL}{(W+G_b)\sin\alpha + Q\cos\alpha + V\cos\alpha + E_h\cos\alpha]} \tag{2.80}$$

$$E = F_s W\sin\alpha + G_b\sin\alpha + Q\cos\alpha + V\cos\alpha + E_h\cos\alpha - \left[(W+G_b)\cos\alpha - Q\sin\alpha - E_h\sin\alpha - V\sin\alpha - U\right]\tan\varphi - cL$$

$$V = \frac{1}{2}\gamma_w h_w^2 \quad U = \frac{1}{2}\gamma_w h_w L \quad E_h = 0.30 C_i A_h W/g \tag{2.81}$$

式中　T,R——滑体单位长度重力及其他外力引起的下滑力和抗滑力,kN/m;

$\quad\quad c$,φ,θ,L——滑面的黏聚力、内摩擦角、倾角和长度;

$\quad\quad W$,G_b,Q——滑体单位自重、单位宽度竖向附加荷载和单位宽度水平荷载,kN/m。当竖向荷载向下 G_b 取正值,当竖向荷载向上时,G_b 取负值;当水平荷载指向坡外时,Q 取正值,当水平荷载指向坡内时,Q 取负值;

$\quad\quad E_h$——水平地震力,kN,取值与 Q 取值一致,计算应参照《公路工程抗震规范》(JTG B02—2013)第7.2.4条相关要求计算(详见本书第3.6节抗震挡土墙的验算部分);

$\quad\quad h_w$——后缘陡倾裂隙充水高度,m;

$\quad\quad F_s$——路堑边坡稳定安全系数,按表2.6选取。

根据上述公式计算出稳定系数,按照《公路滑坡防治设计规范》(JTG/T 3334—2018)表 5.1.5(表2.9)进行稳定性评价。

表 2.9　稳定状态分级表

稳定系数 F_p	$F_p < 1.00$	$1.0 \leqslant F_p < 1.05$	$1.05 \leqslant F_p < F_s$	$F_p \geqslant F_s$
稳定状态	不稳定	欠稳定	基本稳定	稳定

注:F_s 为滑坡稳定安全系数,F_p 为计算的稳定系数。

4)折线滑动法计算

折线滑动法(又称传递系数法),根据滑动面的变坡点和抗剪强度指标变化点,将滑坡体分成若干条块,如图2.41所示,从上到下逐块计算其剩余下滑力,最后一块的剩余下滑力即为滑坡推力。并根据条块的划分,可得出各条块的剩余下滑力曲线,如图2.42所示。由于《公路路基设计规范》(JTG D30—2015)未给出滑坡稳定性计算公式、但滑坡现状稳定性评价是滑坡治理的重要参数,滑坡稳定系数计算参照《岩土工程勘察规范》(GB 50021—2001)第5.2.8条文说明中公式、计算稳定系数,结合表2.9进行稳定状态分级。

《公路路基设计规范》(JTG D30—2015)第7.2.2条要求:滑坡稳定性分析应采用工程地质类比法和力学计算相结合的方法,并应符合下列要求:

①滑坡稳定性计算应考虑下列3种工况:

a.正常工况:边坡处于天然状态下的工况;

b.非正常工况Ⅰ:边坡处于暴雨或连续降雨状态下的工况;

c.非正常工况Ⅱ:边坡处于地震等荷载作用状态下的工况。

②滑坡稳定系数不得小于表2.10所列稳定安全系数值。对非正常工况Ⅱ,路基稳定性分析方法及稳定安全系数应符合现行《公路工程抗震规范》(JTG B02—2013)的规定。

表 2.10　滑坡稳定安全系数 F_s

公路等级	滑坡稳定安全系数	
	正常工况	非正常工况 I
高速公路、一级公路	1.20 ~ 1.30	1.10 ~ 1.20
二级公路	1.15 ~ 1.20	1.10 ~ 1.15
三、四级公路	1.10 ~ 1.15	1.05 ~ 1.10

注:①滑坡地质条件复杂或危害程度严重时,稳定安全系数可取大值;地质条件简单或危害程度较轻时,稳定安全系数可取小值。

②滑坡影响区域内有重要建筑物(桥梁、隧道、高压输电塔、油气管道等)、村庄和学校时,稳定安全系数可取大值。

③水库区域公路滑坡防治,周期性库水位升降变化频繁、高水位与低水位间落差大时,稳定安全系数可取大值。

④临时工程或抢险应急工程,滑坡防治工程设计按照正常工况考虑,稳定安全系数可取 1.05。

③滑坡剩余下滑力可采用传递系数法,按式(2.83)计算。条块作用力系如图 2.40 所示,当 $T_i < 0$ 时,应取 $T_i = 0$。当滑坡体最后一个条块的剩余下滑力小于或等于 0 时,滑坡稳定;当大于 0 时,滑坡不稳定。

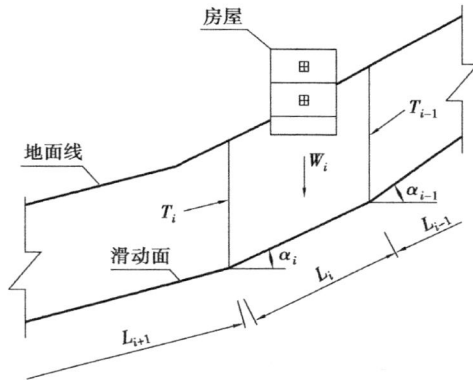

图 2.40　剩余下滑力计算图示

T—桩上滑坡推力;P—桩前滑体抗力。

$$T_i = F_s W_i \sin \alpha_i + \psi_i T_{i-1} - W_i \cos \alpha_i \tan \varphi_i - c_i L_i \tag{2.82}$$

$$\psi_i = \cos (\alpha_{i-1} - \alpha_i) - \sin (\alpha_{i-1} - \alpha_i) \tan \varphi_i \tag{2.83}$$

式中　T_i, T_{i-1}——第 i 和第 $i-1$ 滑块剩余下滑力,kN;

F_s——稳定安全系数,按表 2.10 取值;

α_i, α_{i-1}——第 i 和第 $i-1$ 滑块对应滑面的倾角,(°);

W_i——第 i 滑块的自重力,kN;

c_i——第 i 滑块滑面岩土黏聚力,kPa;

φ_i——第 i 滑块滑面内摩擦角,(°);

L_i——第 i 滑块滑面长度,m;

ψ_i——传递系数。

滑动面以上桩前的滑体抗力,可通过极限平衡时滑坡推力曲线(图2.41)或桩前被动土压力确定,设计时选用其小值。当桩前滑坡体可能滑动时,不应计其抗力。

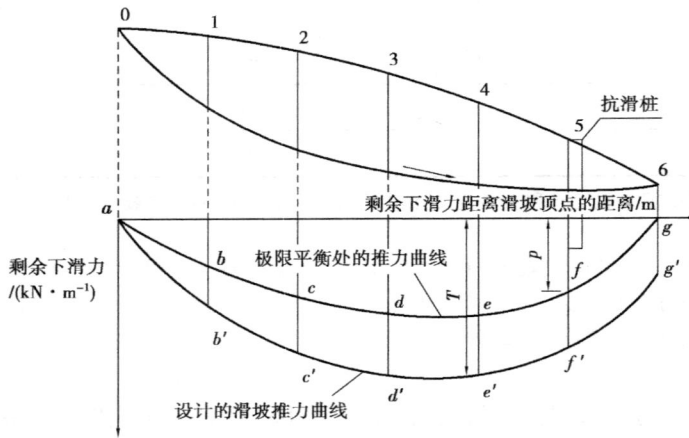

图2.41　滑坡推力曲线

在滑坡推力计算中,关于稳定安全系数 F_s 的使用,目前认识上尚不一致,有的建议采用强度折减法:即对土体抗剪强度除以安全系数 F_s, $c_i' = \dfrac{c_i}{F_s}$、$\tan \varphi_i' = \dfrac{\tan \varphi_i}{F_s}$ 来计算滑坡推力;而有的采用扩大自重下滑力,即采用 $F_s W_i \sin \alpha_i$ 来计算滑坡推力。目前《公路路基设计规范》(JTG D30—2015)采用后者来计算滑坡推力,式(2.82)和式(2.83)与规范一致。

应当指出的是,剩余下滑力法只考虑了力的平衡,而没有考虑力矩平衡的问题。虽有缺陷,但因计算简便,工程上应用较广。在获得稳定系数后,按照《公路滑坡防治设计规范》(JTG/T 3334—2018)表5.1.5(表2.9)进行稳定性评价。

用式(2.82)或式(2.83)计算推力时应注意:

①计算所得的 E_i 为负值时,说明以上各条块在满足安全情况下已能自身稳定。根据假定,负值 E_i(即拉力)不再往下传递,因此,下一条块计算时按上一条块的推力等于零考虑。

②计算断面中有反坡时,由于滑动面倾角为负值,因此分块的 $W_i \sin \alpha_i$ 项也为负值,即它已不是下滑力,而是抗滑力了。

③计算断面有反坡时,除按实有滑动面计算推力外,尚应考虑沿新的滑动面滑动的可能性(即局部改变剪切路径后的稳定性问题),如图2.42所示的虚线滑动面 ABDEF 或 ABCEF。

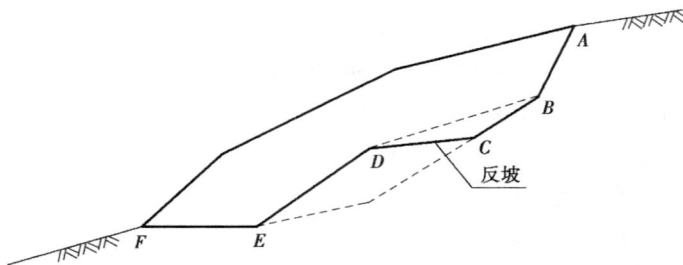

图2.42　反坡多种滑动可能性

2.6　荷载及荷载组合

2.6.1　作用于支挡结构的荷载

1）荷载的分类

作用于支挡构造物上的荷载,根据其性质分为永久荷载、可变荷载和偶然荷载。按照《公路路基设计规范》(JTG D30—2015)附录 H、表 H.0.1-2 分类(表 2.11)。

永久荷载是长期作用在支挡结构上的,而且在设计基准期内,其值不随时间而变化,或者变化值与平均值比较可忽略不计。

可变荷载在设计基准期内,其值随时间而变,且变化值与平均值比较不可忽略。

偶然荷载是指暂时的或属于灾难性的,在支挡结构设计基准期内,发生概率是极小的,而且一旦出现,其值很大且持续时间很短。包括地震作用力、滑坡和泥石流作用力,作用在墙顶护栏上的车辆碰撞力等。

表 2.11　荷载分类

作用(或荷载)分类		作用(或荷载)名称
永久作用(或荷载)		挡土墙结构重力
		填土(包括基础襟边以上土)重力
		填土侧压力
		墙顶上的有效永久荷载
		墙顶与第二破裂面之间的有效荷载
		计算水位的浮力及静水压力
		预加力
		混凝土收缩及徐变
		基础变位影响力
可变作用(或荷载)	基本可变作用(或荷载)	车辆荷载引起的土侧压力
		人群荷载、人群荷载引起的土侧压力
	其他可变作用(或荷载)	水位退落时的动水压力
		流水压力
		波浪压力
		冻胀压力和冰压力
		温度影响力
	施工荷载	与各类型挡土墙施有关的临时荷载
偶然作用(或荷载)		地震作用力
		滑破、泥石流作用力
		作用于墙顶护栏上的车辆碰撞力

2）车辆、人群及建筑物引起的荷载计算

车辆、人群及建筑物荷载作用在挡土墙墙背填土上所引起的附加土体侧压力,可按照《公路路基设计规范》(JTG D30—2015)表 H.0.1-3 式[见式(2.84)]换算成等代均布土层厚度计算:

$$h_0 = \frac{q}{\gamma} \tag{2.84}$$

式中　h_0——换算土层厚度,m;

　　　　γ——墙背填土的重度,kN/m³;

　　　　q——车辆荷载附加荷载强度,墙高小于 2 m,取 20 kN/m²;墙高大于 10 m,取 10 kN/m²;墙高在 2~10 m 之内时,附加荷载强度用直线内插法计算。作用于墙顶或墙后填土上的人群荷载强度规定为 3 kN/m²;作用于挡土墙栏杆顶的水平推力采用 0.75 kN/m,作用于栏杆扶手上的竖向力采用 1 kN/m。

根据《地质灾害防治工程设计规范》(DB 50/5029—2004)第 3.2.4.3 条,作用于滑坡区段上的建筑物折算荷重 p_z = 覆盖率×15 kN/m²×滑坡体上建筑物的层数。在具体计算时,习惯用房屋的剖面长度×15 kN/m²×滑坡体上建筑物的层数作为建筑物折算荷重。

2.6.2　荷载组合

按作用在支挡构造物上荷载的特点和支挡构造物的类型,将荷载组合分为Ⅰ、Ⅱ、Ⅲ类,即采用几种永久荷载相组合或永久荷载与可变荷载相组合,作用(或荷载)组合可按照《公路路基设计规范》(JTG D30—2015)附录 H、表 H.0.1-3 要求(表 2.12)。支挡构造物设计时,应根据可能同时出现的作用荷载,按最不利状态,选择荷载组合。

作用在一般地区挡土墙上的力,可只计算永久作用(或荷载)和基本可变作用(或荷载);浸水地区、地震动峰值加速度值为 0.2g 及以上的地区、产生冻胀力的地区等,尚应计算其他可变作用(或荷载)和偶然作用(或荷载)。其中,荷载组合Ⅰ适用于路堑挡土墙或山坡挡土墙设计;荷载组合Ⅱ适用于一般路肩挡土墙或路堤挡土墙设计;荷载组合Ⅲ适用于特殊环境条件的挡土墙设计。常见的荷载组合及分项系数见第 3 章表 3.19。

表 2.12　常用作用(或荷载)组合

组合	作用(或荷载)名称
Ⅰ	挡土墙结构重力、墙顶上的有效永久荷载、填土重力、填土侧压力及其他永久荷载组合
Ⅱ	组合Ⅰ与基本可变荷载相组合
Ⅲ	组合Ⅱ与其他可变荷载、偶然荷载相组合

注:①洪水与地震力不同时考虑;

　　②冻胀力、冰压力与流水压力或波浪压力不同时考虑;

　　③车辆荷载与地震力不同时考虑。

第 **3** 章
重力式挡土墙

3.1 重力式挡土墙概述

重力式挡土墙是以墙身自重来维持挡土墙在土压力作用下的稳定,它是目前最常用的一种挡土墙形式。重力式挡土墙多用浆砌片(块)石砌筑,缺乏石料的地区,可用混凝土预制块作为砌体,也可直接用混凝土浇筑,一般不配钢筋或只在局部范围配置少量钢筋。这种挡土墙形式简单、施工方便,可就地取材,适应性强,因而应用广泛。

由于重力式挡土墙依靠自身重力来维持平衡稳定,因此墙身截面大,圬工数量也大,在软弱地基上修建往往受到承载力的限制。如果墙过高,材料耗费多,因而亦不经济。当地基较好,墙高不大,且当地又有石料时,一般优先选用重力式挡土墙。

重力式挡土墙的墙背可做成仰斜、垂直、俯斜、凸形折线(凸折式)和衡重式 5 种,如图 3.1所示。由图 3.1 可清楚地看出:墙背向填土一侧倾斜称仰斜,如图 3.1(a)所示;墙背竖向时称垂直,如图 3.1(b)所示;墙背向外侧倾斜称俯斜,如图 3.1(c)所示;墙背只有单一坡度,称为直线形墙背;若多于一个坡度,如图 3.1(d)、(e)所示,则称为凸折式墙背,其中图 3.1(d)为折线形墙背,图 3.1(e)带有衡重台,则为衡重式墙背。

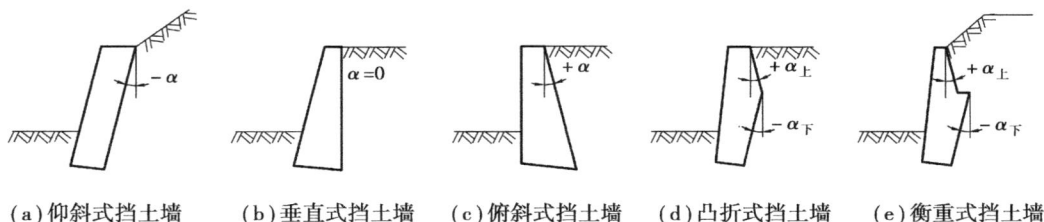

(a)仰斜式挡土墙　　(b)垂直式挡土墙　　(c)俯斜式挡土墙　　(d)凸折式挡土墙　　(e)衡重式挡土墙

图 3.1　重力式挡土墙的墙背形式

仰斜墙背所受的土压力较小,用于路堑墙时,墙背与开挖面边坡较贴合,因而开挖量和回填量均较小;但用于填方时墙后填土相对不易压实。当墙趾处地面横坡较陡时,采用仰斜墙背将增加墙身高度(图3.2),断面增大,所以**仰斜墙背适用于路堑墙及墙趾处地面平坦的地形。**

　　俯斜墙背所受的土压力较大,其墙身断面较同高度仰斜墙背的大,**通常在地面横坡陡峻时,借陡直的墙面,以减小墙高。**俯斜挡土墙墙背易于压实。俯斜墙背可做成台阶形,以增加墙背与填土间的摩擦力。

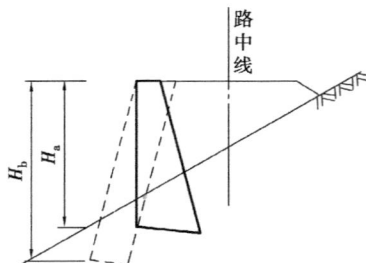

图 3.2　地面横坡对墙高的影响

H_a—俯斜式挡土墙高度;H_b—仰斜式挡土墙高度

　　垂直墙背的特点介于仰斜和俯斜墙背之间。

　　折线形墙背上部俯斜、下部仰斜,以减小上部断面尺寸,**多用于路堑墙,也可用于路肩墙。**

　　衡重式墙背在上下墙间设有衡重台,利用衡重台上填土的质量使全墙重心后移,增加墙身的稳定性。因采用陡直的墙面,且下墙采用仰斜式墙背,因而可减小墙身高度,减少开挖工作量。衡重式墙背**适用于山区地形陡峻处的路肩墙和路堤墙,也可用于路堑墙,其断面相对较小,比较经济。**但用于填方时,存在下墙靠近墙背填土相对不易压实的缺点。

3.2　重力式挡土墙构造

　　墙身构造必须满足强度与稳定性的要求,同时应考虑就地取材、经济合理、施工养护的方便与安全。

3.2.1　墙背构造

　　重力式挡土墙的墙背坡度一般采用1:0.25仰斜,如图3.3(a)所示。仰斜墙背坡度不宜缓于1:0.3;俯斜墙背坡度一般为1:0.25～1:0.4;衡重式或折线形挡土墙下墙墙背坡度多采用1:0.2～1:0.3仰斜,上墙墙背坡度受墙身偏心距及强度控制,根据上墙高度,采用1:0.35～1:0.6(后者在高挡土墙中较为常见)俯斜。衡重式(折线形)挡土墙上墙与下墙高度之比(图中 $H_1:H_2$),一般采用4:6较为经济合理。常见挡土墙墙面和墙背坡比如图3.3所示。

　　对一处挡土墙而言,其截面形式不宜变化过多,以免造成施工困难,并应注意不要影响挡土墙的外观。

3.2.2　墙面构造

　　墙面一般为直线型,其坡度应与墙背坡度相协调,如图3.3所示。同时还应考虑墙趾处的地面横坡,在地面横坡较陡时,墙面坡度会影响挡土墙的高度,横坡越大影响越大。因此,地面

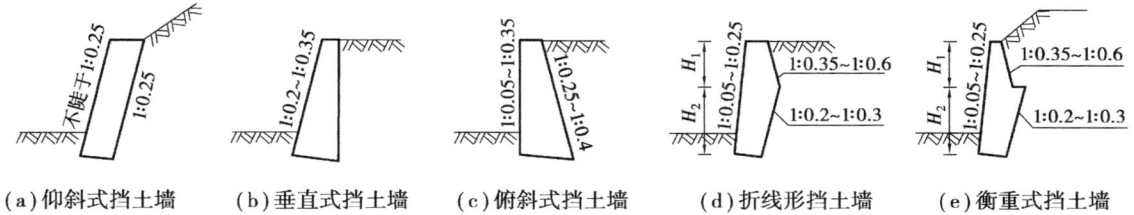

（a）仰斜式挡土墙　　（b）垂直式挡土墙　　（c）俯斜式挡土墙　　（d）折线形挡土墙　　（e）衡重式挡土墙

图 3.3　常见挡土墙墙面和墙背坡比

横坡较陡时,墙面坡度一般为 1:0.05～1:0.2,矮墙时也可采用直立;地面横坡平缓时,墙面可适当放缓,但一般不缓于 1:0.35。仰斜式挡土墙墙面一般与墙背坡度一致或缓于墙背坡度;折线形和衡重式挡土墙墙面坡度多采用 1:0.05～1:0.15(用于路堤墙时,为让墙趾和墙踵应力接近,面坡可能做到 1:0.25)。

3.2.3　墙顶构造及墙身材料

《公路路基设计规范》(JTG D30—2015)第 5.4.1 条:重力式挡土墙高度不宜超过 12 m,干砌挡土墙的高度一般不超过 6 m。

《公路路基设计规范》(JTG D30—2015)第 5.4.5 条第 1 款:重力式挡土墙墙顶宽度,当墙身为混凝土浇筑时,不应小于 0.40 m;浆砌片石时,不应小于 0.50 m;干砌片石时,不应小于 0.60 m。

《公路路基设计规范》(JTG D30—2015)第 5.4.5 条第 5 款:墙高小于 10 m 的挡土墙可采用浆砌片石,墙高大于 10 m 的挡土墙和浸水挡土墙宜采用片石混凝土。

挡土墙材料强度等级应按挡土墙类别、部位及用途根据《公路路基设计规范》(JTG D30—2015)附录 G、表 G-2 选用(表 3.1)。

表 3.1　防护、支挡常用材料强度要求

材料类型	最低强度等级		适用范围
	非冰冻区、轻冻区	中冻区、重冻区	
片石	MU30	MU40	护坡、护面墙、挡土墙
水泥砂浆	M7.5	M10	护坡、护面墙、挡土墙
	M10		喷浆防护
水泥混凝土	C15	C20	喷射混凝土、挡土墙基础、抗滑桩锁口与护壁
	C20	C25	护坡、各类挡土墙、土钉面板
	C30	C30	抗滑桩、锚索垫墩、框架格子梁、地梁、单锚墩

随着社会经济发展,在经济容许的前提下尽量不采用干砌挡土墙。在有石料的地区,重力式挡土墙应尽可能地采用浆砌片石。在缺乏石料的地区,重力式挡土墙可用 C20 混凝土或片石混凝土浇筑;在严寒地区,则应采用 C20 混凝土或片石混凝土浇筑。采用片石混凝土浇筑时,片石含量不宜超过 20%。

3.3　重力式挡土墙的设计

3.3.1　挡土墙的破坏模式

挡土墙是用来承受土体侧向压力的结构物,它应具有足够的强度和稳定性。重力式挡土墙可能的破坏形式有滑移(包括基础的滑移)、倾覆、地基承载力不足、不均匀沉降和墙身断裂等,如图 3.4 所示。因此,重力式挡土墙的设计应保证在自重和外荷载作用下不发生全墙的滑动和倾覆,并保证墙身截面有足够的强度、基底应力小于地基承载力和偏心距不超过容许值。这就要求在拟定墙身截面形式及尺寸后,对上述几个方面进行验算。

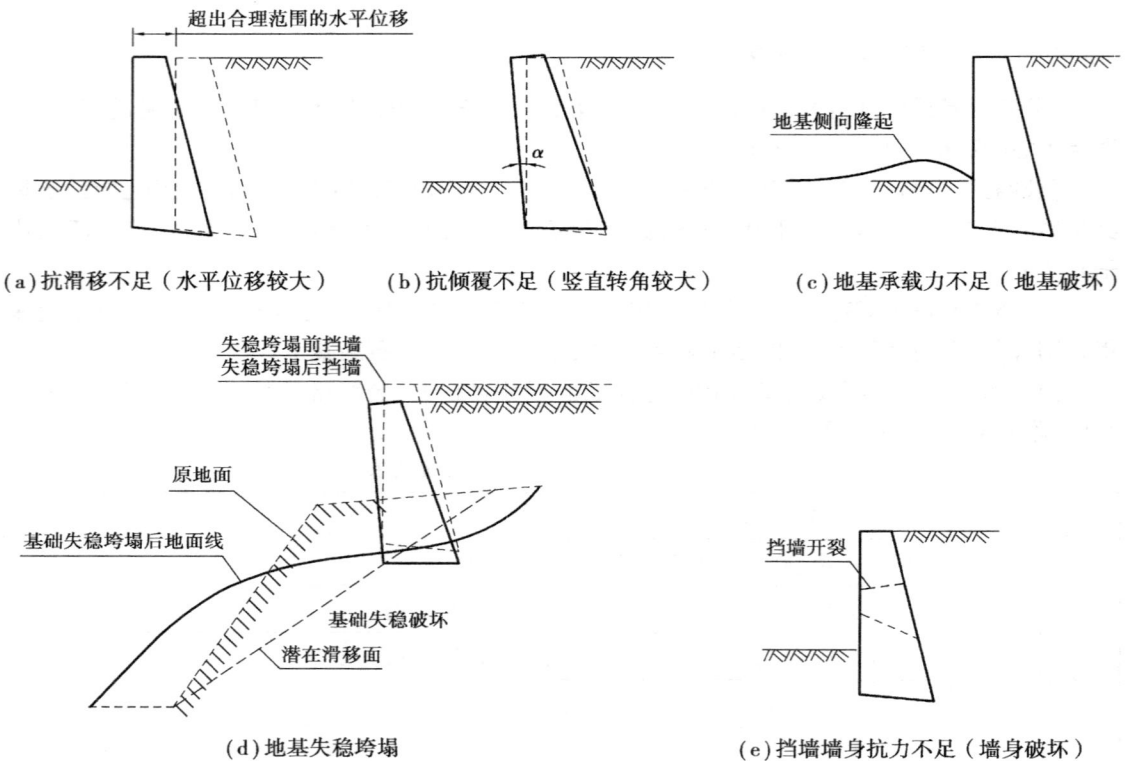

(a)抗滑移不足（水平位移较大）　　(b)抗倾覆不足（竖直转角较大）　　(c)地基承载力不足（地基破坏）

(d)地基失稳垮塌　　　　　　　　　(e)挡墙墙身抗力不足（墙身破坏）

图 3.4　重力式挡土墙可能的破坏形式

3.3.2　容许应力法和极限状态法的概念及区别

挡土墙验算方法有两种:一是采用总安全系数的容许应力法;二是采用分项安全系数的极限状态法。

容许应力法视结构材料为理想的弹性体、在荷载作用下产生的应力和应变不超过规定的容许值。极限状态法则不再采用匀质弹性体的假定,而是承认结构在临近破坏时处于弹塑性工作阶段,以及构造物在各种荷载组合情况下均不得达到其极限状态为出发点,同时相应地给以足够的安全储备。

极限状态法是根据结构在荷载作用下的工作特征,在容许应力法的基础上发展形成的一种设计方法。

两种设计理论的出发点虽然不同,但总的目的却都是保证构造物的安全和正常使用。容许应力法在安全度的处理上采用了一个总的安全系数(即材料的极限强度与容许应力的比值),但它不能正确地反映各种实际因素的影响,如荷载的变异、材料的不均匀、结构实际受力情况的变异等,仅对材料起安全保证作用,而对结构没有明确的物理意义。极限状态法能比较科学、全面地分析影响结构安全和正常使用的因素,从而对构造物提出合理的要求,根据荷载的性质和对构造物的影响,采用荷载分项安全系数来反映构造物的安全度。

根据挡土墙的验算相关公式分析总结,可得如下结论:荷载分项系数(表 3.18)对极限状态法验算项目有影响,但对容许应力法验算项目无影响,详见表 3.2 挡土墙计算关键项目与设计方法对照表。

表 3.2　挡土墙计算关键项目与设计方法对照表

挡土墙的验算项目	容许应力法	极限状态法	分项系数对结果是否影响
抗滑移稳定系数	√		无影响
滑动稳定方程		√	有影响
抗倾覆稳定系数	√		无影响
倾覆稳定方程		√	有影响
地基承载力	√		无影响
法向应力及偏心距 e_0	√		无影响
剪应力	√		无影响
作用效应组合设计值		√	有影响
正截面强度、稳定性验算		√	有影响

注:抗滑移稳定系数和抗倾覆稳定系数计算时,所有荷载的分项系数均为 1.0,故设计输入的荷载分项系数对抗滑移稳定系数和抗倾覆稳定系数无影响。

3.3.3　容许应力法验算

1)稳定性验算

重力式挡土墙的稳定性往往是设计中的控制因素。挡土墙的稳定性包括抗滑稳定性与抗倾覆稳定性两个方面。设置在不良土质地基及斜坡上(或基础在有外倾结构面的岩质边坡)的挡土墙,应按照《公路路基设计规范》(JTG D30—2015)附录 H、第 H.0.2 条第 7 款:对挡土墙地基及填土的整体稳定性进行验算,其稳定系数不小于 1.25。避免基础失稳导致结构破坏。

(1)水平基底的滑动稳定系数

挡土墙的抗滑稳定性是指在土压力和其他外荷载的作用下,基底摩擦阻力抵抗挡土墙滑移的能力(即作用于挡土墙的抗滑力与实际下滑力之比),用抗滑稳定系数 K_c 表示,如图 3.5

所示,一般情况下:

$$K_c = \frac{\mu \sum N + E'_p}{E_x}$$ (3.1)

$$\sum N = G + E_y$$ (3.2)

式中　$\sum N$——作用于基底的竖向力的代数和,浸水挡土墙应扣除挡土墙的浮力,kN,即挡土墙自重 G(包括墙顶上的有效荷载 W_0 及墙背与第二破裂面之间的有效荷载 W_r)和墙背主动土压力的竖向分力 E_y(包括车辆荷载引起的土压力);

E_x——墙背主动土压力(包括车辆荷载引起的土压力)的水平分力,kN;

E'_p——墙前被动土压力水平分量的 0.3 倍,kN;(由于被动土压力产生的条件是:墙体发生较大的水平位移(或转角位移),在挡土墙结构设计中是不允许的,故按照《公路路基设计规范》(JTG D30—2015)附录 H、H.0.2-6 公式要求:墙前被动土压力水平分量的 0.3 倍计入,E'_p 接近静止土压力。)

μ——基底摩擦因数,根据试验或勘察报告选用,并结合《公路路基设计规范》(JTG D30—2015)附录 H、表 H.0.2-1(表 3.3)进行校核。

表 3.3　基底与基底土之间的摩擦系数

地基土的分类	摩擦系数 u	地基土的分类	摩擦系数 u
软塑黏土	0.25	碎石类土	0.50
硬塑黏土	0.30	软质岩石	0.40 ~ 0.60
砂类土、黏砂土、半干硬的黏土	0.30 ~ 0.40	硬质岩石	0.60 ~ 0.70
砂类土	0.40		

抗滑稳定系数 K_c,按照《公路路基设计规范》(JTG D30—2015)附录 H、表 H.0.2-2 中的要求,各种荷载组合抗滑移安全系数满足表 3.4 的要求。当设计墙高大于 12 m 时,应适当加大 K_c 值,以保证挡土墙的抗滑稳定性。

表 3.4　抗滑动稳定系数

荷载情况	验算项目	稳定系数 K_c
荷载组合Ⅰ、Ⅱ、Ⅲ	抗滑动	1.3
施工阶段验算	抗滑动	1.2

挡土墙抗倾覆稳定性已满足而抗滑稳定性不满足要求时,可采用向内倾斜基底以增加抗滑稳定性。基底倾斜度应按表 1.3 控制。

设置倾斜基底就是保持墙面高度不变,而使墙踵下降 Δh,从而使基底具有向内倾斜的逆坡,如图 3.5 所示。与水平基底相比,可减小滑动力,增大抗滑力,从而增强抗滑稳定性。需要注意的是,墙踵下降了 Δh 也就使墙背的计算高度增大 Δh,即计算墙高 $H' = H + \Delta h$。由图 3.6 可知:

$$\Delta h = B \tan \alpha_0$$ (3.3)

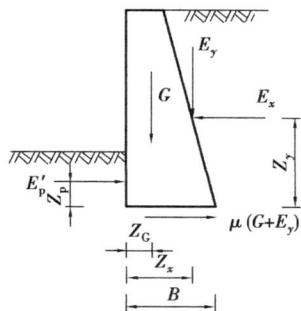

图 3.5　稳定性验算图　　　　图 3.6　倾斜基底稳定性验算图

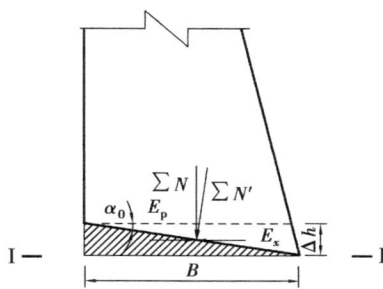

若将竖向力 N、水平力 E_x 和 0.3 倍的被动土压力水平分量 E'_p 分别按倾斜基底的法线方向分解,则倾斜基底法向力为:

$$\sum N' = \sum N \cos \alpha_0 + (E_x - E'_p) \sin \alpha_0 \qquad (3.4)$$

式中　α_0——基底倾角,即基底与水平面的夹角。

基底倾斜挡土墙抗滑力为: $\mu \sum N' + E'_p \cos \alpha_0$,滑动力为: $E_x \cos \alpha_0 - \sum N \sin \alpha_0$,挡土墙设置倾斜基底后的抗滑移稳定系数为:

$$K_c = \frac{\mu \sum N' + E'_p \cos \alpha_0}{E_x \cos \alpha_0 - \sum N \sin \alpha_0} = \frac{\mu \left[\sum N \cos \alpha_0 + (E_x - E'_p) \sin \alpha_0 \right] + E'_p \cos \alpha_0}{E_x \cos \alpha_0 - \sum N \sin \alpha_0}$$

$$= \frac{\mu \left[\sum N + (E_x - E'_p) \tan \alpha_0 \right] + E'_p}{E_x - \sum N \tan \alpha_0} \qquad (3.5)$$

由式(3.5)可知,由于**设置倾斜,明显地增大了抗滑稳定系数(此为最经济有效的增加抗滑移措施)**,而且基底倾角 α_0 越大,越有利于抗滑稳定性。倾斜基底应注意:除验算沿基底抗滑移稳定性外,尚应验算沿墙踵水平面(图 3.6 中的 I — I 面)上的抗滑移稳定性,以免挡土墙连同地基土体一起滑动。由于这个原因,基底的倾斜度不宜过大,可按表 1.3 控制。

沿墙踵水平面的抗滑稳定系数为:

$$K'_c = \frac{\mu_n \left(\sum N + \Delta G \right) + E'_p}{E_x} \qquad (3.6)$$

式中　ΔG——基底与通过墙踵的地基水平面(I — I 面)间的土楔重力,kN;

　　　μ_n——地基土的内摩擦因数(可采用 $\mu_n = \tan \varphi_D$, φ_D 可按土体抗剪强度相等换算地基土综合内摩擦角,按式 2.63 计算)。

增加抗滑稳定性的另一种方法是采用凸榫基础(图 3.7),就是在基础底面设置一个与基础连成整体的榫状凸块。利用榫前土体所产生的被动土压力以增加挡土墙抗滑稳定性。凸榫的被动土压力强度 e_p 可按式(3.7)计算:

$$e_p = \frac{\sigma_1 + \sigma_3}{2} \times \tan^2 \left(45° + \frac{\varphi}{2} \right) \qquad (3.7)$$

凸榫的被动土压力合力 E_p 可按式(3.8)计算:

$$E_p = \frac{\sigma_1 + \sigma_3}{2} \times h_t \times \tan^2 \left(45° + \frac{\varphi}{2} \right) \qquad (3.8)$$

式中 φ——地基土内摩擦角,(°)。

凸榫的深度 h_t 根据抗滑要求确定(抗滑移和抗倾覆稳定性计算时凸榫的被动抗力分项系数按 0.3 计入),凸榫的宽度 b_2,按截面强度的要求确定(根据图 3.7 中的 EF 面上的弯矩和剪力进行计算确定,当采用混凝土结构时,可进行配筋设计)。

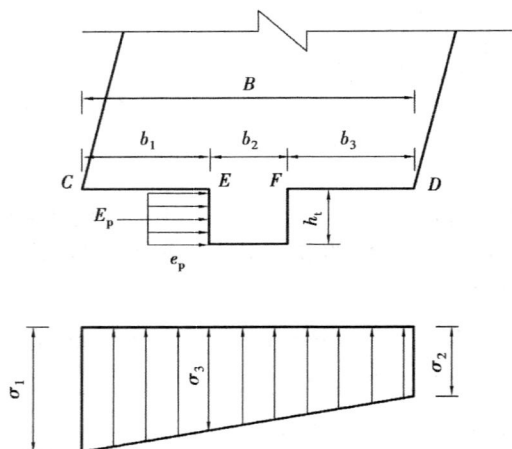

图 3.7 凸榫基础

增加抗滑稳定性的措施还有改善地基,例如在黏质土地基夯嵌碎石,以增加基底摩擦因数;改变墙身截面形式等。但单纯地扩大断面尺寸,不是最经济的处理方式。

(2)抗倾覆稳定性验算

挡土墙的抗倾覆稳定性是指它抵抗墙身绕墙趾向外转动倾覆的能力,用抗倾覆稳定系数 K_0 表示,即对墙趾的稳定力矩之和 $\sum M_y$ 与倾覆力矩之和 $\sum M_0$ 的比值,如图 3.5 和图 3.8 所示。

$$K_0 = \frac{\sum M_y}{\sum M_0} = \frac{GZ_G + E_y Z_x + E'_p Z_p}{E_x Z_y} \tag{3.9}$$

式中 Z_G, Z_x, Z_y, Z_p——相应各力对墙趾 O 点的力臂,m;

$\sum M_y$——各荷载对墙趾 O 点稳定力矩之和,kN·m;

$\sum M_0$——各荷载对墙趾 O 点倾覆力矩之和,kN·m。

抗倾覆稳定系数满足《公路路基设计规范》(JTG D30—2015)附录 H 中表 H.0.2-2 的要求(表 3.5)。但墙高大于 12 m 时,应适当加大 K_0 值,以保证挡土墙的抗倾覆稳定性。

表 3.5 抗倾覆稳定系数

荷载情况	验算项目	稳定系数 K_0
荷载组合Ⅰ、Ⅱ	抗倾覆	1.5
荷载组合Ⅲ	抗倾覆	1.3
施工阶段验算	抗倾覆	1.2

当抗滑稳定性满足要求,挡土墙受抗倾覆稳定控制时,可展宽幅趾以增加抗倾覆稳定性,如图 3.9 所示。在墙趾处展宽基础可增大稳定力矩的力臂,是增强抗倾覆稳定的最有效、最常用方法。在地面横坡较陡处,由此会引起墙高的增加。展宽部分一般用与墙身相同的材料砌筑,不宜过宽,展宽度为 Δb,重力式挡土墙不宜大于墙高的 10%;衡重式挡土墙不宜大于墙高的 5%。基础展宽可分级设置成台阶基础,每级的宽度和高度关系应符合刚性角(即基础台阶的斜向连线与竖直方向的夹角)的要求,**按照《公路圬工桥涵设计规范》(JTG D61—2005)6. 1. 6 条:对于片石、块石和料石砌体,当用强度等次为 M5 的砂浆砌筑时,不应大于 30°;当采用 M5 以上的砂浆砌筑时,不应大于 35°;对混凝土不应大于 40°。**如超过则应采用钢筋混凝土基础,按弯矩和抗震要求计算确定配筋面积。

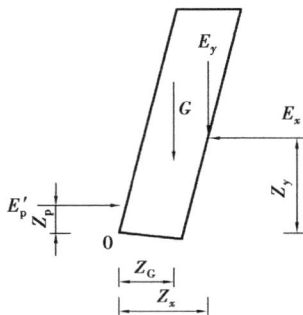

图 3.8　倾斜基底抗倾覆稳定性验算　　　　　　　　图 3.9　展宽墙趾

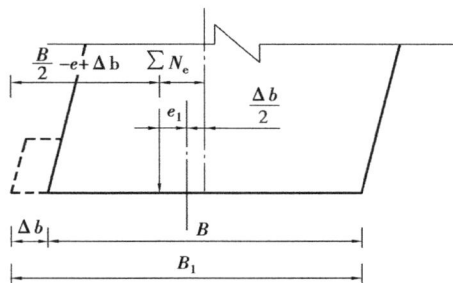

增加抗倾覆稳定性的措施还有改变墙背或墙面的坡度,以减少土压力或增加稳定力臂;改变墙身形式,如改用衡重式、墙后增设卸荷平台或卸荷板等。

2)基底应力及合力偏心距验算

为了保证挡土墙的基底应力不超过地基的承载力,应进行基底应力验算;同时为了使挡土墙结构合理和避免发生显著的不均匀沉降,还应控制作用于挡土墙基底合力的偏心距。

如图 3.10 所示,若作用于基底合力的法向分力为 $\sum N$,它对墙趾的力臂为 α_1,即

$$\alpha_1 = \frac{\sum M_y - \sum M_0}{\sum N} \tag{3.10}$$

合力偏心距 e 为:

$$e = \frac{B}{2} - \alpha_1 \tag{3.11}$$

基底的合力偏心距 e,**按照《公路路基设计规范》(JTG D30—2015)附录 H、H. 0. 2 第 3 款:对土质地基不应大于 $B/6$;岩石地基不应大于 $B/4$。**

基底两边缘点,即趾部和踵部的法向压应力 σ_1,σ_2。

当 $|e| \leqslant B/6$ 时,按照式 3. 12 计算:

$$\frac{\sigma_1}{\sigma_2} = \frac{\sum N}{A} \pm \frac{\sum M}{W} = \frac{\sum N}{B}\left(1 \pm \frac{6e}{B}\right) \tag{3.12}$$

式中　　$\sum M$——各力对中性轴的力矩之和,kN · m,$\sum M = \sum N \cdot e$;

W——基底截面模量,m³,对 1 m 长的挡土墙,$W = B^2/6$;

A——基底面积,m^2,对 1 m 长的挡土墙,$A = B$。

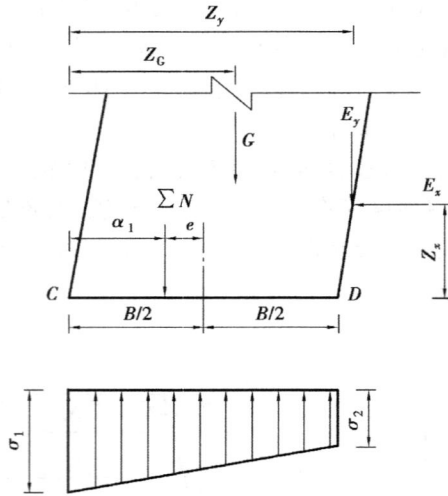

图 3.10 基底应力及合力偏心距验算

当 $|e| > B/6$ 时,基底的一侧将出现拉应力,考虑一般情况下,地基与基础间不能承受拉力,故不计拉力而按应力图重分布计算基底最大压应力,如图 3.11 所示,基底应力图形将由虚线图形变为实线图形。

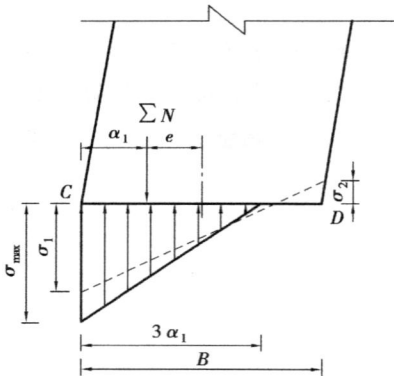

图 3.11 水平基底应力重分布

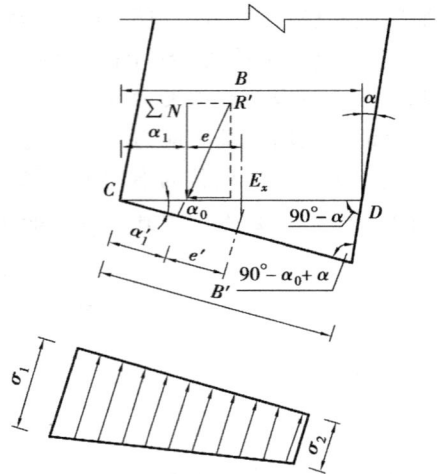

图 3.12 倾斜基底应力计算

根据力的平衡条件,总压应力等于 $\sum N$,实线三角形形心在 $\sum N$ 的作用线上,故基底压应力三角形的底边长度等于 $3\alpha_1$,于是有:

$$\sum N = \frac{1}{2}\sigma_{max} \cdot 3\alpha_1$$

故最大压应力为:

$$\begin{cases} \sigma_{\max} = \dfrac{2\sum N}{3\alpha_1} \\ \alpha_1 = \dfrac{B}{2} - e \end{cases} \tag{3.13}$$

如图 3.12 所示,当设置倾斜基底时,倾斜基底的宽度 B' 为:

$$B' = \frac{B\cos\alpha}{\cos(\alpha_0 - \alpha)} \tag{3.14}$$

倾斜基底法向力 $\sum N'$[式(3.10)]对墙趾力臂 α_1' 为:

$$\alpha_1' = \frac{\sum M_y - \sum M_0}{\sum N'} \tag{3.15}$$

倾斜基底合力偏心距 e' 为:

$$e' = \frac{B'}{2} - \alpha_1' \tag{3.16}$$

这时基底法向应力为:

$$\frac{\sigma_1}{\sigma_2} = \frac{\sum N'}{B'}\left(1 \pm \frac{6e'}{B'}\right) \qquad \left(|e'| \leqslant \frac{B'}{6}\right) \tag{3.17}$$

$$\sigma_{\max} = \frac{2\sum N'}{3\alpha_1'} \qquad \left(|e'| > \frac{B'}{6}\right) \tag{3.18}$$

当基底压应力或偏心距过大时,可采取加宽墙趾或扩大基础的方式予以调整,也可采用换填地基土以提高其承载力;调整墙背坡度或断面形式,以减少合力偏心距等措施。

《公路路基设计规范》(JTG D30—2015)附录 H、H.0.2 第 3 款:基底压应力不得大于修正后的地基特征值 f_a;基底承载力特征值 f_{a_0} 可按现行《公路桥涵地基与基础设计规范》(JTG 3363—2019)的规定采用(表 3.7 至表 3.13),当可以考虑宽度、深度修正时,按照《公路桥涵地基与基础设计规范》(JTG 3363—2019)第 4.3.4 和第 4.3.5 条相关要求执行,对于荷载组合Ⅲ及施工荷载验算,当地基承载力特征值大于 150 kPa 时,可提高 25%。

修正后的地基承载力特征值 f_a 按照《公路桥涵地基与基础设计规范》(JTG 3363—2019)第 4.3.4 条确定。当基础位于水中不透水地层时,f_a 按平均常水位至一般冲刷线的水深按 10 kPa/m 提高。

$$f_a = f_{a_0} + k_1\gamma_1(b - 2) + k_2\gamma_2(h - 3) \tag{3.19}$$

式中　f_a——修正后的地基承载力特征值,kPa;

　　　　f_{a_0}——地基承载力特征值,kPa;

　　　　b——基础底面的最小边宽,m;当 $b < 2$ m 时,取 $b = 2$ m;当 $b > 10$ m 时,取 $b = 10$ m;

　　　　h——基底埋置深度,m,自天然地面算起,有水流冲刷时自一般冲刷线起算;当 $h < 3$ m 时,取 $h = 3$ m;当 $h/b > 4$ 时,取 $h = 4b$;

　　　　k_1, k_2——基底宽度、深度修正系数,根据基底持力层土的类别按表 3.6 确定;

　　　　γ_1——基底持力层土的天然重度,kN/m³;若持力层在水面以下且为透水者,应取浮重度;

　　　　γ_2——基底以上土层的加权平均重度,kN/m³;换算时若持力层在水面以下,且不透水时,不论基底以上土的透水性质如何,一律取饱和重度;当透水时,水中部分土层则应取浮重度。

表 3.6　地基承载力宽度、深度修正系数 k_1 , k_2

系数	土类																
	黏性土				粉土	砂土								碎石土			
	老黏性土	一般黏性土		新近沉积黏性土	—	粉砂		细砂		中砂		砾砂、粗砂		碎石、圆砾、角砾		卵石	
		$I_L \geq 0.5$	$I_L < 0.5$			中密	密实	中密	密实	中密	密实	中密	密实	中密	密实	中密	密实
k_1	0	0	0	0	0	1.0	1.2	1.5	2.0	2.0	3.0	3.0	4.0	3.0	4.0	3.0	4.0
k_2	2.5	1.5	2.5	1.0	1.5	2.0	2.5	3.0	4.0	4.0	5.5	5.0	6.0	5.0	6.0	6.0	10.0

注:①对于稍密和松散状态的砂、碎石土,k_1,k_2 值可采用表列中密值的 50%。
　②强风化和全风化岩石,可参照所风化成的相应土类取值;其他状态下的岩石不修正。

表 3.7　岩石地基承载力特征值 f_{a_0}

单位:kPa

坚硬程度	节理发育程度		
	节理不发育	节理发育	节理很发育
坚硬岩、较硬岩	> 3 000	3 000 ~ 2 000	2 000 ~ 1 500
较软岩	3 000 ~ 1 500	1 500 ~ 1 000	1 000 ~ 800
软岩	1 200 ~ 1 000	1 000 ~ 800	800 ~ 500
极软岩	500 ~ 400	400 ~ 300	300 ~ 200

注:坚硬程度根据饱和单轴抗压强度 f_{rk} 划分:$f_{rk} > 60$ MPa 坚硬岩,$30 < f_{rk} \leq 60$ MPa 较硬岩,$15 < f_{rk} \leq 30$ MPa 较软岩,$5 < f_{rk} \leq 15$ MPa 软岩,$f_{rk} < 5$ MPa 极软岩。

表 3.8　碎石土地基承载力特征值 f_{a_0}

单位:kPa

土名	密实程度			
	密实	中密	稍密	松散
卵石	1 200 ~ 1 000	1 000 ~ 650	650 ~ 500	500 ~ 300
碎石	1 000 ~ 800	800 ~ 550	550 ~ 400	400 ~ 200
圆砾	800 ~ 600	600 ~ 400	400 ~ 300	300 ~ 200
角砾	700 ~ 500	500 ~ 400	400 ~ 300	300 ~ 200

注:①由硬质岩组成,填充砂土者取高值;由软质岩组成,填充黏性土者取低值。
　②半胶结的碎石土,可按密实的同类土提高 10% ~ 30%。
　③松散的碎石土在天然的河床中很少见,需特别注意鉴定。
　④漂石、块石参照卵石、碎石取值并适当提高。

表 3.9　砂土地基承载力特征值 f_{a0}

单位:kPa

土名	水位情况	密实程度			
		密实	中密	稍密	松散
砾砂、粗砂	与湿度无关	550	430	370	200
中砂	与湿度无关	450	370	330	150
细砂	水上	350	270	230	100
	水下	300	210	190	—
粉砂	水上	300	210	190	—
	水下	200	110	90	—

表 3.10　粉土地基承载力特征值 f_{a0}

单位:kPa

天然孔隙比 e	天然含水量 ω					
	10	15	20	25	30	35
0.5	400	380	355	—	—	—
0.6	300	290	280	270	—	—
0.7	250	235	225	215	205	—
0.8	200	190	180	170	165	—
0.9	160	150	145	140	130	125

表 3.11　老黏性土地基承载力特征值 f_{a0}

压缩模量 E_s/MPa	10	15	20	25	30	35	40
f_{a0}/kPa	380	430	470	510	550	580	620

注:当老黏土 E_s < 10 MPa 时,承载力特征值 f_{a0} 按一般黏性土(表 3.12)确定。

表 3.12　一般黏性土地基承载力特征值 f_{a0}

单位:kPa

天然孔隙比 e	液性指数 I_L												
	0	0.1	0.2	0.3	0.4	0.5	0.6	0.7	0.8	0.9	1.0	1.1	1.2
0.5	450	440	430	420	400	380	350	310	270	240	220	—	—
0.6	420	410	400	380	360	340	310	280	250	220	200	180	—
0.7	400	370	350	330	310	290	270	240	220	190	170	160	150
0.8	380	330	300	280	260	240	230	210	180	160	150	140	130
0.9	320	280	260	240	220	210	190	180	160	140	130	120	100

续表

天然孔隙比 e	液性指数 I_L												
	0	0.1	0.2	0.3	0.4	0.5	0.6	0.7	0.8	0.9	1	1.1	1.2
1.0	250	230	220	210	190	170	160	150	140	120	110	—	—
1.1	—	—	160	150	140	130	120	110	100	90	—	—	—

注:①土中含有粒径大于 2 mm 的颗粒质量超过总质量 30% 以上者,f_{a_0} 值可适当提高。

②当 $e < 0.5$ 时,取 $e = 0.5$;当 $I_L < 0$ 时,取 $I_L = 0$。此外超过列表范围的一般黏性土,$f_{a_0} = 57.22 E_s^{0.57}$。

③一般黏性土地基承载力特征值 f_{a_0} 取值大于 300 kPa 时,应有原位测试数据作依据。

表 3.13　新近沉积黏性土地基承载力特征值 f_{a0}

单位:kPa

天然孔隙比 e	液性指数 I_L		
	≤0.25	0.75	1.25
≤0.8	140	120	100
0.9	130	110	90
1.0	120	100	80
1.1	110	90	—

3)墙身截面验算

通常选取一或两个墙身截面进行验算,验算截面可选在基础顶面、1/2 墙高处、上下墙(折线形及衡重式墙)交界处等,如图 3.13 所示。墙身截面强度验算包括法向应力和剪应力验算。

(1)法向应力及偏心距验算

如图 3.14 所示,若验算截面 I—I 的强度从土压力分布图可得 I—I 截面以上的土压力为 E_{xi} 和 E_{yi},截面以上的墙身自重为 G_i,截面宽度为 B_i,则:

$$\begin{cases} \sum N_i = G_i + E_{yi} \\ \sum M_{yi} = GZ_{Gi} + E_{yi}Z_{xi} \\ \sum M_{0i} = E_{xi}Z_{yi} \end{cases}$$

$$Z_{N_i} = \frac{\sum M_{yi} - \sum M_{0i}}{\sum N_i} \tag{3.20}$$

$$e_i = \frac{B_i}{2} - Z_{N_i} \tag{3.21}$$

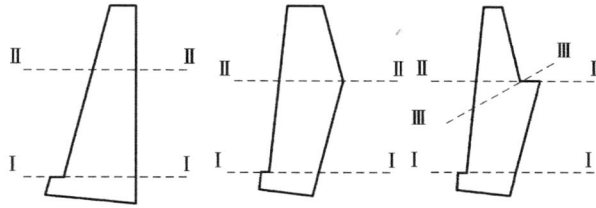

图 3.13　墙身验算截面

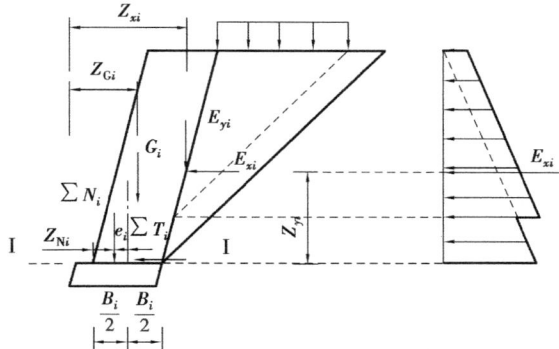

图 3.14　容许应力法墙身截面验算

偏心距按照《公路路基设计规范》(JTG D30—2015)附录 H、H.0.3 第 6 条要求,见表 3.14、表 3.15。

表 3.14　圬工结构轴向力合力的容许偏心距

荷载组合	容许偏心距 e_0
Ⅰ、Ⅱ	$0.25B$
Ⅲ	$0.3B$
施工荷载	$0.33B$

注:①B 为沿力矩转动方向的矩形计算截面宽度。

　②混凝土截面在受拉一侧配有不小于截面面积 0.05%的纵向钢筋时,表 3.14 中的容许规定值可增加 $0.05B$;当截面配筋率大于《公路路基设计规范》(JTG D30—2015)附录 H.0.3-6(表 3.15)的规定时,按钢筋混凝土构件计算,偏心距不受限制。

表 3.15　按钢筋混凝土构件计算的受拉钢筋最小配筋率

钢筋牌号(种类)	钢筋最小配筋率/%	
	截面一侧钢筋	全截面钢筋
Q235 钢筋(Ⅰ级)	0.20	0.50
HRB400 钢筋(Ⅱ、Ⅲ级)	0.20	0.50

注:钢筋最小配筋率按构件的全截面计算。

截面两端边缘的法向应力为:

$$\frac{\sigma_1}{\sigma_2} = \frac{\sum N_i}{B_i}\left(1 \pm \frac{6e_i}{B_i}\right)$$ (3.22)

考虑荷载组合时,应使最大压应力和最大拉应力不超过圬工的容许应力。干砌挡土墙不能承受拉应力。

(2)剪应力验算

验算如图 3.13 所示的 I—I 截面的水平剪应力时,剪切面上水平剪力 $\sum T_i$ 等于 I—I 截面的水平力 $\sum E_{xi}$,则:

$$\tau_i = \frac{\sum T_i}{B_i} = \frac{\sum E_{xi}}{B_i} \leqslant [\tau]$$ (3.23)

式中 $[\tau]$——圬工的容许剪应力,kPa。

当墙身受拉出现裂缝时应折减裂缝区的面积。

3.3.4 挡土墙的极限状态验算法

1)极限状态法的设计原则

挡土墙承载能力极限状态设计的基本条件是结构抗力设计值应大于或等于计入结构重要性系数的荷载效应的组合设计值,即

$$\gamma_0 S \leqslant R$$ (3.24)

$$R = R\left(\frac{R_k}{\gamma_f}, \alpha_d\right)$$ (3.25)

式中 γ_0——结构重要性系数,按照《公路路基设计规范》(JTG D30—2015)附录 H、表 H.0.1-1（表 3.16）采用;

S——作用(或荷载)效应的组合设计值,可按式(3.26)计算;

$R(\cdot)$——挡土墙结构抗力函数;

R_k——抗力材料的强度标准值;

γ_f——结构材料、岩土性能的分项系数;

α_d——结构或结构构件几何参数的设计值,当无可靠数据时,可采用几何参数标准值。

表 3.16 结构重要性系数 γ_0

墙高/m	公路等级	
	高速公路、一级公路	二级及二级以下公路
≤5.0	1.0	0.95
>5.0	1.05	1.0

挡土墙按承载能力极限状态设计时,在某一类作用(或荷载)效应组合下,作用(或荷载)效应的组合设计值,可按式(3.26)计算。

$$S = \psi_{ZL}\left(\gamma_G \sum S_{Gik} + \sum \gamma_{Qi} S_{Qik}\right)$$ (3.26)

式中 S——作用(或荷载)效应的组合设计值;

S_{Gik}——第 i 个垂直恒载的标准值效应；

S_{Qik}——土侧压力、水浮力、静水压力、其他可变作用（或荷载）的标准值效应；

ψ_{ZL}——荷载效应组合系数，按照《公路路基设计规范》（JTG D30—2015）附录 H、表 H.0.3-2（表 3.17）采用；

γ_G, γ_{Qi}——作用（或荷载）的分项系数，按表 3.18 采用。

表 3.17　荷载效应组合系数 ψ_{ZL} 值

荷载组合	ψ_{ZL}
Ⅰ、Ⅱ	1.0
Ⅲ	0.8
施工荷载	0.7

表 3.18　承载能力极限状态作用（或荷载）分项系数

情　况	荷载增大对挡土墙结构起有利作用时		荷载增大对挡土墙结构起不利作用时	
组　合	Ⅰ、Ⅱ	Ⅲ	Ⅰ、Ⅱ	Ⅲ
垂直恒载 γ_G	0.90		1.20	
恒载或车辆荷载、人群荷载的主动土压力 γ_{Q1}	1.00	0.95	1.40	1.30
被动土压力 γ_{Q2}	0.30		0.50	
水浮力 γ_{Q3}	0.95		1.10	
静水压力 γ_{Q4}	0.95		1.05	
动水压力 γ_{Q5}	0.95		1.20	

2）挡土墙构件按正常使用状态设计验算

挡土墙构件按正常使用状态设计时，应根据不同设计目的，分别采用荷载效应标准组合、荷载短期效应组合、荷载长期效应组合进行设计，使变形、裂缝等作用效应的设计值符合下式规定：

$$S_d \leqslant C \tag{3.27}$$

式中　S_d——变形、裂缝等作用（或荷载）的设计值；

　　　C——对变形、裂缝等规定的相应限值。

3）挡土墙常见的荷载组合类别及分项系数

一般挡土墙的控制组合是组合Ⅱ，对于抗震地区高挡土墙可能是组合Ⅲ，故验算时，根据项目地质条件和场地环境，验算组合Ⅱ和组合Ⅲ是可以确保结构安全的，常见的荷载组合及分项系数汇总见表 3.19。

表 3.19　常见的荷载组合及分项系数汇总表

挡土墙类型	组合	组合及荷载分项系数										
		荷载效应组合系数	挡土墙结构重力	墙顶上的有效永久荷载	填土重力	填土侧压力	车辆荷载引起的侧压力	计算水位的浮力	计算水位的静水压力	地震力	栏杆竖向力	栏杆水平力
路堑墙	Ⅰ	1.0	1.2	1.2	1.2	1.4	—	—	—	—	—	—
一般地区挡土墙	Ⅱ	1.0	1.2	1.2	1.2	1.4	1.4	—	—	—	1.2	1.4
浸水挡土墙	Ⅱ	1	1.2	1.2	1.2	1.4	1.4	1.1	1.05	—	1.2	1.4
地震工况	Ⅲ	0.8	1.2	1.2	1.2	1.3	—	—	—	1.0	1.2	1.3

注:对于浸水挡土墙,地基承载力一般由低水位工况控制;抗滑移和倾覆稳定性由高水位工况控制;这两个工况须验算。

4)挡土墙的滑动稳定方程

挡土墙的滑动稳定方程按下式计算:

$$[1.1G + \gamma_{Q_1}(E_y + E_x \tan \alpha_0) - \gamma_{Q_2}E_p \tan \alpha_0]\mu + (1.1G + \gamma_{Q_1}E_y)\tan \alpha_0 - \gamma_{Q_1}E_x + \gamma_{Q_2}E_p > 0$$

(3.28)

式中　G——作用于基底以上的重力,kN,浸水挡土墙的浸水部分应计入浮力;

　　　E_y——墙后主动土压力的竖向分量,kN;

　　　E_x——墙后主动土压力的水平分量,kN;

　　　E_p——墙前被动土压力的水平分量,kN,当为浸水挡土墙时,$E_p = 0$;

　　　α_0——基底倾斜角,(°),基底为水平时,$\alpha_0 = 0$;

　　　γ_{Q_1},γ_{Q_2}——主动土压力分项系数、墙前被动土压力分项系数,可按照《公路路基设计规范》(JTG D30—2015)表 H.0.1-5(表 3.18)的规定采用;

　　　μ——基底与地基间的摩擦系数,当缺乏可靠试验资料时,可按照《公路路基设计规范》(JTG D30—2015)表 H.0.2.1(表 3.3)的规定采用。

5)挡土墙的倾覆稳定方程

挡土墙的倾覆稳定方程按下式计算:

$$0.8GZ_G + \gamma_{Q_1}(E_yZ_x - E_xZ_y) + \gamma_{Q_2}E_pZ_p > 0$$　　　(3.29)

式中　Z_G——墙身重力、基础重力、基础上填土的重力及作用于墙顶的其他荷载的竖向力合力重心到墙趾的距离,m;

　　　Z_x——墙后主动土压力的竖向分量到墙趾的距离,m;

　　　Z_y——墙后主动土压力的水平分量到墙趾的距离,m;

　　　Z_p——墙前被动土压力的水平分量到墙趾的距离,m。

6)挡土墙正截面强度和稳定验算

挡土墙构件轴心或偏心受压时,正截面强度和稳定分别按式(3.30)和式(3.31)计算。偏心受压构件除验算弯曲平面内的纵向稳定外,还应按轴心受压构件验算非弯曲平面内的稳定。

计算强度时:

$$\gamma_0 N_d \leqslant \frac{a_k A R_a}{\gamma_f} \qquad (3.30)$$

计算稳定时:

$$\gamma_0 N_d \leqslant \frac{\psi_k a_k A R_a}{\gamma_f} \qquad (3.31)$$

式中 N_d——验算截面上的轴向力组合设计值,kN;

γ_0——重要性系数,按表 3.16 采用;

γ_f——圬工构件或材料的抗力分项系数,按表 3.20 采用;

R_a——材料抗压极限强度,kN;

A——挡土墙构件的计算截面面积,m^2;

a_k——轴向力偏心影响系数,按式(3.32)计算。

$$a_k = \frac{1 - 256\left(\dfrac{e_0}{B}\right)^8}{1 + 12\left(\dfrac{e_0}{B}\right)^2} \qquad (3.32)$$

式中 e_0——轴向力的偏心距,m,按式(3.33)采用,挡土墙墙身或基础为圬工截面时,其轴向力的偏心距 e_0 应符合表 3.14 的规定;

B——挡土墙计算截面宽度,m。

$$e_0 = \left| \frac{M_0}{N_0} \right| \qquad (3.33)$$

式中 M_0——在某一类作用(或荷载)组合下,作用(或荷载)对计算截面形心的总力矩,kN·m;

N_0——在某一类作用(或荷载)组合下,作用于计算截面上的轴向力的合力,kN;

ψ_k——偏心受压构件在弯曲平面内的纵向弯曲系数,按式(3.34)采用;轴心受压构件的纵向弯曲系数,可采用表 3.22 的规定。

$$\psi_k = \frac{1}{1 + a_s \beta_s (\beta_s - 3)\left[1 + 16\left(\dfrac{e_0}{B}\right)^2\right]} \qquad (3.34)$$

$$\beta_s = \frac{2H}{B} \qquad (3.35)$$

式中 H——墙高,m;

a_s——与材料有关的系数,按表 3.21 采用。

式(3.30)和式(3.31)按照《公路路基设计规范》(JTG D30—2015)附录 H、H.0.3 第 5 款引用,但与现行《公路圬工桥涵设计规范》(JTG D61—2005)差异较大,此处应是规范修编时,未及时更新。

表 3.20　圬工构件或材料的抗力分项系数 γ_f

圬工种类	受力情况	
	受压	受弯、剪、拉
石料	1.85	2.31
片石砌体、片石混凝土砌体	2.31	2.31
块石、粗料石、混凝土预制块、砖砌体	1.92	2.31
混凝土	1.54	2.31

表 3.21　a_s 取值

圬工名称	浆砌砌体采用以下砂浆强度等级			混凝土
	M10,M7.5,M5	M2.5	M1	
a_s 值	0.002	0.002 5	0.004	0.002

表 3.22　轴心受压构件纵向弯曲系数 Ψ_k

$2H/B$	混凝土构件	砌体砂浆强度等级	
		M10,M7.5,M5	M2.5
≤3	1.00	1.00	1.00
4	0.99	0.99	0.99
6	0.96	0.96	0.96
8	0.93	0.93	0.91
10	0.88	0.88	0.85
12	0.82	0.82	0.79
14	0.76	0.76	0.72
16	0.71	0.71	0.66
18	0.65	0.65	0.60
20	0.60	0.60	0.54
22	0.54	0.54	0.49
24	0.50	0.50	0.44
26	0.46	0.46	0.40
28	0.42	0.42	0.36
30	0.38	0.38	0.33

3.4　衡重式挡土墙的设计

对衡重式挡土墙,除了验算抗滑移、抗倾覆稳定性、水平截面应力、基地应力及合力偏心距外,还应对衡重台处的水平截面及斜截面(图 3.15)进行剪应力验算。

3.4.1　上墙墙背实际土压力

上墙墙身截面验算时,应采用上墙实际墙背所承受的土压力。上墙实际墙背的土压力 E_1' 是由第二破裂面上的土压力 E_1 传递而来,一般可根据实际墙背及衡重台与土体间无相对移动(即无摩擦力)的条件,利用力多边形法推求,如图 3.15 所示。

$$\begin{cases} E_{1x}' = E_{1x} = E_1\cos(\alpha_i + \varphi) \\ E_{1y}' = E_{1x}'\tan\alpha = E_1\cos(\alpha_i + \varphi)\tan\alpha \end{cases} \tag{3.36}$$

假设土压力沿墙背呈线性分布,作用于 1/3 上墙高度处。

3.4.2　斜截面剪应力验算

如图 3.16 所示,设衡重式挡土墙上墙底面沿倾斜方向 AB 被剪裂,剪裂面与水平面成 ε 角,剪裂面上的作用力式竖向力 $\sum N$ 和水平力 $\sum T$,则:

$$\begin{cases} \sum N = E_{1y}' + G_1 + G_2 \\ \sum T = E_{1x}' \end{cases} \tag{3.37}$$

式中　E_{1x}'——上墙土压力的水平分力,kN,如图 3.15 所示;

E_{1y}'——上墙土压力的竖向分力,kN,如图 3.15 所示;

G_1——上墙圬工重力,kN;

G_2——△ABC 的圬工重力,kN。

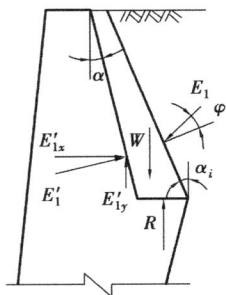

图 3.15　上墙实际墙背土压力计算图示　　图 3.16　斜截面剪应力验算图示

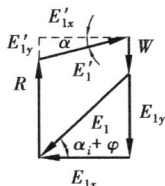

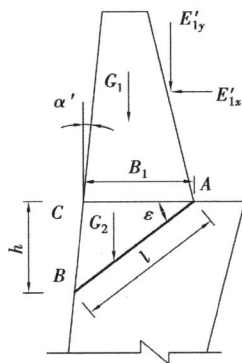

当 ε 角不同时,AB 面的剪应力 τ 也不同,故 τ 是 ε 的函数,即

$$\begin{cases} \tau = \dfrac{p}{l} \\[2mm] l = \dfrac{B_1 \tan \varepsilon}{\sin \varepsilon \, (1 - \tan \alpha' \tan \varepsilon)} \\[2mm] p = \sum T \cos \varepsilon + \sum N \sin \varepsilon = E'_{1x} \cos \varepsilon + (E'_{1y} + G_1) \sin \varepsilon + \dfrac{1}{2} \gamma_{\rm h} B_1^2 \dfrac{\tan \varepsilon \sin \varepsilon}{(1 - \tan \alpha' \tan \varepsilon)} \end{cases} \tag{3.38}$$

式中 p ——剪裂面 AB 上的切向分力,kN;

  l ——剪裂面 AB 长度,m;

  $\gamma_{\rm h}$ ——圬工的重度,kN/m^3。

并令 $\tau_x = \dfrac{E'_{1x}}{B_1}$,$\tau_w = \dfrac{G_1 + E'_{1y}}{B_1}$,$\tau_r = \dfrac{1}{2} \gamma_{\rm h} B_1$,将式(3.38)整理后,得:

$$\tau = \cos^2 \varepsilon \left[\tau_x (1 - \tan \alpha' \tan \varepsilon) + \tau_w \tan \varepsilon (1 - \tan \alpha' \tan \varepsilon) + \tau_r \tan^2 \varepsilon \right] \tag{3.39}$$

对式(3.39)微分,令 $\dfrac{{\rm d}\tau}{{\rm d}\varepsilon} = 0$ 整理得。

$$\begin{cases} \tan \varepsilon = -\eta \pm \sqrt{\eta^2 + 1} \\[2mm] \eta = \dfrac{\tau_r - \tau_x - \tau_w \tan \alpha'}{\tau_x \tan \alpha' - \tau_w} \end{cases} \tag{3.40}$$

由式(3.40)解出 ε 角,代入式(3.39),即可求得 AB 斜面的最大剪应力 $\tau_{\max}$。$\tau_{\max} \leqslant [\tau]$,说明斜截面抗剪强度满足要求。

3.5 浸水挡土墙的验算

浸水挡土墙与一般挡土墙受力区别在于:一方面由于墙后水位高于墙前,墙后静水压力大于墙前,且作用点高于墙前静水压力高,对挡土墙的抗滑移和抗倾覆稳定性均不利。另一方面由于基底的水压力,导致挡土墙的有效重量降低,对挡土墙的抗滑移和抗倾覆稳定性均不利。因此浸水挡土墙的断面尺寸会比一般挡土墙的断面尺寸大,当水位很高时,挡土墙的断面尺寸会比一般挡土墙的断面尺寸大很多。浸水条件下土压力按第 2 章相关内容计算。

作用于浸水挡土墙上的力系,除一般重力式挡土墙的力系外,还应考虑浸水时的静水水压力和基底水浮力。

如图 3.17 所示,墙面的水位高为 $H_{\rm b1}$,墙背的水位高度为 $H_{\rm b2}$,水的重度为 $\gamma_{\rm w}$,则作用于墙面和墙背法向的静水压力分别为 J_1 和 J_2:

$$J_1 = \frac{1}{2} \gamma_{\rm w} H_{\rm b_1}^2 \frac{1}{\cos \alpha'} \tag{3.41}$$

$$J_2 = \frac{1}{2} \gamma_{\rm w} H_{\rm b_2}^2 \frac{1}{\cos \alpha} \tag{3.42}$$

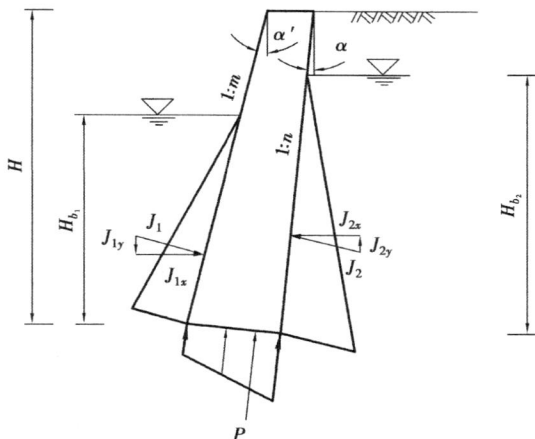

图 3.17 浸水挡土墙水压力计算图示

1)作用于墙背和墙面的竖向静水压力

作用于墙背和墙面的竖向静水压力之和为(设竖直向下为正):

$$J_y = J_1 \sin \alpha' - J_2 \sin \alpha = \frac{1}{2} \gamma_w (H_{b_1}^2 \tan \alpha' - H_{b_2}^2 \tan \alpha) \tag{3.43}$$

挡土墙一般墙背填料为透水性材料,且挡土墙墙身有较多的泄水孔,大多数情况下挡土墙墙背与墙前连通情况较好。按照《公路路基设计规范》(JTG D30—2015)附录 H、第 H.0.1 条第 7 款:浸水挡土墙墙背采用的岩块和粗粒土时,可不计墙身两侧静水压力和墙背动水压力。

工程上浸水挡土墙一般按路基设计洪水频率对应洪水标高,考虑墙前、墙后 1 m 水头差按静水压力计算,不考虑动水压力。

2)作用于墙背和墙面的水平水压力

作用在挡土墙墙背和墙面的水平静水压力差为(设水平指向墙外侧为正):

$$J_x = J_2 \cos \alpha - J_1 \cos \alpha' = \frac{1}{2} \gamma_w \left(H_{b_2}^2 \frac{1}{\cos^2 \alpha} - H_{b_1}^2 \frac{1}{\cos^2 \alpha'} \right) \tag{3.44}$$

3)作用于挡土墙基底的浮力

作用于基底的浮力 P 与墙身排开水的体积和地基的透水性有关,按下式计算:

$$P = \frac{1}{2} \gamma_w (H_{b_1} + H_{b_2}) B \lambda \tag{3.45}$$

式中 λ——浮力折减系数。按照《公路路基设计规范》(JTG D30—2015)附录 H、第 H.0.1 条中第 8 款;砂类土、碎石类土和裂隙发育的岩石地基,按计算水位 100% 计算($\lambda = 1$);岩石地基按计算水位 50% 计算($\lambda = 0.5$)。

4)浸水挡土墙验算工况及荷载组合

浸水挡土墙设计应结合具体的水位标高进行设计,一般低水位工况控制地基应力,高水位工况控制抗滑移和倾覆稳定性。故这两种工况必须验算。考虑水压力时应将水压力代入式(3.5)、式(3.6)或式(3.9)计算 K_c 或 K_0,K_c 不应小于 1.3,K_0 不应小于 1.3。

3.6 抗震挡土墙的验算

3.6.1 抗震挡土墙的设计一般规定

按照《公路工程抗震规范》(JTG B02—2013)第7.1条:

①设计基本地震动峰值加速度大于或等于0.20g的地区不宜采用加筋土挡土墙。

②挡土墙范围内有发震断裂,且按照《公路工程抗震规范》(JTG B02—2013)第3.6.11条判定,需考虑发震断裂的错动对挡土墙的影响时,应优先采取避开措施。

③高速公路和一级公路上的挡土墙距离主断裂边缘不宜小于100 m;无法满足时,应采取降低挡土墙高度、采用整体浇筑的重力式混凝土挡土墙、设置合理有效的伸缩缝和沉降缝等措施,并应设置完善的排水系统。

3.6.2 抗震重要性修正系数

公路工程除桥梁以外的构筑物按照《公路工程抗震规范》(JTG B02—2013)表3.2.2(表3.23)确定抗震重要修正系数。

表 3.23 其他公路工程构筑物抗震重要修正系数 C_i

公路等级	构筑物重要程度	抗震重要性修正系数 C_i
高速公路、一级公路	抗震重点工程	1.7
	一般工程	1.3
二级公路	抗震重点工程	1.3
	一般工程	1.0
三级公路	抗震重点工程	1.0
	一般工程	0.8
四级公路	抗震重点工程	0.8

注:抗震重点工程是指隧道和破坏后抢修困难的路基、挡土墙工程。

3.6.3 地震基本烈度和地震动峰值加速度

公路工程构筑物的地震基本烈度和水平、竖向设计基本地震动峰值加速度对应关系 A_h,A_v,其对应关系符合《公路工程抗震规范》(JTG B02—2013)表3.3.2(表3.24)的规定。

表 3.24 地震基本烈度和设计基本地震动峰值加速度对应表

地震基本烈度(度)	6	7		8		9
水平向 A_h	≥0.05g	0.10g	0.15g	0.20g	0.30g	≥0.4g
竖向 A_v	0	0		0.10g	0.17g	0.25g

3.6.4 强度和稳定性验算

按照《公路工程抗震规范》(JTG B02—2013)第 7.2 条:

①挡土墙应按照《公路工程抗震规范》(JTG B02—2013)表 7.2.1(表 3.25)的范围和要求验算其抗震强度和稳定性。

表 3.25 挡土墙抗震强度和稳定性验算范围

地基类型		设计基本地震动峰值加速度				
		高速公路及一、二级公路			三、四级公路	
		0.10 g(0.15 g)	0.20 g(0.30 g)	0.40 g	< 0.40 g	0.40 g
岩石、非液化土及非软土的地基	非浸水	不验算	H > 4 验算	验算	不验算	验算
	浸水	不验算	验算	验算	不验算	验算
液化土及软土地基		验算	验算	验算	不验算	验算

注:H 为挡土墙墙趾至墙顶的高度,m。

②挡土墙可采用静力法验算挡土墙体抗震强度和稳定性。设计基本地震动峰值加速度大于或等于 0.10g 地区的高速公路、一级公路上的挡土墙,高度超过 20 m,且地基处于抗震危险地段的,应作专门研究。

③按静力法验算时,挡土墙第 i 截面以上墙身重心处的水平地震作用可按式(3.46)计算:

$$E_{ih} = \frac{C_i C_z A_h \psi_i G_i}{g} \tag{3.46}$$

式中 E_{ih}——第 i 截面以上墙身重心处的水平地震作用,kN;

C_i——抗震重要性修正系数,应按照《公路工程抗震规范》(JTG B02—2013)表 3.2.2(表 3.23)采用;

C_z——综合影响系数,重力式挡土墙取 0.25,轻型挡土墙取 0.3;

A_h——水平向设计基本地震动峰值加速度;

G_i——第 i 截面以上墙身圬工的重力,kN;

ψ_i——水平地震作用沿墙高的分布系数,按式(3.47)计算取值;

$$\psi_i = \begin{cases} \dfrac{1}{3} \dfrac{h_i}{H} + 1.0 & (0 \leqslant h_i \leqslant 0.6H) \\[2mm] \dfrac{3}{2} \dfrac{h_i}{H} + 0.3 & (0.6H < h_i \leqslant H) \end{cases} \tag{3.47}$$

h_i——挡土墙墙趾至第 i 截面的高度。

④位于斜坡上的挡土墙,作用于其重心处的水平向总地震作用可按式(3.48a)、式(3.48b)计算:

岩基:

$$E_h = 0.30 C_i A_h \frac{W}{g} \tag{3.48a}$$

土基:

$$E_\mathrm{h} = 0.35 C_i A_\mathrm{h} \frac{W}{g} \tag{3.48b}$$

式中 E_h——作用于挡土墙重心处的水平向总地震作用,kN;

        W——挡土墙的总重力,kN。

⑤路肩挡土墙的地震主动土压力可按式(3.49a)、式(3.49b)计算,其他挡土墙地震主动土压力可按照《公路工程抗震规范》(JTG B02—2013)附录 A 规定计算。

$$E_\mathrm{ea} = \frac{1}{2}\gamma H^2 K_\mathrm{a}(1 + 0.75 C_i K_\mathrm{h}\tan\varphi) \tag{3.49a}$$

式中 E_ea——地震时作用于挡土墙背每延米长度上的主动土压力,kN/m,其作用点为距挡土墙底 $0.4H$ 处;

        γ——土的重度,kN/m³;

        H——挡土墙高度,m;

        K_a——非地震作用下作用于挡土墙背的主动土压力系数,可按下式计算:

$$K_\mathrm{a} = \cos^2\varphi/(1 + \sin\varphi)^2 \tag{3.49b}$$

        K_h——水平地震影响系数 A_h/g;

        φ——挡土墙背土的内摩擦角,(°)。

⑥挡土墙墙身的截面偏心距 e 应符合式(3.50)的规定。基础底面的合力偏心距 e 应符合表 3.26 的规定。

$$e \leqslant 2.4\rho \tag{3.50}$$

式中 ρ——截面核心半径,m。

表 3.26   基础底面的合力偏心距 e

地基土	e
岩石,密实的碎石土,密实的砾、粗、中砂,老黏性土,$f_\mathrm{a} \geqslant 300$ kPa 的黏性土和粉土	$\leqslant 2.0\rho$
中密的碎石土,中密的砾、粗、中砂,150 kPa $\leqslant f_\mathrm{a} < 300$ kPa 的黏性土和粉土	$\leqslant 1.5\rho$
密、中密的细砂、粉砂,100 kPa $\leqslant f_\mathrm{a} < 150$ kPa 的黏性土和粉土	$\leqslant 1.2\rho$
新近沉积的黏性土,软土,松散的砂,填土,$f_\mathrm{a} < 100$ kPa 的黏性土和粉土	$\leqslant 1.0\rho$

⑦挡土墙的抗震稳定性验算应按现行《公路桥涵地基与基础设计规范》(JTG 3363—2019)进行,其抗滑动稳定系数 K_c 不应小于 1.1,抗倾覆稳定系数 K_0 不应小于 1.2。

3.6.5   抗震措施

按照《公路工程抗震规范》(JTG B02—2013)第 7.3 条:

①设计基本地震动峰值加速度大于或等于 $0.20g$ 时,干砌片(块)石挡土墙的高度不宜超过 5 m;大于或等于 $0.40g$ 时,不宜超过 3 m。高速公路、一级公路不应使用干砌片石挡土墙。

②设计基本地震动峰值加速度大于或等于 $0.10g$ 时,浆砌片(块)石挡土墙的最低砂浆强度等级应按照现行《公路圬工桥涵设计规范》(JTG D61—2005)的要求提高一级采用,挡土墙高度不宜大于《公路工程抗震规范》(JTG B02—2013)表 7.3.2(表 3.27)的规定。当挡土墙高度大于表 3.27 所列数值时,宜采用混凝土整体浇筑或分级式挡土墙。

表 3.27　浆砌片(块)石挡土墙的高度限值

高度/m		设计基本地震动峰值加速度	
		0.20 g、0.30 g	≥0.4 g
公路等级	高速公路、一级公路	12	10
	二级公路、三级公路	14	12

　　③混凝土挡土墙的施工缝和衡重式挡土墙的变截面处,应采用短钢筋加强、设置不少于占截面面积 20% 的榫头等措施提高抗剪强度。

　　④挡土墙应分段修筑,每段长度不宜超过 15 m;在墙的分段处、地基土及墙高变化处,应设置沉降缝。

　　⑤位于液化土及软土地基上的挡土墙,应按照《公路工程抗震规范》(JTG B02—2013)第 4 章有关规定进行地基处理。当采用桩基时,桩尖应伸入稳定土层。

案例 1　衡重式挡土墙设计案例

1)项目概况

　　某临河四级公路升级改造为三级公路,由于紧邻城区,道路受规划标高限制,局部段落可能受设计洪水位淹没(挡土墙按浸水挡土墙考虑)。由于本段挡土墙土层较厚(6～8 m),土层下方为砂岩和泥岩,其中泥岩的饱和单轴抗压强度为 5.42 MPa,本段落最高挡土墙高 14 m(典型剖面见图 3.18),左侧有既有道路和铁路,右侧临河,若将重力式挡土墙基础置于基岩上,存在坑内涌水问题,不易实施;加之基坑开挖后,左侧道路存在整体稳定性存在安全风险。综合考虑采用桩基托梁挡土墙进行支挡防护,本实例对桩基托梁挡土墙上部分衡重式挡土墙进行验算。

　　挡土墙上方荷载情况,道路人行道宽 2 m,车行道宽 14 m,人行道比车行道高 0.25 m。挡土墙顶上安置人行栏杆,栏杆位于墙顶面侧后 50 cm,高 1.13 m。栏杆自重 0.45 kN/m(45 kg/m),栏杆挡土墙栏杆水平推力 0.75 kN/m,栏杆扶手上的竖向力采用 1 kN/m。

2)挡土墙计算基本参数的选取

　　根据项目勘察报告,结合《公路圬工桥涵设计规范》(JTG D61—2005)规范,挡土墙计算基本参数见表 3.28。

表 3.28　挡土墙计算基本参数的选取

岩土体类别	参数									
	基底摩擦系数 μ	填料综合内摩擦角	砌体容重/kN	砌体容许压应力/kPa	砌体容许弯拉应力/kPa	砌体容许剪应力/kPa	极限强度/MPa	材料抗力分项系数		系数 a_s
								受压	受弯、拉、剪	
片石混凝土与钢筋混凝土	0.6	—	—	—	—	—	—	—	—	—

续表

岩土体类别	参数									
	基底摩擦系数 μ	填料综合内摩擦角	砌体容重/kN	砌体容许压应力/kPa	砌体容许弯拉应力/kPa	砌体容许剪应力/kPa	极限强度/MPa	材料抗力分项系数		系数 a_s
								受压	受弯、拉、剪	
粉质黏土与石填料	—	30°	—	—	—	—	—	—	—	—
C20 片石混凝土	—	—	24	7 820	800	1 590	14	1.54	2.31	0.002

注:①挡土墙与托梁的摩擦系数按照《公路圬工桥涵设计规范》(JTG D61—2005)表 3.3.5.4 按砌体与混凝土潮湿状况选取。
②挡土墙后采用挖出的粉质黏土与石混合回填,土与石比例为 7:3,综合内摩擦角按照《公路路基设计规范》(JTG D30—2015)表 H.0.1-4 结合地区经验选用,见表 1.6。
③挡土墙墙身参数:C20 片石混凝土,片石含量小于 20%。按照《公路圬工桥涵设计规范》(JTG D61—2005)规范进行取值,见表 1.5。

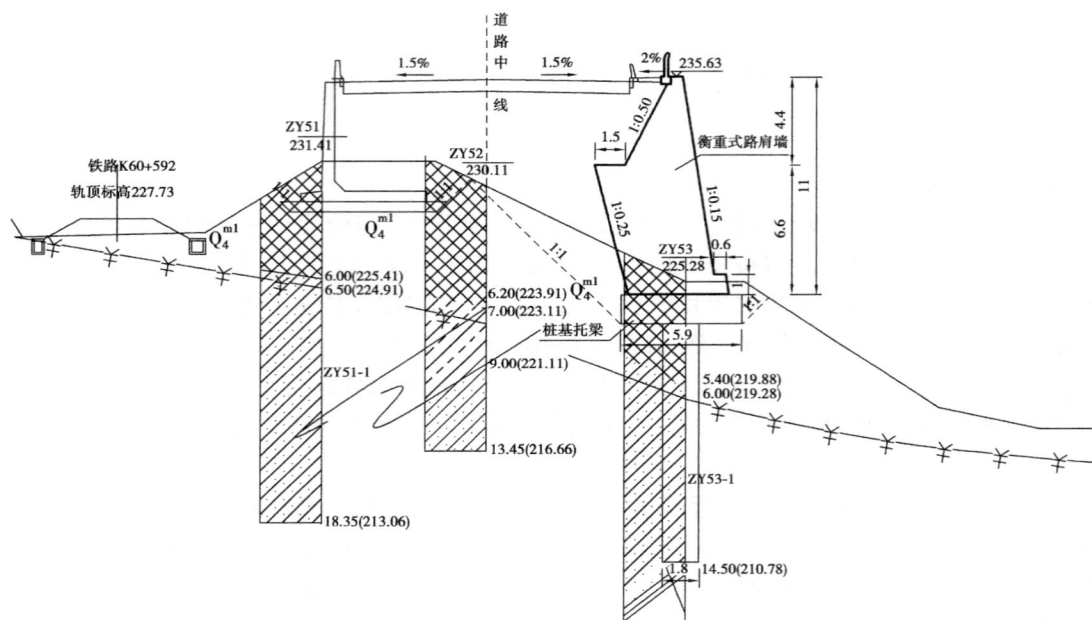

图 3.18 挡土墙布置剖面图(单位:m)

3)挡土墙设计流程图

挡土墙设计流程,如图 3.19 所示。

4)理正岩土计算 6.5PB2 版介绍

由于本书中采用了理正岩土计算 6.5PB2 版,挡土墙设计模块与抗滑桩模块(图 3.20),对这两个模块做简要介绍。

(1)挡土墙设计模块介绍

理正开发的挡土墙设计模块。该软件一完成,就受到岩土工程技术人员的欢迎,经过多年的使用,得到市场的认可,在软件升级过程中,软件得到不断的完善。下面介绍挡土墙软件的主要功能:

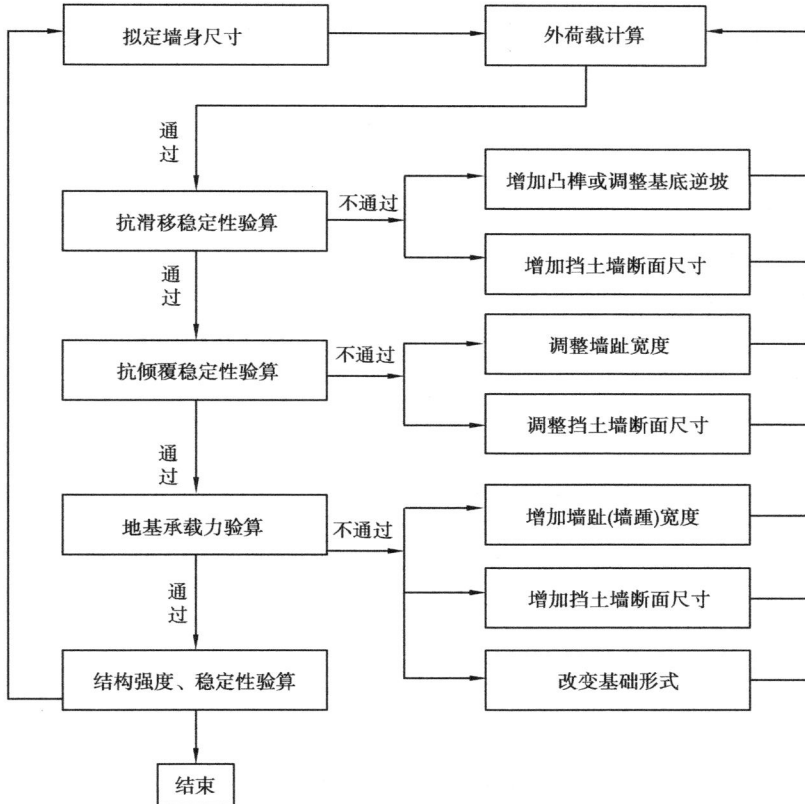

图 3.19　挡土墙设计流程图

图 3.20　公路常用支挡设计模块选择图

①包括 13 种类型挡土墙——重力式、衡重式、加筋土式、半重力式、悬臂式、扶壁式、桩板式、锚杆式、锚定板式、垂直预应力锚杆式、装配式悬臂、装配式扶壁、卸荷板式。

②参照公路、铁路、水利、市政、工民建等行业的规范及标准,适应各个行业的要求;可进行公路、铁路、水利、水运、矿山、市政、工民建等行业挡土墙的设计。

③适用的地区有一般地区、浸水地区、抗震地区、抗震浸水地区。

④挡土墙基础的形式有天然地基、钢筋混凝土底板、台阶式、换填土式、锚桩式。

⑤挡土墙计算中关键点之一是土压力的计算。本软件依据库仑土压力理论,采用优化的数值扫描法,对不同的边界条件,均可快速、确定地计算其土体破坏楔形体的第一、第二破裂面角度。避免公式方法对边界条件有限值的弊病。尤其是衡重式挡土墙下墙土压力的计算,过去有延长墙背法、修正延长墙背法及等效荷载法等,在理论上均有不合理的一面。本软件综合考虑分析上、下墙的土压力,接力运行,得到合理的上、下墙的土压力。保证后续计算结果的合理性。

⑥除土压力外,还可考虑地震作用、外加荷载、水等对挡土墙设计、验算的影响。

⑦计算内容完善——土压力、挡土墙的抗滑移、抗倾覆、地基强度验算及墙身强度的验算等一气呵成。且可以生成图文并茂的计算书,大量节省设计人员的劳动强度。

（2）抗滑桩设计模块介绍

理正岩土抗滑桩（挡土墙）设计软件适用于公路、铁路、水利及其他行业等的滑坡分析计算及滑坡治理。

①多种因素（地层条件、地下水、坡面荷载、地震作用等）的影响,采用递推公式分析计算滑坡的剩余下滑推力,为滑坡治理措施的选择及治理提供依据。

②多种滑坡治理措施——抗滑桩、重力式抗滑挡土墙、垂直预应力式挡土墙、桩板式抗滑挡土墙、抗滑桩综合分析供工程技术人员选择。

③每一种抗滑措施均提供按剩余下滑力及主动土压力（利用库仑土压力理论计算）计算的结果。两种条件一次完成,减小劳动强度,提高设计效率。

④对于抗滑桩,采用有限元方法分析桩的变形、内力及配筋。通过图示结果,客观地反映桩施加锚索对位移及内力的影响。

5）一般挡土墙计算操作步骤

（1）模块的选择

支挡结构设计主要采用挡土墙设计、抗滑桩设计和建坡挡土墙等模块,界面如图 3.21所示。

（2）挡土墙尺寸拟定

一般参照类似项目经验或《17J008 挡土墙图集》等,先初步拟定挡土墙尺寸（尺寸拟定需要丰富的设计经验和类似项目经验积累,本处直接进行拟定尺寸后的验算）,如图 3.22 所示。

（3）地面线、车辆荷载等边界条件的输入

地面线、车辆荷载等边界条件是支挡设计的重要边界条件,要与实际及规范匹配。输入界面如图 3.23 至图 3.24 所示。

图 3.21　"挡土墙设计"模块选择

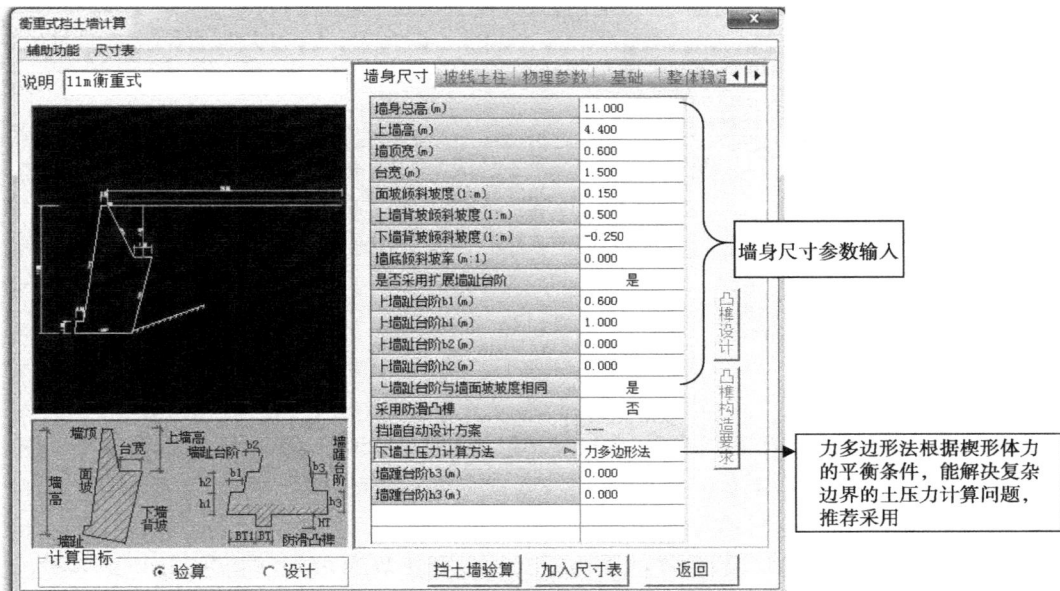

图 3.22　挡土墙尺寸输入

　　注意:墙踵和墙趾的尺寸,根据材料的刚性角[按照《公路圬工桥涵设计规范》(JTG D61—2005)第 6.1.6 条,对于 M5 的砂浆砌筑时,不应大于 30°;当采用 M5 以上的砂浆砌筑时,不应大于 35°;对混凝土不应大于 40°],确定高宽比。

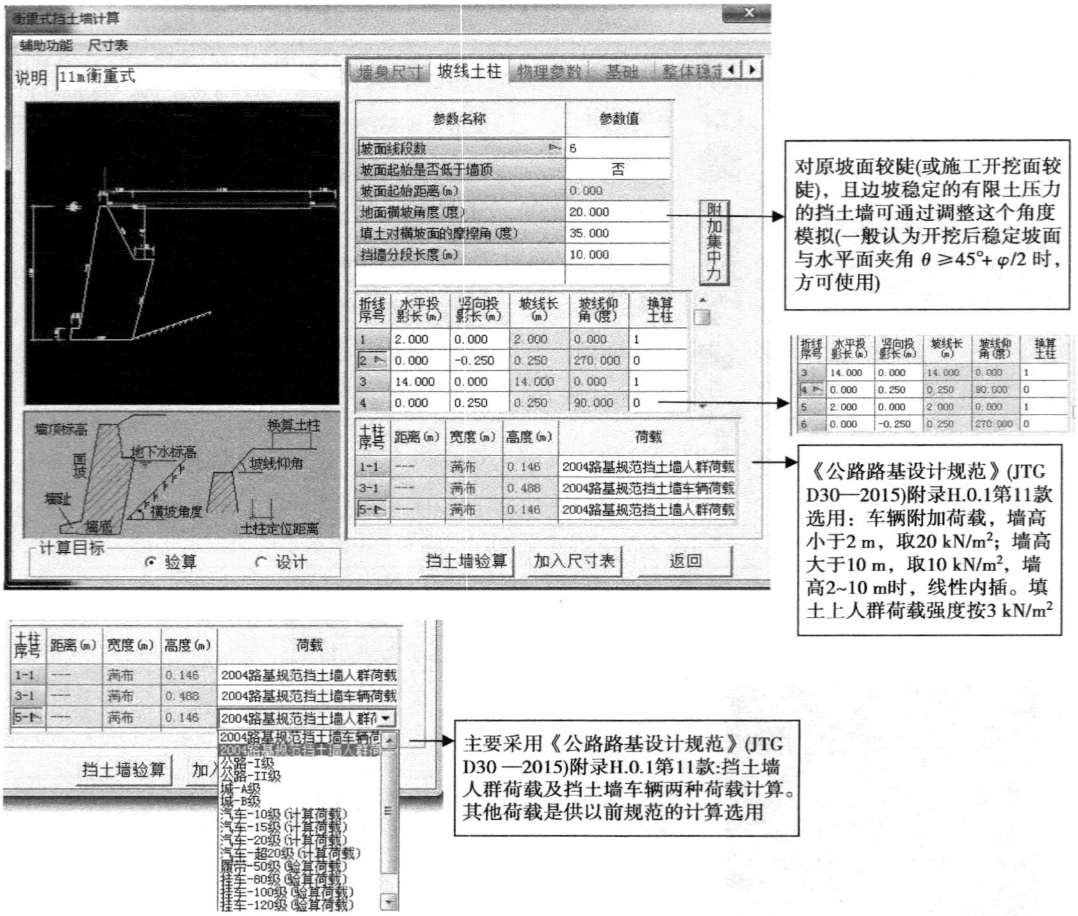

图 3.23 挡土墙荷载、边界条件的输入

注意:《公路路基设计规范》(JTG D30—2004)与(JTG D30—2015)规范的挡土墙人群荷载与车辆荷载一致,但理正岩土 6.5PB2 版本中还是采用的 2004 规范提法,实质相同。

(4)填料、地基土、墙身材料等物理参数输入

填料、地基土、墙身材料参数是支挡结构设计的重要边界参数,要与实际及规范匹配。其界面如图 3.25 至图 3.27 所示。

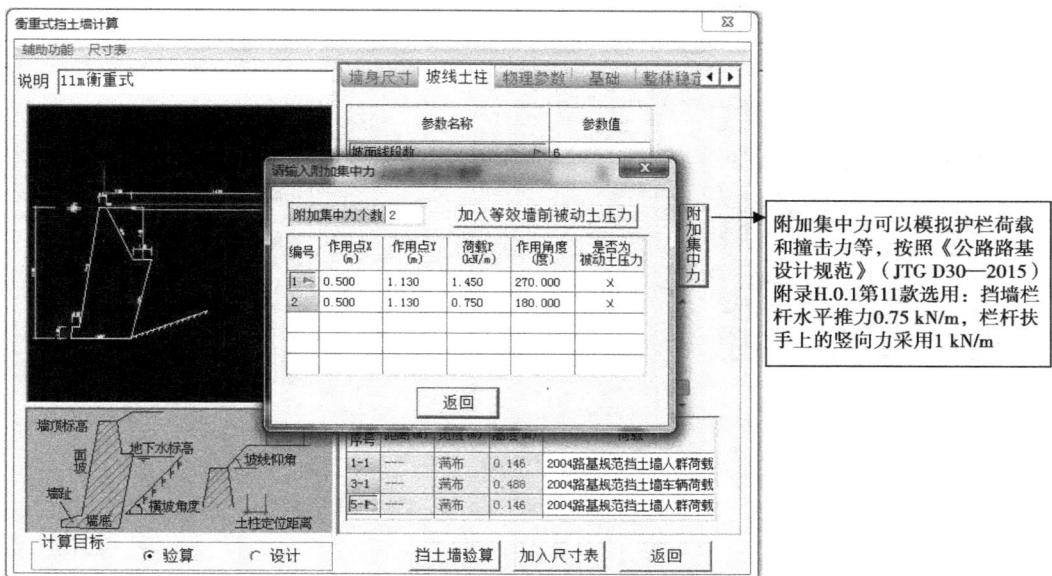

图 3.24　挡土墙附加力的输入

注意:栏杆的水平力作用点在挡土墙顶后 0.5 m,距离墙顶 1.13 m,水平推力 0.75 kN/m;竖向荷载作用点在挡土墙顶后 0.5 m,距离墙顶 1.13 m,竖向合力 1.45 kN/m。

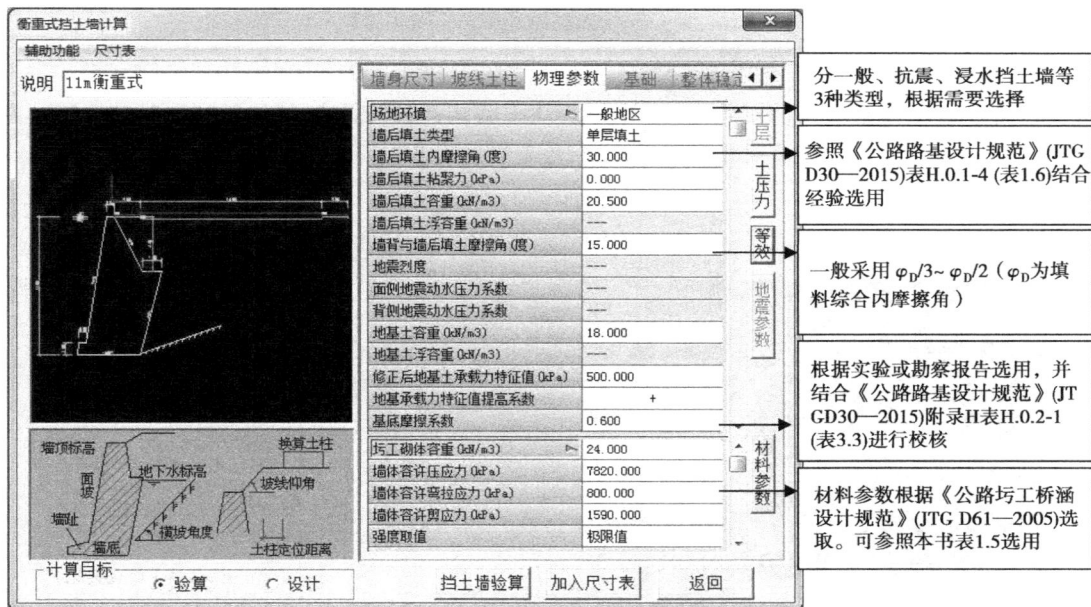

提高系数:《公路路基设计规范》（JTG D30—2015)附录第H.0.2条，当作用为组合Ⅲ及施工荷载，且f_{a0}>150 kPa时，可提高25%。其余情况按照《公路桥涵地基与基础设计规范》（JTG 3363—2019）第3.0.7条采用，一般不提高

对有防滑凸榫时候，对抗滑移和整体稳定性有影响。参数结合勘察报告和地区经验选取

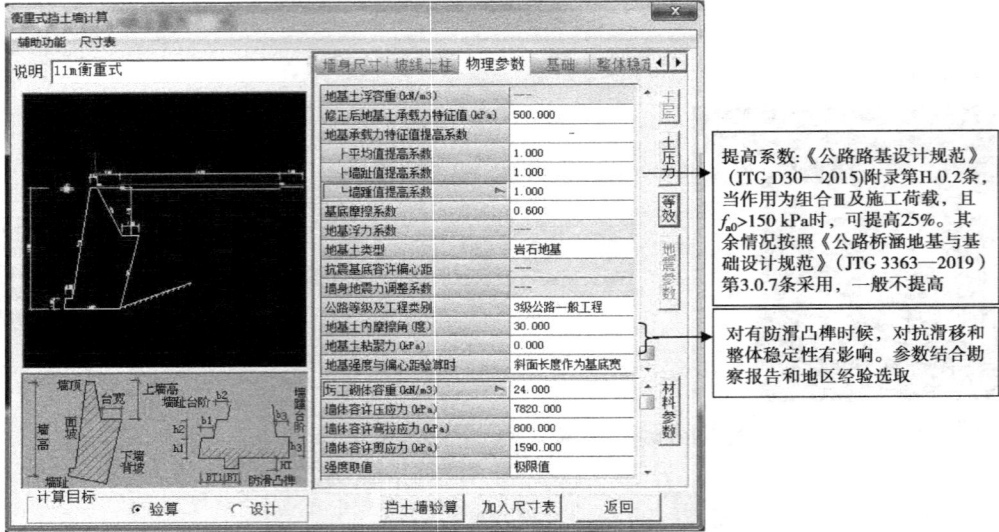

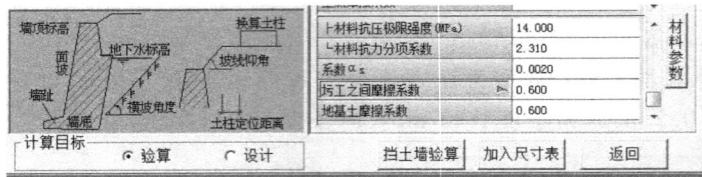

图 3.25　填料、地基土、墙身材料参数输入

注意:基底摩擦系数、墙后综合内摩擦角是挡土墙断面设计是否安全、经济、合理的最重要的两个参数,必须结合现场地质情况及填料情况合理选取。

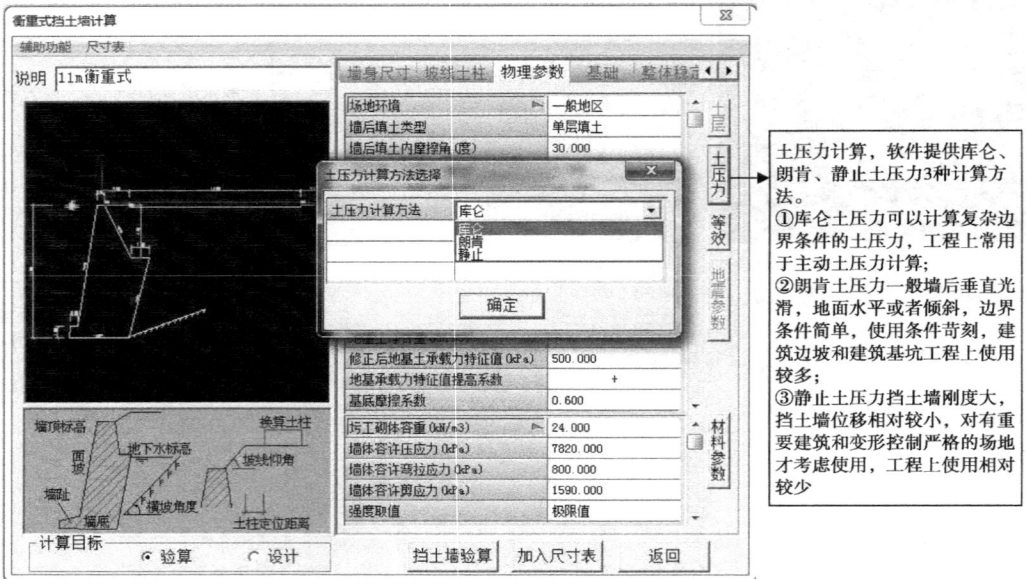

土压力计算，软件提供库仑、朗肯、静止土压力3种计算方法。
①库仑土压力可以计算复杂边界条件的土压力，工程上常用于主动土压力计算；
②朗肯土压力一般墙后垂直光滑，地面水平或者倾斜，边界条件简单，使用条件苛刻，建筑边坡和建筑基坑工程上使用较多；
③静止土压力挡土墙刚度大，挡土墙位移相对较小，对有重要建筑和变形控制严格的场地才考虑使用，工程上使用相对较少

图 3.26　挡土墙土压力计算方法选取

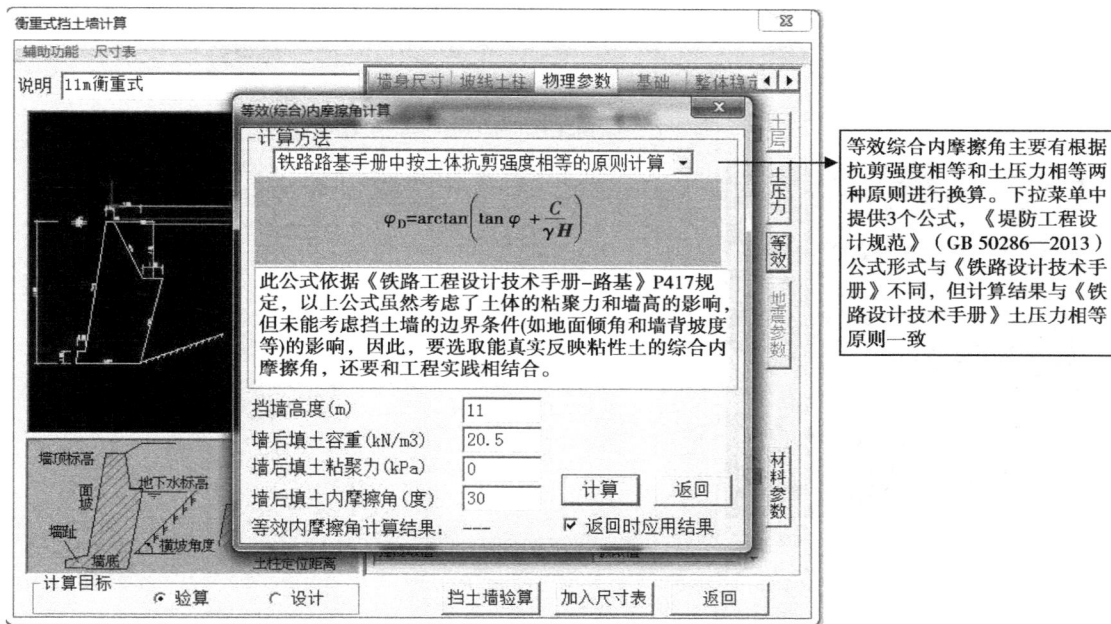

图 3.27　挡土墙等效(综合)内摩擦角计算

注意:①等效综合内摩擦角主要根据抗剪强度相等和土压力相等两种原则进行换算。当 $c = 0$ 时,两种方式换算结果一致,$\varphi_D = \varphi$。

②抗剪强度相等原则 $\varphi_D = \arctan\left(\tan\varphi + \dfrac{C}{\gamma H}\right)$,此公式根据《铁路工程设计技术手册-路基》1995 年修订版 P417 相关公式,选取能真实反映黏性土的综合内摩擦角,还要和工程实践相结合。

③土压力相等原则 $\varphi_D = 90° - 2\arctan\left[\tan\left(45° - \dfrac{\varphi}{2}\right) - \dfrac{2C}{\gamma H}\right]$,此公式根据《铁路工程设计技术手册-路基》1995 年修订版 P417 公式[与《堤防工程设计规范》(GB 50286—2013) P72 公式形式不同,但计算结果一致]。选取能真实反映黏性土的综合内摩擦角,还应与工程实践相结合。

(5)基础选型

基础主要有天然地基、钢筋混凝土底板、台阶式、换填式、锚桩式 5 种形式,根据具体条件选择,界面如图 3.28 所示。

注意:①钢筋混凝土底板:可通过钢筋混凝土扩展基础解决地基承载力不足的问题。

②台阶基础:主要用于解决地面横坡较陡,而地基较完整坚硬的岩层时,为减小挡土墙高度,减小基础开挖并节约圬工量采用台阶基础。基础的尺寸按具体的地形地质条件确定,应使基础不受侧压力的作用,台阶的高宽比不应大于 2∶1,台阶宽度不小于 50 cm,如图 3.29 所示。

③换填土式:当墙底存在软弱下卧层,且与墙下平均应力出入不大时,采用换填垫层,将应力扩散后,降低下卧层顶的基底应力。

④锚桩式:当挡土墙墙身截面满足强度要求时,当抗滑移和倾覆安全系数不足时且基础锚固条件较好时,可通过竖向锚杆方式,增加挡土墙的抗滑移和抗倾覆安全系数。

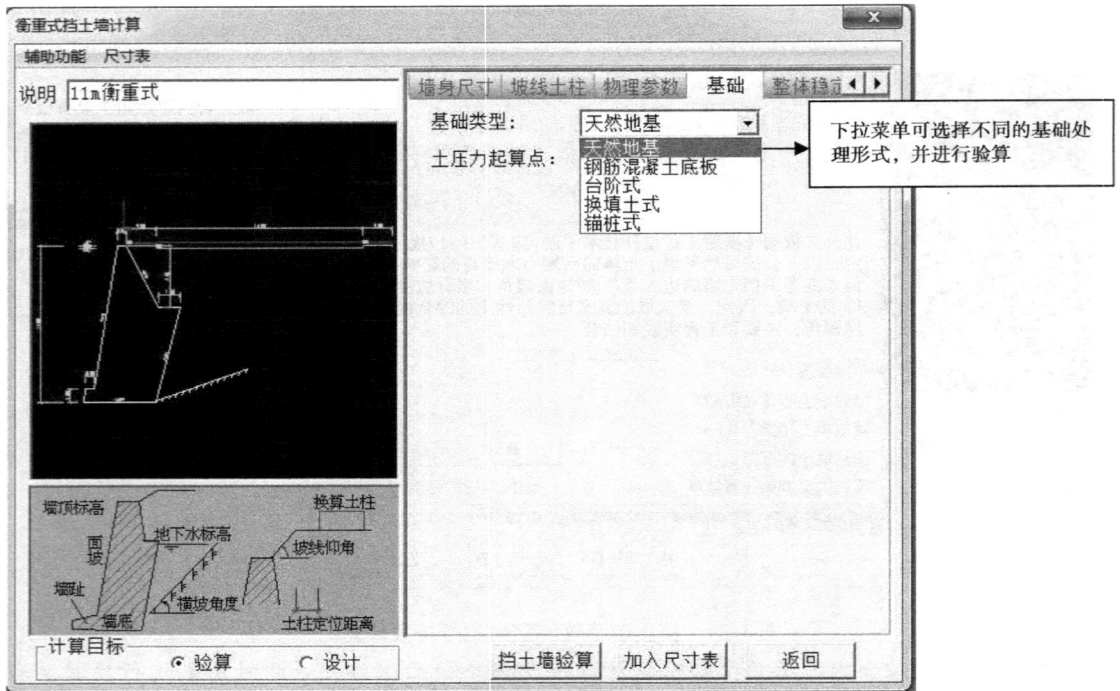

图 3.28　挡土墙基础形式选择

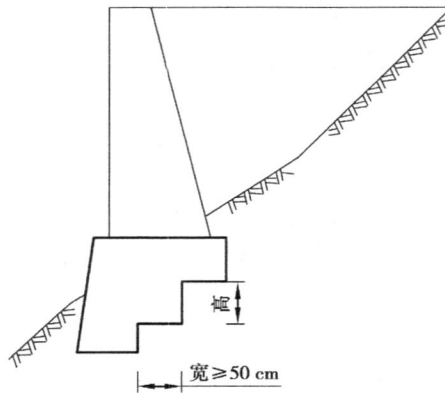

图 3.29　切割台阶基础构造示意图

（6）整体稳定性计算

由于当前模块，整体稳定性验算时，未考虑挡土墙抗力，计算结果失真。稳定性问题可采用边坡稳定性分析模块，单独分析，而此处的整体稳定性建议不计算，界面如图 3.30 所示。

（7）荷载组合

理论上的荷载组合方式有很多种，根据挡土墙场地环境和挡土墙主要荷载，按照《公路路基设计规范》2015 附录 H、表 H. 0. 1-5（表 3.18、表 3.19）进行组合，界面如图 3.31 所示。

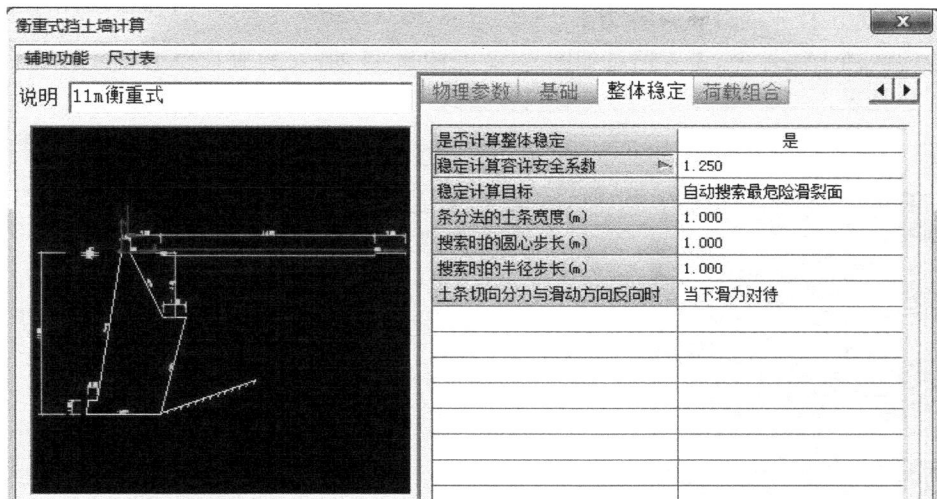

图 3.30　挡土墙整体稳定性计算

注意：由于整体稳定性计算时，挡土墙的抗力软件未考虑（设置支挡后，整体稳定性可能仍不满足要求，即计算结果失真），故整体稳定性计算意义不大。计算时条块宽度、步长等不宜设置过小，可设置为 1 m，避免计算时间过长。

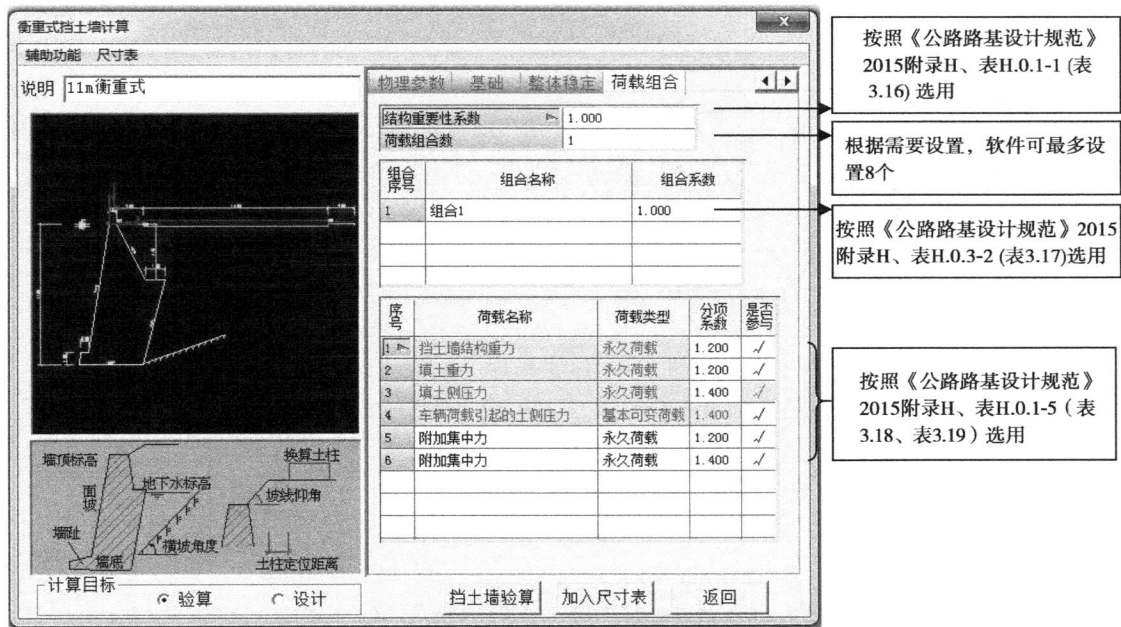

图 3.31　挡土墙荷载组合参数输入

注意：挡土墙的一般控制组合是组合Ⅱ，对抗震地区高挡土墙可能是组合Ⅲ，故计算时，根据项目地质条件和场地环境，验算组合Ⅱ和组合Ⅲ是可以确保结构安全的，因此最多验算两个工况，常见的荷载组合见表 3.19。

（8）一般地区挡土墙理正计算结果

一般地区挡土墙计算，主要信息如图3.32至图3.44所示，衡重式挡土墙一般工况主要验算项目汇总见表3.29。详细结果见实例1：衡重式挡土墙一般工况计算结果。

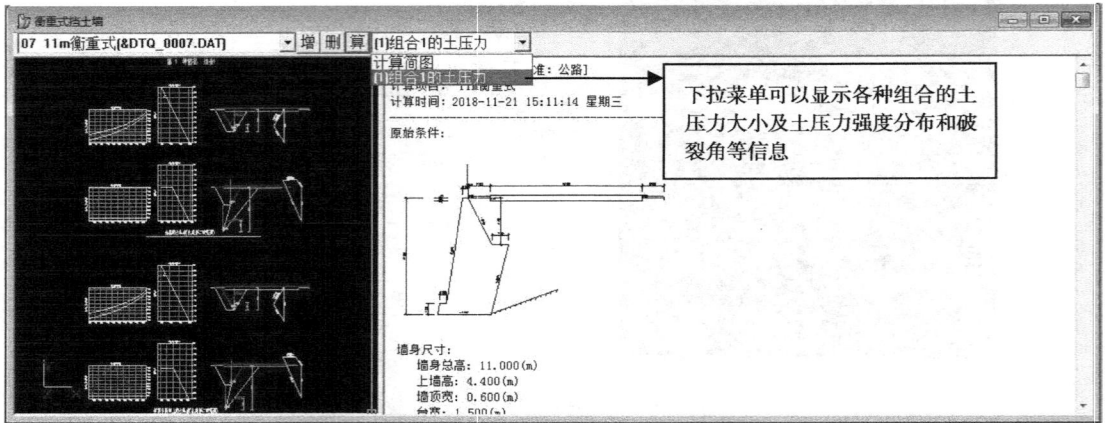

图3.32 计算结果查询

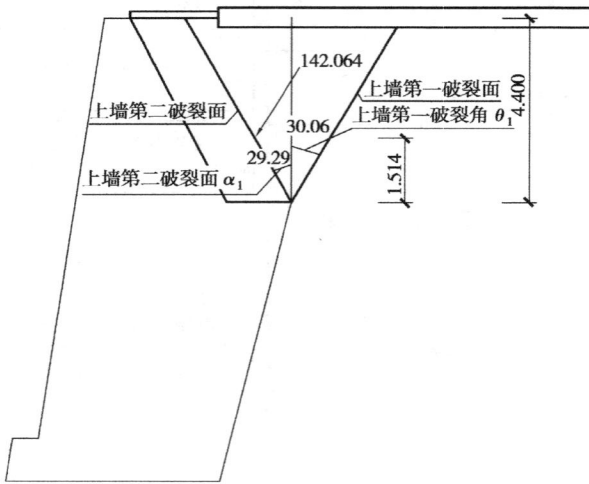

图3.33 上墙第二破裂角楔形体
（尺寸单位：m；力单位：kN）

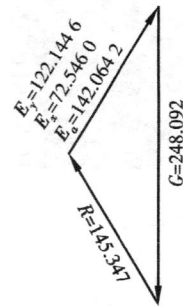

图3.34 上墙第二破裂角楔形体力的
多边形图示（力单位：kN）

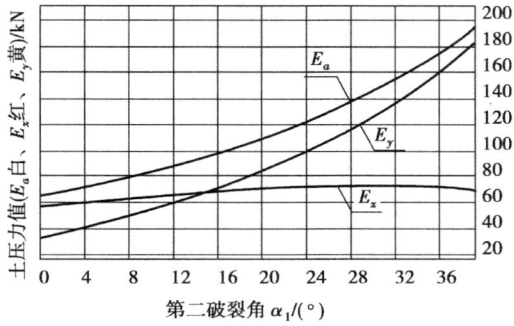

图 3.35　上墙第二破裂角与土压力大小关系图

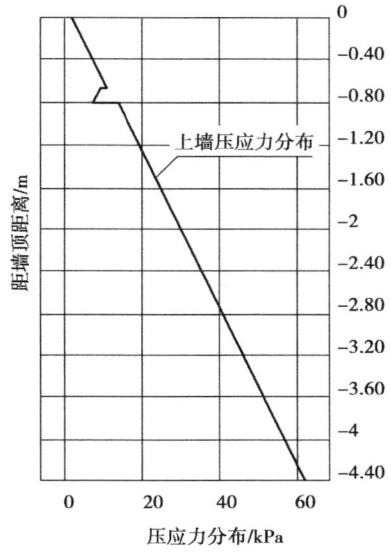

图 3.36　上墙土压力强度分布图

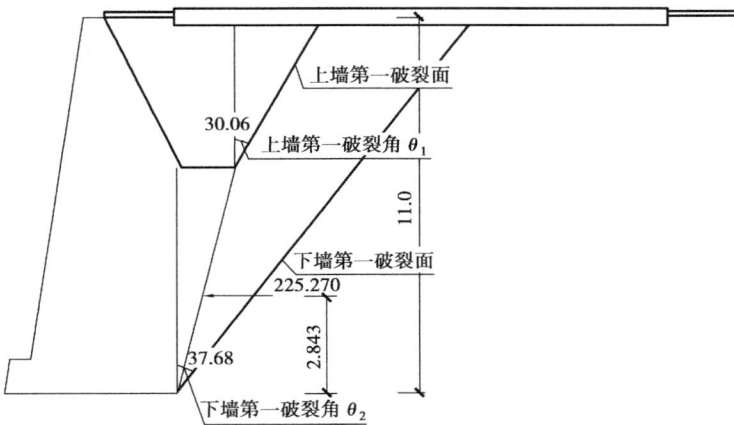

图 3.37　下墙第一破裂角楔形体
（尺寸单位:m；力单位:kN）

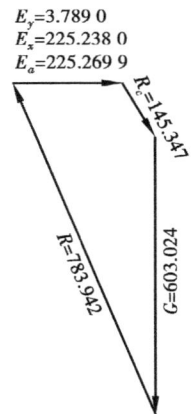

图 3.38　下墙第一破裂角楔形
体力的多边形图示(力单位:kN)

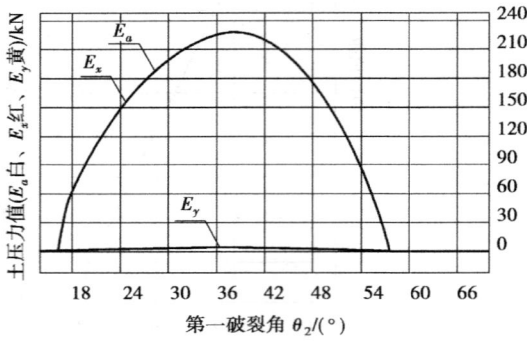

图 3.39　下墙第一破裂角与土压力关系图

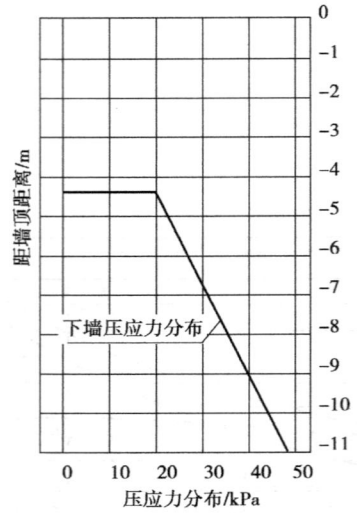

图 3.40　下墙土压力强度分布

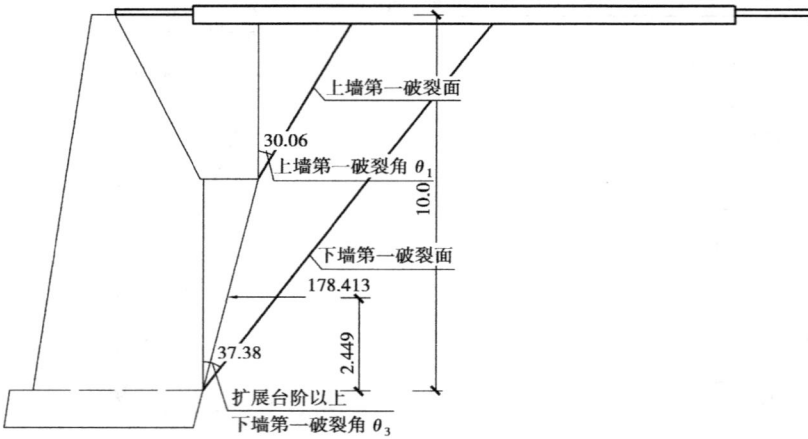

图 3.41　扩展台阶以上,下墙第一破裂角楔形体
（尺寸单位:m;力单位:kN）

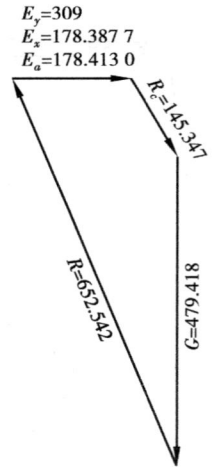

图 3.42　扩展台阶以上,下墙第一破裂角楔形体力的多边形图示（力单位:kN）

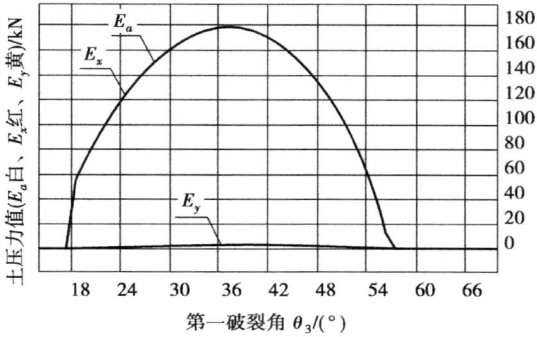

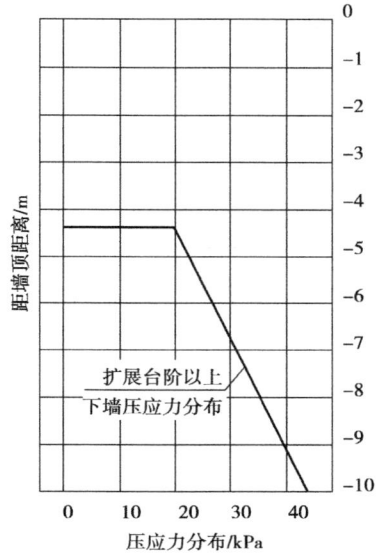

图3.43　扩展台阶以上,下墙第一破裂角与土压力关系图　图3.44　扩展台阶以上,下墙土压力强度分布

表3.29　衡重式挡土墙一般工况主要验算项目汇总表

验算项目		规范要求值	计算结果
抗滑移	抗滑移稳定系数	1.3	2.445
	滑移稳定方程/kN	>0	407.654
抗倾覆	抗滑倾覆稳定系数	1.5	3.615
	倾覆稳定方程/(kN·m)	>0	2 279.741
基底偏心和应力	作用于基底合力偏心距/m	$B/4 = 4.9/4 = 1.225$	0.212
	基底最大应力/kPa	500	312.675
容许应力法验算上墙截面法向应力及偏心距离	面坡压应力/kPa	7 820	143.547
	背坡压应力/kPa	7 820	1.332
	偏心距/m	$0.25B = 0.25 × 3.46$	0.566
容许应力法验算上墙剪应力	剪应力/kPa	1 590	12.051
极限状态法验算上墙正截面强度	强度验算/kN	15 356.354	309.764
	稳定性验算/kN	15 356.354	309.764
容许应力法验算墙底截面法向应力及偏心距离	面坡压应力/kPa	7 820	312.675
	背坡压应力/kPa	7 820	183.829
	偏心距/m	$0.25B = 0.25 × 4.9$	0.212
容许应力法验算墙底截面剪应力	剪应力/kPa	1 590	−87.965
极限状态法验算上墙截面强度	强度验算/kN	29 558.902	1 484.907
	稳定性验算/kN	29 157.17	1 484.907

续表

验算项目		规范要求值	计算结果
容许应力法验算台顶截面法向应力及偏心距	面坡压应力/kPa	7 820	257.901
	背坡压应力/kPa	7 820	240.665
	作用于基底合力偏心距/m	$0.25B = 0.25 \times 4.4$	0.025
容许应力法验算台顶截面剪应力	剪应力/kPa	1 590	−92.301
极限状态法验算台顶截面强度	强度验算/kN	26 442.814	1 341.244
	稳定性验算/kN	26 076.26	1 341.244

6)浸水挡土墙计算步骤

浸水挡土墙的墙身尺寸输入、坡线土柱输入、基础输入与一般挡土墙的输入完全一致,本例挡土墙尺寸与前一挡土墙尺寸相同,墙身尺寸输入参照图3.22,地面线参照图3.23输入,计算其浸水工况,计算主要操作如图3.45至图3.47所示。

(1)物理参数输入

填料、地基土、墙身材料参数是支挡结构设计的重要边界参数,要与实际及规范匹配。界面如图3.45所示。

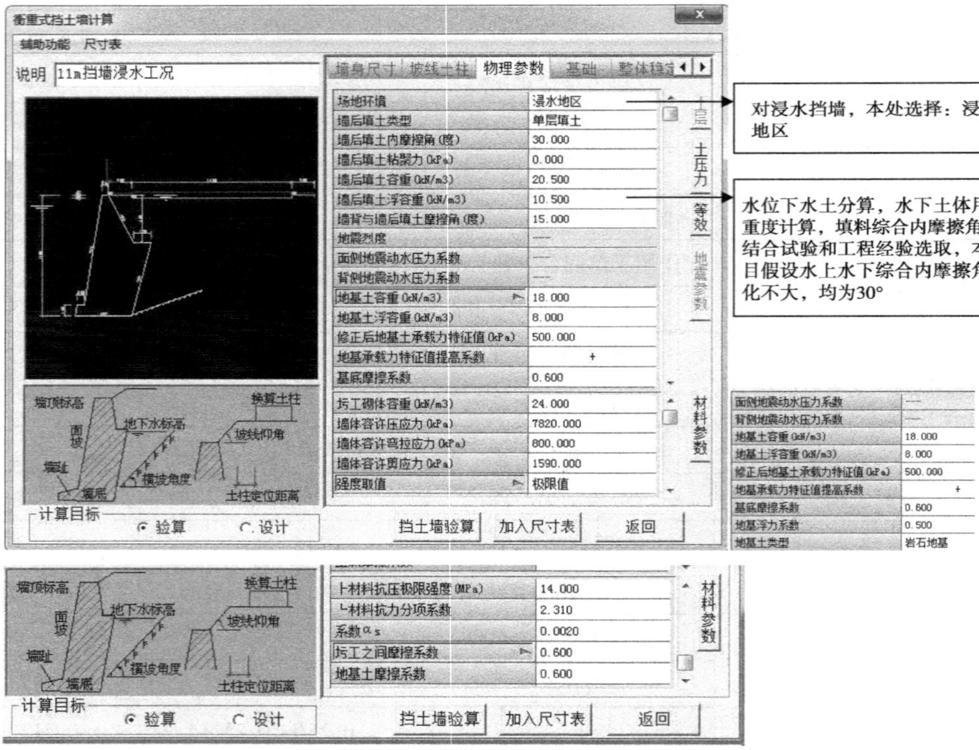

图3.45 挡土墙地基土、墙身材料参数输入

注意:《公路路基设计规范》(JTG D30—2015)附录H第H.0.1条第8款,砂类土、碎石类土和裂隙发育的岩石的地基,按计算水位100%计算($\lambda = 1$);岩石地基按计算水位50%计算($\lambda = 0.5$)。本案例参照岩石地基执行。

（2）坡线土柱输入及墙前、后水位输入

地面线、车辆荷载等边界条件是支挡设计的重要边界条件,要与实际及规范匹配。水压力一般按静水压力考虑,墙后采用与路基设计洪水频率对应标高,墙前比墙后标高低 1 m 进行验算。输入界面如图 3.46 所示。

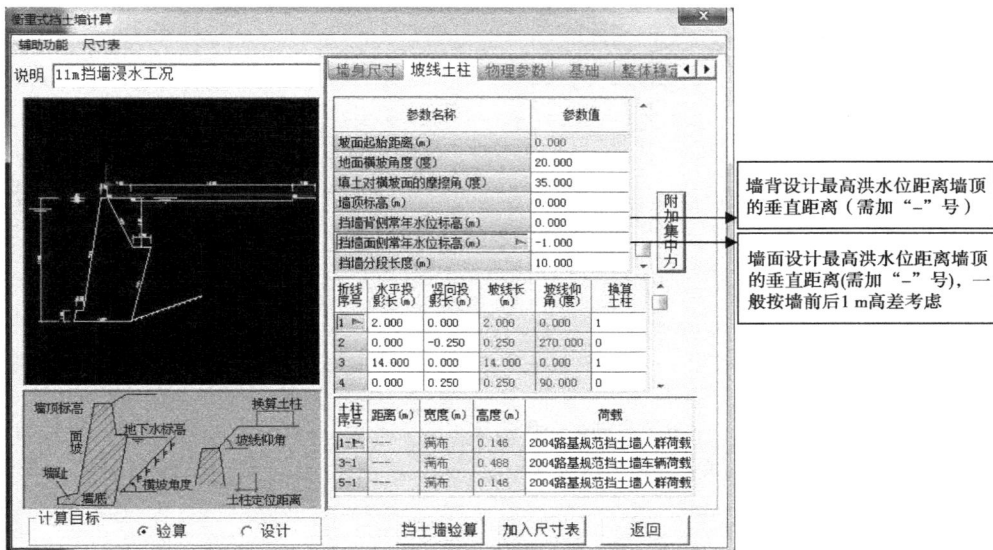

图 3.46　坡线及水位线输入

（3）荷载组合输入

理论上的荷载组合方式有很多种,但根据挡土墙场地环境和挡土墙主要荷载,按照《公路路基设计规范》2015 附录 H 表 H.0.1-5(表 3.18、表 3.19)进行组合,表 3.19 已列挡土墙常用最不利组合。界面如图 3.47 所示。

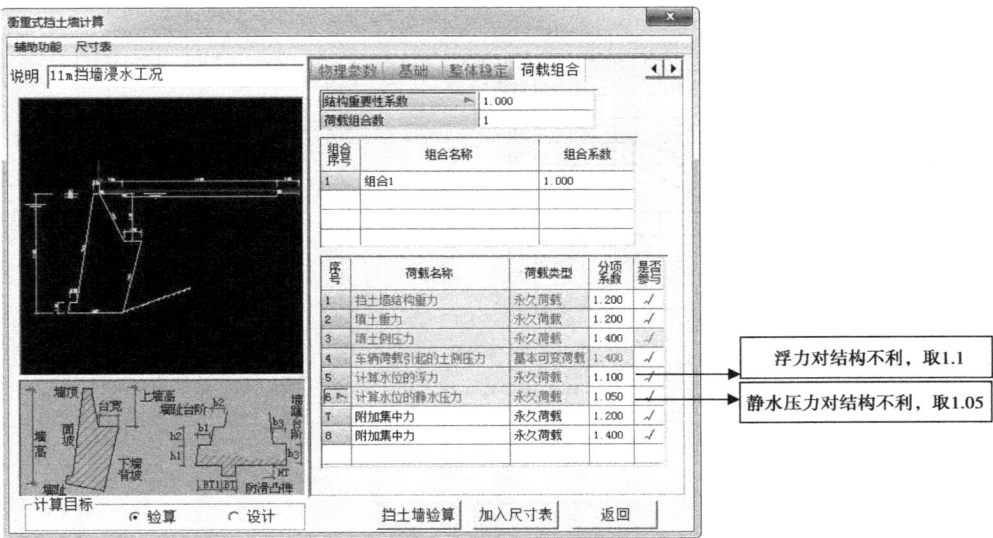

图 3.47　浸水挡土墙荷载组合参数输入

（4）浸水挡土墙计算结果

浸水挡土墙主要结果如图 3.48 至图 3.59 所示,验算项目汇总见表 3.30。

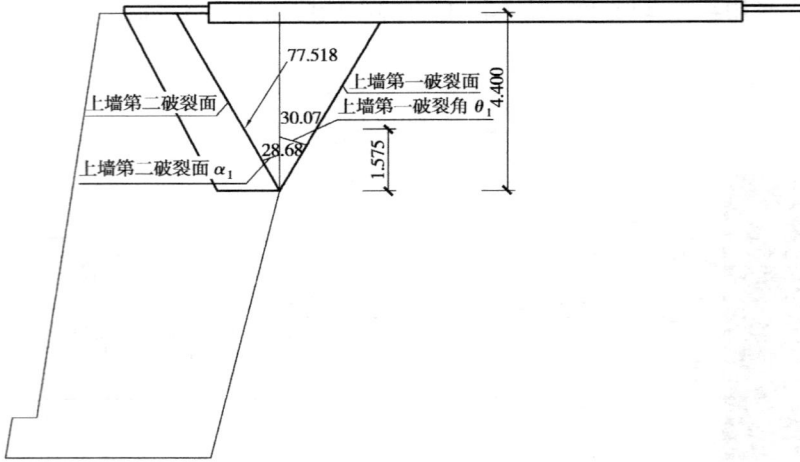

图 3.48　上墙第二破裂角楔形体
（尺寸单位:m;力单位:kN）

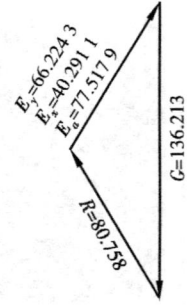

图 3.49　上墙第二破裂角楔形体力的多边形图(力单位:kN)

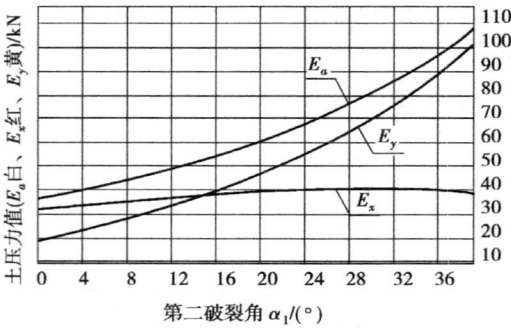

图 3.50　上墙第二破裂角与土压力大小关系图

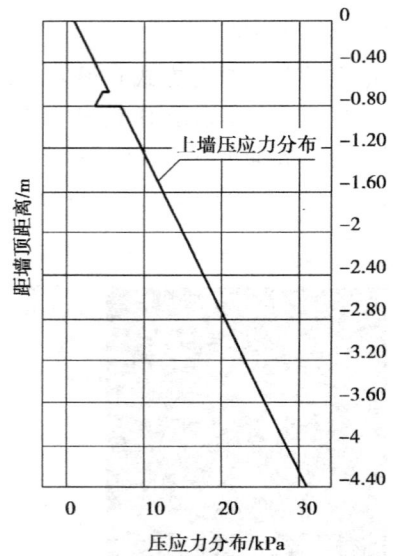

图 3.51　上墙土压力强度分布图

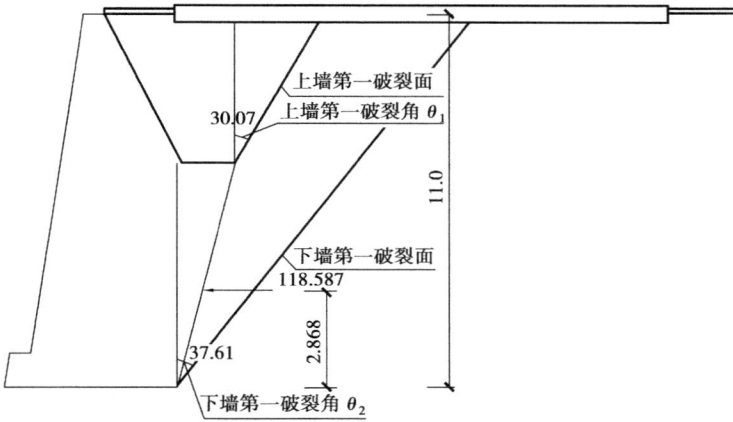

图 3.52　下墙第一破裂角楔形体
（尺寸单位:m;力单位:kN）

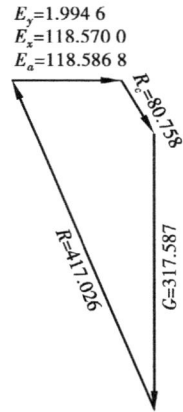

图 3.53　下墙第一破裂角楔形
体力的多边形图示(力单位:kN)

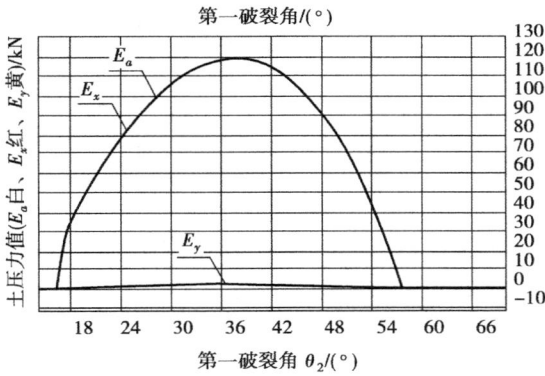

图 3.54　下墙第一破裂角与土压力关系图

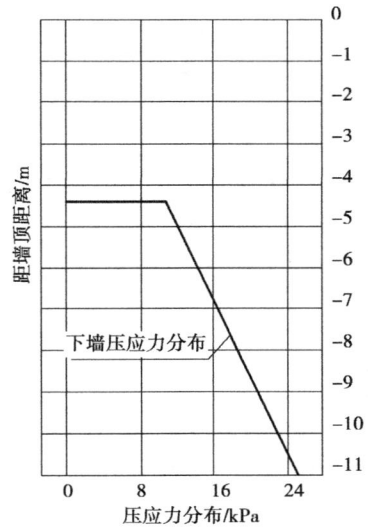

图 3.55　下墙土压力强度分布

95

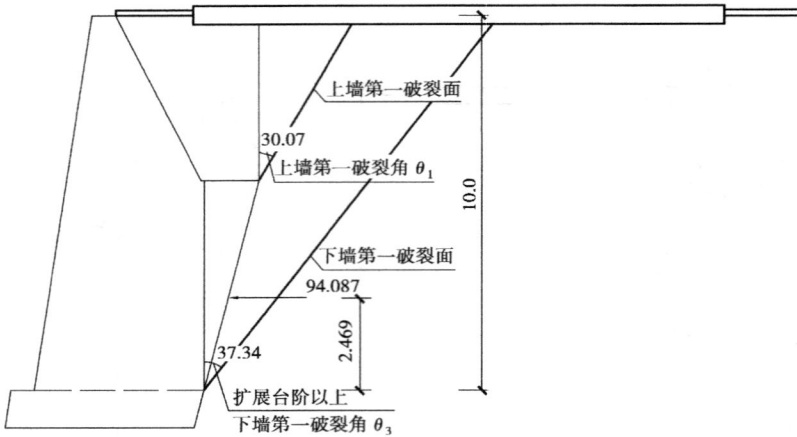

图 3.56　扩展台阶以上下墙第一破裂角楔形体
（尺寸单位:m;力单位:kN）

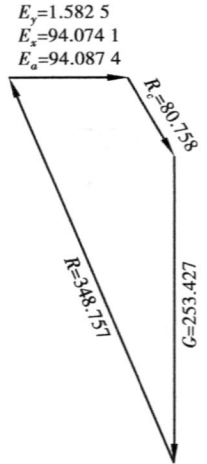

图 3.57　扩展台阶以上下墙第一破裂角楔形体力的多边形图示(力单位:kN)

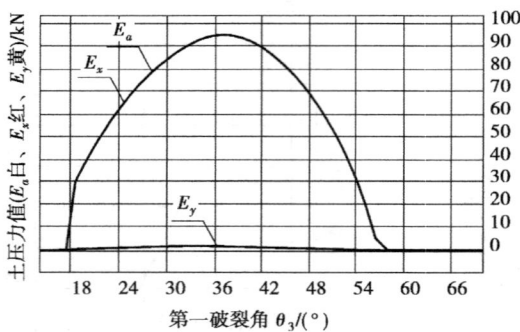

图 3.58　扩展台阶以上下墙第一破裂角与土压力关系图　图 3.59　扩展台阶以上下墙土压力强度分布

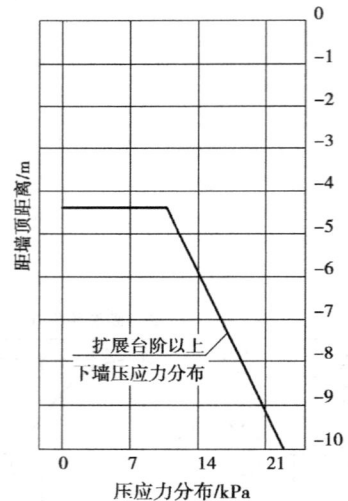

表 3.30　衡重式挡土墙浸水工况主要验算项目汇总表

验算项目		规范要求值	计算结果
抗滑移	抗滑移稳定系数	1.3	2.175
	滑移稳定方程/kN	>0	308.322
抗倾覆	抗滑倾覆稳定系数	1.5	1.541
	倾覆稳定方程/(kN·m)	>0	1 076.112

续表

验算项目		规范要求值	计算结果
基底偏心和应力	作用于基底合力偏心距/m	$B/4 = 4.9/4 = 1.225$	0.385
	基底最大应力/kPa	500	288.173
容许应力法验算上墙截面法向应力及偏心距离	面坡压应力/kPa	7 820	123.863
	背坡压应力/kPa	7 820	11.694
	偏心距/m	$0.25B = 0.25 \times 3.46$	0.447
容许应力法验算上墙剪应力	剪应力/kPa	1 590	-2.638
极限状态法验算上墙正截面强度	强度验算/kN	16 708.654	229.748
	稳定性验算/kN	16 708.654	229.748
容许应力法验算墙底截面法向应力及偏心距离	面坡压应力/kPa	7 820	338.173
	背坡压应力/kPa	7 820	158.386
	偏心距/m	$0.25B = 0.25 \times 4.9$	0.296
容许应力法验算墙底截面剪应力	剪应力/kPa	1 590	-116.333
极限状态法验算上墙截面强度	强度验算/kN	28 646.795	1 164.861
	稳定性验算/kN	28 646.795	1 164.861
容许应力法验算台顶截面法向应力及偏心距离	面坡压应力/kPa	7 820	376.895
	背坡压应力/kPa	7 820	102.813
	作用于基底合力偏心距/m	$0.25B = 0.25 \times 4.4$	0.419
容许应力法验算台顶截面剪应力	剪应力/kPa	1 590	113.136
极限状态法验算台顶截面强度	强度验算/kN	24 227.438	1 268.839
	稳定性验算/kN	23 843.838	1 268.840

7)抗震地区挡土墙计算操作步骤

本例挡土墙尺寸与前一挡土墙尺寸相同,墙身尺寸输入参照图 3.22,本例按前例挡土墙的尺寸输入,对其地震工况进行验算,由于项目实际位于Ⅵ度区,加速度为 0.05g,且为三级路,按照《公路工程抗震规范》(JTG B02—2013)表 7.2.1 挡土墙的强度稳定性可不做抗震计算。本算例按 7 度区,加速度为 0.1g 进行验算。计算主要界面如图 3.60 至图 3.62 所示。

(1)坡线土柱输入

地面线、车辆荷载等边界条件是支挡设计的重要边界条件,要与实际及规范匹配。注意地震工况:地震力与车辆荷载不同时考虑。输入界面如图 3.60 所示。

(2)物理参数输入地震烈度、地震参数输入

填料、地基土、墙身材料参数是支挡结构设计的重要边界参数,要与实际及规范匹配。界面如图 3.61 所示。

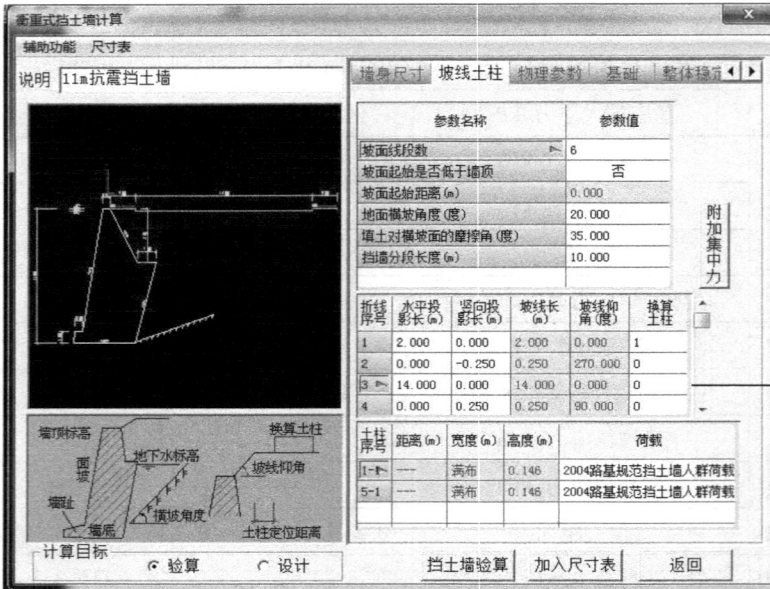

图 3.60　抗震工况挡土墙荷载及坡线输入

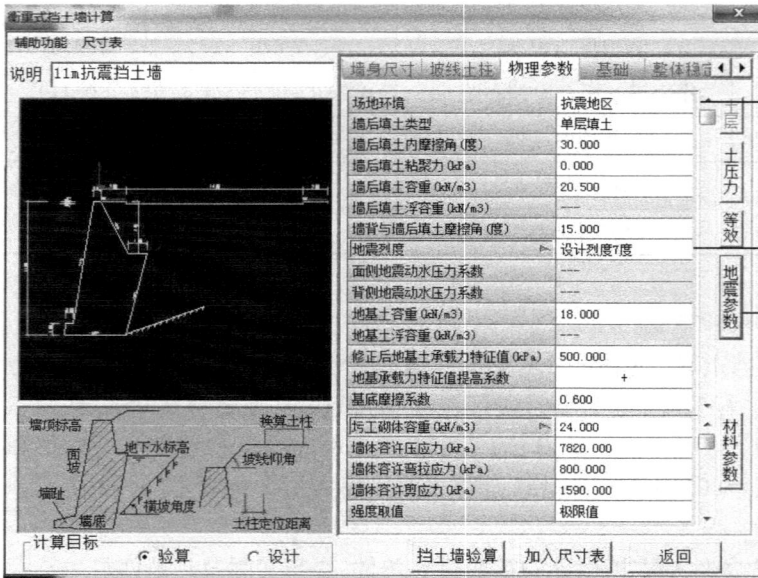

（a）抗震工况挡土墙地震信息输入界面1

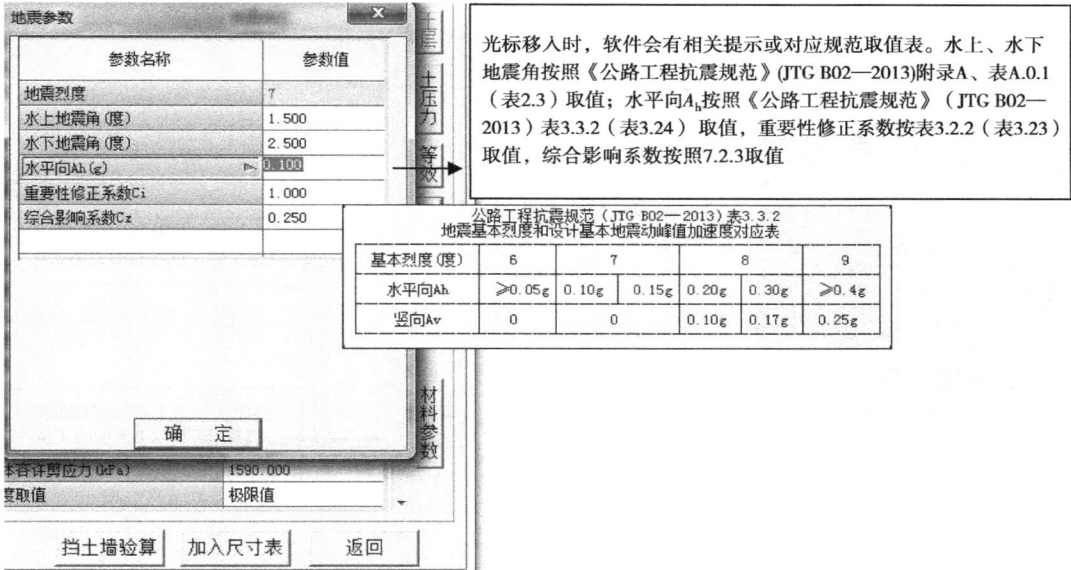

（b）抗震工况挡土墙地震信息输入界面2

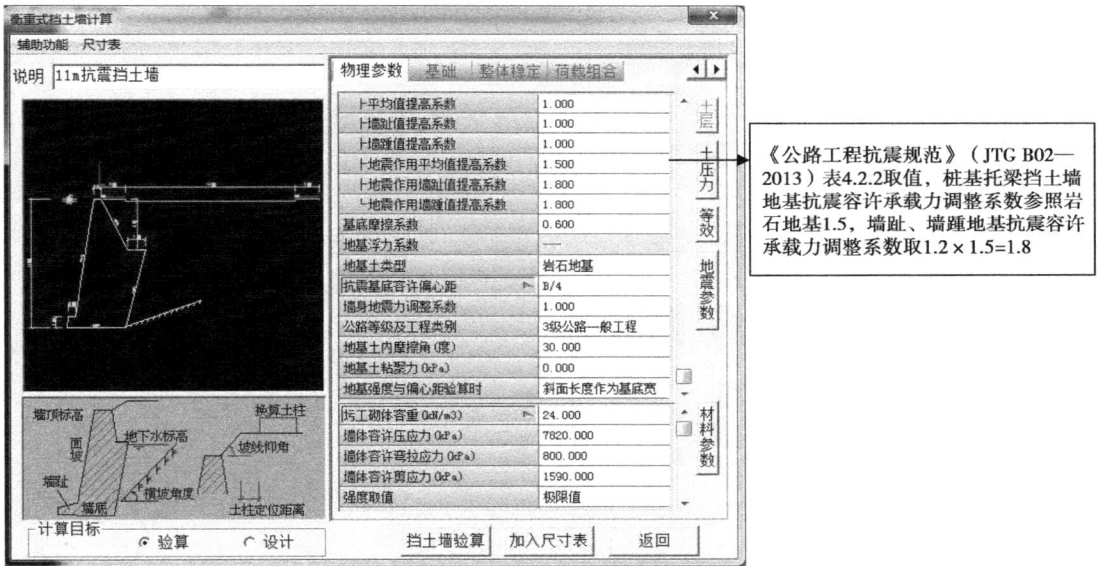

（c）抗震工况挡土墙地基参数信息输入

图 3.61　挡土墙填料、地基土、地震参数输入

（3）荷载组合系数、地震分项系数输入

理论上的荷载组合方式有很多种，根据挡土墙场地环境和挡土墙主要荷载，按照《公路路基设计规范》（JTG D30—2015）附录 H、表 H.0.1-5（表 3.18、表 3.19）进行组合，表 3.19 已列挡土墙常用最不利组合。界面如图 3.62 所示。

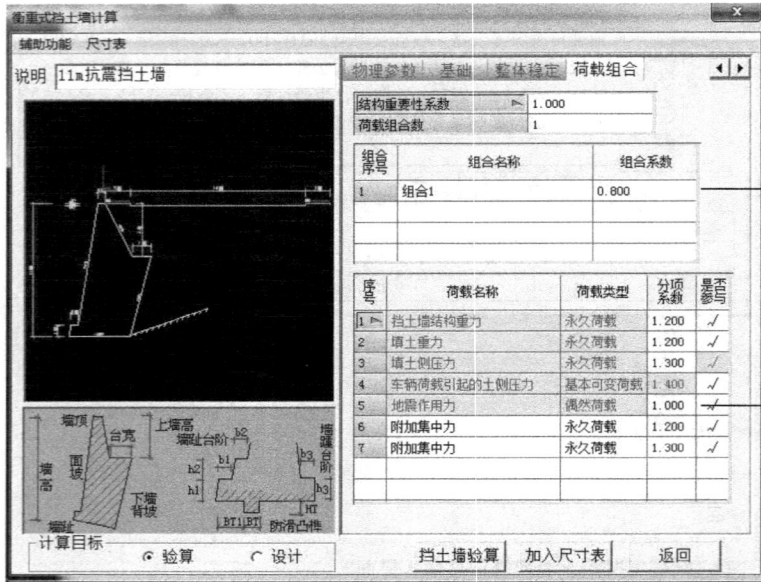

图3.62　抗震工况挡土墙荷载组合参数输入

（4）理正计算结果

抗震挡土墙主要计算结果如图3.63至图3.74所示，验算项目汇总见表3.31。详细计算书参见实例1：衡重式挡土墙地震工况计算结果。

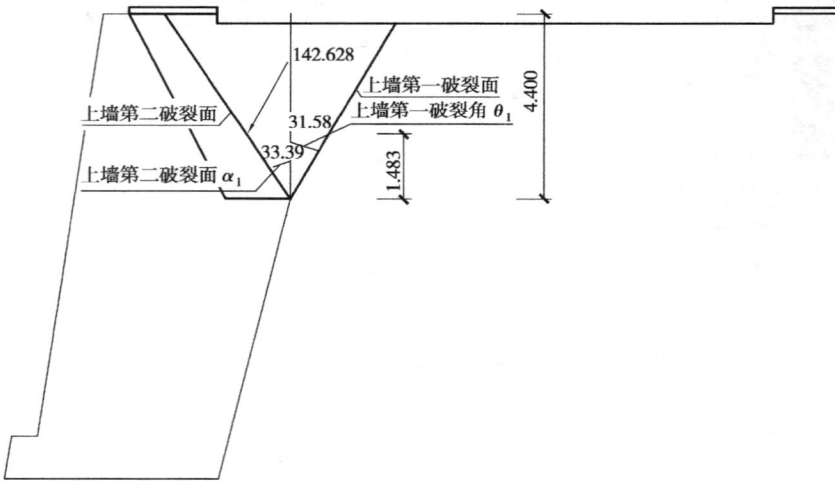

图3.63　上墙第二破裂角楔形体
（尺寸单位：m；力单位：kN）

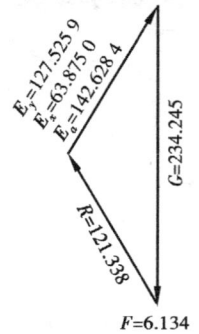

图3.64　上墙第二破裂角楔形体力的多边形图示（力单位：kN）

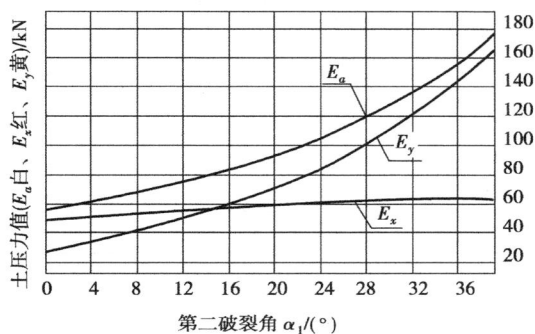

图 3.65　上墙第二破裂角与土压力大小关系图
（尺寸单位:m;力单位:kN）

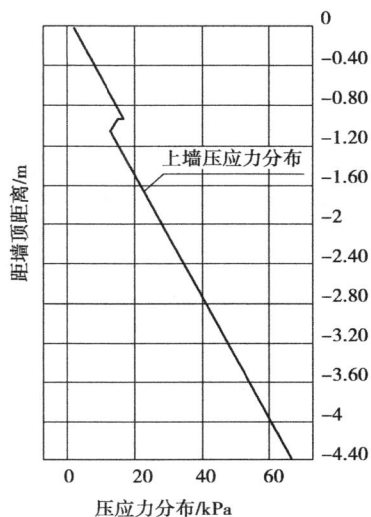

图 3.66　上墙土压力强度分布图
（力单位:kN）

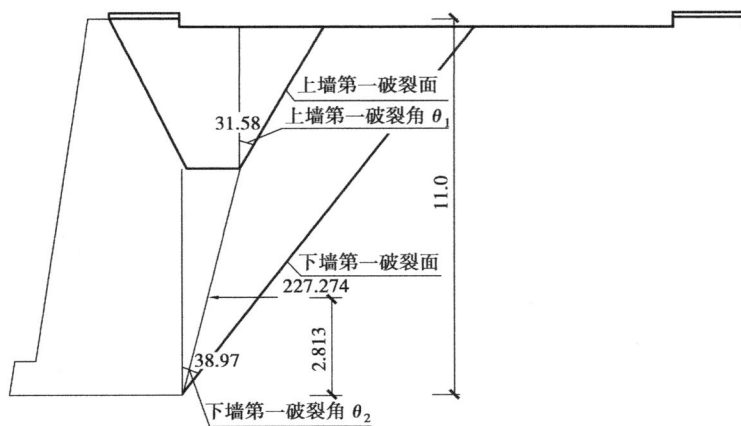

图 3.67　下墙第一破裂角楔形体

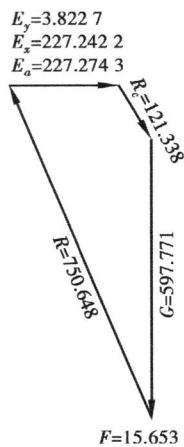

图 3.68　下墙第一破裂角
楔形体力的多边形图示

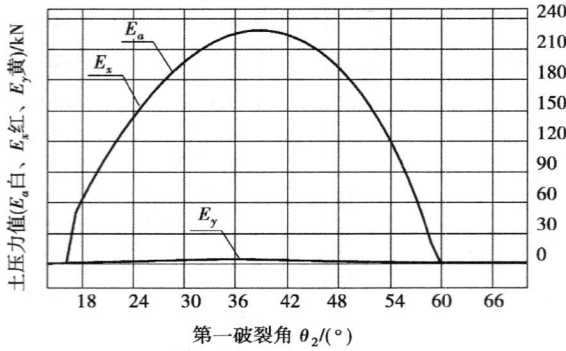

图 3.69 下墙第一破裂角与土压力关系图

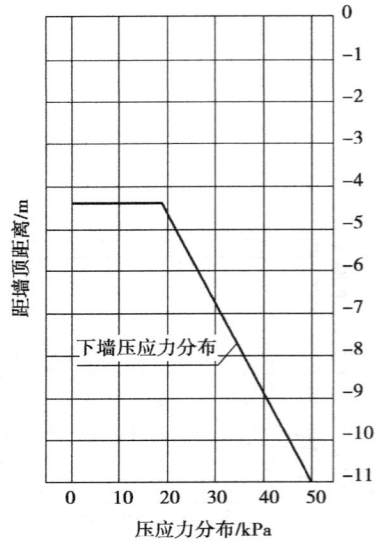

图 3.70 下墙土压力强度分布图

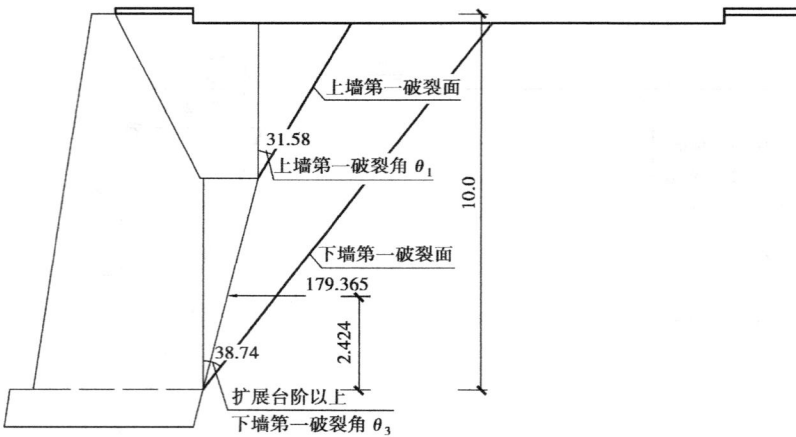

图 3.71 扩展台阶以上下墙第一破裂角楔形体
（尺寸单位:m;力单位:kN）

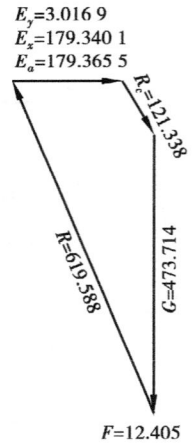

图 3.72 扩展台阶以上
下墙破裂角楔形体力的
多边形图（力单位:kN）

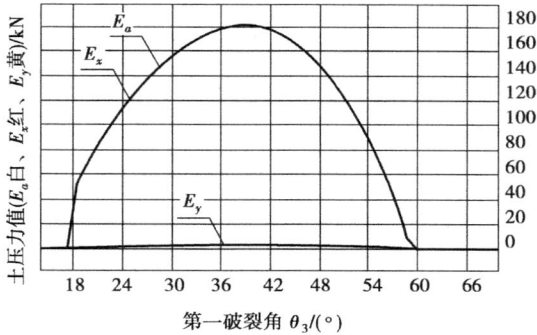

图 3.73　扩展台阶以上下墙第一破裂角与土压力关系图

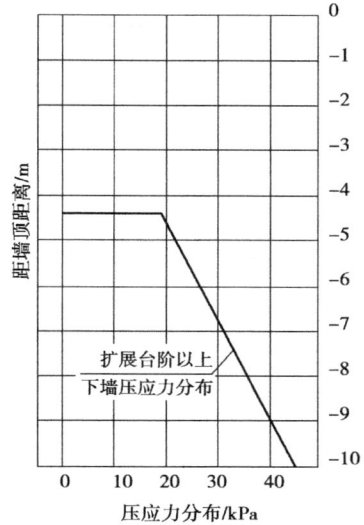

图 3.74　扩展台阶以上下墙土压力强度分布

表 3.31　衡重式挡土墙地震工况主要验算项目汇总表

验算项目		规范要求值	计算结果
抗滑移	抗滑移稳定系数	1.3	2.235
	滑移稳定方程/kN	>0	398.491
抗倾覆	抗滑倾覆稳定系数	1.5	3.346
	倾覆稳定方程/(kN·m)	>0	2 219.573
基底偏心和应力	作用于基底合力偏心距/m	$e = B/4 = 4.9/4$	0.114
	基底最大应力/kPa	500	279.42
上墙截面容许应力法验算法向应力及偏心距离	面坡压应力/kPa	7 820	143.006
	背坡压应力/kPa	7 820	0.633
	偏心距/m	$0.25B = 0.25 \times 3.46$	0.582
容许应力法验算上墙剪应力	剪应力/kPa	1 590	−22.006
上墙截面极限状态法验算上墙正截面强度	强度验算/kN	15 332.71	240.400
	稳定性验算/kN	15 332.71	242.955
墙底截面容许应力法验算法向应力及偏心距离	面坡压应力/kPa	7 820	279.42
	背坡压应力/kPa	7 820	210.807
	偏心距/m	$0.25B = 0.25 \times 4.9$	0.114
容许应力法验算墙底截面剪应力	剪应力/kPa	1 590	−81.192
极限状态法验算上墙底截面强度	强度验算/kN	29 683.896	1 163.522
	稳定性验算/kN	29 683.896	1 163.522

续表

验算项目		规范要求值	计算结果
台顶截面容许应力法验算法 向应力及偏心距离	面坡压应力/kPa	7 820	283.329
	背坡压应力/kPa	7 820	208.239
	作用于基底合力偏心距/m	$0.25B = 0.25 \times 4.4$	0.112
容许应力法验算台顶截面剪应力	剪应力/kPa	1 590	−85.68
极限状态法验算台顶截面强度	强度验算/kN	26 170.031	1 048.636
	稳定性验算/kN	25 803.738	1 048.636

根据以上计算结果,完成挡土墙标准图(见附图 1、附图 2)。

第**4**章
抗滑桩及桩板式挡土墙

4.1 抗滑桩概述

4.1.1 抗滑桩的概念及特点

当公路穿过滑坡或滑坡影响区域时,为确保公路正常运营,常采用抗滑桩、桩板墙及抗滑挡土墙等结构进行支挡。

抗滑桩是一种承受侧向荷载的桩,又称锚固桩,依靠埋于稳定滑床中桩与桩周土体的相互嵌制作用把滑坡推力传递到稳定地层,利用滑面以下稳定地层的锚固作用和滑动面以上桩前滑坡体的被动抗力,使滑坡得到稳定。抗滑桩埋入滑动面以下的部分称为锚固段,处于滑动面以上的部分称为受荷段,如图 4.1 所示。

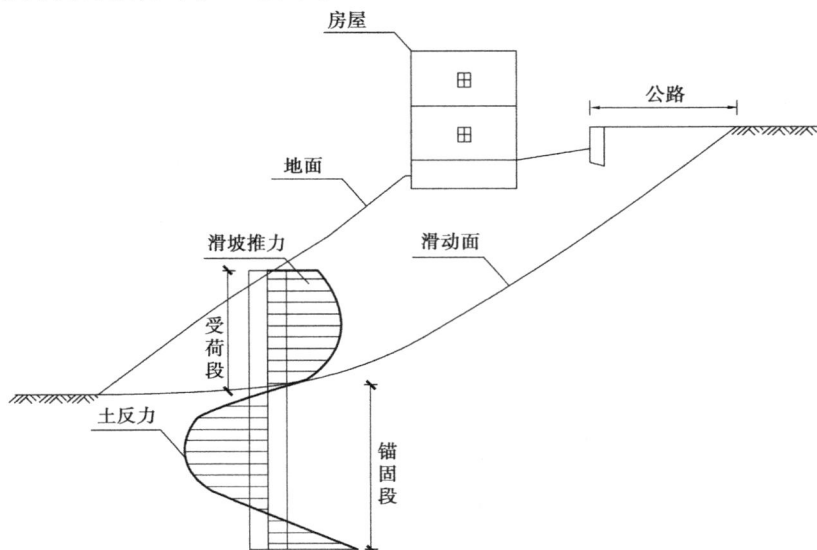

图 4.1 抗滑桩荷载及反力分布示意图

工程实践表明,抗滑桩能迅速、安全、经济地解决一些特殊困难的工程,具有如下特点:

①抗滑能力强,支挡效果好,一根桩通常可以承担数千千牛至上万千牛的滑坡推力,在滑坡推力大、滑动面深的情况下,较其他抗滑措施经济、有效,多排桩联合使用,使大中型滑坡也能治理。

②桩位灵活,可设在滑坡体中最有利于抗滑的部位,可单独使用,也能与其他抗滑构造物配合使用。若分排设置,可将巨大的滑坡体切割成若干分散的单元体,对滑坡起分而治之的功效。

③对滑体稳定性扰动小,施工安全。抗滑挡土墙施工挖基坑尽管采用分段跳槽开挖,总会削弱滑坡的支撑力,可能加剧滑坡活动,为施工治理带来困难。抗滑桩截面小,加之桩护壁的钢筋混凝土的支撑,对滑坡扰动小,施工相对安全,若采用地面钻孔桩则更安全(但经济性稍差)。对整治已通车路段的滑坡和处在缓慢滑动阶段的滑坡特别有利。

④崩积体及顺层开挖可能失稳时,可先施工桩,后开挖,能有效避免诱发新滑移变形,确保施工及营运安全。

⑤开挖桩孔,能校核地质情况,这样可以检验和修改原有的设计,使其更符合实际。

鉴于抗滑桩的作用和上述特点,**使用抗滑桩最基本的条件应该是:具有明显的滑动面滑坡(或开挖可能失稳崩积体、顺层的岩土边坡的预加固处理),滑坡体为非塑流性的地层,能被桩所稳定,滑床为较完整的基岩或密实的土层,能够提供足够的锚固力。在有条件时,尽量充分利用桩前地层的被动抗力,使其效果更显著,工程更经济。**

4.1.2 抗滑桩的分类

抗滑桩的分类形式较多,分类方法也很多。

①按桩的埋置情况和受力状态,抗滑桩可分为全埋式桩[图4.2(a)]、悬臂式桩[图4.2(b)]及埋入式桩[图4.2(c)]3种。全埋式桩是桩前受抗滑力(或被动抗力)桩后受滑坡推力作用。如果桩前滑坡体对桩不产生抗滑力(或被动抗力)时则称为悬臂式桩。在滑体较厚且较密实的情况下,将桩顶埋入地下一定深度,只要滑坡不形成新的滑面从桩顶剪出,以减小桩长,节约圬工,这类桩即为埋入式桩[图4.2(c)]。

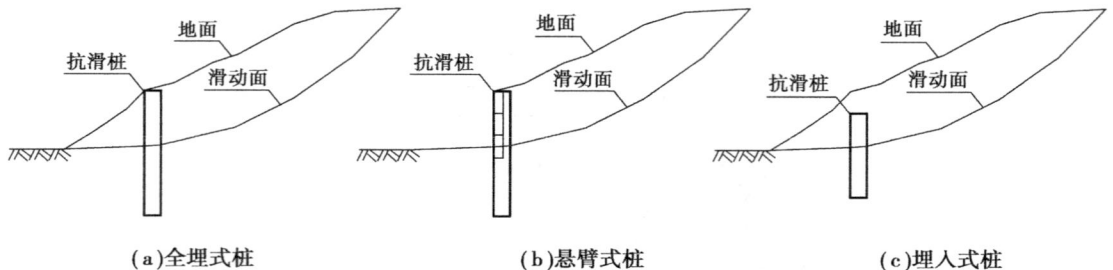

(a)全埋式桩　　　　　　(b)悬臂式桩　　　　　　(c)埋入式桩

图4.2　按桩的埋置情况和受力状态分类

②按桩的结构形式,抗滑桩可分为单桩、排桩、群桩和有锚桩。排桩形式常见的有桩板式桩、椅式桩、门式桩和排架桩。为增强支挡斜坡的稳定性,防止受荷段桩间土体下滑,在桩间增设挡土板,构成桩和板组成的桩板式抗滑桩,如图4.3(a)所示。门式桩内桩受拉、外桩受压,每排由两根竖向桩和一根横向梁组成,如图4.3(b)所示,能有效发挥两桩的共同作用承受较大的推力,从而减少桩的埋深及圬工,节约造价,但施工稍麻烦。排架桩受力同门式桩,每排由

两根竖向桩和2～3根横向梁组成,横梁施工困难,如图4.3(c)所示。锚索桩(即在桩头或桩的悬臂段加若干锚索,锚于滑面以下稳定地层,等于在桩上增加一个或几个横向支点抗力,减小桩的弯矩、剪力及桩顶变形)从而减小桩截面和埋深,如图4.4所示。锚索桩根据锚点数量分单锚桩和多锚桩。锚索桩单锚和多锚选用一般根据滑坡推力大小、悬臂长度和桩顶位移等根据计算确定。

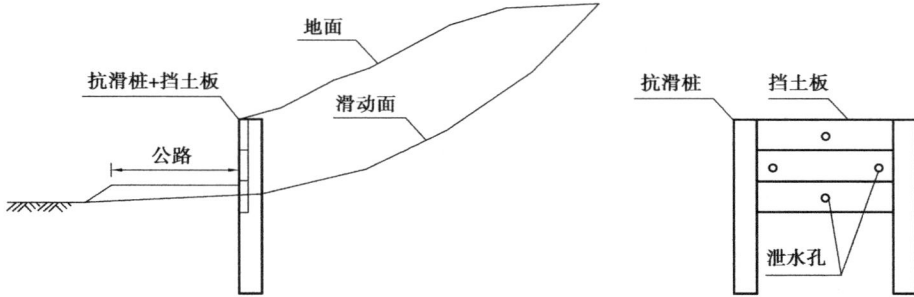

(a)抗滑桩和挡土板

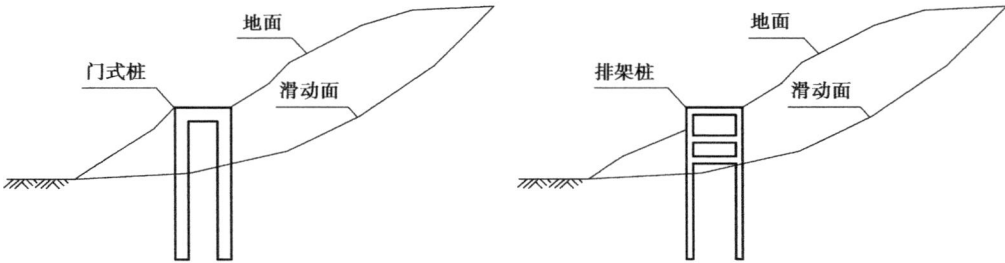

(b)门式桩 (c)排架桩

图4.3 抗滑排桩

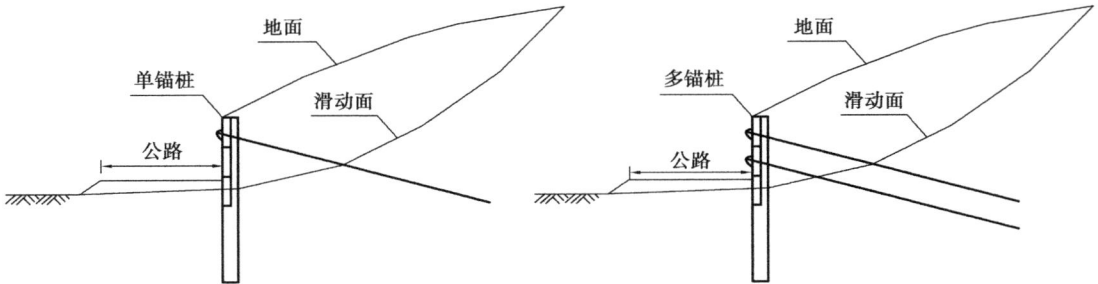

(a)单锚索桩 (b)多锚索桩

图4.4 按桩的结构形式分类

单桩是抗滑桩的基本形式,也是常用的结构形式,其特点是结构简单,受力和作用明确。

当滑坡推力较大,用单桩不足以承担其推力或使用单桩不经济时,可采用排桩。排桩的特点是转动惯量大,抗弯能力强,桩壁应力较小,桩身应力较小,在软弱地层有较明显的优越性。

有锚桩的锚可用预应力锚索,锚索和桩共同工作,改变桩的悬臂受力状况和桩完全靠侧向地基反力抵抗滑坡推力的机理,使桩身的应力状态和桩顶变位大大改善,是一种较为合理、经济的抗滑结构。但锚索的锚固端需要有较好的岩层以提供可靠的锚固力。抗滑桩群一般指在横向两列以上,在纵向两排以上的组合抗滑结构,类似于墩台或托梁结构,它能承担更大的滑坡推力,可用于特殊的滑坡治理工程。

③按桩的材料分,抗滑桩可分为木桩、钢桩和钢筋混凝土桩等。木桩便于就地取材,易于施工,但桩长有限,桩身强度不高,一般用于浅层滑坡的治理、临时工程或抢险工程。钢桩的强度较高,施工快速方便,但横向刚度较小,造价偏高。钢筋混凝土桩应用十分广泛,桩截面刚度大,抗弯能力强,施工方式多样,但抗拉能力有限。

④按桩的施工方法分,抗滑桩可分为钻孔桩、挖孔桩、打入桩和沉井桩等。进行打入桩施工时,应充分考虑施工振动对滑坡稳定性的影响,同时还应确定下卧层的可打性。机械成孔速度快,桩径可大可小,适用于各种地质条件,但机械的进场受各种地形条件的限制,且在成孔时水会对边坡的稳定性产生极大的影响。人工成孔方便快捷,但劳动强度较高,且遇不良地层与桩径过小时,施工较困难。沉井桩的施工工艺较复杂。

⑤按桩的刚度和变形条件分,抗滑桩可分为刚性桩和弹性桩两种。当桩的刚度大于围岩刚度时属刚性桩,刚性桩的桩身在侧向推力作用下挠曲变形很小,可忽略不计,桩在土中产生整体转动位移。当桩的刚度小于围岩的刚度时属弹性桩,弹性桩的桩身在侧向推力作用下以挠曲变形为主,而桩整体转动所引起的变形可忽略不计。刚性桩和弹性桩判别详见本章4.3节相关内容。

⑥按桩的截面形状分,抗滑桩可分为圆形桩、矩形桩、管形桩和工字形桩等。

4.1.3　抗滑桩的设计要求

为使滑坡体得到有效治理,抗滑桩设计一般应满足以下要求:

①抗滑桩提供的阻滑力应使整个滑坡体具有足够的稳定性,同时保证滑坡体不从桩顶滑出,不从桩间挤出。

②桩身要有足够的强度和稳定性。桩的截面和配筋合理,能满足桩内应力和桩身变形的要求。

③桩周的地基抗力和滑坡体的变形在容许范围内。

④桩的间距、尺寸、埋深等都应适当,保证安全,利于施工,并使工程量、造价经济合理。

因此,抗滑桩的设计包括以下几个方面:

①平面布置,确定桩位;

②作用于桩身的外荷载计算;

③桩截面尺寸及间距确定;

④桩长及锚固深度确定;

⑤桩的内力和变位计算;

⑥桩的配筋设计;

⑦地基强度验算。

4.2　抗滑桩构造

4.2.1　抗滑桩的设计原则

（1）按照《公路路基设计规范》（JTG D30—2015）第5.7.1条

①抗滑桩可用于稳定边坡和滑坡、加固不稳定山体及加固其他特殊路基。

②抗滑桩宜选择在滑坡厚度较薄、推力较小、锚固段地基强度较高及有利于抗滑的位置设置，桩的平面布置、桩间距、桩长和截面尺寸等应综合考虑确定，保证滑坡体不越过桩顶或从桩底和桩间滑动，达到安全可靠、经济合理，并与周围景观相协调。

③抗滑桩应采取动态设计和信息化施工。抗滑桩设计应根据桩基开挖过程中揭示的地质情况和边坡变形监测信息，及时复核地质勘察结论，校核和完善抗滑桩设计。必要时，应补充地质勘察。

（2）按照《公路路基设计规范》（JTG D30—2015）第5.7.2条

土质滑坡的桩前悬臂段临空时，可在桩间设置土板。必要时，抗滑桩之间应采用钢筋混凝土联系梁连接。

4.2.2　抗滑桩构造要求

抗滑桩构造和材料按照《公路路基设计规范》（JTG D30—2015）第5.7.4条：

①抗滑桩截面形状宜采用矩形，桩的截面尺寸应根据滑坡推力大小、桩间距、锚固段地基强度等因素确定。桩最小边宽度不应小于1.25 m。在主滑方向不确定的情况下，可采用圆形截面。

②桩身采用水泥混凝土浇筑，宜采用**HRB400**钢筋。

③抗滑桩井口应设置锁口，桩井位于土和风化破碎的岩层时宜设置护壁。

④抗滑桩纵向受力钢筋直径不应小于**16 mm**。净距不宜小于**120 mm**，困难情况下可适当减少，但不得小于**80 mm**。当用束筋时，每束不宜多于**3**根。当配置单排钢筋有困难时，可设置**2**排或**3**排。受力钢筋混凝土保护层厚度不应小于**70 mm**。

⑤纵向受力钢筋的截断点应按现行《公路钢筋混凝土及预应力混凝土桥涵设计规范》（**JTG 3362—2018**）有关规定计算。

⑥抗滑桩内不宜设置斜筋，可采用调整箍筋的直径、间距和桩身截面尺寸等措施，满足斜截面的抗剪强度。

⑦箍筋宜采用封闭式，直径不宜小于**14 mm**，间距不应大于**0.4 m**。

⑧抗滑桩的两侧和受压边，应适当配置纵向构造钢筋，其间距不应大于**0.3 m**，直径不宜小于**12 mm**。桩的受压边两侧，应配置架立钢筋，其直径不宜小于**16 mm**。当桩身较长时，纵向构造钢筋和架立筋的直径应加大。

⑨预应力锚索抗滑桩的锚索外锚头及其各部分的承载力，应与锚索最大拉应力和张拉工艺相匹配。锚孔距桩顶距离，不应小于0.5 m。锚索构造应符合《公路路基设计规范》（JTG D30—2015）第5.5节的规定，混凝土垫墩应保证传力均匀，与垫板结构相协调。垫墩与桩结

合良好。混凝土局部受压承载力,应按现行《公路钢筋混凝土及预应力混凝土桥涵设计规范》（JTG 3362—2018）的有关规定进行验算。

4.3 抗滑桩的设计

4.3.1 桩的平面布置

桩的平面布置一般根据边坡的地层性质、推力大小、滑动面坡度、滑体厚度、施工条件等因素综合确定。因此结合工程总体布置,尽量充分利用滑坡的抗滑段的抗力,以减小桩的设计推力,在滑坡体的下部下滑力较小且滑动面较缓,地质条件较好的地方是设抗滑桩较好的部位。在布置桩时,还要充分考虑滑坡的桩顶剪出,确保治理后的安全性。一般的滑坡常布置一排桩,排的走向与滑坡的滑动方向垂直,在平面上沿着等高线呈直线型或弧形,以利于稳定滑坡、便于施工。当滑坡纵向长度较长,一级支挡困难或有多级剪出时,可采用分级支挡防护。关于多排桩每桩所受推力如何分配,现在尚无统一定论,可从滑坡体的密实与潮湿程度及施工便利方面来考虑选定。

桩在斜坡上布置时,由于锚固段按半无限体考虑,边坡上桩前的三角体难以形成半无限体的锚固条件,如图 4.5 所示,桩的嵌固点应考虑下移(且嵌固段边坡应稳定),一般认为稳定的平台宽度达桩径的 3～5 倍(一般为 6～8 m),基本可造成半无限体的锚固条件,才能保证半坡桩的嵌固段有效发挥作用。

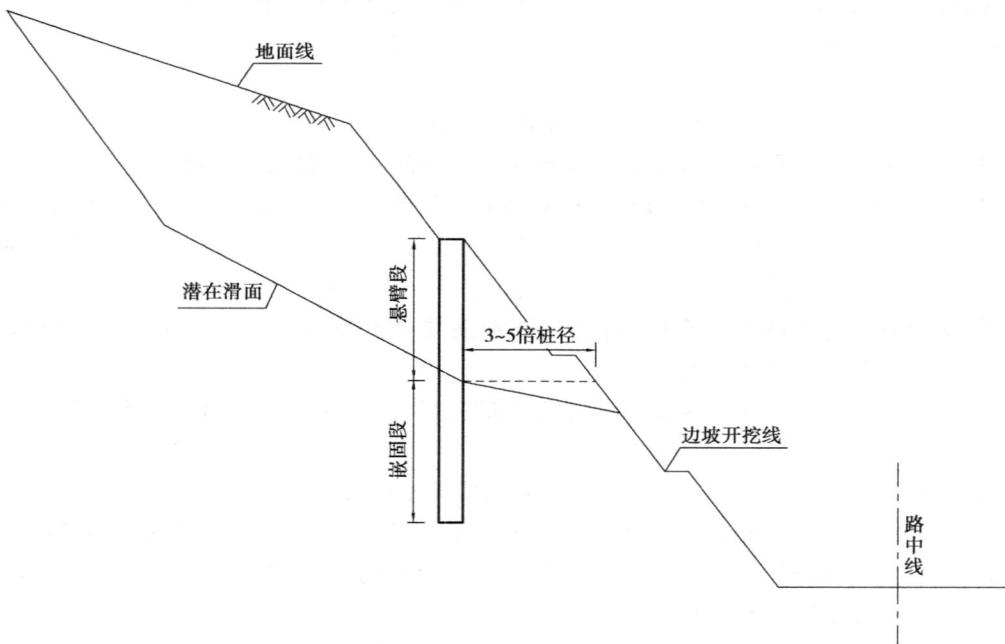

图 4.5 半坡桩嵌固点宽度要求示意图

4.3.2　桩截面形状及间距

桩截面形状要求使其上部受荷段正面能产生较大的阻滑力而侧面能产生较大的摩擦阻力,并使其下部锚固段能产生较大的反力。桩截面形状应使抗滑桩具有良好的抗剪能力和抗弯刚度,最常用的截面形状有矩形和圆形两种。一般情况下,平行于主滑方向设置长边以提高较大的截面惯性矩($I = \dfrac{bh^3}{12}$,截面面积相同的情况下,尽量提供更大的抗弯能力)。为了便于人工开挖施工,截面最小边长不应小于 1.25 m,一般边长为 1.25~3.5 m。在主滑方向不确定的情况下或者需要采用机械成孔时可采用圆形截面(圆形截面惯性矩 $I = \dfrac{\pi d^3}{32}$,与方桩相比同等截面面积下,截面惯性矩小很多,故圆桩不如方桩经济)。

桩的间距到目前为止尚无成熟的计算方法,可按不使上方滑坡体从桩间滑走(考虑桩间土体能形成应力拱支撑土体),又不致过密(桩的计算宽度的重叠)的原则来确定。一般情况下,桩间距以 5~10 m 为宜,当滑坡体完整(岩块)、密实,或滑坡推力较小时,桩间距可取大值,反之,取小值。在滑坡主轴附近间距可取小值,两侧可适当加大。

4.3.3　计算模型及关键参数取值

本节按照《公路路基设计规范》(JTG D30—2015)第 5.7.5 条(部分公路路基设计规范无具体要求,参照《铁路路基支挡结构设计规范》(TB 10025—2019)编写):

①作用于抗滑桩的外力包括滑坡推力、地震力、桩前滑体抗力和锚固段地层的抗力。桩侧摩阻力和黏聚力以及桩身自重和桩底反力可以不计算。滑坡推力按照《公路路基设计规范》(JTG D30—2015)第 7.2 节规定采用传递系数法计算确定。

②桩前抗力可按桩前滑体处于极限平衡时的滑坡推力或桩前被动土压力确定,设计时选用其中的小值。

③抗滑桩上滑坡推力图形应根据滑体的性质和厚度等因素确定,可采用矩形分布或梯形分布;当滑体为极松散的土体时,可采用三角形分布(目前工程上多采用矩形分布,这样的结构设计偏安全)如图 4.6 所示,计算模型如图 4.7 所示。

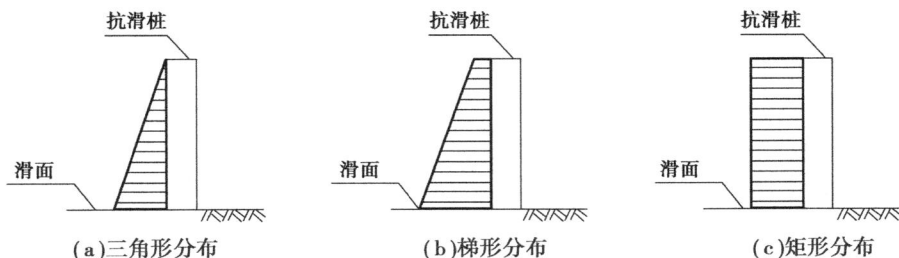

(a)三角形分布　　　(b)梯形分布　　　(c)矩形分布

图 4.6　滑坡推力的分布形式

④桩底支承宜选用自由端,嵌入岩石较深可选用自由端或铰支。

⑤抗滑桩的锚固段长度应满足桩侧最大压应力不大于地基的横向容许承载力的要求。一般参照《铁路路基支挡结构设计规范》(TB 10025—2019)第 13.2.9 条进行验算。

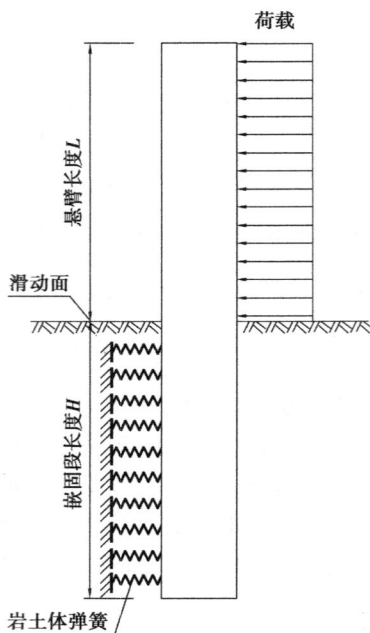

图 4.7　抗滑桩计算模型

A. 地层为岩层时,桩的最大横向压应力 σ_{max} 应小于或等于地基的横向容许承载力。当桩为矩形截面时,地基的横向容许承载力 $[\sigma_H]$ 可按下式计算:

$$[\sigma_H] = K_H \eta R \tag{4.1}$$

式中　K_H——地基承载力在水平方向的换算系数,根据岩石的完整程度、层理或片理产状、层间的胶结物与胶结程度、节理裂隙的密度和充填物,可采用 $0.5 \sim 1.0$;

η——折减系数,根据岩层的裂隙、风化及软化程度,可采用 $0.3 \sim 0.45$;

R——岩石单轴抗压强度,kPa。

B. 地层为土层或风化成土、砂砾状岩层时,锚固点以下深度为 $h_2/3$ 和 h_2(滑动面以下桩长)处的横向压应力值,应小于或等于地基的横向容许承载力,其计算应符合以下规定:

$$[\sigma_H] = P_P - P_a \tag{4.2}$$

式中　P_P——锚固段所受被动土压应力,kPa;

P_a——锚固段所受主动土压应力,kPa。

⑥滑动面以上的桩身内力,应根据滑坡推力和桩前滑体抗力计算。滑动面以下的桩身变位和内力,应根据滑动面处的弯矩和剪力及地基弹性抗力,按弹性地基梁进行计算。滑动面以下地基系数可根据地层性质确定。

地基系数,根据岩土条件可选用"K 法"或"m 法"。地基系数 K、m 值可根据试验资料和地区经验、工程类比综合确定,一般按照《铁路路基支挡结构设计规范》(TB 10025—2019)附录 L(岩质基础地基系数见表 4.1,土质地基系数比例系数见表 4.2)或《公路桥涵地基和基础设计规范》(JTG 3363—2019)附录 L 非岩石类土体 m 值(表 4.3)取值,对比表 4.2、表 4.3"m"值,发现《铁路路基支挡结构设计规范》土体水平抗力系数比《公路桥涵地基和基础设计规范》低很多,因此土层桩水平抗力系数"m"值尽量现场试验确定。

表4.1 较完整岩层的抗压强度、侧向容许应力和地基系数

序号	抗压强度		地基系数/(MN·m⁻³)	
	单轴极限值/MPa	侧向容许值/MPa	竖直方向 K_V	水平方向 K
1	10	1.5 ~ 2.0	100 ~ 200	60 ~ 160
2	15	2.0 ~ 3.0	250	150 ~ 200
3	20	3.0 ~ 4.0	300	180 ~ 240
4	30	4.0 ~ 6.0	400	240 ~ 320
5	40	6.0 ~ 8.0	600	360 ~ 480
6	50	7.5 ~ 10.0	800	480 ~ 640
7	60	9.0 ~ 12.0	1 200	720 ~ 960
8	80	12.0 ~ 16.0	1 500 ~ 2 500	900 ~ 2 000

注: $K = (0.6 ~ 0.8)K_0$。

表4.2 随深度变化的比例系数(锚固点水平位移6 ~ 10 mm)

序号	土的名称	水平方向 m_h/(kN·m⁻⁴)
1	$0.75 < I_L < 1.0$ 的软塑黏土及粉质黏土;淤泥	1 ~ 2
2	$0.5 < I_L < 0.75$ 的软塑粉质黏土及黏土	2 ~ 4
3	硬塑粉质黏土及黏土;细砂和中砂	4 ~ 6
4	坚硬粉质黏土及黏土;粗砂	6 ~ 10
5	砾砂;碎石土、卵石土	10 ~ 20
6	密实的大漂石	80 ~ 120

注:1. 位移大于表中限定范围时,表中系数应降低。有可靠资料和经验时,可不受本表限制。
    2. I_L 为土的液性指数。

表4.3 土质地基系数随深度变化的比例系数 m 值

土的名称	m 和 m_0 /(kN·m⁻⁴)	土的名称	m 和 m_0 /(kN·m⁻⁴)
流塑黏性土 $I_L > 1.0$,软塑黏性土 $1.0 \geq I_L > 0.75$,淤泥	3 ~ 5	坚硬,半坚硬黏性土 $I \leq 0$,粗砂,密实粉土	20 ~ 30
可塑黏性土 $0.75 \geq I_L > 0.25$,粉砂,稍密粉土	5 ~ 10	砾砂,角砾,圆砾,碎石,卵石	30 ~ 80
硬塑黏性土 $0.25 \geq I_L > 0$,细砂,中砂,中密粉土	10 ~ 20	密实卵石夹粗砂,密实漂、卵石	80 ~ 120

注:1. 本表用于基础在地面处位移最大值不应超过6 mm的情况,当位移较大时,应适当降低;
    2. 当基础侧面有斜坡式台阶,且坡度(横:竖)式台阶总宽与深度之比大于1:20 时,表中 m 值应减小50% 取用。

地基系数,即弹性抗力系数,是地基土的一个物理量,表示单位面积地层一个单位变形所需施加的力。其意义可理解为单位岩(土)体在弹性限度内产生单位压缩变形值所须施加在其单位面积上的力。由于土的可变性和复杂性,地基系数沿深度的变化规律也比较复杂,应根据地层的性质和深度来确定。

自滑动面沿桩身至桩底,在同一高程处的桩前、后围岩的地基系数一般是相等的;当桩前、后有高差时,对一般土层和严重风化破碎及其他第四纪松散堆积地层而言,则是不相等的。在同一地层中沿桩轴的地基系数的分布形状有矩形、梯形、抛物线形、三角形和反抛物线形等,如图4.8所示。

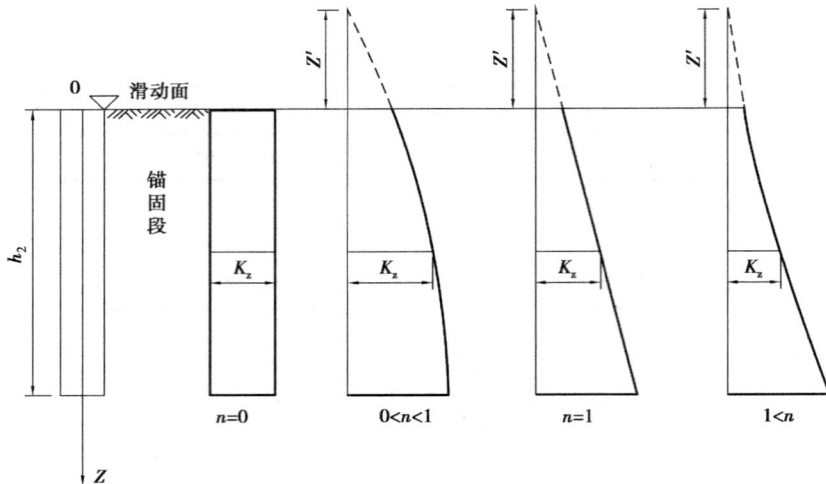

图4.8　地基系数分布形式

图中 n 为线性指数,参见式(4.3)和式(4.4)。当 m_H,$m_0 = 0$ 时,地基系数为矩形分布;当 $0 < n < 1$ 时,地基系数为抛物线形分布;当 $n = 1$ 时,地基系数为梯形或三角形分布;当 $n > 1$ 时,地基系数为反抛物线形分布。

a. 当地基土为较完整岩层时,地基系数应为矩形分布,即认为地基系数是常数(不随深度而变化),即地基系数为矩形分布,相应的计算方法称为"K"法。水平方向的地基系数以符号"K_H"表示,竖直方向的地基系数以"K_V"表示。

不随深度变化的地基系数宜采用试验资料值,若无实测资料,可参考以往的经验数据来确定。表4.1根据饱和极限抗压强度给出了较完整岩层的地基系数 K 值,《铁路路基支挡结构设计规范》(TB 10025—2019)附录L给出各种岩石的水平抗力系数(表4.4)可供参考。

b. 硬塑、半干硬的砂黏土、密实土、碎石土或风化破碎的岩层时,认为地基系数是随深度而变化的,即

水平方向的地基系数:
$$K_H = A_H + m_H z^n \tag{4.3}$$

竖直方向的地基系数:
$$K_V = A_V + m_V z^n \tag{4.4}$$

式中　A_H,A_V——滑动面处地层水平和竖直方向的地基系数,kN/m^3;

　　　m_H,m_V——水平和竖直方向地基系数随深度变化的比例系数,kN/m^4;

　　　z——自滑动面沿桩轴向下的距离,m;

　　　n——线性指数,一般取 $n = 1$。

桩前滑动面以上无滑坡体和超载时,地基系数为三角形分布,此时 $A_H = 0$、$A_V = 0$;桩前滑动面以上有滑坡体和超载时,地基系数为梯形分布。

表 4.4 抗滑桩地基系数及地层物理力学指标

地层种类	内摩擦角	弹性模量 E_0/10 GPa	泊松比 μ	地基系数 K/($MPa \cdot m^{-1}$)	剪应力/MPa
细粒花岗岩、正长岩	80°以上	5.43 ~ 6.9	0.25 ~ 0.3	2 000 ~ 2 500	1.5 以上
辉绿岩、玢岩		6.7 ~ 7.87	0.28	2 500	
中粒花岗岩		5.43 ~ 6.5	0.25	1 800 ~ 2 000	1.5 以上
粗粒正长岩、坚硬白云岩		6.56 ~ 7.0			
坚硬石灰岩	80°	4.4 ~ 10.0	0.25 ~ 0.3	1 200 ~ 2 000	1.5
坚硬砂岩、大理石		4.66 ~ 5.43			
粗粒花岗岩、花岗片麻岩		5.43 ~ 6.0			
较坚硬石灰岩	75° ~ 80°	4.4 ~ 9.0	0.25 ~ 0.3	800 ~ 1 200	1.2 ~ 1.4
较坚硬砂岩		4.46 ~ 5.00			
不坚硬花岗岩		5.43 ~ 6.0			
坚硬页岩	70° ~ 75°	2 ~ 5.5	0.15 ~ 0.3	400 ~ 800	0.7 ~ 1.2
普通石灰岩		4.4 ~ 8.0	0.25 ~ 0.3		
普通砂岩		4.6 ~ 5.0	0.25 ~ 0.3		
坚硬泥灰岩	70°	0.8 ~ 1.2	0.29 ~ 0.38	300 ~ 400	0.5 ~ 0.7
较坚硬页岩		1.98 ~ 3.6	0.25 ~ 0.3		
不坚硬石灰岩		4.4 ~ 6.0	0.25 ~ 0.3		
不坚硬砂岩		1 ~ 2.78	0.25 ~ 0.3		
较坚硬泥灰岩	65°	0.7 ~ 0.9	0.29 ~ 0.38	200 ~ 300	0.3 ~ 0.5
普通页岩		1.9 ~ 3.0	0.15 ~ 0.20		
软石灰岩		4.4 ~ 5.0	0.25		
不坚硬泥灰岩	45°	0.03 ~ 0.5	0.29 ~ 0.38	60 ~ 120	0.15 ~ 0.3
硬化黏土		0.01 ~ 0.3	0.3 ~ 0.37		
软片石		0.5 ~ 0.7	0.15 ~ 0.18		
硬煤		0.05 ~ 0.3	0.30 ~ 0.40		
密实黏土	30° ~ 45°	0.01 ~ 0.3	0.30 ~ 0.37	30 ~ 60	0.1 ~ 0.15
普通煤		0.05 ~ 0.3	0.30 ~ 0.40		
胶结卵石		0.05 ~ 0.1	—		
掺石土		0.05 ~ 0.1	—		

⑦抗滑桩的混凝土结构应按现行《公路钢筋混凝土及预应力混凝土桥涵设计规范》(JTG 3363—2019)进行计算,结构重要性系数1.0,永久荷载的分项系数为1.35。抗滑桩桩身按受弯构件设计,当无特殊要求时,可不做变形、抗裂、挠度等项验算。

⑧预应力锚索抗滑桩的桩身可按弹性桩计算,单点锚拉桩,可设计成静定体系或超静定体系。桩在外荷载作用下,对桩锚和地基可按弹性协调变形计算,求得各部分内力和位移。预应力锚索设计应符合《公路路基设计规范》(JTG D30—2015)第5.5节的规定。

4.3.4 锚固段地基抗力及桩的计算宽度

1)锚固段地基抗力

抗滑桩所承受的滑坡推力经过桩的传递,被地基抗力所平衡。但是,地基抗力是一个未知量,它的大小、分布与地基土的性质、桩的变形量等有关。锚固段桩前、桩后的岩土受力,随应力的大小而变形:弹性阶段,应力和应变成正比;当侧应力增加不多而变形骤增,此时为塑性阶段;当应力不再增大而变形不停止时则达到破坏阶段。当桩周地基的变形处于弹性阶段时,抗力按弹性抗力计算;当变形处于塑形阶段时,按地基侧向允许承载力计算;处于变形范围较大的塑性阶段时,则采取极限平衡法计算岩(土)层的抗力值。一般条件下,若不产生塑性变形时,均可按弹性抗力考虑。为了简化计算,如果不考虑桩身自重,桩与其周围的摩擦阻力一般可以忽略不计。

所谓弹性抗力,是指从弹性理论出发,根据地基系数计算的桩周抗力,即假定地层为弹性介质,地基抗力与桩的位移量成正比,即

$$P = K \cdot B_{\mathrm{P}} \cdot \chi_y \qquad (4.5)$$

式中 P——地基抗力,kN/m;

K——地基系数,又称弹性抗力系数,kN/m³;

B_{P}——桩的计算宽度,m;

χ_y——地层 y 处桩的位移量,m。

2)抗滑桩的计算宽度

抗滑桩受滑坡推力的作用产生位移,则桩侧土对桩作用着抗力。当土变形处于弹性变形阶段时,桩受到土的弹性抗力作用。土对桩的弹性抗力及其分布与桩的作用范围有关。桩在水平荷载作用下,不仅桩身宽度内桩侧土受挤压,而且在桩身宽度以外的一定范围内也受影响(空间受力),同时对不同截面形状的桩,土体的影响范围也不相同。为了将空间受力简化为平面受力,并考虑桩截面形状的影响,将桩的设计宽度(或直径)换算成相当于实际工作条件下的矩形桩宽 B_{P},B_{P} 即为桩的计算宽度,如图4.9所示。

试验研究表明,对不同尺寸的圆形桩和矩形桩施加水平荷载时,直径为 d 的圆形桩与正面边长为 $0.9d$ 的矩形桩,在其两侧土体开始被挤出的极限状态下,其临界水平荷载值是相等的。所以,矩形桩的形状换算系数为 $K_{\mathrm{f}} = 1$,而圆形桩的形状换算系数为 $K_{\mathrm{f}} = 0.9$。

由于将空间受力状态简化成为平面受力状态,在决定桩的计算宽度时,应将实际宽度乘以换算系数 K_{B}。由试验资料可知,对于正面边长 b 大于或等于 1 m 的矩形桩受力换算系数为 $1 + \dfrac{1}{b}$,对于直径 d 大于或等于 1 m 的圆形桩受力换算系数为 $1 + \dfrac{1}{d}$。

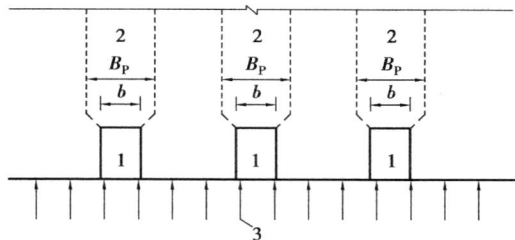

图 4.9　抗滑桩计算宽度示意图
1—抗滑桩;2—桩前土抗力;3—滑坡推力

故桩的计算宽度为:

矩形桩 $b \geqslant 1$ 时,

$$B_P = K_f K_B b = 1 \times \left(1 + \frac{1}{b}\right) b = b + 1 \tag{4.6}$$

圆形桩 $b \geqslant 1$ 时,

$$B_P = K_f K_B b = 0.9 \times \left(1 + \frac{1}{d}\right) d = 0.9(d + 1) \tag{4.7}$$

参考《建筑桩基技术规范》(JCJ 94—2008)第 5.7.5 条:

矩形桩 $b < 1$ 时,

$$B_P = 1.5b + 0.5 \tag{4.8}$$

圆形桩 $d < 1$ 时,

$$B_P = 0.9 \times (1.5d + 0.5) \tag{4.9}$$

4.3.5　抗滑桩的弹性桩与刚性桩的区别

抗滑桩受到滑坡推力后,将产生一定的变形。根据桩和桩周岩(土)的性质以及桩的几何性质,其变形有两种情形:一是桩的位置发生偏离,但桩轴线仍保持原有线形,变形是桩周岩(土)的变形所致;另一种是桩的位置和桩轴线同时发生改变,即桩轴线和桩周岩(土)同时发生变形。前一种情况桩犹如刚体一样,仅发生了转动,故称其为刚性桩,后者则称为弹性桩。

大量的试验研究表明,当抗滑桩埋入稳定地层内的计算深度为某一临界值时,可视桩的刚度为无穷大,桩的侧向极限承载力仅取决于桩周岩(土)的弹性抗力大小,而与桩的刚度无关。计算深度(即锚固段计算长度)为此临界值时,不管按弹性桩还是刚性桩计算,其侧向承载力及传递给地层的压力图形均比较接近。因此,工程中将这个临界值作为判别刚性桩和弹性桩的标准,判别标准与桩的变形系数(α 或 β)和计算方法(K 或 m 法)有关。

(1)按 K 法计算

当 $\beta h \leqslant 1$ 时,属刚性桩;当 $\beta h > 1$ 时,属弹性桩。

其中,h 为锚固段长度;β 为桩的变形系数,以 m^{-1} 计,可按下式计算:

$$\beta = \left(\frac{K_H B_P}{4EI}\right)^{\frac{1}{4}} \tag{4.10}$$

式中　K_H——水平地基系数,不随深度而变,$\mathrm{kN/m^3}$;

　　　　B_P——桩的计算宽度,m;

　　　　E——桩的弹性模量,kPa;

I——桩的截面惯性矩,m^4。

（2）按 m 法计算

当 $\alpha h \leq 2.5$ 时,属刚性桩;当 $\alpha h > 2.5$ 时,属弹性桩。

其中,α 为桩的变形系数,以 m^{-1} 计,可按下式计算:

$$\alpha = \left(\frac{m_H B_P}{4EI} \right)^{\frac{1}{5}} \qquad (4.11)$$

式中　m_H——水平地基系数随深度变化的比例系数,kN/m^4。

4.3.6　桩长及锚固深度

桩长及锚固深度须经计算确定。当桩的位置确定后,桩的全长等于滑坡体内桩长加上桩的锚固深度。抗滑桩锚固段的长度与滑坡推力的大小、锚固段地层的强度、桩的相对刚度有关,根据大量的经验计算,**硬质岩石地基嵌固段约为桩长的 1/3,对于软质岩石地基或土层嵌固段约为桩长的 1/2**。考虑桩前滑动面以上滑坡体对桩身的反力,也会对抗滑桩锚固段的长度产生影响。原则上由桩的锚固段传递到滑动面以下地层的侧向压应力不得大于该地层的容许侧向抗压强度经计算综合确定。

锚固深度是抗滑桩发挥抵抗滑坡推力作用的前提和条件。如锚固深度不足,抗滑桩不足以抵抗滑坡推力,易引起桩的失效,但锚固过深则将导致工程量的增加和施工的难度。可通过缩小桩间距来减小每根桩所承受的滑坡推力,或通过增大桩的截面以增加桩的相对刚度等措施来减小锚固深度。

由于抗滑桩内力、变形手工计算工作量大、效率低,而目前的计算机软件相对比较成熟,本书对内力计算和变形计算的具体公式不做介绍,有兴趣的读者可以参考相关书籍。

4.3.7　受荷段地层抗力

设置抗滑桩后,当抗滑桩受到滑坡推力的作用而产生变形时,一部分通过桩体传给锚固段地层,另一部分传给桩前滑坡体。而桩前滑坡体的抗力（即受荷段地层抗力）与滑坡的性质或桩前滑坡体的大小等因素有关。试验研究表明,桩前滑坡体的体积越大,抗剪强度越高,滑动面越平缓、粗糙,桩前滑坡体抗力越大;反之,越小。

桩前滑坡体的抗力一般采用与滑坡推力相同的应力分布形式,也可采用抛物线的分布形式。当采用抛物线的分布形式时（图 4.10）,可将抗力分布为一个三角形和一个倒梯形。

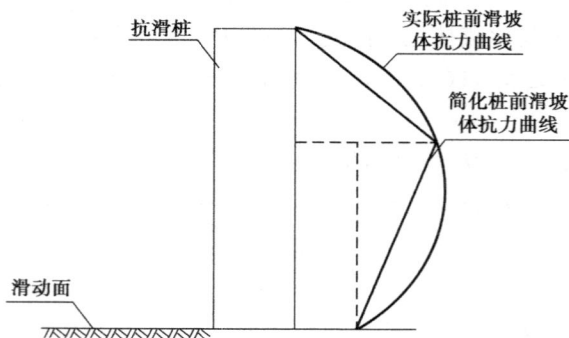

图 4.10　滑坡体抗力分布图形的简化

受荷段地层抗力按桩前滑坡体处于极限平衡时的滑坡推力和桩前被动土压力确定,取两者小值。

若桩前滑动面以上滑坡体可能滑走,则桩上部受荷段的前面无抗力作用,按悬臂桩计算,并考虑挂板防止桩间土体溜走;若桩前滑动面以上的滑坡土体稳定,则应考虑桩前受荷段的抗力作用,但此抗力不大于滑坡推力和桩前被动土压力中的小值。

4.3.8 护壁的计算

1)护壁的作用

对于人工挖孔桩,护壁是稳定土体,确保人工施工安全的临时结构。在土体自稳能力较好,桩断面尺寸不大的多数情况下护壁的实际受荷较小,相对安全,可采用外侧单侧配筋。但土体含水量较高,自稳能力差的,桩断面较大的状况下,护壁做得不好,容易开裂,导致施工人员紧张,影响挖孔作业,需加强护壁的配筋设计,原则上应采用双侧配筋,但经大量计算表明:护壁配筋的配筋面积一般不大,通常采用构造配筋都能满足受力要求。故护壁的施工安全,在很大程度上取决于施工的养护和施工开挖进尺。

2)护壁土压力的计算

参照重庆市地方标准《地质灾害防治工程设计规范》(DB 55029—2004)规范 3.4.2.8,人工挖孔桩护壁所承受的土压力,从地面至以下 5 m 范围,按主动土压力算,5 m 以下各点土压力取 5 m 处的主动土压力值。主动土压力可参照第 2 章,采用朗金土压应力计算公式:

$$e_a = \gamma h \tan^2\left(45° - \frac{\varphi}{2}\right) - 2c \cdot \tan\left(45° - \frac{\varphi}{2}\right) \tag{4.12}$$

式中　γ——土体重度,kN/m^3;

$\quad\quad$ h——计算点埋深,m,为方便计算直接取地面下 5 m 计算;

$\quad\quad$ c——土体抗剪强度指标中的黏聚力,kPa;

$\quad\quad$ φ——土体抗剪强度指标中的内摩擦角,(°)。

3)矩形护壁的计算模型及方法

弯矩、剪力可参照《实用土木工程手册》(第三版)箱型刚架计算公式,也可通过通用有限元、理正结构工具箱的特殊结构中的平面刚架工具计算,见表 4.5。

表 4.5　箱型刚架内力计算公式

受荷载侧	下式符号: $K = \dfrac{I_2}{I_1} \times \dfrac{h}{L}$ h——框架高度,m; L——框架跨度,m; q——荷载强度,kPa; I_1——框架跨度 h 方向横截面惯性矩,m^4; I_2——框架高度 L 方向横截面惯性矩,m^4;

续表

L 边	荷载P / I_2 / I_1 I_1 / I_2 / 荷载P / L / h	$M_A = M_B = M_C = M_D = -\dfrac{qL^2}{12} \cdot \dfrac{1}{K+1}$（外侧受拉为负） $M_{L中} = \dfrac{qL^2}{24} \cdot \dfrac{3K+1}{K+1}$（内侧受拉为正）
h 边	荷载P / I_2 / I_1 I_1 / I_2 / 荷载P / L / h	$M_A = M_B = M_C = M_D = -\dfrac{qh^2}{12} \cdot \dfrac{K}{K+1}$（外侧受拉为负） $M_{h中} = \dfrac{qh^2}{24} \cdot \dfrac{K+3}{K+1}$（内侧受拉为正）
L, h 边	荷载P / 荷载P / 荷载P / 荷载P / L / h	$M_A = M_B = M_C = M_D = -\dfrac{q(L^2+Kh^2)}{12} \cdot \dfrac{1}{K+1}$（外侧受拉为负） $M_{L中} = \dfrac{qL^2}{24} \cdot \dfrac{3K+1}{K+1} - \dfrac{qh^2}{12} \cdot \dfrac{K}{K+1}$ （内侧受拉为正） $M_{h中} = \dfrac{qh^2}{24} \cdot \dfrac{K+3}{K+1} - \dfrac{qL^2}{12} \cdot \dfrac{1}{K+1}$ （内侧受拉为正）

4）圆形护壁的计算模型及方法

根据图 4.11 计算模型，结合材料力学 $F_P - 2F_N = 0$，即 $F_N = \dfrac{F_P}{2}$，而 $F_P = P \cdot d$，则：

$$F_N = \frac{Pd}{2} \qquad (4.13)$$

式中　F_N——轴向压力，kN；

　　　P——外荷载，当采用每延米设计时，为水平荷载强度设计值，kPa；

d——圆桩直径,m。

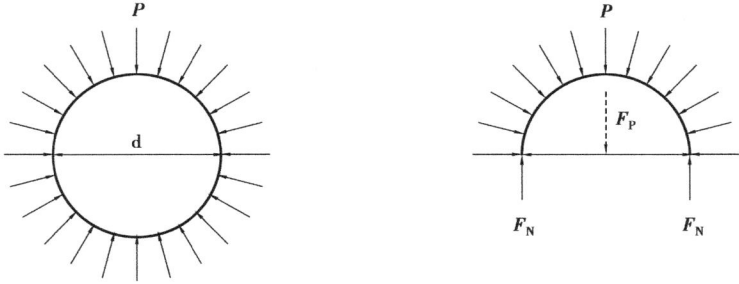

(a)圆柱护壁受荷计算模型　　　　(b)圆柱护壁受荷受力分析

图4.11 圆形护壁

根据受力分析,护壁为受压构件,按照受压构件进行配筋设计即可(由于现在采用圆桩方案,多采用机械成孔,机械成孔一般直接采用钢护筒计量即可)。

4.3.9 通用有限元计算抗滑桩

随着经济的发展和景观、造型对结构工程有越来越高的要求,通过常规软件对异形结构进行计算会受常规专业软件的模块或者模型限制,无法对变截面的异形结构进行计算。此处介绍杆通用有限元软件模拟岩体水平约束、梁单元模拟抗滑桩(或桩板墙)的关键技巧。

1)滑坡推力分布模拟

桩上滑坡推力均布荷载 q:

$$q = P \times \frac{L}{h} \tag{4.14}$$

式中　P——桩后单宽滑坡推力剩余下滑力的水平分力,kN/m;

　　　L——抗滑桩中心间距,m;

　　　h——抗滑桩的悬臂端长度,m。

2)岩质地基弹簧刚度系数模拟

通用软件中弹簧模拟,建议每延米分4(或8段,越细越精确),节点刚度系数 K_{si},由于第1个节点与第 i 个节点和中间节点单元长度差异,如图4.12所示,因此应注意它们的刚度系数差异。

$$K_{si} = \begin{cases} K \times \dfrac{B_P}{n}, & \text{其中 } i = 2, \cdots, i-1 \\ K \times \dfrac{B_P}{2n}, & \text{其中 } i = 1, \cdots, i \end{cases} \tag{4.15}$$

式中　K_{si}——第 i 个节点等效节点刚度,kN/m;

　　　K——岩体抗力系数,kN/m³;

　　　n——每延米节点分段数;

　　　B_P——桩的计算宽度,m,按式(4.6)至式(4.9)计算。

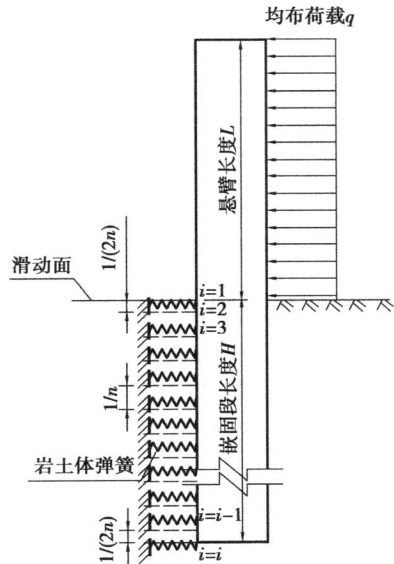

图4.12 岩质地基弹簧刚度系数换算计算模型

3）土质地基弹簧刚度系数模拟

对于土质地基弹簧刚度系数，首先将土层按照 0.5 m 或者 1 m 进行单元划分，按照 $K_i = m y_i$ 计算土质地基 y_i 处的地基系数。然后按照式(4.15)进行计算即可。

4.4　桩板式挡土墙设计

4.4.1　基本概念

桩板式挡土墙是钢筋混凝土结构，由桩及桩间挡土板两部分组成，如图 4.13 所示，利用桩深埋部分的锚固段的锚固作用，维持挡土墙的稳定。**适宜于压力大，墙高超过一般挡土墙限制的情况，地基强度的不足可由桩的埋深得到补偿。**可作为路堑、路肩和路堤挡土墙使用，也可用于崩积体及含泥化层顺层岩质边坡开挖预加固。桩板式挡土墙的结构形式与桩板式抗滑桩相似，可视为简易的、小型的抗滑桩，因而也可用于中小型滑坡的整治。桩必须锚固于稳定的地基中，桩的悬臂长度不宜大于 15 m，由于土的弹性抗力较小，设置桩板式挡土墙后，桩顶处可能产生较大的水平位移或转动，因而用于土质地基时，尽量减小悬臂长度；若需用于土质地基且悬臂较长，宜在桩的上部设置锚(杆)索，以减小桩的位移。

紧邻建筑物设置路堑墙时，可先设置桩，然后开挖路基，挡土板可自上而下安装，这样既保证了施工安全，又减少了开挖工程量。

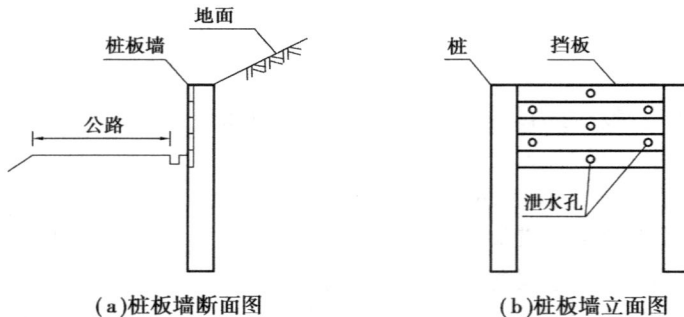

(a)桩板墙断面图　　　　(b)桩板墙立面图

图 4.13　桩板式挡土墙

4.4.2　桩板式挡土墙构造

《公路路基设计规范》(JTG D30—2015)第 5.4.12 条：

①桩板式挡土墙的锚固桩必须锚固在稳定的地基中，桩的悬臂长度不宜大于 15 m。

②桩的构造可根据《公路路基设计规范》(JTG D30—2015)第 5.7 节的相关规定(本书的抗滑桩构造章节)执行。

③加锚杆的锚固桩应保证桩与锚杆的变形协调。

4.4.3　土压力计算

墙后土压力(包括车辆荷载所引起的侧向压力)的计算与重力式挡土墙土压力的计算方

法相同,即以挡土板后的竖直墙背为计算墙背,按库仑主动土压力理论计算。在滑坡地段,则应按滑坡推力与土压力两种情况进行计算对比,按不利工况进行配筋。

桩和板的计算仅考虑土压力的水平分力,而墙背主动土压力的竖向分力及墙前被动土压力一般忽略不计。

4.4.4 桩的计算控制要求

《公路路基设计规范》(JTG D30—2015)第 H.0.8 条:桩板式挡土墙钢筋混凝土构件的承载能力极限状态计算、正常使用极限状态验算及构造要求等,除应按《公路路基设计规范》的规定执行外,其他未列内容应按现行《公路钢筋混凝土及预应力混凝土桥涵设计规范》《公路桥涵地基与基础设计规范》的相关规定执行。

①桩板式挡土墙的钢筋混凝土构件计算时,荷载效应组合中,应按《公路路基设计规范》第 H.0.1 条规定计入结构重要性系数 γ_0。

②滑坡路基上的桩板式挡土墙按滑坡推力和土压力的最不利者作为计算荷载,桩的重力可不计入。

③作用在桩上的荷载宽度可按其左右两相邻桩之间距离的一半计算,作用在挡土板的荷载宽度可按板的计算跨度计算。

④桩的内力按照《公路路基设计规范》第 5.7.5 条规定,采用地基系数法计算。

⑤在桩前地基岩层结构面的产状为向坡外倾斜时,应按顺层滑坡验算地基的稳定性及整体稳定性。

由于《公路路基设计规范》对桩顶位移的控制未做具体要求,计算可参考《铁路路基支挡结构设计规范》(TB 10025—2019)第 14.1.2 条要求:桩的自由悬臂长度不宜大于 12 m,大于 12 m 时桩上宜设置预应力锚索。桩的截面方式宜采用矩形式 T 形,截面短边尺寸不宜小于 1.25 m,桩间距宜为 5~8 m。采用圆形截面时直径不宜小于 1 m,桩间距宜为 2~5 m。按《铁路路基支挡结构设计规范》(TB 10025—2019)第 14.2.9 条桩顶水平总位移可采用桩悬臂端长度的 1/100 控制,且不宜大于 10 cm;根据工程经验对嵌固点位移一般控制在 20~30 mm 内(硬质岩取小值,软质岩或土可取大值),以避免岩土体变形过大;桩侧岩土反力满足要求,控制条件参考 4.3.3 抗滑桩设计的相关内容。

4.4.5 挡土板的设计

挡土板的构造按照《公路路基设计规范》(JTG D30—2015)第 5.4.12 条:
①挡土板外侧墙面的钢筋保护厚度应大于 **35 mm**,板内侧墙面保护厚度应大于 **50 mm**;桩的受力钢筋应沿桩长方向通长布置,直径不应小于 **12 mm**。桩的钢筋保护层厚度不应小于 **50 mm**。

②当采用拱形挡土板时,不宜仅用混凝土灌注,而应沿径向和环向配置一定数量的构造钢筋,钢筋直径不宜小于 **10 mm**。

③挡土板与桩搭接,其搭接长度每端不得小于 **1 倍板厚**。当为圆形桩时,应在桩后设置搭接用的凸形平台。平台宽度比搭接长度宽 **20~30 mm**。

挡土板可预制拼装,混凝土强度等级不应低于 C30;截面一般为矩形、槽形,也可采用空心板。挡土板厚度不应小于 20 cm,板宽应根据吊装能力确定,但不应小于 30 cm,大多为 50~

100 cm,板的规格不宜太多(一般 5 m 深度范围一个规格)。墙身可设置泄水孔,孔径为 5 ~ 10 cm 梅花形布置,墙后填土设置墙背排水层及反滤层。墙身 15 ~ 20 m 设置一个伸缩缝。

挡土板的安装应在桩侧地面整平夯实后进行,当地面纵坡较陡时,可设浆砌片石垫块作挡土板的基础。

挡土板可视为支承在桩上的简支板进行内力计算,并按受弯构件设计。挡土板上的作用荷载,取板所在位置的墙后土压力的大值,按均布荷载考虑。

按照《公路路基设计规范》(JTG D30—2015)第 H.0.8 条:对于预制钢筋混凝土挡土板,计算跨径 L 按下式计算(具体设计计算详见第 6 章 6.2 节锚杆挡土墙设计中挡土板计算相关内容):

$$L = \begin{cases} L_c - 1.5t & (\text{圆形桩}) \\ L_0 + 1.5t & (\text{矩形桩}) \end{cases} \tag{4.16}$$

式中 L_c——圆形桩的桩中心距离,m;

L_0——矩形桩的桩净离,m;

t——挡土板的厚度,m。

4.5 抗滑挡土墙设计

抗滑挡土墙是小型滑坡整治中常见的支挡结构之一,采用抗滑挡土墙整治滑坡,其优点是结构施工简单,施工工期较短,**可用于蠕变阶段的小型、浅层滑坡或大中型滑坡局部辅助措施,也可用于山坡坡脚失去支撑而引起滑动的牵引式滑坡,尤其是滑体含水率较小,整体稳定性较好的滑坡。**但应用时必须弄清滑坡的性质、滑体结构、滑动面层位和层数、滑体的推力及基础的地质情况,否则,墙体易变形而失效。如果基坑开挖太深,则施工困难,又易加剧滑坡变形,因此,深层滑坡和正在滑动的滑坡不宜采用。

抗滑挡土墙因受力条件、材料和结构不同,虽有多种类型,但一般采用重力式抗滑挡土墙,利用墙身重力抵抗滑坡推力。重力式抗滑挡土墙采用浆砌片(块)石、混凝土预制块,也可采用混凝土或片石混凝土直接浇筑。抗滑挡土墙设计主要包括以下内容:挡土墙形式的选择、挡土墙平面位置的布设、设计推力的确定、合理墙高的确定、墙基埋深的确定及墙身稳定性和强度验算。

4.5.1 抗滑挡土墙的断面形式

抗滑挡土墙承受的是滑坡推力,不同于普通的重力式挡土墙。由于滑坡推力大,合力作用点高,因此抗滑挡土墙具有墙面坡缓、外形矮胖的特点,这有利于挡土墙自身的稳定。抗滑挡土墙面坡常采用 1:0.3 ~ 1:0.5 的坡率,有时甚至缓至 1:0.75 ~ 1:1。基底常做成反坡或锯齿形,为了增加抗滑挡土墙的稳定性和减少墙体圬工,可在墙后设置 1 ~ 2 m 宽的衡重台或卸荷平台。抗滑挡土墙常见的几种断面形式,如图 4.14 所示。

抗滑挡土墙主要是用来稳定滑坡的,因滑坡的形式多种多样,导致了抗滑挡土墙结构断面形式的不同。故不能像普通挡土墙那样可以采用标准图,而须视滑坡的具体情况,进行单独设计。

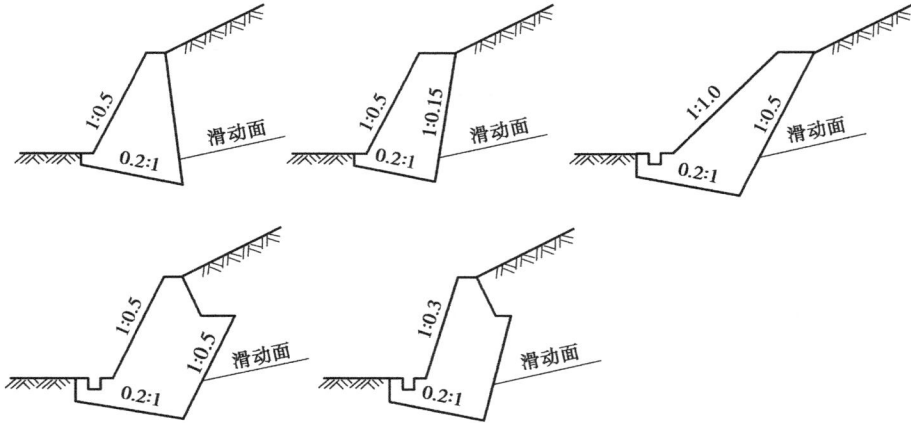

图 4.14 抗滑挡土墙常用的几种断面形式

4.5.2 抗滑挡土墙的平面布置

抗滑挡土墙的平面布置应根据滑坡范围、滑坡推力大小、滑动面位置和形状以及基础地质条件等因素确定。对于中小型滑坡,一般将抗滑挡土墙布设在滑坡的前缘;当滑坡中、下部在稳定岩层锁口时,可将抗滑挡土墙设在锁口处,如图 4.15 所示,锁口以下的部分可另作处理。当滑动面在路基附近,滑坡前缘距路线有一定距离时,应尽可能地将抗滑挡土墙靠近路线,墙后填土加载,以增强抗滑力,以抵抗下滑力,当滑坡出口在路堑边坡上时,可按滑床地基情况决定设抗滑挡土墙的位置,若滑面为完整岩层可采用上挡下护的办法;若滑床为不宜设置基础的破碎岩层时,可将基础置于坡脚以下能稳定地层内。对于多级滑坡或滑坡推力较大时,可分级采用支挡,为避免挡土墙开挖过程中诱发滑坡滑移变形,不宜仅采用抗滑挡土墙作为结构支护措施,可采用"抗滑桩为主 + 抗滑挡土墙为辅"的治理措施(图 4.16),但应先施工抗滑桩后施工抗滑挡土墙,且平面上应从两侧向中部逐渐推进,以减少对滑坡的扰动,确保施工安全。

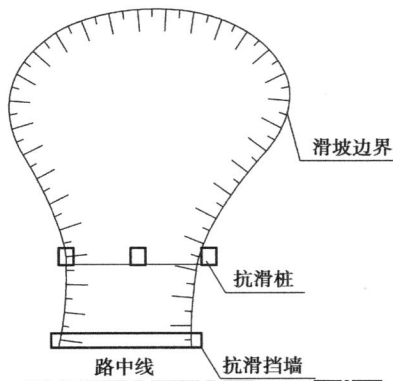

图 4.15 挡土墙设置于锁口处平面示意图

125

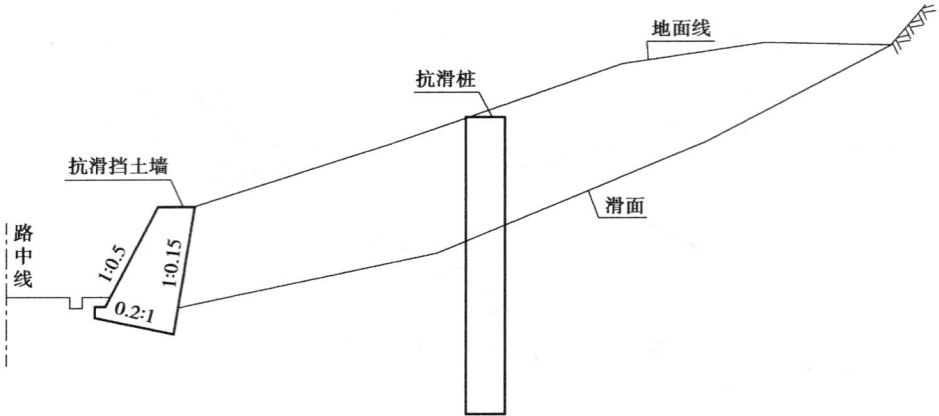

图 4.16　分级支挡断面示意图

4.5.3　设计推力的确定

抗滑挡土墙上所受的是滑坡推力。一般按剩余下滑力计算,其方向与紧挨墙背的一段较长滑面平行。当主动土压力与滑坡推力比较接近(比值在 0.6~1 范围内)时,挡土墙设计计算时应分别验算滑坡推力工况与主动土压力工况。抗滑挡土墙既要满足抗滑挡土墙的要求,又要满足一般挡土墙的要求。

4.5.4　合理墙高的确定

抗滑挡土墙的墙高如果不合理的话,尽管它使滑坡体原来的出口受阻,但滑坡体可能沿新的滑面发生越过抗滑挡土墙的滑动。因此,抗滑挡土墙的合理墙高应保证滑体不发生越过墙顶的滑动。合理墙高采用试算法确定(图 4.17)。先假定一适当的墙高,过墙顶 A 点作与水平线成($45° - \varphi/2$)夹角的直线,交滑动面于 a 点,以 Sa,aA 为最后滑动面(注意,aA 段应采用滑体参数,而 sa 段应采用滑带参数),计算滑坡体的剩余下滑力。然后再自 A 点向两侧每 5°作出 Ab,Ac,……和 Ab',Ac' 等虚拟滑动面进行计算,直至所有虚拟滑动面出现剩余下滑力的负值低峰为止。若计算存在结果剩余下滑力为正值时,则说明墙高不足,应予增高;当剩余下滑力为过大且为负值时,则说明墙身过高,应予降低。

如此反重调整墙高,经几次试算直至剩余下滑力为不大的负值时,即可认为是安全、经济、合理的挡土墙高度。

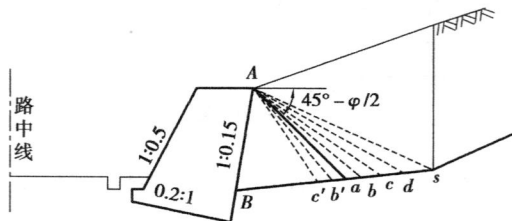

图 4.17　挡土墙合理高度的计算示意图

4.5.5　挡土墙基础埋深的确定

一般情况下,抗滑挡土墙基础埋入完整稳定的岩层中不小于 0.5 m,或者埋入稳定坚实的土层中不小于 2 m,并置于可能向下发展的滑动面以下,即应考虑设置抗滑挡土墙后由于滑坡体受阻,滑动面可能向下伸延。当基础埋置深度较大时,墙前有形成被动土压为条件(对埋入密实土层 3 m、中密土层 4 m 以上),可酌情考虑被动土压力的作用,其值可按第 2 章的方法和规范确定。

4.5.6　抗滑挡土墙的验算

抗滑挡土墙的稳定性验算与普通重力式挡土墙的稳定性验算相同,仅由设计推力替代主动土压力。验算内容包括:

①抗滑稳定性验算;

②抗倾覆稳定性验算;

③基底应力及合力偏心距的验算;

④墙身截面强度验算。

由于滑坡推力远大于主动土压力,抗滑挡土墙往往受抗滑移、抗倾覆稳定性控制,并应加强挡土墙上部各截面强度验算。抗滑挡土墙设计时,还应注意:

①若在墙后有两层以上滑动面存在时,则应视其活动情况,将各层滑动面的滑坡推力绘制出综合推力图形(取各图的包络图)进行各项验算,特别应注意上面几层滑动面处挡土墙截面的验算。

②若原建挡土墙不能稳定滑坡或已被滑坡破坏需要加固时,需经鉴定,若原挡土墙截面无明显破坏,仅整体滑动变形时,可另加部分圬工,使新旧挡土墙形成整体共同抗滑,但应确保新旧挡土墙的有效连接和整体性,必要时可加钢筋将新旧挡土墙形成整体。

③原滑坡的滑面受挡土墙阻止后,应防止滑动面向下延伸。致使挡土墙结构失效,应对挡土墙基础以下可能产生的新滑动面进行稳定性验算。

实例 2　抗滑桩设计实例

1)项目概况

某二级公路运营期间路基出现严重滑移变形,滑坡后缘位于公路左侧路边,剪出口位于公路右侧路堤边坡坡脚。该公路剧烈滑移变形前 2~3 年,逐渐产生较明显的沉降,于某次暴雨后,产生明显滑移变形,公路上产生的滑坡后缘裂缝最大宽度约 0.25 m,垂直滑移距离 0.15 m(图 4.18),公路右侧沉降更明显,最大垂直滑移距离 0.86 m。滑坡变形使得公路倾斜(图 4.19),使来往车辆无法正常通行。该滑坡目前处于强变形阶段,滑坡一旦滑移,其后果将中断公路的运营。

滑坡区分布地层主要有第四系全新统人工素填土（Q_4^{ml}）、残坡积粉质黏土（Q_4^{el+dl}）、基岩为侏罗系下统珍珠冲组（J_1Z）泥岩。

图 4.18　滑坡全貌

图 4.19　路肩外鼓变形

设计时考虑到：滑坡前缘回填反压，主要存在破坏植被，项目位于城区附近征地困难，另外主滑剖面剩余下滑力 200 kN。在抗滑挡土墙开挖过程中，滑坡失稳风险大，故拟采用抗滑桩进行治理，由于公路外侧有管网，考虑桩施工过程尽量减小对管网、交通通行的干扰，将桩移至公路边缘外 3 m 左右，综上本项目采用治理方案为：**"抗滑桩 + 路面修复 + 排水沟修复 + 滑体裂缝封闭"** 综合治理，平面图如图 4.20 所示，剖面如图 4.21 所示。

2）计算参数的选取

（1）安全系数的选取

由于滑坡规模小，且项目资金受限，安全系数选取规范的低值进行设计。根据《公路路基设计规范》（JTG D30—2015）第 7.2.2 条，计算工况采用天然状态和长期降雨或暴雨两种：

工况（一）：自重 + 地面荷载，取天然重度、天然状态残余抗剪值。安全系数取 1.15。

工况（二）：自重 + 地面荷载 + 长期降雨或暴雨。取饱和重度、饱和状态残余抗剪值。安全系数取 1.10。

（2）滑面及土体抗剪强度参数 c,φ 值选取

对滑坡设计，滑面参数是最重要的，本项目滑面穿越两种土层，从上至下分别为素填土、粉质黏土，这两种土层的抗剪强度参数 c,φ 值是滑坡治理稳定性评价的两个关键参数（取值一般采用现场大剪试验或试验室数据，并结合反算法综合选取）。

抗滑桩设计的关键参数是嵌固段岩石（土体）水平抗力系数及岩石的饱和抗压强度，若为土体，应为土体的水平抗力系数的比例系数及这些参数是抗滑桩设计嵌固长度、桩侧土反力验算及桩的变形和位移验算的基础参数。本项目的计算参数根据项目勘察报告选取，见表 4.6。

总体平面设计图

比例尺 1：500

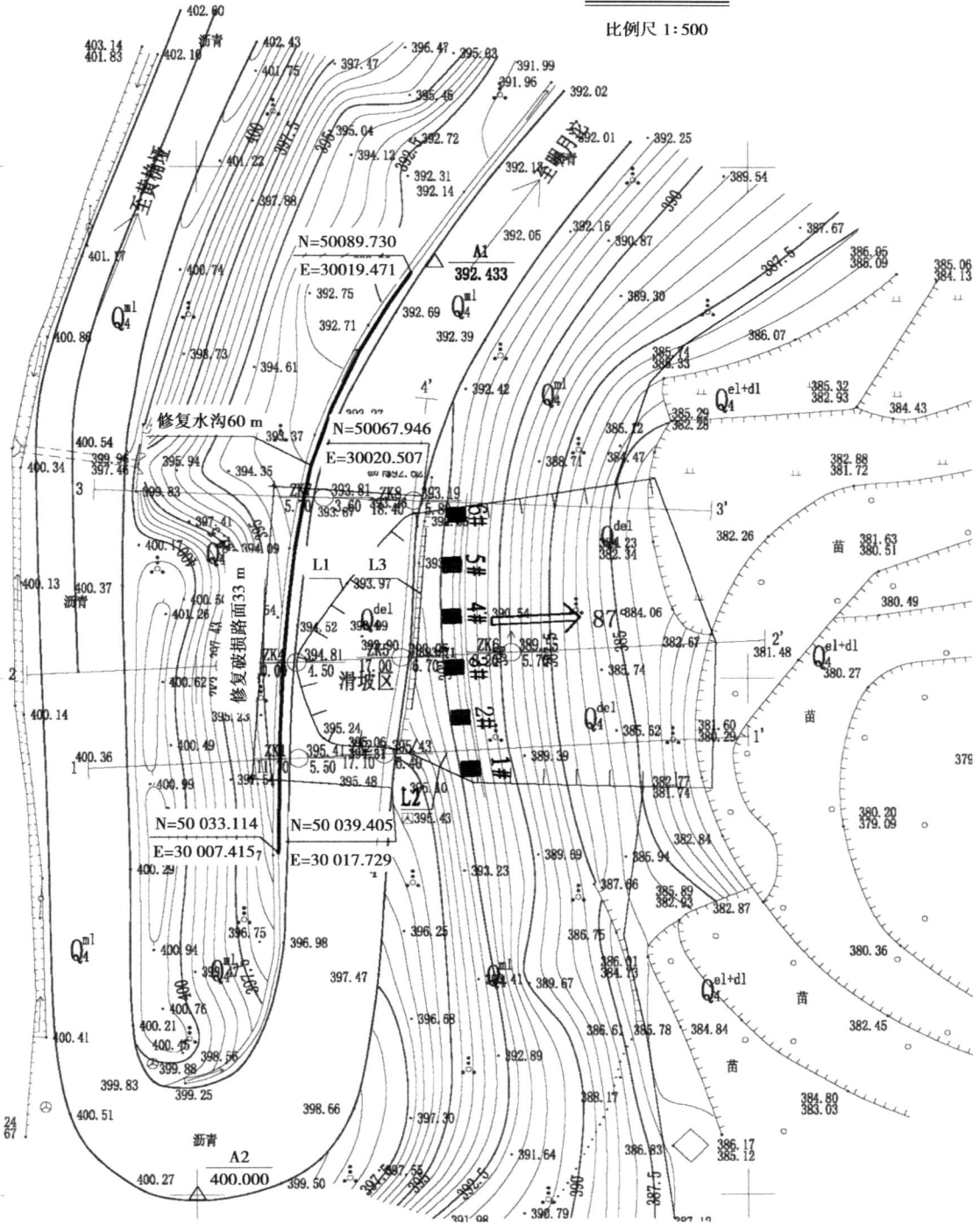

图 4.20　滑坡治理平面图

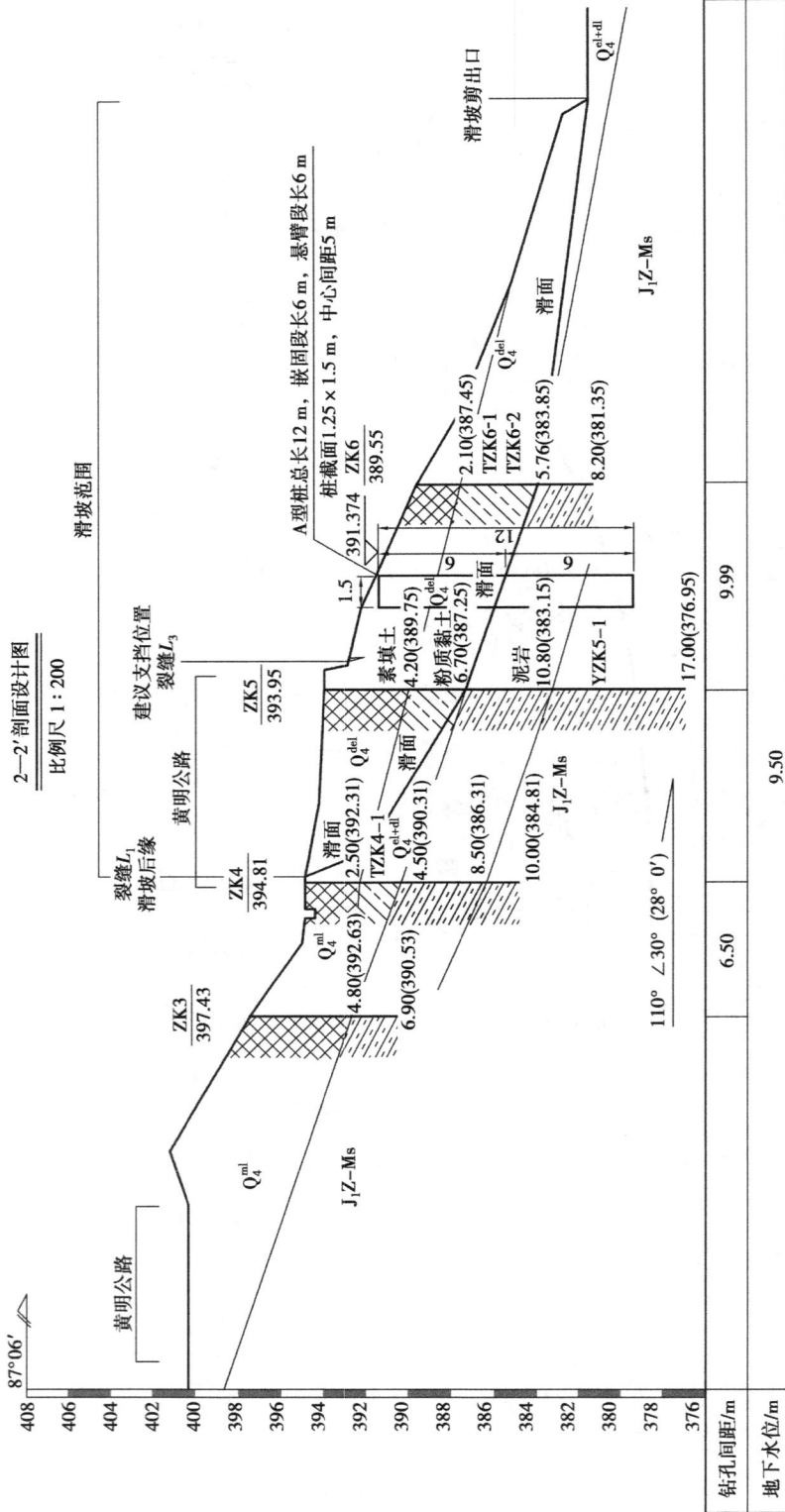

图4.21 滑坡治理剖面图

表4.6 滑面及岩土体物理参数

岩、土名称		岩石单轴抗压强度标准值/MPa		重度 /(kN·m⁻³)	岩土地基承载力/kPa特征值	抗剪强度参数		岩石水平抗力系数 /(MN·m⁻³)	岩石与砂浆黏结强度特征值 f_{rb} /kPa	基底摩擦系数 μ
		饱和	天然			c/kPa	ϕ/(°)			
素填土	天然	—	—	20.0*	—	8*	32*	—	—	—
	饱和	—	—	21.0*	—	5*	26*	—	—	—
粉质黏土内部	天然	—	—	19.7	200	23.2	12.1	—	—	—
	饱和	—	—	20.1		15.2	7.9	—	—	—
粉质黏土与基岩间	天然	—	—	20	—	15.3	7.8	—	—	—
	饱和	—	—	21	—	11.8	6.0	—	—	—
泥岩	强风化	—	—	—	300*	—	—	—	—	0.35
	中风化	6.5	10.1	25.0*	1 200	150*	32*	60	300	0.40

注:带"*"的为经验值。

（3）嵌固段岩土体值水平抗力系数选取

本项目桩位处,嵌固段主要为泥岩,泥岩的饱和抗压强度6.5 MPa,水平抗力系数取值为60 MN/m³。[与《铁路路基支挡结构设计规范》(TB 10025—2019)附录L.0.3见表(4-1)(岩质基础地基系数表)基本一致,参数取值合理]。

3)稳定性评价及剩余下滑力的计算

（1）稳定性评价计算模型

结合主滑剖面,对滑坡稳定性评价,并对支挡后桩顶剪出进行验算,如图4.22至图4.24所示。

（2）根据计算结果(表4.7),可得出如下结论

表4.7 滑坡主滑剖面现状稳定系数 F_p 计算成果

剖面	各工况下稳定系数	
	工况1	工况2
2—2′	1.391	0.92

评价标准:$F_p > F_s$,稳定;$1.05 < F_p \leqslant F_s$,基本稳定;$1.00 \leqslant F_p \leqslant 1.05$,欠稳定;$F_p < 1.00$,不稳定。$F_s$为稳定安全系数,$F_p$为现状稳定系数。

从表4.7中可以看出,滑坡区在天然状态(工况1)稳定系数为1.391,处于稳定状态;在饱水状态(工况2)稳定系数为0.92,处于不稳定状态。滑坡目前处于强变形阶段,滑坡一旦滑移,其后果将中断公路的运营,因此该滑坡须尽早治理。设计桩位处支挡力需200 kN/m,滑坡治理后暴雨工况稳定系数为1.11。

（3）稳定性计算结果(表4.8)

表4.8 滑坡主滑剖面稳定性计算成果

2—2剖面天然工况(考虑车辆荷载)

条块号	条块面积 水位线上 W_{i2}	滑面倾角	滑面长度	地表荷载	容重 天然	c_i	φ_i	条块重	传递系数	抗滑力	下滑力	累积抗滑力	累积下滑力	稳定系数	剩余下滑力	安全系数	设计剩余下滑力
1	1.72	66.62	3.20	25.39	20.00	8.00	32.00	34.470	0.680	40.44	54.95	40.44	54.95		14.51		22.75
2	36.27	30.40	9.13	157.56	19.92	23.20	12.10	722.349	0.952	374.61	445.33	402.11	482.70		80.59		152.99
3	25.33	18.80	4.24	80.20	19.87	15.30	7.80	503.276	1.000	140.47	187.99	523.27	647.51		124.24		221.37
4	35.83	18.80	6.32		19.84	15.30	7.80	710.734	0.937	188.81	228.99	712.09	876.51		164.42	1.15	295.89
5	53.20	7.24	18.80		19.75	23.20	12.10	1050.529		659.58	132.43	1326.66	953.54	1.391	−373.12		−230.09

2—2剖面饱和工况(不考虑车辆荷载)

条块号	条块面积 降雨下渗 W_{i3}	滑面倾角	滑面长度	地表荷载	容重 饱和	c_i	φ_i	条块重	传递系数	抗滑力	下滑力	累积抗滑力	累积下滑力	稳定系数	剩余下滑力	安全系数	设计剩余下滑力
1	1.72	66.62	3.20		21.00	5.00	26.00	36.193	0.725	23.00	33.22	23.00	33.22		10.22		13.54
2	36.27	30.40	9.13		20.76	15.20	7.90	752.706	0.958	228.92	380.95	245.59	405.03		159.44		199.94
3	25.33	18.80	4.24		20.61	11.80	6.00	522.056	1.000	101.93	168.20	337.30	556.38		219.08		274.72
4	35.83	18.80	6.32		20.51	11.80	6.00	734.828	0.952	147.65	236.76	484.96	793.14		308.18	1.10	387.49
5	53.20	7.24	18.80		20.24	15.20	7.90	1076.887		434.00	135.76	895.65	890.78	1.005	−4.87		84.21

2—2剖面饱和工况(考虑车辆荷载)

条块号	条块面积 降雨下渗 W_{i3}	滑面倾角	滑面长度	地表荷载	容重 饱和	c_i	φ_i	条块重	传递系数	抗滑力	下滑力	累积抗滑力	累积下滑力	稳定系数	剩余下滑力	安全系数	设计剩余下滑力
1	1.72	66.62	3.20	25.39	21.00	5.00	26.00	36.193	0.725	27.92	56.53	27.92	56.53		28.61		34.27
2	36.27	30.40	9.13	157.56	20.76	15.20	7.90	752.706	0.958	247.78	460.69	268.01	501.67		233.65		283.82
3	25.33	18.80	4.24	80.20	20.61	11.80	6.00	522.056	1.000	109.91	194.04	366.77	674.83		308.07		375.55
4	35.83	18.80	6.32		20.51	11.80	6.00	734.828	0.952	147.65	236.76	514.42	911.59		397.17	1.10	488.33
5	53.20	7.24	18.80		20.24	15.20	7.90	1076.887		434.00	135.76	923.70	1003.54	0.920	79.84		180.20

2—2 剖面支挡后饱和工况（考虑车辆荷载）

条块号	条块面积降雨下渗 W_{i3}	滑面倾角	滑面长度	地表荷载	容重 饱和	c_i	φ_i	条块重	传递系数	抗滑力	下滑力	累积抗滑力	累积下滑力	稳定系数	剩余下滑力	安全系数	设计剩余下滑力	支挡设计力
1	1.72	66.62	3.20	25.39	21.00	5.00	26.00	36.193	0.725	27.92	56.53	27.92	56.53		28.61		34.27	
2	36.27	30.40	9.13	157.56	20.76	15.20	7.90	752.706	0.958	247.78	460.69	268.01	501.67		233.65		283.82	
3	25.33	18.80	4.24	80.20	20.61	11.80	6.00	522.056	1.000	309.91	194.04	566.77	674.83		108.07	1.10	175.55	200.00
4	35.83	18.80	6.32		20.51	11.80	6.00	734.828	0.952	147.65	236.76	714.42	911.59		197.17		288.33	
5	53.20	7.24	18.80		20.24	15.20	7.90	1 076.887		434.00	135.76	1 114.09	1 003.54	1.110	-110.55		-10.19	

2—2 剖面支挡后饱和工况桩顶剪出验算（考虑车辆荷载）

条块号	条块面积降雨下渗 W_{i3}	滑面倾角	滑面长度	地表荷载	容重 饱和	c_i	φ_i	条块重	传递系数	抗滑力	下滑力	累积抗滑力	累积下滑力	稳定系数	剩余下滑力	安全系数	设计剩余下滑力
1	1.72	66.62	3.20	25.39	21.00	5.00	26.00	36.193	0.725	27.92	56.53	27.92	56.53		28.61		34.27
2	33.41	30.40	8.63	148.90	20.76	15.20	7.90	693.772	0.186	232.05	426.48	252.29	467.45		215.17	1.10	261.91
3	11.02	-41.05	2.82	42.61	20.80	15.20	7.90	229.237	1.000	71.38	-178.52	118.43	-91.35		-209.78		-218.91
4	4.97	-41.05	3.84		21.00	5.00	26.00	104.351		57.58	-68.53	176.02	-159.88	-1.101	-126.11		-132.97

注：①荷载取值：车辆荷载按《公路路基设计规范》（JTG D30—2015）附录 H.0.1 第 11 款选用。取 20 kN/m²，滑坡上若有房屋，房屋荷载参照重庆市地方标准《地质灾害防治治理工程设计规范》（DB 50/5029—2004）第 3.2.4.3 条，按照 15 kN/m² × 层数 × 房屋在剖面上的长度。

②天然工况和暴雨工况取值：天然工况取天然重度，天然状态残余抗剪值；饱和状态残余抗剪值。取值依据见《公路滑坡防治设计规范》（JTG/T 3334—2018）第 5.3.3 条。

③暴雨工况重度取值问题：从严格意义上讲，应将合土体渗透系数和降雨历时时长，计算饱和土体厚度，再计算滑面以上土体的总质量。但降雨历时时间可能不足，加之天然重度与饱和重度差距不大，精确计算操作困难。工程上一般可偏安全的采用滑面以上土体均按饱和重度考虑，这样的稳定系数略微偏低，支挡力略微偏大。

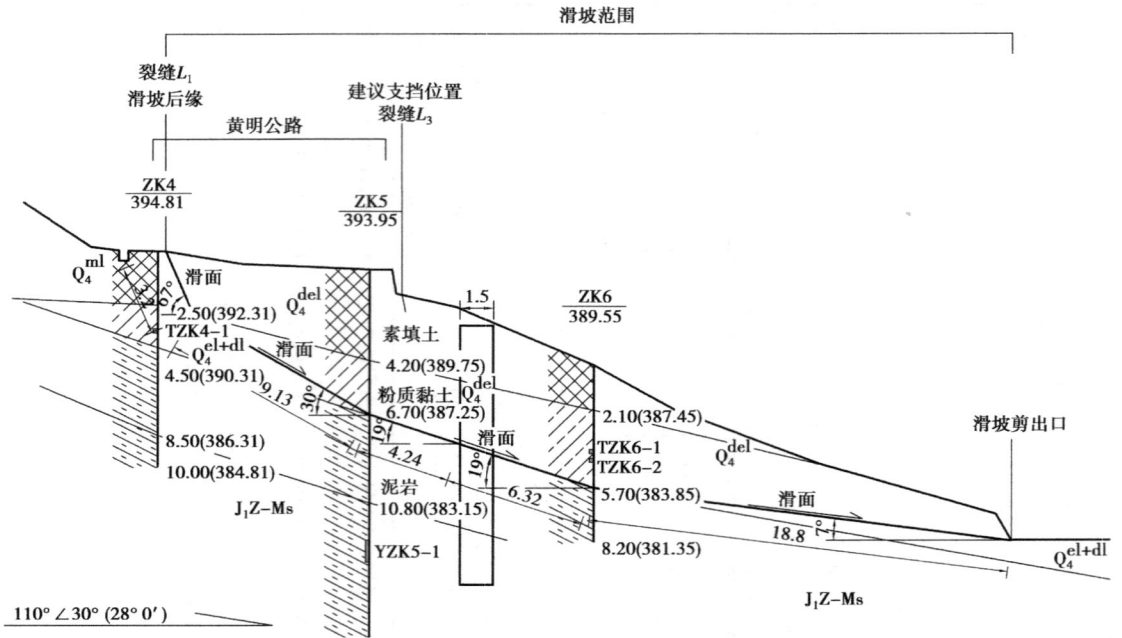

图4.22 桩位布置及剖面滑面形态(尺寸单位:m)

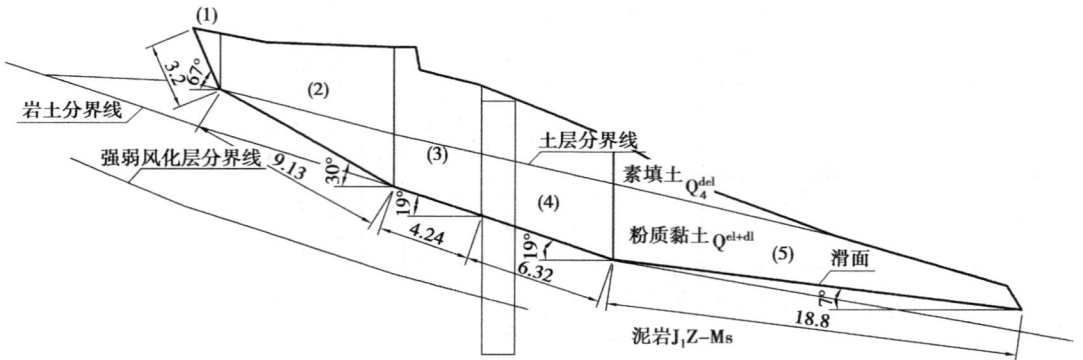

图4.23 滑坡稳定性评价条块划分图(尺寸单位:m)

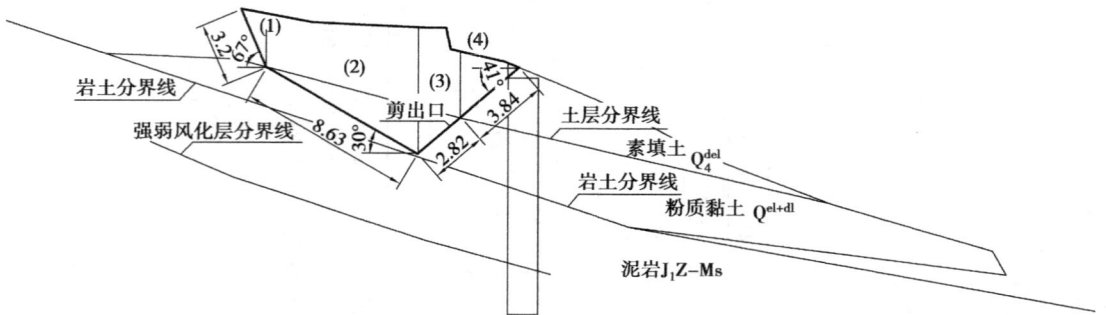

图4.24 支挡后桩顶剪出计算图

4）理正抗滑桩计算参数输入详解

（1）模块的选择

抗滑桩模块，可进行滑坡推力计算、抗滑桩、重力式抗滑挡土墙、桩板式抗滑挡土墙等结构设计，本项目采用抗滑桩设计，如图4.25所示。

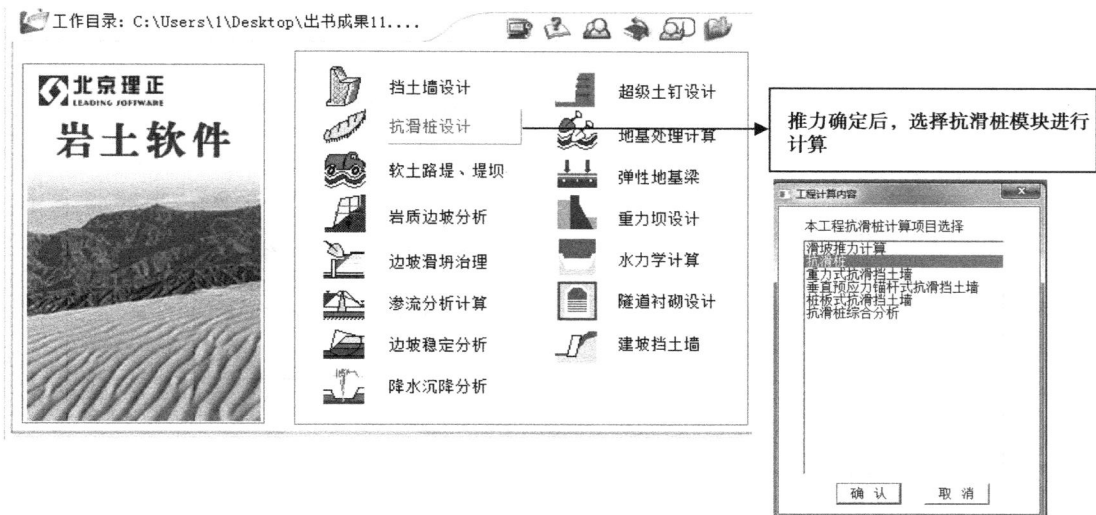

图4.25 抗滑桩设计模块的选择

（2）安全系数的输入

安全系数可根据《公路路基设计规范》（JTG D30—2015）及《公路抗震设计规范》（JTG B02—2013）设置，如图4.26所示。

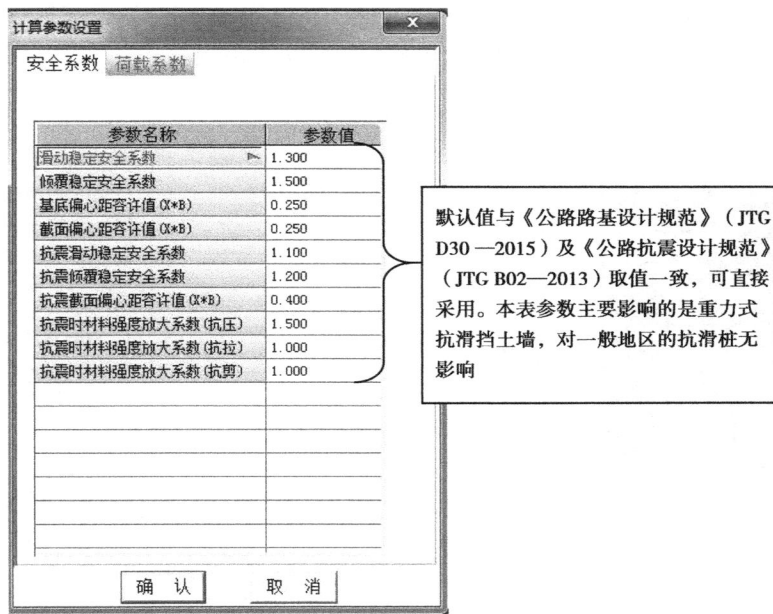

图4.26 抗滑桩设计安全系数的输入

（3）荷载系数的输入

荷载系数可根据《公路路基设计规范》（JTG D30—2015）附录 H 表 H.0.1-2（见表 2.11）土压力为永久荷载，滑坡推力为偶然荷载，按照表 H.0.1.5（见表 3.18）选用，如图 4.27 所示。

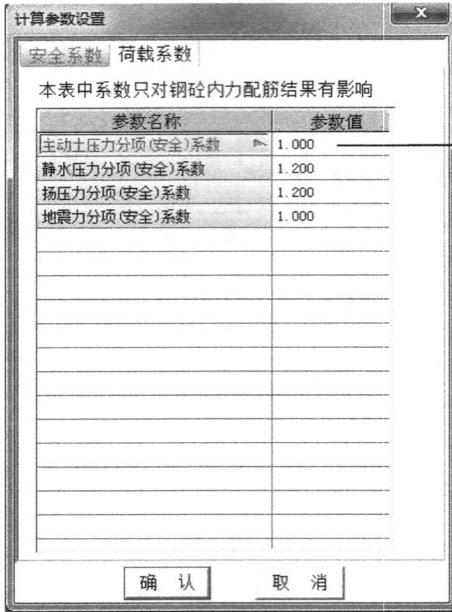

图 4.27　抗滑桩设计荷载系数的输入

（4）墙身尺寸的输入

抗滑桩可采用方桩或圆桩，滑动方向明确，在采用人工挖孔的情况下，一般采用方桩，滑坡推力不明确或不允许采用人工挖孔桩时，采用圆桩。总体而言，同等抗弯惯性矩条件下圆桩比方桩断面大，且配筋多，故圆桩要比方桩费用高，方桩设计如图 4.28 所示。

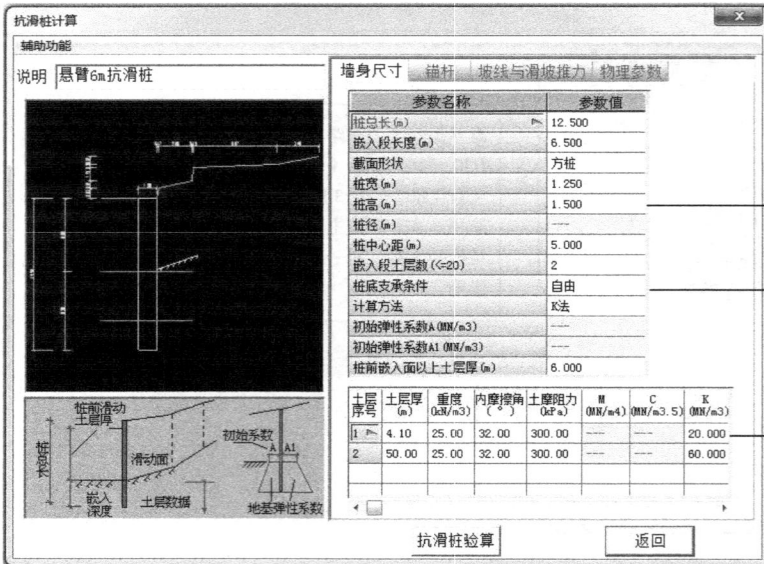

图 4.28　抗滑桩尺寸的输入

注意：由于力的分配是按刚度分配的，K 值或者 m 值越大(岩土体水平支承刚度越大)，就意味着岩土体侧向反力很大。虽然能有效约束桩的变形，减小桩顶和嵌固点的位移。但桩侧岩土体反力超标严重，轻则进入塑性变形，增加桩的变形量，重则岩土体嵌固段压溃，桩结构变形过大甚至倾覆。因此嵌固段土体的 K 值或者 m 值一定慎重，需按实际匹配，并验算嵌固段岩土体的承载力。

(5)坡线与滑坡推力的输入

坡线是主动土压力计算的边界条件，主要影响主动土压力的大小。滑坡推力采用折线滑动法计算确定。输入界面如图 4.29 至图 4.30 所示。

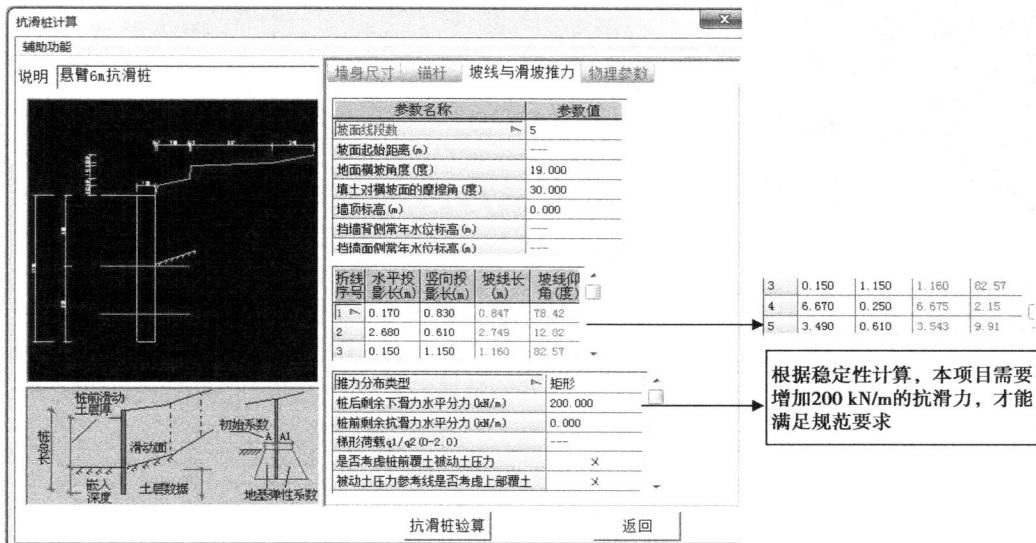

图 4.29　坡线与滑坡推力的输入

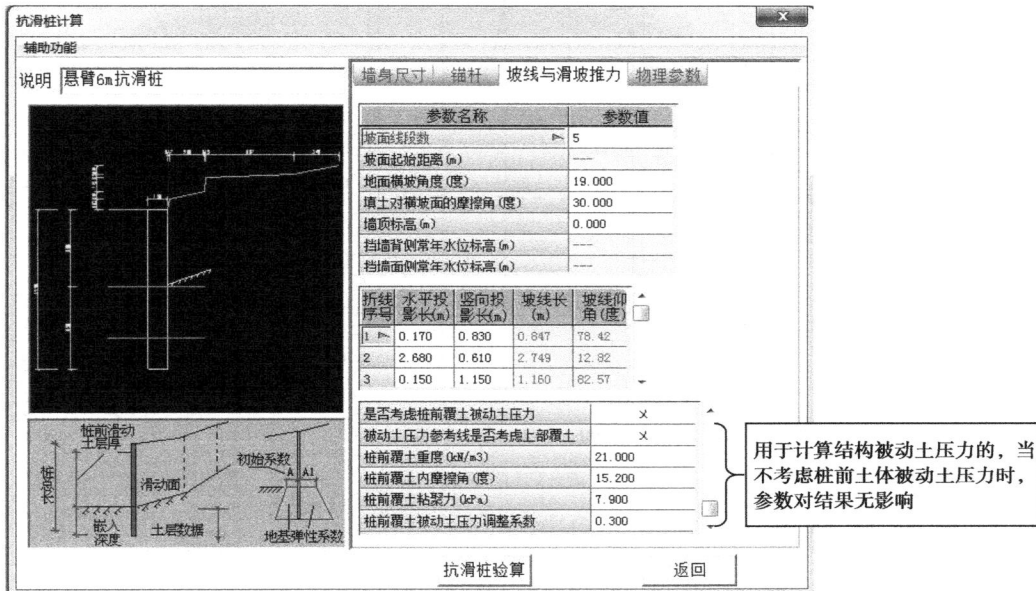

图 4.30　滑坡抗力参数的输入

（6）物理参数及配筋参数的输入

填土参数直接影响土压力的计算,此处土体一般采用滑体参数而不是滑带参数,界面如图4.31所示。

图4.31　滑坡土体物理参数及配筋参数的输入

（7）抗滑桩计算结果

抗滑桩计算结果如图4.32至图4.36所示,抗滑桩主要验算项目汇总表见表4.9。

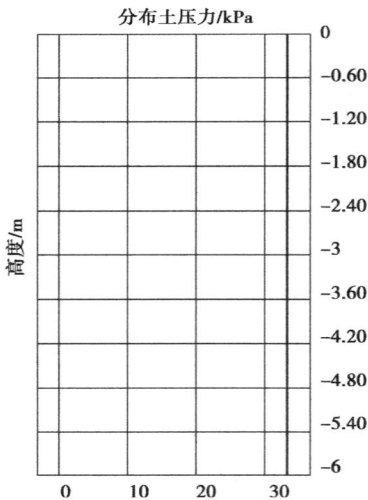

图4.32　抗滑桩悬臂段荷载分布图　　　图4.33　弯矩分布图　　　图4.34　剪力分布图

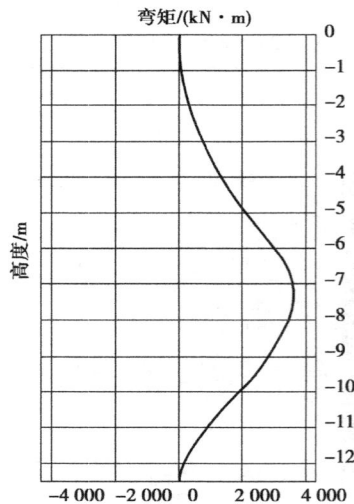

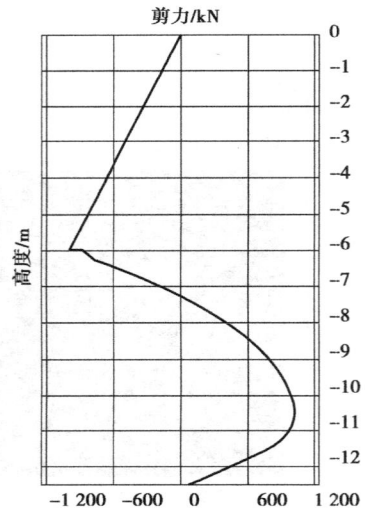

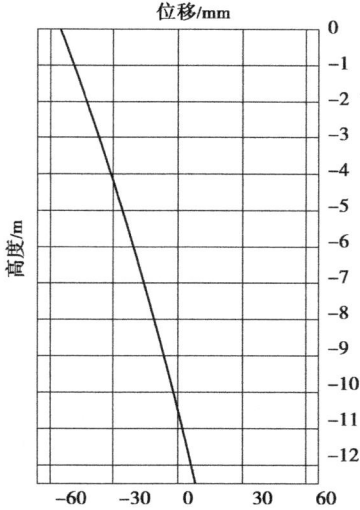

图 4.35　位移图

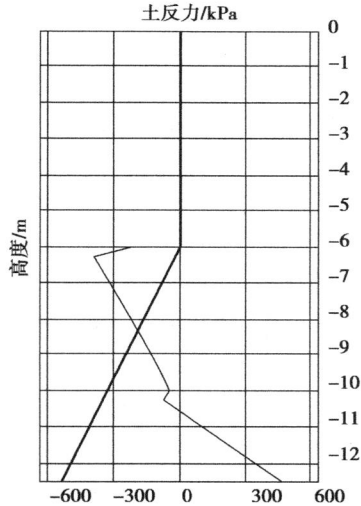

图 4.36　土反力图

表 4.9　抗滑桩计算结果汇总表

项目	结果	
	计算值	规范(经验)值
桩顶位移/mm	−54.93	10 cm 和 1/100 悬臂长度
嵌固点位移/mm	−20.72	30 mm
滑面下 $h_2/3$ 处土反力/kPa	216.248	$1/3 \times 0.3 \times 0.5 \times 6.5 \times 1\,000 = 325$ kPa
最大弯矩/(kN·m)	3 594.409	
最大剪力/kN	−1 000	
纵向钢筋最大配筋面积/mm²	7 674	

注：①桩顶位移 54.93 mm < 1/100 × 6 000 = 60 mm(且小于 10 cm)，桩顶位移满足要求。

②嵌固点位移 20.72 mm < 30 mm，嵌固点位移满足要求。

③滑面下 $h_2/3$ 处(6.5/3 = 2.167 m)，桩侧反力 216.248 kPa < 1/3 × 0.3 × 0.5 × 6.5 × 1 000 = 325 kPa(1/3 为强风化岩层与中风化岩层的经验系数)；滑面下 h_2 处(6.5 m)，桩侧反力 466.022 kPa < 0.3 × 0.5 × 6.5 × 1 000 = 975 kPa，嵌固段土反力满足要求。

　　综上所述，桩的计算位移和嵌固段土反力满足规范要求(在计算边界条件和岩土体参数合理的情况下，若不满足时，应调整桩长、桩径、桩间距等参数，使得以上参数满足要求)。

(8)配筋图成果

配筋图成果见附图 3。

139

注意:1. 附图 3 的桩纵筋合力点到外表面的实际距离 = 80 mm + 25/2 mm = 92.5 mm < 计算输入 120 mm,实际配筋比计算配筋更安全,满足设计要求(若出现桩纵筋合力点到外皮的实际距离 > 计算输入时,需把计算输入值调大,重新配筋);

2. 箍筋间距 200 mm,计算配筋面积为 318 mm^2,实际配筋面积为 402 mm^2,间距 200 mm,满足设计要求;

3. 钢筋面侧计算最大配筋面积为 3 750 mm^2(全截面相同,按构造配筋),实际配筋面积为 3 927.2 mm^2,满足设计要求;背侧配筋最大面积在距离桩顶 7.25 m 处,配筋面积为 7 674 mm^2,实际配筋面积为 7 854.4 mm^2,满足设计要求;桩顶下 4.37 m 处计算配筋面积为 3 750 mm^2,实际配筋面积为 4 909 mm^2,满足设计要求;桩顶下 4.37 m + 35 × 0.025 m = 5.245 m 处计算配筋面积 4 960 mm^2,实际配筋面积为 7 854.4 mm^2,满足设计要求;桩顶下 4.37 m + 6 m − 35 × 0.025 m = 9.495 m 处计算配筋面积 5 146 mm^2,实际配筋面积为 7 854.4 mm^2,满足设计要求;桩顶下 4.37 m + 6 m = 10.37 m 处计算配筋面积 3 750 mm^2,实际配筋面积为 4 909 mm^2,满足设计要求。综上,所有配筋均满足计算要求。

案例 3　护壁设计案例

1)项目概况

按照实例 2,人工挖孔桩断面 1.25 × 1.5 m,参照重庆市地方标准《地质灾害防治工程设计规范》(DB 55029—2004)规范 3.4.2.8,人工挖孔桩护壁所承受的土压力,从地面至以下 5 m 范围,按主动土压力算,5 m 以下各点土压力取 5 m 处的主动土压力值。

2)土体参数及土压力强度计算

土体虽有两种,为简化计算偏安全的考虑:土体重度取 21 kN/m^3,抗剪强度参数取 $c = 15.2$ kPa,$\varphi = 7.9°$。

地面下 5 m,主动土压力:采用朗金土压应力计算公式 $e_a = \left[21 \times 5 \times \tan^2\left(45° - \dfrac{7.9°}{2}\right) - 2 \times 15.2 \times \tan\left(45° - \dfrac{7.9°}{2}\right)\right]$ kPa $= 53.15$ kPa 考虑主动土压力分项系数 1.4,则护壁设计荷载为 $e_{a设} = 1.4 \times 53.15$ kPa $= 74.41$ kPa。

3)护壁结构计算

①结构尺寸拟订,参考类似项目经验,由于桩截面为 1.25 × 1.5 m,拟订 C20 钢筋混凝土护壁厚度 0.3 m,则框架中心应为 1.55 × 1.8 m(分别为 1.25 m + 0.15 × 2 m = 1.55 m;1.5 m + 0.15 × 2 m = 1.8 m)。

②根据《实用土木工程手册》(第三版)箱型刚架计算公式编辑表格计算护壁内力(与理正平面桁架计算结果一致),计算结果见表 4.10 和表 4.11。

表4.10 护壁内力计算成果

护壁截面		厚度/m	土的参数			主动土压力 K_a		土压力	当短边 b 受荷时弯矩计算			当长边 h 受荷时弯矩计算			叠加后		
b/m	h/m	厚度/m	c	φ	γ	K_a	计算深度	q	K	中点 M_b	端点	K	中点 M_h	端点	短边中点	端点	长边中点
1.25	1.5	0.3	15.2	7.9	21	0.758	5	74.41	1.16	15.5	−6.9	1.16	19.3	−10.8	4.7	−17.7	12.4

③根据《混凝土结构设计规范》(GB 50010—2010),纵向配筋与理正平面桁架计算结果一致,但箍筋配筋有差异,见本表后注。

表4.11 护壁(每延米)配筋计算成果

护壁截面/m		护壁厚度/m	截面有效高度/mm	C20强度值/MPa	HRB400抗拉设计强度/MPa	按一元二次方程求解受压区高度 X;再求需要的钢筋面积							计算配筋		设计采用	
															φ14钢筋根数	主筋间距	竖向每延米主筋间距	竖向每延米 φ14 钢筋根数
b	h	δ	h_0	f_c	f_y	b	c	$\sqrt{(b^2-4ac)}$	x_1	配筋校核	$\xi_b \times h_0$	Ag	n	t/mm	t/mm	n
1.25	1.5	0.3	270	9.2	330	540	3 845	526	7	<	143	201.2	4	313	313	4

注:①根据《公路钢筋混凝土及预应力混凝土桥涵设计规范》(JTG 3362—2018)第9.1.12条,受弯构件、偏心受拉构件及轴心受拉构件的一侧受拉钢筋的配筋百分率取 max{0.2%, $45f_{td}/f_{sd}$},即 max{0.2%, $45 \times 1.06/330$} = 0.2%,故最小配筋面积 = 0.2% × 1 000 mm × 300 mm = 600 mm²;

②根据《公路钢筋混凝土及预应力混凝土桥涵设计规范》(JTG 3362—2018)第5.2.12条,矩形、T形和I形截面的受弯构件,当符合下列条件时,可不进行斜截面抗剪承载力的验算,仅需按第9.3.12条构造要求配置箍筋,对不配置箍筋的板式受弯构件,下式右边计算值可乘以1.25提高系数。

$$\gamma_0 V_d \leq 0.50 \times 10^{-3} \alpha_2 f_t b h_0$$

上式符号:α_2——预应力提高系数,对钢筋混凝土受弯构件,$\alpha_2 = 1.0$;对预应力混凝土受弯构件,$\alpha_2 = 1.25$,但当由钢筋合力引起的截面弯矩与外弯矩的方向相同时,或允许出现裂缝的预应力混凝土受弯构件,取 $\alpha_2 = 1.0$;

f_t——混凝土轴心抗拉强度设计值,MPa;

b——截面宽度,mm;

h_0——自纵向受拉钢筋合力点至受压边缘的距离,mm,取斜截面所在范围内截面有效高度的最小值。

对于本项目而言:$\gamma_0 V_d = 67$ kN $\leq 0.50 \times 10^{-3} \alpha_2 f_t b h_0 = 0.5 \times 10^{-3} \times 1 \times 1.06 \times 1 000 \times 270$ kN $= 143.1$ kN,可以不配箍筋和弯起钢筋。

第 **5** 章
薄壁式挡土墙

5.1　薄壁式挡土墙概述

薄壁式挡土墙是钢筋混凝土结构,属轻型挡土墙,包括悬臂式和扶壁式两种形式。悬臂式挡土墙的一般形式如图 5.1 所示,它是由立壁(墙面板)和墙底板(包括墙趾板和墙踵板)组成,呈倒 T 形,具有 3 个悬臂,即立壁、墙趾板和墙踵板。

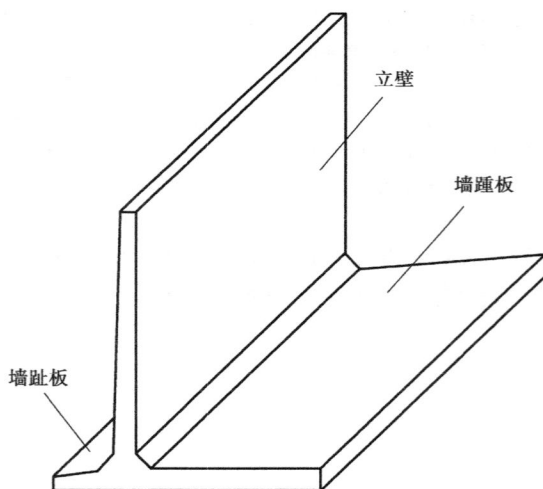

立壁

墙踵板

墙趾板

图 5.1　悬臂式挡土墙

当墙身较高时,在悬臂式挡土墙的基础上,沿墙长方向每隔一定距离加设扶肋,即为扶壁式挡土墙。扶壁式挡土墙由立壁(墙面板)、墙底板(包括墙趾板和墙踵板)及扶肋(扶壁)组成,如图 5.2 所示。扶肋把立壁与墙踵板连接起来,扶肋起加劲作用,以改善立壁和墙踵板的受力条件,提高结构的刚度和整体性,减小立壁的变形。扶壁式挡土墙宜整体浇筑,也可采用拼装,但拼装式扶壁挡土墙不宜在地质不良地段和地震烈度大于或等于 8 度的地区使用。

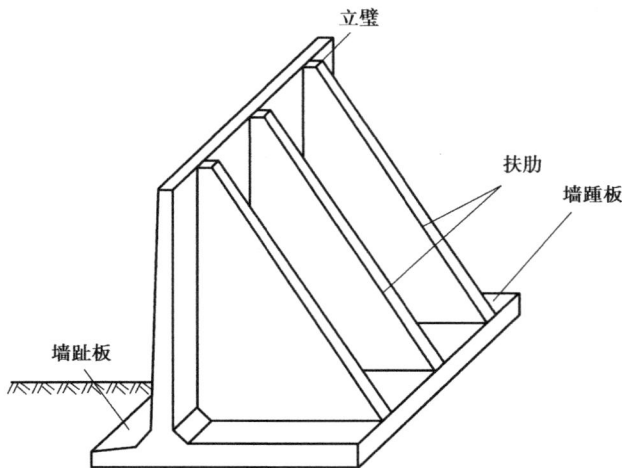

图 5.2　扶壁式挡土墙

　　《公路路基设计规范》(JTG D30—2015) 第 5.4.1 条规定:**悬臂式挡土墙墙高不宜超过5 m,扶壁式挡土墙墙高不宜超过 15 m**。薄壁式挡土墙的结构稳定性由墙踵板上方填土的重力和墙身自重来保证,而且墙趾板也显著地增大了抗倾覆稳定性,并大大减小了基底应力。它们的主要特点:墙身断面较小,自身重力小,可以较好地发挥材料的强度性能,能适应承载力较低的地基(地基承载力按照 $\sigma \approx \gamma \times (H+1)$ 进行估算,γ 为填料重度,H 为挡土墙高度)。但是需耗用一定数量的钢材和水泥,特别是墙高较大时,钢材用量急剧增加,影响其经济性能。它们适用于缺乏石料及地震地区,由于墙踵板的施工条件限制,**一般用于地基承载力较低的填方路段作路肩墙或路堤墙使用**。

5.2　薄壁式挡土墙土压力计算

　　薄壁式挡土墙土压力主要有两种计算方法:一种是采用库仑土压力理论,另一种是采用朗金土压力理论,但由于朗金土压力理论要求墙后地面线为一条直线,不能解决折线和复杂荷载及边界条件的土压力计算。因此公路的薄壁式挡土墙土压力主要采用库仑土压力理论进行计算。建筑行业可采用朗金土压力理论近似计算。

5.2.1　库仑土压力法

　　薄壁式挡土墙土压力一般采用库仑土压力理论计算,特别是填土表面为折线或有局部荷载作用时。由于假想墙背 AC 的倾角较大,当墙身向外移动,土体达到主动极限平衡状态时,往往会产生第二破裂面 DC,如图 5.3 所示。若不出现第二破裂面,则按一般库仑理论计算作用于假想墙背 AC 上的土压力 E_a,此时墙背摩擦角 $\delta = \varphi$。若出现第二破裂面,则应按第二破裂面法来计算土压力 E_a。

　　立壁设计计算时,应以立壁的实际墙背为计算墙背进行土压力计算,并假定立壁与填料间

的摩擦角 $\delta = 0°$。当验算地基承载力、稳定性、墙底板(墙趾板和墙踵板)截面内力时,以假想墙背 AC(或第二破裂面 DC)为计算墙背来计算土压力。将计算墙背与实际墙背间的土体质量作为计算墙体的一部分。

有关土压力计算详见第 2 章。

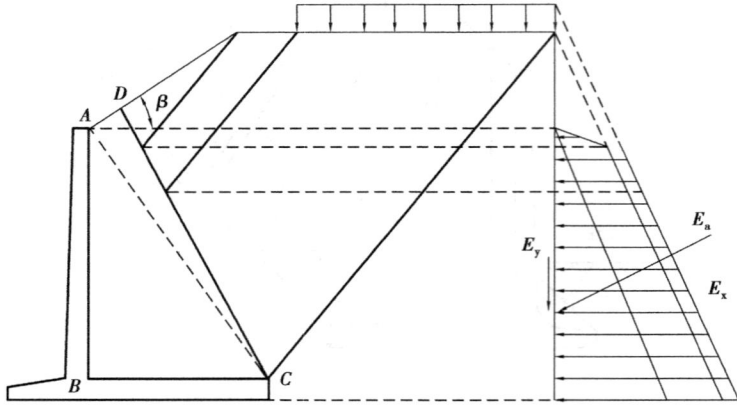

图 5.3 库仑土压力法

5.2.2 朗金土压力法

填土表面为一平面或其上有均布荷载作用时,也可采用朗金土压力理论来计算土压力,如图 5.4 所示。按朗金理论计算的土压力作用于通过墙踵的竖直面 AC 上,在立壁和墙踵板设计时,应将 E_a 分成两部分:一是作用于竖直面 AB 上的土压力 E_{H_1};二是作用于竖直面 BC 上的土压为 E_{B_3}。E_a,E_{H_1} 和 E_{B_3} 方向平行于填土表面,其大小以及对墙踵 C 点的力臂按下列公式计算:

$$E_a = \frac{1}{2}\gamma H' K_a(H' + 2h_0) \tag{5.1}$$

$$E_{H_1} = \frac{1}{2}\gamma H_1 K_a(H_1 + 2h_0) \tag{5.2}$$

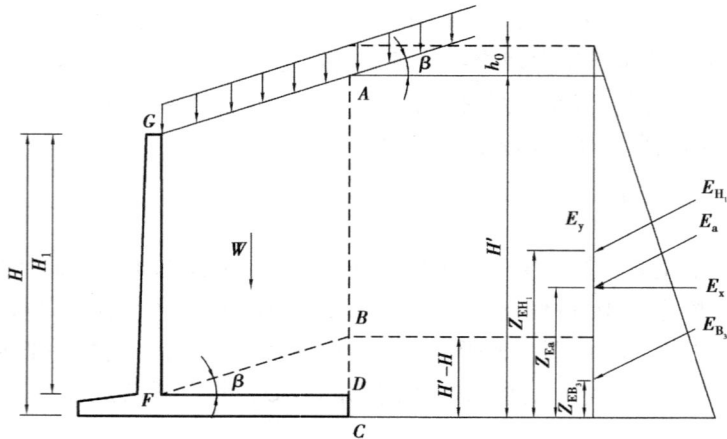

图 5.4 朗金土压力法

$$E_{B_3} = \frac{1}{2}\gamma(H' - H_1)K_a(H' + H_1 + 2h_0) \tag{5.3}$$

$$Z_{E_a} = \frac{(3h_0 + H')H'}{3(2h_0 + H')} \tag{5.4}$$

$$Z_{E_{H_1}} = \frac{(3h_0 + H_1)H_1}{3(2h_0 + H_1)} \tag{5.5}$$

$$Z_{E_{B_3}} = \frac{(3h_0 + 2H_1 + H')(H' - H_1)}{3(2h_0 + H_1 + H')} \tag{5.6}$$

式中　K_a——朗金主动土压力系数；

　　　γ——填土的重度，kN/m^3。

立壁与墙踵竖直面 AD 的填土重力 W 作用在墙踵板上。为简化计算车辆荷载可按整个路基范围分布来考虑。

5.3　悬臂式挡土墙设计

悬臂式挡土墙设计包括墙身构造设计、墙身截面尺寸拟定、结构稳定性、基底应力验算及墙身配筋计算、裂缝宽度验算等。

5.3.1　墙身构造设计

1）分段

《公路路基设计规范》（JTG D30—2015）第 5.4.7 条规定：悬臂式挡土墙分段长度不宜超过 **20 m**。一般 10 ~ 15 m 设置一段，在地质（或地基承载力）突变的地方也应分段。

2）立壁

《公路路基设计规范》（JTG D30—2015）第 5.4.7 条规定：**立壁顶宽度不应小于 0.2 m**。当挡土墙高度不大时立壁可做成等厚度。当墙较高时，宜在立壁下部将截面加宽。为便于施工，立壁（图 5.5）内侧（即墙背）做成竖直面，外侧（即墙面）一般不做成直立，以避免挡土墙变形、施工误差地基沉降等，造成立壁前倾。其坡度一般为 1:0.02 ~ 1:0.05，具体坡度值应根据立壁的强度和刚度要求确定。挡土墙较高时在立壁的根部可加腋（倒角）处理，以减小应力，避免开裂。

3）墙底板

《公路路基设计规范》（JTG D30—2015）第 **5.4.7条**规定：**底板厚度不应小于 0.3 m**。墙底板（图 5.5）为方便施工，一般水平设置。墙趾板的顶面一般从与立壁连接处向趾端倾斜。墙踵板顶面水平，但也可做成向踵端倾斜。墙踵板宽度由全墙抗滑稳定性和基底应力确定，并具有一定的刚度，其值一般为墙高的 1/4 ~ 1/2，且不应小于 50 cm。墙趾板的宽度应根据全墙的抗倾覆稳定、基底应力（即地基承载

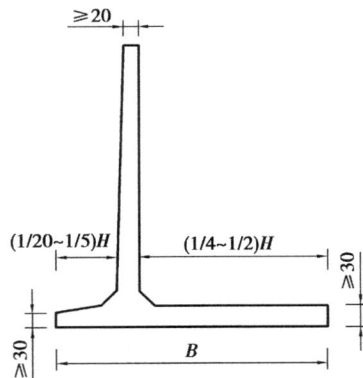

图 5.5　悬臂式挡土墙构造（尺寸单位:cm）

力)和偏心距等条件来确定,一般可取墙高的 $1/20 \sim 1/5$。墙底板的总宽度 B 一般为墙高的 $0.5 \sim 0.7$ 倍。当墙后地下水位较高,且地基为承载力很小的软弱地基时,B 值可增大到一倍墙高或者更大。

4)钢筋、混凝土及保护层

《公路路基设计规范》(JTG D30—2015)第 5.4.7 条规定:受力钢筋的直径不应小于 **12 mm**。悬臂式挡土墙的混凝土强度宜采用 C30 混凝土,钢筋可选用 HPB300 热轧光圆钢筋和 HRB400 热轧带肋钢筋。

主筋按照《公路钢筋混凝土及预应力混凝土桥涵设计规范》(JTG 3362—2018)第 9.3.3 条规定:板内主筋间距不应大于 **200 mm**。各主钢筋间横向净距和层与层之间的竖向净距,当钢筋为 3 层及以下时,不应小于 **30 mm**,并不小于钢筋直径;当钢筋为 3 层以上时,不应小于 **40 mm**,并不小于钢筋直径的 **1.25** 倍。对于束筋,此处直径采用等代直径。

束筋按照《公路钢筋混凝土及预应力混凝土桥涵设计规范》(JTG 3362—2018)第 9.1.3 条规定:组成束筋的单根钢筋直径不应大于 36 mm。组成束筋的单根钢筋根数,当其直径不大于 28 mm 时不应多于 3 根,当其直径大于 28 mm 时应为两根。束筋成束后的等代直径为 $d_e = \sqrt{n}d$,其中,n 为组成束筋的钢筋根数,d 为单根钢筋直径。

墙趾板上缘、墙踵板下缘、挡土墙外侧墙面应配置分布钢筋,**分布钢筋按照《公路钢筋混凝土及预应力混凝土桥涵设计规范》(JTG 3362—2018)第 9.2.4 条规定:直径不应小于 8 mm,每延米墙长每米墙高需配置的钢筋总面积不宜小于板截面积的 0.1%,钢筋间距不应大于 200 mm**。

钢筋混凝土的保护层厚度 a 按照《公路钢筋混凝土及预应力混凝土桥涵设计规范》(JTG 3362—2018)第 4.5.2 条确定环境使用类别,按 9.1.1 条选用:一般情况下在立壁的外侧 $a \geqslant 35$ mm、内侧受力钢筋 $\geqslant 50$ mm,墙踵板受力钢筋 $a \geqslant 50$ mm、墙趾板受力钢筋 $a \geqslant 50$ mm。

5.3.2　墙身截面尺寸拟订

1)墙底板宽度

悬臂式挡土墙的整体稳定性通常取决于墙底板的宽度,增大墙底板宽度,可取提高挡土墙的抗滑稳定性和抗倾覆稳定性,减小基底应力。墙底板的宽度 B 可分为 3 个部分:墙趾板宽度 B_1、立壁底部宽度 B_2 和墙踵板宽度 B_3,即 $B = B_1 + B_2 + B_3$,如图 5.6 所示。

(1)墙踵板宽度 B_3,主要由抗滑移性确定

挡土墙的抗滑稳定性是指在土压力和其他外荷载的作用下,基底摩擦阻力抵抗挡土墙抗滑移的能力(即作用于挡土墙的抗滑力与实际下滑力之比),用抗滑稳定系数 K_c 表示,如图 5.7 所示,一般情况下:

$$K_c = \frac{\mu \sum N + E_p'}{E_x} \tag{5.7}$$

$$\sum N = G + W_1 + W_2 + E_y \tag{5.8}$$

式中　$\sum N$ ——作用于基底的竖向力的代数和,kN,即挡土墙自重 G、墙趾板上填土 W_1(墙踵板上填土 W_2、墙背主动土压力的竖向分力 E_y,包括车辆荷载引起的土压力),《公路路基设计规范》(JTG D30—2015)附录 H.0.4 计算挡土墙整体稳

定和墙面板时,可不计墙前土的作用,即 W_1, E_p 取 0;

E_x——墙背主动土压力(包括车辆荷载引起的土压力)的水平分力,kN;

E'_p——墙前被动土压力水平分量的 0.3 倍,kN(由于被动土压力产生的条件是墙体发生较大的水平位移,在挡土墙结构设计中是不允许的,故应按规范进行折减,按墙前被动土压力水平分量的 0.3 倍计入,接近静止土压力);

μ——基底摩擦因数,可按表 3.3 取用。

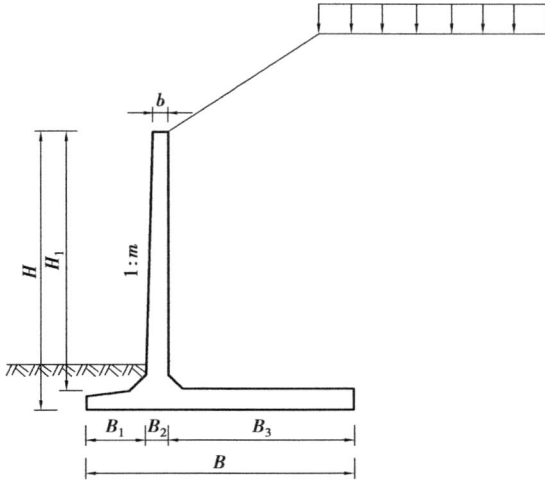

图 5.6　墙踵板宽度计算图示

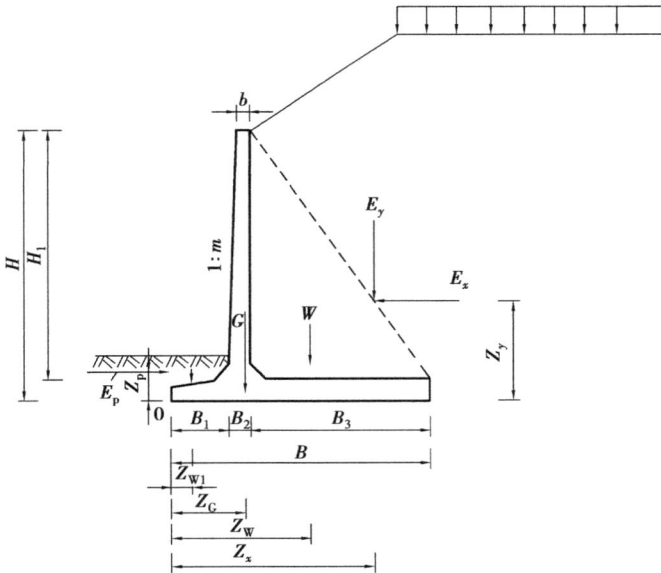

图 5.7　悬臂式挡土墙抗滑移、抗倾覆稳定性计算图示

抗滑稳定系数 K_c,按照《公路路基设计规范》(JTG D30—2015)附录 H、表 H. 0.2-2 中的要求,各种荷载组合抗滑移安全系数满足表 3.4 要求。当设计墙高大于 12 时,应适当加大 K_c 值,以保证挡土墙的抗滑稳定性。

（2）墙趾板宽度 B_1，受抗倾覆稳定性、基底应力及偏心距控制

墙趾板宽度 B_1，除了受抗倾覆稳定性控制外，一般都由基底应力及偏心距控制。当基础为土质地基，偏心 $|e| \leqslant \dfrac{B}{6}$ 时，以避免基底产生拉应力（图5.8）。

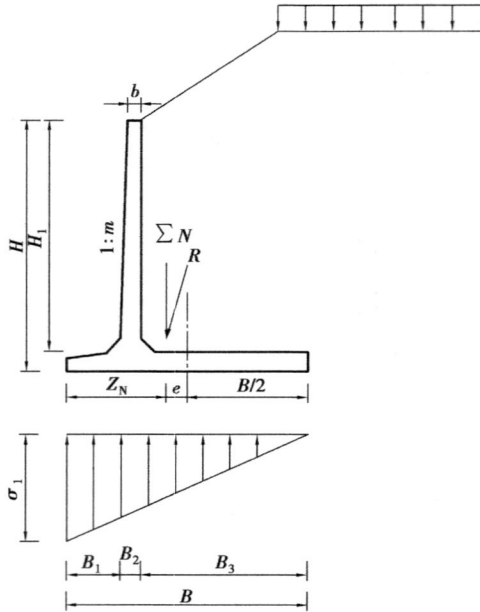

图5.8　悬臂式挡土墙墙趾板宽度计算图示

令偏心 $|e| \leqslant \dfrac{B}{6}$，则

$$Z_N = \frac{B}{3} = \frac{\sum M_y - \sum M_0}{\sum N} \tag{5.9}$$

基底两边缘点，即趾部和踵部的法向压应力 σ_1，σ_2 为：

$$\frac{\sigma_1}{\sigma_2} = \frac{\sum N}{A} \pm \frac{\sum M}{W} = \frac{G + W_1 + W + E_y}{B}\left(1 \pm \frac{6e}{B}\right) \tag{5.10}$$

当基础为岩质地基，$B/6 \leqslant |e| \leqslant B/4$ 时，基底两边缘点，即趾部 σ_1 和踵部的法向压应力 $\sigma_2 = 0$ kPa。

$$\sigma_1 = \frac{2\sum N}{3al} = \frac{2(G + W_1 + W + E_y)}{3a}\left(\text{其中 } a = \frac{B}{2} - e\right) \tag{5.11}$$

式中　$\sum M$——各力对中性轴的力矩之和，kN·m，$\sum M = \sum N \cdot e$；

　　　　W——基底截面模量，m³，对1m长的挡土墙，$W = B^2/6$；

　　　　A——基底面积，m²，对1m长的挡土墙，$A = B$；

　　　　l——基础纵向长度，一般取1m进行计算。

如果按 $B = B_1 + B_2 + B_3$ 计算出来的基底应力 σ 或偏心距 e 不能满足要求时，可加宽应力超标侧基础，使其满足要求。如果地基承载力较低，致使计算的墙趾板过宽，可适当增大墙踵板的宽度。

2）立壁和墙底板厚度

立壁和墙底板厚度除满足墙身构造要求外，主要取决于截面强度要求。分别按照内力（弯矩和剪力）进行配筋验算，根据抗弯承载力、抗剪承载力及裂缝宽度控制要求计算其厚度。

（1）根据弯矩按单侧配筋筋截面计算有效厚度 h_0

若采用**单侧配筋的受弯构件**的极限承载能力 M_u，受压区计算最大高度 $x = \varepsilon_b h_0$，《公路钢筋混凝土及预应力混凝土桥涵设计规范》（JTG 3362—2018）第 5.2.2 条，按式（5.13）计算，如图 5.9 所示。

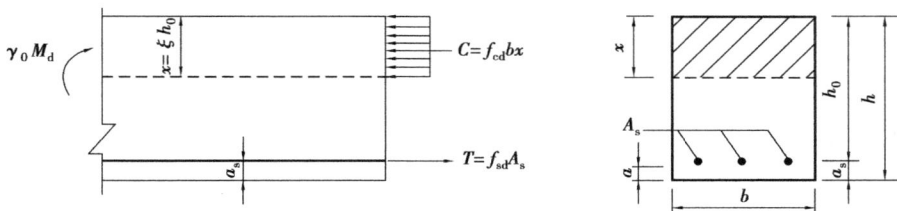

图 5.9 单筋矩形截面受弯构件正截面承载力计算图示

$$\gamma_0 M_d \leqslant M_u = f_{cd} b h_0^2 \zeta_b (1 - 0.5\zeta_b) \tag{5.12}$$

$$h_0 \geqslant \sqrt{\frac{\gamma_0 M_d}{f_{cd} b \zeta_b (1 - 0.5\zeta_b)}} \tag{5.13}$$

式中 M_u——设计截面抗弯承载力，kN·m；

M_d——设计截面弯矩组合设计值，kN·m；

γ_0——结构的重要性系数；

f_{cd}——混凝土轴心抗压强度设计值，kPa；

ζ_b——相对界限受压区高度，《公路钢筋混凝土及预应力混凝土桥涵设计规范》（JTG 3362—2018）表 5.2.1（表 5.1）；

h_0——截面有效高度（$h_0 = h_s - \alpha_s$）；

h_s——截面高度，m；

α_s——纵向受拉钢筋全部截面的重心至受拉边缘的距离，m，a 为混凝土的保护层厚度，m；

b——截面宽度，m。

表 5.1 相对界限受压区高度 ζ_b

钢筋种类	混凝土强度等级			
	C50 及以下	C55，C60	C65，C70	C75，C80
HPB300	0.58	0.56	0.54	—
HRB400，HRBF400，RRB400	0.53	0.51	0.49	—
HRB500	0.49	0.47	0.45	—
钢绞线、钢丝	0.40	0.38	0.36	0.35
预应力螺纹钢筋	0.40	0.38	0.36	—

注：①截面受拉区内配置不同种类钢筋的受弯构件，其 ζ_b 值应选用相应于各种钢筋的较小者。

②$\zeta_b = x_b / h_0$，x_b 为纵向受拉钢筋和受压混凝土同时达到各自强度设计值时的受压区矩形应力图高度。

（2）根据剪力按构造配箍筋条件计算有效厚度 h_0

《公路钢筋混凝土及预应力混凝土桥涵设计规范》（JTG 3362—2018）第 5.2.12 条：矩形、T 形和 I 形截面的受弯构件，当符合下列条件时，可不进行斜截面抗剪承载力的验算，仅需按第 9.3.12 条构造要求配置箍筋。

$$\gamma_0 V_d \leqslant 0.50 \times 10^{-3} \alpha_2 f_{td} b h_0 \tag{5.14}$$

可不进行斜截面抗剪承载力的验算，仅需按照构造要求进行配置箍筋。对于板式受弯构件，式（5.14）右边计算值可乘以 1.25 的提高系数。

对于梁结构，按构造配筋厚度 h_0 计算：

$$h_0 = \frac{\gamma_0 V_d}{0.50 \times 10^{-3} \alpha_2 f_{td} b} \tag{5.15}$$

对于板结构，按构造配筋厚度 h_0 计算：

$$h_0 = \frac{\gamma_0 V_d}{0.625 \times 10^{-3} \alpha_2 f_{td} b} \tag{5.16}$$

式中　V_d——由荷载效应产生的剪力设计值，kN；

　　　　γ_0——结构重要性系数；

　　　　α_2——预应力提高系数，对钢筋混凝土受弯构件，$\alpha_2 = 1.0$；

　　　　h_0——有效高度，mm；

　　　　b——矩形截面宽度，或 T 形的腹板宽度，mm；

　　　　f_{td}——混凝土抗拉强度设计值，MPa。

（3）受弯构件截面配筋率 ρ 计算

截面上配置钢筋的多少，通长采用配筋率来衡量。所谓配筋率，是指截面配置的钢筋截面面积与规定的混凝土截面面积的比值（化为百分数表达）。对于矩形截面和 T 形截面（截面见图 5.9），其受拉钢筋的配筋率 ρ 表示为：

$$\rho = \frac{A_s}{b h_0} \times 100\% \tag{5.17}$$

式中　A_s——截面纵向受拉钢筋全部截面面积，mm^2；

　　　　b——矩形截面宽度或 T 形的腹板宽度，mm；

　　　　h_0——截面有效高度（$h_0 = h - \alpha_s$），这里 h 为截面高度，mm，

　　　　α_s——纵向受拉钢筋全部截面的重心至受拉边缘的距离，mm。

（4）箍筋的类型及箍筋配筋率 ρ_{sv} 计算

箍筋除帮助混凝土抗剪外，在构造上起着固定纵向钢筋位置的作用，并与纵向钢筋、架立钢筋等组成骨架，因此无论计算上是否需要，梁类应设箍筋。梁内采用的箍筋形式如图 5.10 所示。

《公路钢筋混凝土及预应力混凝土桥涵设计规范》（JTG 3362—2018）第 9.3.12 条：钢筋混凝土梁中应设置直径不小于 8 mm 且不小于 1/4 主钢筋直径的箍筋，其配筋率 ρ_{sv}，HPB300 钢筋不应小于 0.14%，HRB400 钢筋不应小于 0.11%。箍筋间距不应大于梁高的 1/2 且不大于 400 mm。

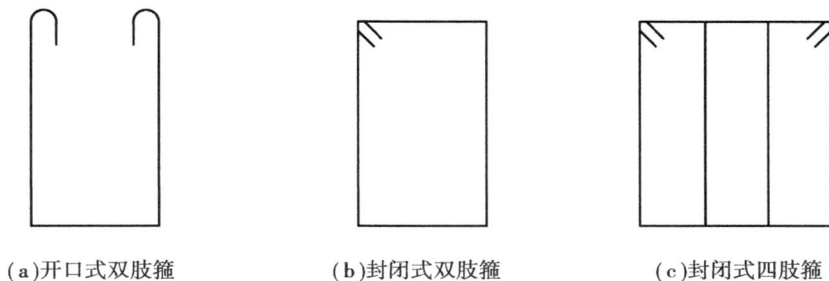

（a）开口式双肢箍　　　　（b）封闭式双肢箍　　　　（c）封闭式四肢箍

图 5.10　箍筋的形式

箍筋用量一般用箍筋配筋率 ρ_{sv} 表示，即

$$\rho_{sv} = \frac{A_{sv}}{bS_v} \times 100\% \tag{5.18}$$

式中　A_{sv}——斜截面内配置在沿梁长方向一个箍筋间距 S_v 范围内的箍筋各肢总截面积，mm^2；

b——矩形截面宽度，或 T 形的腹板宽度，mm；

S_v——沿梁长度方向箍筋的间距。

5.3.3　挡土墙抗倾覆稳定系数 K_0

挡土墙的抗倾覆稳定性是指它抵抗墙身绕墙趾向外转动倾覆的能力，用抗倾覆稳定系数 K_0 表示，即对墙趾的稳定力矩之和 $\sum M_y$ 与倾覆力矩之和 $\sum M_0$ 的比值，如图 5.7 所示。

$$k_0 = \frac{\sum M_y}{\sum M_0} = \frac{E_p' Z_p + W_1 Z_{W_1} + G Z_G + W Z_W + E_y Z_x}{E_x Z_y} \tag{5.19}$$

式中　$\sum M_y$——各荷载对墙趾 O 点的稳定力矩之和，kN·m；

$\sum M_0$——各荷载对墙趾 O 点的倾覆力矩之和，kN·m；

$Z_p, Z_{W_1}, Z_G, Z_W, Z_x, Z_y$——相应各力对墙趾 O 点的力臂，m。

抗倾覆稳定系数满足《公路路基设计规范》（JTG D30—2015）附录 H、表 H.0.2-2 中要求（表 3.5）。但墙高大于 12 ~ 15 m 时，应适当加大 K_0 值，以保证挡土墙的抗倾覆稳定性。

5.3.4　墙身内力计算

为便于计算复杂边界条件下的土压力，理正岩土计算 6.5 版本，采用库仑土压力理论，不考虑假想墙背与立壁板之间土的摩擦作用，得到计算土压力，并得到水平土压力的分布图形，利用其分布图形，计算相应的剪力及弯矩。

墙身截面验算时，一般选取以下截面作为控制截面：

①对立壁，选底部、2/3 立壁高与 1/3 立壁高度处 3 个截面。

②对墙踵板，选根部与 1/2 墙踵板宽度处两个截面。

③对墙趾板，选根部与 1/2 墙趾板宽度处两个截面。

1）立壁板

根据水平土压力分布图形（图 5.11），可以计算任一点 h_i（h_i 为计算点到立壁板的顶面的距离)处的剪力及弯矩(取单位宽度计算)。

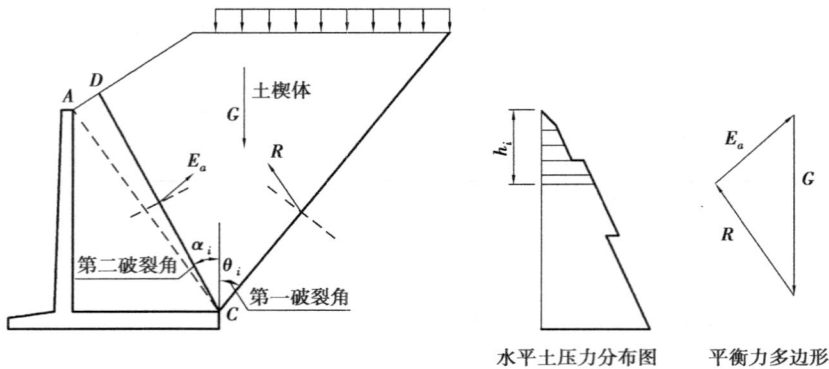

图 5.11　立壁板计算图示

(1)剪力 V_i

剪力 V_i 等于水平土压力分布图形中阴影的面积:

$$V_i = K_1 A_{pi} \qquad (5.20)$$

(2)弯矩 M_i

弯矩 M_i 等于水平土压力分布图形中阴影的面积对计算 h_i 点的面积矩:

$$M_i = K_1 A_{pi} h_{si} \qquad (5.21)$$

式中　V_i——距肋顶点距离为 h_i 处的剪力,kN;

　　　A_{pi}——距肋顶点距离为 h_i 处以上水平分布土压力的面积(单位宽度),kN;

　　　M_i——距肋顶点距离为 h_i 处的弯矩,kN·m;

　　　h_{si}——距肋顶点距离为 h_i 处以上水平分布土压力的面积的形心到肋弯矩计算点的距离,m;

　　　K_1——土压力荷载分项系数,按照《公路路基设计规范》(JTG D30—2015)附录 H、表 H.0.1-5(表 3.18)选取,取 1.4。

注意:立壁板加腋时,对加腋截面不做控制截面验算。

2)墙趾板

根据土压力的计算结果,得到底板的地基反力分布,如图 5.12 所示。

计算距离墙趾趾端 B_{1x} 处的剪力及弯矩时(取单位宽度计算),计算方法如下:

(1)剪力

$$V_{B_{1x}} = K_1 \left[B_{1x}\sigma_1 - \frac{B_{1x}^2(\sigma_1 - \sigma_3)}{2B_1} - W_{B_{1x}} - W_{1x} \right] \qquad (5.22)$$

式中　$V_{B_{1x}}$——悬臂式挡土墙距离墙趾趾端 B_{1x} 处的剪力设计值,kN;

　　　σ_1——悬臂式挡土墙墙趾下缘的压应力,kPa,计算同地基应力计算;

　　　σ_3——悬臂式挡土墙墙趾根部的压应力,kPa,计算同地基应力计算;

　　　B_{1x}——墙趾板宽度,m,如图 5.12 所示;

　　　$W_{B_{1x}}$——悬臂式挡土墙墙趾 B_{1x} 段的自重重力,kN;

　　　W_{1x}——悬臂式挡土墙墙趾 B_{1x} 段的覆土自重重力,kN;

K_1——土压力荷载分项系数,按照《公路路基设计规范》(JTG D30—2015)附录 H、表 H. 0. 1-5(表 3. 18)选取,取 1. 4。

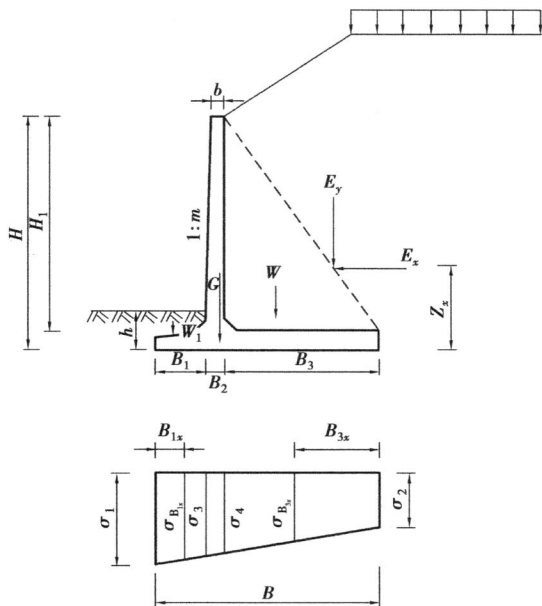

图 5.12　底板计算简图

(2)弯矩

$$M_{B_{1x}} = K_1 \left[M_{\sigma_{B_{1x}}} - M_{1x} \right] \tag{5.23}$$

式中　$M_{B_{1x}}$——悬臂式挡土墙距墙趾 B_{1x} 处的弯矩设计值,kN・m;

　　　　K_1——土压力荷载分项系数,按照《公路路基设计规范》(JTG D30—2015)附录 H、表 H. 0. 1-5(表 3. 18)选取,取 1. 4。

　　　　$M_{\sigma_{B_{1x}}}$——σ_1 与 $\sigma_{B_{1x}}$ 所形成的图形面积对墙趾根部的面积矩,kN・m;

　　　　M_{1x}——墙趾 B_{1x} 段自重、墙趾 B_{1x} 段上覆土自重对墙趾根部的弯矩,kN・m。

注意:挡土墙面坡加腋,墙趾板强度计算时,需要对加腋根部截面进行验算,验算截面高度取墙趾延长线高度。

3)墙踵板

计算距离墙踵根部 B_{3x} 的剪力及弯矩时,不考虑假想墙背与立壁板之间土的摩擦作用,计算简图如图 5. 12 所示,取单位宽度计算,计算方法如下:

(1)剪力

$$V_{B_{3x}} = K_1 \left[B_{3x} \sigma_2 + \frac{B_{3x}^2 (\sigma_4 - \sigma_2)}{2 B_3} - W_{B_{3x}} - W_{3x} \right] \tag{5.24}$$

式中　$V_{B_{3x}}$——悬臂式挡土墙距离墙踵端 B_{3x} 处的剪力设计值,kN;

　　　　σ_2——悬臂式挡土墙墙踵下缘的压应力,kPa,计算同地基应力计算;

　　　　σ_4——悬臂式挡土墙墙踵根部的压应力,kPa,计算同地基应力计算;

　　　　B_3——墙踵板宽度,m,如图 5. 12 所示;

　　　　B_{3x}——计算截面与墙踵的距离,m;

$W_{B_{3x}}$——悬臂式挡土墙墙踵 B_{3x} 段的自重重力,kN;

W_{3x}——悬臂式挡土墙墙踵 B_{3x} 段上覆土体及超载质量,kN;

K_1——土压力荷载分项系数,按照《公路路基设计规范》(JTG D30—2015)附录 H、表 H.0.1-5(表 3.18)选取,取 1.4。

（2）弯矩

$$M = K_1 \left[M_1 - M_{3x} \right] \tag{5.25}$$

式中 M——悬臂式挡土墙墙踵根部的弯矩设计值,kN·m;

K_1——土压力荷载分项系数,按照《公路路基设计规范》(JTG D30—2015)附录 H、表 H.0.1-5(表 3.18)选取,取 1.4;

M_1——σ_2 与 $\sigma_{B_{3x}}$ 所形成的图形面积对墙踵根部的面积矩,kN·m;

M_{3x}——墙踵 B_{3x} 段墙体自重及上覆土体与超载对 B_{3x} 处弯矩,kN·m。

注意:挡土墙背坡加腋,墙踵板强度计算时,需要对加腋根部截面进行验算,验算截面高度取墙踵延长线高度。

5.3.5 配筋构造

悬臂式挡土墙的立壁和墙底板,按受弯构件配置受力钢筋,如图 5.13 所示。钢筋设计是根据弯矩、剪力结合构造要求,确定配筋面积并确定钢筋直径和钢筋的布置。

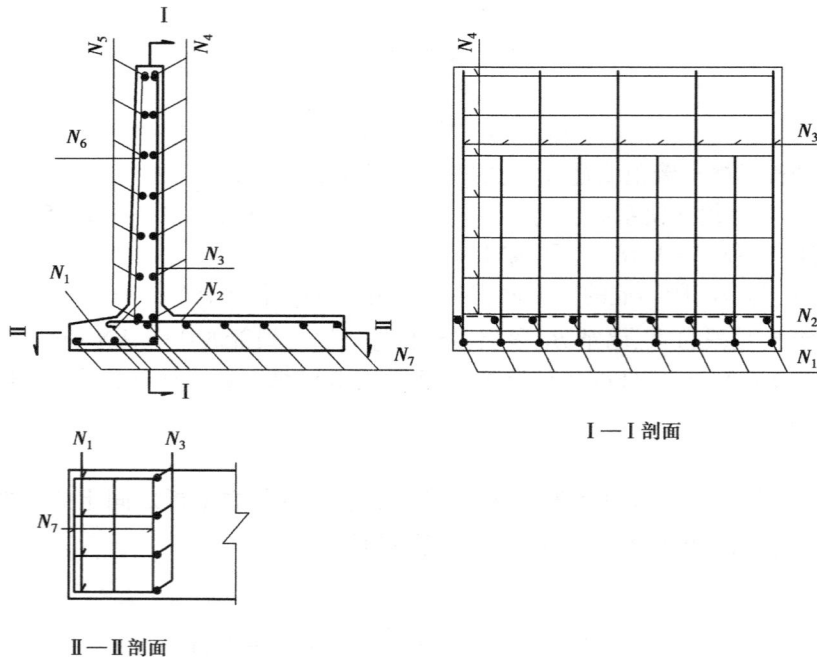

图 5.13 悬臂式挡土墙受力钢筋布置示意图

1）立壁

立壁受力钢筋 N_3 沿内侧(墙背)竖向放置,钢筋直径一般不小于 12 mm,底部钢筋间距一般为 10 ~ 15 cm。因立壁承受弯矩越向上越小,可根据弯矩图将钢筋切断。当墙身立壁较高时,可将钢筋分别在不同高度分两次切断,仅将 1/2 的受力钢筋延伸到立壁顶部。

根据《公路钢筋混凝土及预应力混凝土桥涵设计规范》(JTG 3362—1018)第 9.2.2 条:板内主筋间距不应大于 20 cm。钢筋切断部位,应在理论切断点以上再加一钢筋锚固长度,而其下端插入墙底板一个锚固长度(锚固长度对 HRB400 钢筋一般取 35d,d 为钢筋直径)。

根据《公路钢筋混凝土及预应力混凝土桥涵设计规范》(JTG 3362—1018)第 9.2.4 条:在水平方向也应配置不小于 ϕ8 mm 的分布钢筋,分布钢筋设在主钢筋的内侧,间距不应大于 200 mm,截面面积不宜小于板的截面面积的 0.1%,在主钢筋的弯折处,应布置分布钢筋。

对于特别重要的悬臂式挡土墙,在立壁的外侧(墙面)和墙顶,可按构造要求配置少量钢筋,以提高混凝土表层抵抗温度变化和混凝土收缩的能力,防止混凝土表层出现裂缝。

2)墙底板

墙踵板受力钢筋 N_2 设置在墙踵板的顶面,该钢筋一端伸入立壁与墙底板连接处并伸过不小于一个锚固长度;另一端按弯矩图切断,在理论切断点向外延长一个锚固长度(锚固长度对 HRB400 钢筋一般取 35d,d 为钢筋直径),且钢筋最小配筋面积不宜小于板的截面面积的 0.1%。

墙趾板受力钢筋 N_1 设置于墙趾板的底面,该筋一端伸入立壁与墙趾板连接处并伸过不小于一个锚固长度;另一端一半延伸到墙趾,另一半在墙趾板宽度中部再加一个锚固长度处切断,且钢筋最小配筋面积不宜小于板的截面面积的 0.1%。

为便于施工,墙底板的受力钢筋间距最好与立壁的间距相同或者取其整数倍。可将立壁底部受力钢筋的一半或全部弯曲作为墙趾板的受力钢筋。立壁与墙踵板连接处最好做倒角,并配构造钢筋,其直径与间距可与墙踵板钢筋一致,墙底板也应配置构造钢筋。

另外,还应根据截面剪力计算是否需要配置箍筋。当满足抗剪承载力要求的情况下,可不配置箍筋,仅配置一定架立钢筋即可。

3)钢筋加工构造

(1)受拉钢筋端部弯钩

弯钩是加强钢筋在混凝土中锚固作用的有效措施,在绑扎骨架中,一般光圆受力钢筋均应在末端设弯钩。钢筋冷弯可采用手工和机械方法进行,弯钩的形状见表 5.2。为了防止加工时弯钩部分发生裂纹,降低弯钩部分的抗拉强度,弯钩的半径不宜太小,其弯曲最小半径按照《公路钢筋混凝土及预应力混凝土桥涵设计规范》(JTG 3362—2018)第 9.1.5 条选用(表 5.2)。另外,为了防止弯曲处的混凝土被钢筋的合成应力压碎,主钢筋在跨中弯起(即中间弯钩)时,其弯曲半经也应满足最小半径的要求。

《公路钢筋混凝土及预应力混凝土桥涵设计规范》(JTG 3362—2018)第 9.1.6 条:箍筋的末端应做成弯钩,弯曲角度可取 135°。弯钩的弯曲直径应大于被箍的受力主钢筋的直径,且 HPB300 钢筋不应小于箍筋直径的 2.5 倍,HRB400 钢筋不应小于箍筋直径的 5 倍。弯钩平直段长度,一般结构不应小于箍筋直径的 5 倍,抗震结构不应小于箍筋直径的 10 倍。

(2)钢筋连接接头

《公路钢筋混凝土及预应力混凝土桥涵设计规范》(JTG 3362—2018)第 9.1.7 条:钢筋的连接宜在受力较小区段。钢筋接头宜采用焊接接头和机械连接,接头(套筒挤压接头、镦粗直螺纹接头),当施工或构造条件有困难时,除轴心受拉和小偏心受拉构件纵向受力钢筋外,也可采用绑扎接头。绑扎接头的钢筋直径不宜大于 28 mm,对轴心受压和偏心受压构件中的受压钢筋,可不大于 32 mm。

表 5.2　受拉钢筋末端弯钩形状

弯曲部位	弯曲角度	形状	钢筋	弯曲直径 D	平直段长度
末端弯钩	180°	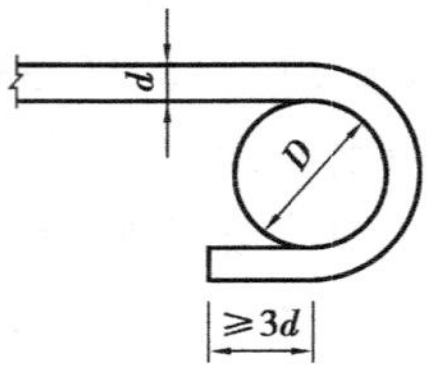	HPB300	≥2.5d	≥35d
	135°	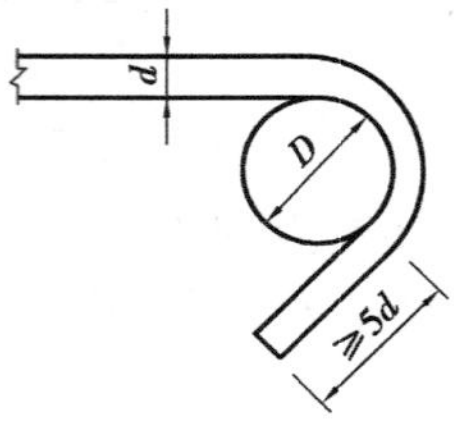	HRB400,HRB500,HRBF400 RRB400	≥5d	≥5d
	90°	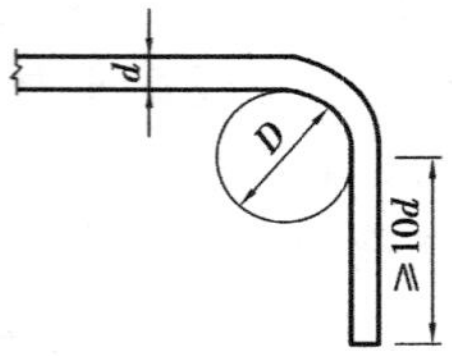	HRB400,HRB500,HRBF400 RRB400	≥5d	≥10d
中间弯折	≤90°	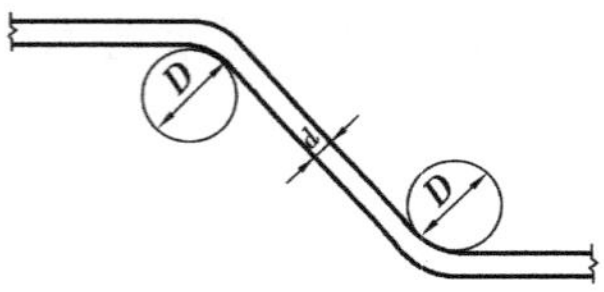	各种钢筋	≥20d	—

注:采用环氧树脂涂层钢筋时,除应满足表内规定外,当钢筋直径 $d \leqslant 20$ mm 时,弯钩内直径 D 不应小于 $5d$;当 $d > 20$ mm 时,弯钩内直径 D 不应小于 $6d$,直线段长度不应小于 $5d$。

目前很多地方对钢筋直径大于 16 mm 的一般要求采用机械连接,机械连接宜采用 Ⅰ 级接头。

《公路钢筋混凝土及预应力混凝土桥涵设计规范》(JTG 3362—2018)第 9.1.8 条:钢筋焊接接头宜采用闪光接触对焊;当闪光接触对焊条件不具备时,也可采用电弧焊(帮条焊或搭接焊)、电渣压力焊和气压焊,并满足下列要求:电弧焊应采用双面焊缝,不得已时方可采用单面焊缝。电弧焊接接头的焊缝长度,双面焊缝不应小于钢筋直径的 5 倍,单面焊缝不应小于钢筋直径的 10 倍。

(3)钢筋的绑扎接头要求

《公路钢筋混凝土及预应力混凝土桥涵设计规范》(JTG 3362—2018)第 9.1.9 条:

①受拉钢筋绑扎接头的搭接长度应不小于表 5.3 的规定;受压钢筋绑扎接头的搭接长度应不小于表 5.3 规定的受拉钢筋绑扎接头搭接长度的 0.7 倍。

②在任一绑扎接头中心至搭接长度 l_s 的 1.3 倍长度区段 l（图 5.14）内，同一根钢筋不得有两个接头；在该区段内有绑扎接头的受力钢筋截面面积占受力钢筋总截面面积的百分数，受拉区不宜超过 25% ，受压区不宜超过 50% 。超过上述规定时，应按表 5.3 的规定值，乘以下列系数：当受拉钢筋绑扎接头截面面积大于 25% ，但不大于 50% 时，乘以 1.4 ，当大于 50% 时，乘以 1.6 ；当受压钢筋绑扎接头截面面积大于 50% 时，乘以 1.4（受压钢筋绑扎接头长度仍为表中受拉钢筋绑扎接头长度的 0.7 倍）。

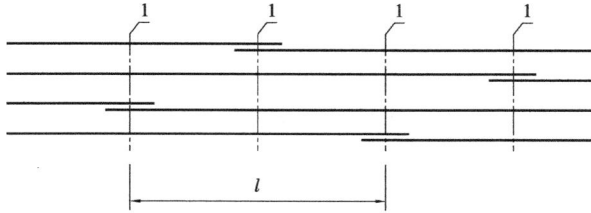

图 5.14　受力钢筋绑扎接头

1—绑扎接头搭接长度中心（图中所示 l 区段内有接头的钢筋截面面积按两根计）

表 5.3　受拉钢筋绑扎接头搭接长度

钢筋种类	HPB300		HRB400,HRBF400,RRB400	HRB500
混凝土强度等级	C25	≥C30	≥C30	≥C30
搭接长度/mm	40d	35d	45d	50d

注：①当带肋钢筋直径 d 大于 25 mm 时，其受拉钢筋的搭接长度应按表值增加 5d 采用；当带肋钢筋直径小于 25 mm 时，搭接长度可按表值减少 5d 采用。

②当混凝土在凝固过程中受力钢筋易受扰动时，其搭接长度应增加 5d 。

③在任何情况下，受拉钢筋的搭接长度不应小于 300 mm；受压钢筋的搭接长度不应小于 200 mm 。

④环氧树脂涂层钢筋的绑扎接头搭接长度，受拉钢筋按表值的 1.5 倍采用。

⑤受拉区段内，HPB300 钢筋绑扎接头的末端应做成弯钩，HRB400，HRB500，HRBF400 和 RRB400 钢筋的末端可不做成弯钩。

5.3.6　配筋计算

对墙立壁板、墙趾板、墙踵板截面做内力计算及配筋计算，配筋按照《公路钢筋混凝土及预应力混凝土桥涵设计规范》（JTG 3362—2018）相关要求。对墙立壁板、墙趾板、墙踵板截面的配筋计算均采用单位宽度（$b = 1.0$ m）计算。

1）抗剪计算

按照《公路钢筋混凝土及预应力混凝土桥涵设计规范》（JTG 3362—2018）第 5.2.9 条：

矩形和 T 形截面的受弯构件，当配置箍筋时，其斜截面内混凝土和箍筋共同抗剪承载力应符合下列规定：

$$\gamma_0 V_d \leqslant \alpha_1 \alpha_2 \alpha_3 0.45 \times 10^{-3} b h_0 \sqrt{(2 + 0.6P) \sqrt{f_{cu,k}} \rho_{sv} f_{sv}} \tag{5.26}$$

《公路钢筋混凝土及预应力混凝土桥涵设计规范》（JTG 3362—2018）第 5.2.11 条：

矩形和 T 形截面的受弯构件，其抗剪截面应符合下列要求：

$$\gamma_0 V_d \leqslant 0.51 \times 10^{-3} \sqrt{f_{cu,k}} b h_0 \tag{5.27}$$

《公路钢筋混凝土及预应力混凝土桥涵设计规范》(JTG 3362—2018)第 5.2.12 条:矩形、T 形和 I 形截面的受弯构件,当符合下列条件时,可不进行斜截面抗剪承载力的验算,仅需按第 9.3.12 条构造要求配置箍筋。

$$\gamma_0 V_d \le 0.50 \times 10^{-3} \alpha_2 f_{td} b h_0 \tag{5.28}$$

可不进行斜截面抗剪承载力的验算,仅需按照构造要求进行配置箍筋。对于板式受弯构件,式(5.28)右边计算值可乘以 1.25 的提高系数。

式(5.26)至式(5.28)中　　V_d——由荷载效应产生的剪力设计值,kN;

γ_0——结构重要性系数;

α_1——异号弯矩影响系数,计算简支梁和连续梁近边支点梁段的抗剪承载力时,$\alpha_1 = 1.0$;计算连续梁和悬臂梁近中间支点梁段的抗剪承载力时,$\alpha_1 = 0.9$;

α_2——预应力提高系数,对钢筋混凝土受弯构件,$\alpha_2 = 1.0$;

α_3——受压翼缘的影响系数,对矩形截面,取 $\alpha_3 = 1.0$;对 T 形和 I 形截面,取 $\alpha_3 = 1.1$;

b——斜截面剪压区对应正截面处,矩形截面宽度,或 T 形的腹板宽度,mm;

h_0——截面的有效高度,mm;

P——纵向受拉钢筋的配筋百分率,$P = 100\rho$,$\rho = (A_p + A_s)/bh_0$,当 $P > 2.5$ 时,取 $P = 2.5$;

$f_{cu,k}$——边长为 150 mm 的混凝土立方体抗压强度标准值,MPa;

f_{td}——混凝土抗拉强度设计值,MPa;

A_s——受拉区纵向普通钢筋截面面积,mm^2;

A_p——受拉区纵向预应力钢筋截面面积,mm^2;

ρ_{sv}——箍筋配筋率,$\rho_{sv} = \dfrac{A_{sv}}{S_v b}$,HPB300 钢筋不应小于 0.14%,HRB400 钢筋不应小于 0.11%。

A_{sv}——斜截面内配置在沿梁长方向一个箍筋间距 S_v 范围内各肢总截面积,mm^2;

b——截面宽度,对 T 形截面梁取 b 为肋宽,mm;

S_v——沿梁长方向箍筋的间距,mm。

2)抗弯计算

①《公路钢筋混凝土及预应力混凝土桥涵设计规范》(JTG 3362—2018)第 5.2.2 条:仅采用纵向体内钢筋的矩形截面或翼缘位于受拉边的 T 形截面受弯构件,其正截面抗弯承载力计算应符合下列规定,如图 5.15 和图 5.16 所示。

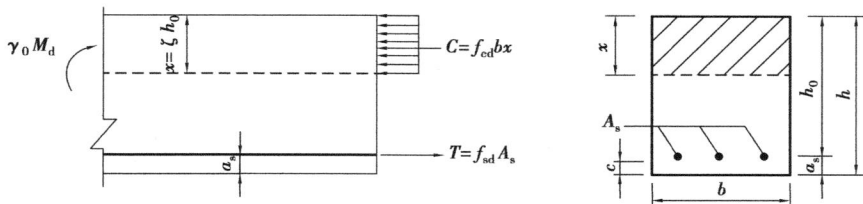

图 5.15　单筋矩形截面受弯构件正截面承载力计算图示

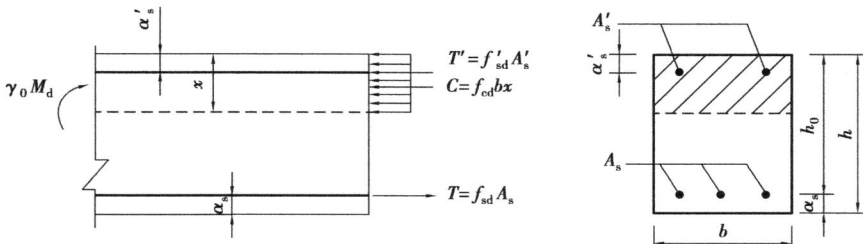

图 5.16　双筋矩形截面受弯构件正截面承载力计算图示

a. 由截面上对受拉钢筋合力 T 作用点的力矩之和等于零的平衡条件,可得

$$\gamma_0 M_d \leqslant f_{cd}bx\left(h_0 - \frac{x}{2}\right) + f'_{sd}A'_s(h_0 - \alpha'_s) \qquad (5.29)$$

b. 由截面水平方向内力之和为零的平衡条件,即 $T + C + T' = 0$,可得

$$f_{sd}A_s = f_{cd}bx + f'_{sd}A'_s \qquad (5.30)$$

最后比较计算配筋面积与最小配筋面积的大小,两者取大。

$$A_s = \max[A_s, A_{smin}] \qquad (5.31)$$
$$A_{smin} = \rho_{min}bh \qquad (5.32)$$

根据《公路钢筋混凝土及预应力混凝土桥涵设计规范》(JTG 3362—2018)第 9.1.12 条受弯构件、偏心受拉构件及轴心受拉构件的一侧受拉钢筋的配筋百分率不应小于 $45f_{td}/f_{sd}$,同时不应小于 0.2,即 $\rho_{min} = \max[45f_{td}/f_{sd}, 0.2]\%$。

c. 双筋配筋截面公式适用范围为:

为了防治出现超筋梁的情况,计算受压区高度 x 应满足:

$$x \leqslant \zeta_b h_0 \qquad (5.33)$$

为了保证受压钢筋 A'_s 达到抗压强度设计值 f'_{sd},计算受压区高度 x 应满足:

$$x \geqslant 2\alpha'_s \qquad (5.34)$$

式(5.29)至式(5.34)中　M_u——设计截面抗弯承载力,kN·m;

　　　　　　　　　　M_d——设计截面弯矩组合设计值,kN·m;

　　　　　　　　　　γ_0——结构的重要性系数;

　　　　　　　　　　f_{cd}——混凝土轴心抗压强度设计值,MPa;

　　　　　　　　　　f_{sd}——纵向受拉钢筋抗拉强度设计值,MPa;

　　　　　　　　　　A_s——纵向受拉钢筋的截面面积,mm^2;

　　　　　　　　　　f'_{sd}——纵向受压钢筋抗拉强度设计值,MPa;

　　　　　　　　　　A'_s——纵向受压钢筋的截面面积,mm^2;

　　　　　　　　　　x——按等效矩形应力图的计算受压区高度,mm;

b——截面宽度,mm;

α_s——纵向受拉钢筋的形心至受拉区边缘距离,mm;

ζ_b——相对界限受压区高度;

α'_s——纵向受压钢筋的形心至受压区边缘距离,mm;

h_0——截面有效高度($h_0 = h - \alpha_s$),这里 h 为截面高度,mm, α_s 为纵向受拉钢筋全部截面的重心至受拉边缘距离,mm。

②设计过程已知截面尺寸,材料强度级别,受压区普通钢筋面积 A'_s 及布置,弯矩设计值 $M = \gamma_0 M_d$,求受拉钢筋面积 A_s。其计算步骤如下:

a. 假设 α_s,求得 $h_0 = h - \alpha_s$。

b. 求受压区高度 x。将各已知值代入式(5.29),可得

$$x = h_0 - \sqrt{h_0^2 - \frac{2\left[M - f'_{sd}A'_s(h_0 - \alpha'_s)\right]}{f_{cd}b}} \qquad (5.35)$$

c. 当 $x < \zeta_b h_0$ 且 $x < 2\alpha'_s$ 时,$A_s = \dfrac{M}{f_{sd}(h_0 - \alpha'_s)}$

d. 当 $x \leq \zeta_b h_0$ 且 $x \geq 2\alpha'_s$ 时,则将各已知值及受压钢筋面积 A'_s 代入式(5.30),可求得 A_s。

e. 选择受拉钢筋的直径和根数,布置截面钢筋。

3)裂缝宽度验算

立壁板、墙趾板、墙踵板抗裂计算按现行《公路钢筋混凝土及预应力混凝土桥涵设计规范》(JTG 3362—2018)第 6.4.3 条计算,当矩形、T 形和 I 形截面偏心受压构件满足 $e_0/h \leq 0.55$,或圆形截面偏心受压构件满足 $e_0/r \leq 0.55$ 时,可不进行裂缝宽度验算。

$$W_{cr} = C_1 C_2 C_3 \frac{\sigma_{ss}}{E_s}\left(\frac{c+d}{0.3 + 1.4\rho_{te}}\right) \qquad (5.36)$$

$$\rho_{te} = \frac{A_s}{A_{te}} \qquad (5.37)$$

式中　W_{cr}——最大裂缝宽度,mm;

C_1——钢筋表面形状系数,对光圆钢筋,$C_1 = 1.4$,对带肋钢筋,$C_1 = 1.00$,对环氧树脂涂层带肋钢筋,$C_1 = 1.15$;

C_2——长期效应影响系数,$C_2 = 1 + 0.5\dfrac{M_1}{M_s}$,其中,$M_1$ 和 M_s 分别根据《公路钢筋混凝土及预应力混凝土桥涵设计规范》(JTG 3362—2018)第 6.3.2 条的作用准永久组合和作用频遇组合计算的弯矩设计值(或轴力设计值);

C_3——与构件受力性质有关的系数,当为钢筋混凝土板式受弯构件时,$C_3 = 1.15$,其他受弯构件 $C_3 = 1.0$,轴心受拉构件 $C_3 = 1.2$,偏心受拉构件 $C_3 = 1.1$,圆形截面偏心受压构件 $C_3 = 0.75$,其他截面偏心受压构件 $C_3 = 0.9$;

σ_{ss}——钢筋应力,按照《公路钢筋混凝土及预应力混凝土桥涵设计规范》(JTG 3362—2018)第 6.4.4 条规定计算(对于受弯构件:$\sigma_{ss} = \dfrac{M_s}{0.87A_s h_0}$);

d——纵向受拉钢筋直径,mm,当用不同直径的钢筋时,d 改用换算直径 de,$de = \dfrac{\sum n_i d_i^2}{\sum n_i d_i}$,式中,$n_i$ 为受拉区第 i 种钢筋的根数,d_i 为受拉区第 i 种钢筋的直径,按

照《公路钢筋混凝土及预应力混凝土桥涵设计规范》(JTG 3362—2018)表 6.4.3
取值,对于第 9.3.11 条的焊接钢筋骨架,式(5.36)中的 d 或 de 应乘以 1.3;

c——最外排纵向受拉钢筋的混凝土保护层厚度,mm,当 $c > 50$ mm 时,取 50 mm;

ρ_{te}——纵向受拉钢筋的有效配筋率,按本规范第 6.4.5 条计算,当 $\rho_{te} > 0.1$ 时,取 $\rho_{te} = 0.1$,当 $\rho_{te} < 0.01$ 时,取 $\rho_{te} = 0.01$;

A_s——受拉区纵向钢筋截面面积:轴心受拉构件取全部纵向钢筋截面面积,受弯、偏心受拉及大偏心受压构件取受拉区纵向钢筋截面面积或受拉较大一侧的钢筋截面面积;

h_0——自纵向受拉钢筋合力点至受压边缘的距离,mm,取斜截面所在范围内截面有效高度的最小值。

A_{te}——有效受拉混凝土截面面积[图 5.17(a)、(b)]:轴心受拉构件取构件截面面积;受弯、偏心受拉、偏心受压构件取 $2a_s b$,a_s 为受拉钢筋重心至受拉区边缘的距离,对矩形截面,b 为截面宽度,对翼缘位于受拉区的 T 形、I 形截面,b 为受拉区有效翼缘宽度。

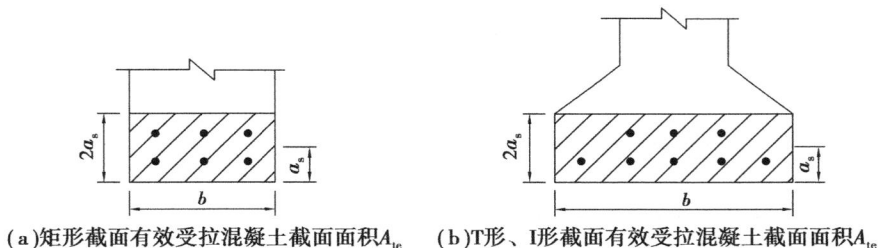

(a)矩形截面有效受拉混凝土截面面积 A_{te}　　**(b)T 形、I 形截面有效受拉混凝土截面面积 A_{te}**

图 5.17　有效受拉混凝土面积示意图

5.4　扶壁式挡土墙设计

扶壁式挡土墙设计与悬臂式挡土墙设计相近,但有其自己的特点。扶壁式挡土墙设计的内容主要包括墙身构造设计、墙身截面尺寸拟订、结构稳定性、基底应力验算及墙身配筋计算、裂缝宽度验算等。

墙趾板设计、立壁和墙踵板厚度计算,墙身稳定性和基底应力及合力偏心距验算等均与悬臂式挡土墙相同。

5.4.1　墙身构造

扶壁式挡土墙墙高不宜超过 15 m,一般为 6 ~ 15 m,分段长度不宜大于 20 m。扶壁间距根据经济性要求确定,一般为墙高的 1/4 ~ 1/2,每段中宜设置 3 个或 3 个以上的扶肋,扶肋壁厚度一般为扶肋间距的 1/10 ~ 1/4,但不应小于 30 cm,采用随高度逐渐向后加厚的变截面,也可采用等厚截面以利于施工。

立壁宽度和墙底板厚度与扶肋间距成正比,立壁顶宽不得小于 20 cm,可采用等厚的垂直面板,墙踵板宽一般为墙高的 1/4 ~ 1/2,且不应小于 50 cm,墙趾板宽宜为墙高的 1/20 ~ 1/5,板端厚度不应小于 30 cm。

扶壁式挡土墙有关构造要求如图 5.18、图 5.19 所示,其余要求同悬臂式挡土墙。

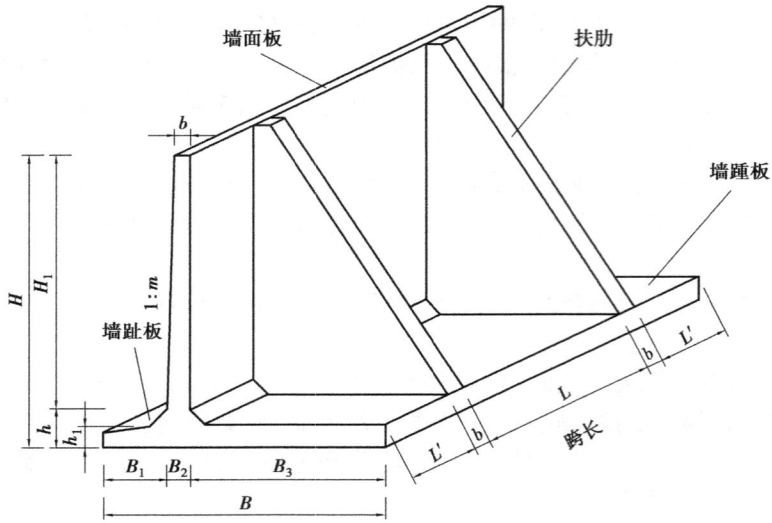

图 5.18 扶壁式挡土墙

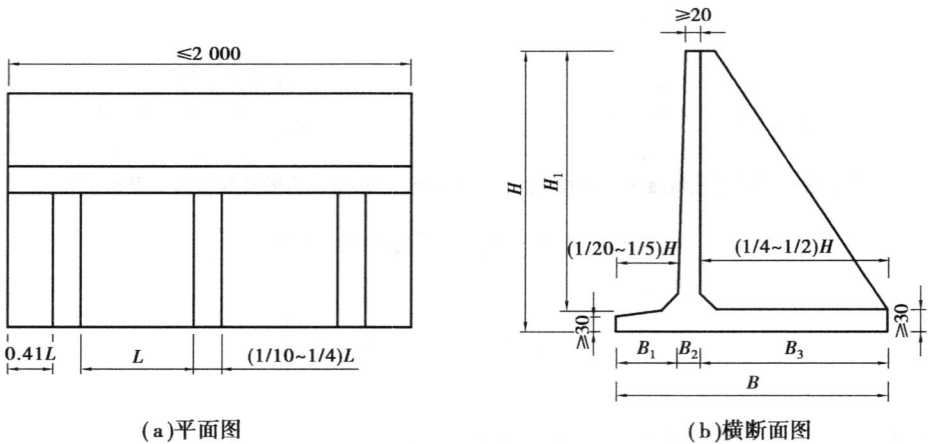

(a)平面图 **(b)横断面图**

图 5.19 扶壁式挡土墙构造图(尺寸单位:cm)

为了提高扶壁式挡土墙的抗滑能力,墙底板常设置凸榫(图 5.20)。为使凸榫前的土体产生最大的被动土压力,墙后的主动土压力不因设凸榫而增大,故应注意凸榫的设置。通常将凸榫置于通过墙趾与水平面成 45° - φ/2 角线和通过墙踵与水平面成 φ 角范围内。凸榫高则应根据凸榫前土体的被动土压力能够满足抗滑稳定性要求而定,宽度除满足混凝土的抗剪和抗弯拉要求外,为便于施工,还不应小于 30 cm。

5.4.2 立壁设计计算

1)计算模型和计算荷载

立壁计算通常取扶肋中至扶肋中或跨中至跨中的一段为

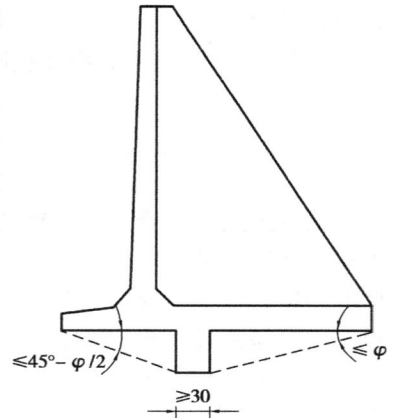

图 5.20 凸榫设置图示

计算单元,视为固支于扶肋及墙踵板上的三向固支板,属超静定结构,一般作简化近似计算。计算时,将其沿墙高或墙长划分为若干单位宽度的水平板条与竖向板条,假定每一单元条上作用均布荷载,其大小为该条单元位置处的平均值,近似按支承于扶肋上的连续板来计算水平板条的弯矩和剪力;按固支于墙底板上的刚架梁来计算竖向板条的弯矩。

立壁的荷载仅考虑墙后主动土压力的水平分力,而墙自重、土压力竖向分力及被动土压力等均不考虑。为简化计算,将作用于立壁上的水平土压力的图形 $afeg$ 近似地用 $abdheg$ 表示的土压力图形来代替,如图 5.21 所示,其土压力为:

$$
\left.
\begin{aligned}
\sigma_{pi} &= \sigma_0 + \sigma_{H_1}\frac{h_i}{H_1} & (h_i \leqslant h') \\[6pt]
\sigma_{pi} &= 4\sigma_D\frac{h_i}{H_1} & \left(h' < h_i \leqslant \frac{H_1}{4}\right) \\[6pt]
\sigma_{pi} &= \sigma_D & \left(\frac{H_1}{4} < h_i \leqslant \frac{3H_1}{4}\right) \\[6pt]
\sigma_{pi} &= \sigma_D\left[1 - \frac{4\left(h_i - \frac{3H_1}{4}\right)}{H_1}\right] & \left(\frac{3H_1}{4} < h_i \leqslant \frac{3H_1}{4}\right)
\end{aligned}
\right\}
\tag{5.38}
$$

$$
\sigma_D = \sigma_0 + \frac{\sigma_{H_1}}{2}
$$

$$
\sigma_0 = \gamma K_a h_0
$$

$$
\sigma_{H_1} = \gamma K_a H_1
$$

式中　K_a——主动土压力系数;

　　　γ——填土重度,kN/m^3;

　　　h_0——车辆荷载的等效土柱高度,m。

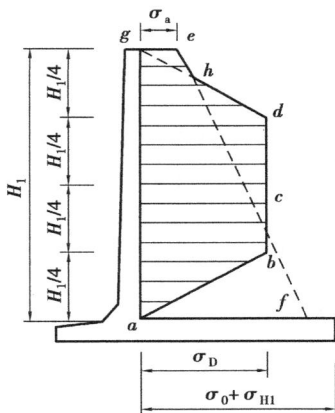

图 5.21　立壁简化土压力图

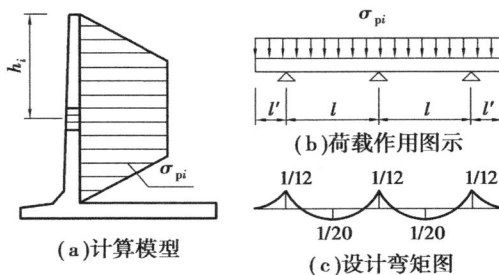

图 5.22　立壁水平内力计算

2)水平内力计算

根据立壁计算模型,水平内力计算简图如图 5.22(b)所示。各内力分别为:

支点负弯矩

$$
M_1 = -\frac{1}{12}\sigma_{pi}l^2
\tag{5.39}
$$

163

支点剪力

$$Q = \sigma_{pi} \frac{l}{2} \tag{5.40}$$

跨中正弯矩

$$M_2 = \frac{1}{20} \sigma_{pi} l^2 \tag{5.41}$$

边跨自由弯矩

$$M_3 = 0$$

式中 l ——两肋之间的净距离,m。

立壁承受的最大水平正弯矩及最大水平负弯矩在竖直方向上分别发生在立壁跨中的 $H_1/2$ 处和扶肋处的第三个 $H_1/4$ 处,如图 5.23 所示。

设计采用的弯矩值和实际弯矩值相比是偏安全的,如图 5.22(c)所示。例如,对于固端梁而言,当它承受均布荷载 σ_{pi} 时,其跨中弯矩应为 $\sigma_{pi} l^2/24$。但是,考虑立壁虽然按连续板算,然而它们的固支程度并不充分,为安全计,故设计值按式(5.39)确定。

3)竖向弯矩

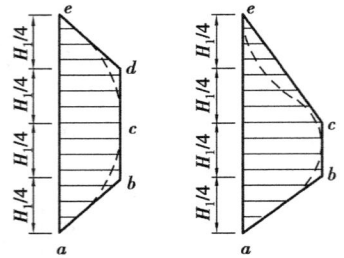

(a)立壁跨中弯矩 (b)立壁扶肋处弯矩

图 5.23 立壁跨中及扶肋处弯矩图

立壁在土压力的作用下,除了产生上述水平弯矩外,将同时产生沿墙高方向的竖向弯矩。其扶肋跨中的竖向弯矩沿墙高的分布如图 5.24(a)所示,负弯矩出现在墙背一侧底部 $H_1/4$ 范围内;正弯矩出现在墙面一侧,最大值在第三个 $H_1/4$ 段内。其最大值可近似按下列公式计算:

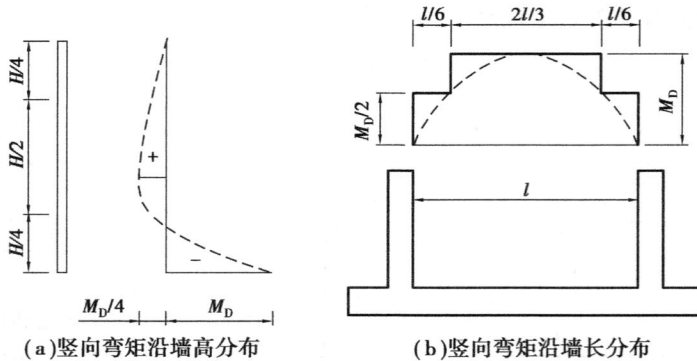

(a)竖向弯矩沿墙高分布 (b)竖向弯矩沿墙长分布

图 5.24 立壁竖向弯矩图

竖向负弯矩

$$M_D = -0.03(\sigma_0 + \sigma_{H_1}) H_1 l \tag{5.42}$$

竖向正弯矩

$$M = \frac{0.03(\sigma_0 + \sigma_{H_1}) H_1 l}{4} \tag{5.43}$$

沿墙长方向(纵向)竖向弯矩的分布如图 5.24(b)所示,呈抛物线形状分布。设计时可采用跨中 $2l/3$ 范围内的竖向弯矩不变,两端各 $l/6$ 范围内的竖向弯矩较跨中减少一半的阶梯形状分布。

4）扶肋的外悬臂长度 l' 的确定

扶肋的外悬臂长度 l'，可按悬臂梁的固端弯矩与设计采用弯矩相等求得（图 5.22），即

$$M = \frac{1}{12}\sigma_{pi}l^2 = \frac{1}{2}\sigma_{pi}l'^2 \tag{5.44}$$

于是 $l' = 0.41l$。

5.4.3　墙踵板设计计算

1）计算模型和计算荷载

墙踵板可视为支承于扶肋上的连续板，不计立壁对它的约束，而视其为铰支。内力计算时，可将墙踵板沿墙长方向划分为若干单位宽度的水平板条，根据作用于墙踵板上的荷载，对每一连续板条进行弯矩、剪力计算，并假定竖向荷载在每一连续板条上的最大值均匀作用于板条上。

作用于墙踵板上的力，除了有计算墙背与实际墙背间的土重力及活载；墙踵板自重 W，作用于墙踵板顶面上的土压力的竖向分力 E_y，如图 5.25（a）所示；还要考虑由墙趾板固端弯矩 M_1 的作用在墙踵板上引起的等代荷载 σ_{M_1}，如图 5.25（b）所示。该等代荷载 σ_{M_1} 应力图形为抛物线，如图 5.26 所示，其重心位于距固支端 $\frac{5}{8}B_3$ 处，以其对固支端的力矩与 M_1 相平衡，可得墙踵处的应力 $\sigma_{M_1} = 2.4M_1/B_3^2$。

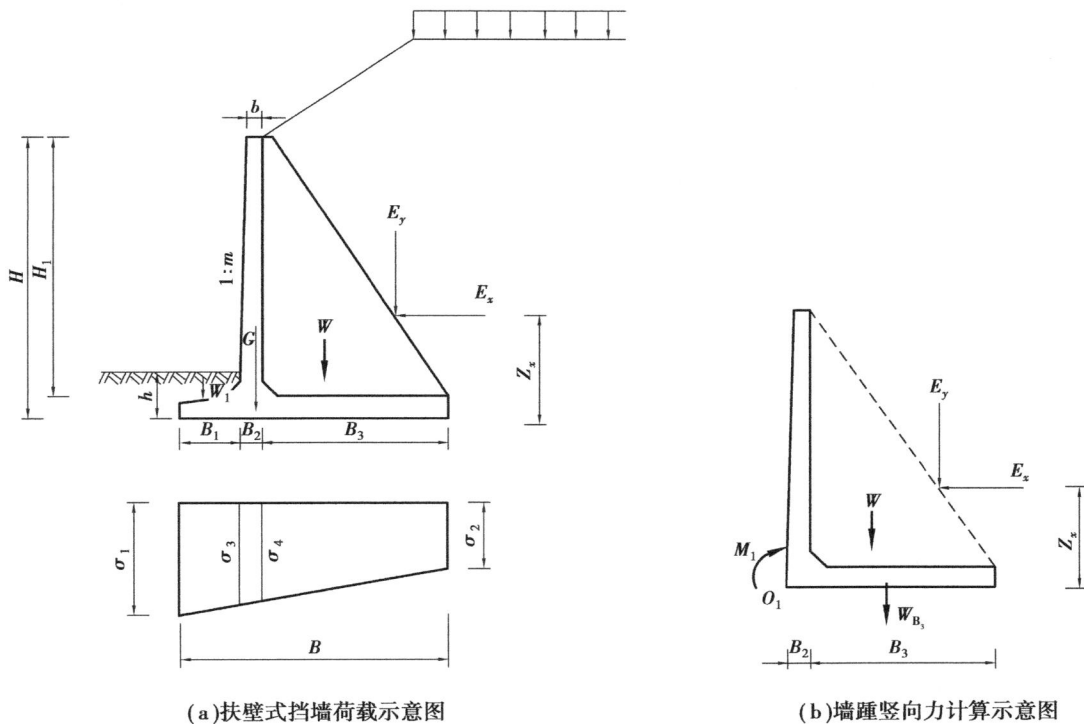

（a）扶壁式挡墙荷载示意图　　　　　　　　（b）墙踵竖向力计算示意图

图 5.25　扶壁式挡土墙荷载墙踵荷载计算图

由于立壁对墙踵板的支撑约束作用,在墙踵板与立壁衔接处,墙踵板沿墙长方向板条的弯曲变形为零。并向墙踵方向变形逐渐增大,故可近似地假设墙踵板的计算荷载为三角形分布,如图5.27所示。墙踵板法向应力最大值 σ_j 在墙踵的边缘处。其计算公式:

$$\sigma_j = \frac{W_{B_3} + W + E_y}{B_3} + 2.4\frac{M_1}{B_3^2} - \sigma_2 \tag{5.45}$$

式中　σ_j——墙踵边缘处作用的竖向压应力,kPa;

　　　　E_y——作用假想墙背上的土压力的竖向分力,kN;

　　　　W——假想墙背与面板之间的土体重力,kN;

　　　　W_{B_3}——墙踵板的重力,kN;

　　　　M_1——墙趾板根部的横向弯矩,kN·m;

　　　　B_3——墙踵板的宽度,m;

　　　　σ_2——墙踵边缘处的地基反力,kPa。

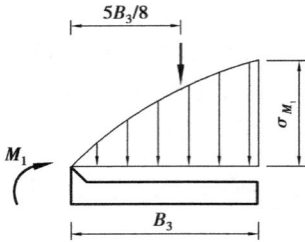

图5.26　M_1 对墙踵板的应力分布　　　　图5.27　墙踵板应力叠加后的计算荷载分布

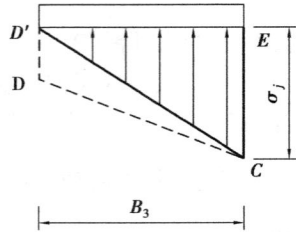

2)内力计算

根据计算得到竖向压应力计算墙踵板的内力(弯矩),取单位宽度计算。

(1)纵向内力

按连续梁计算(参照立壁连续梁弯矩分布图):

与肋相交处的负弯矩 M_1:

$$M_1 = -\frac{1}{12}K_1\sigma_j l^2 \tag{5.46}$$

与肋相交处的剪力 Q_1:

$$Q_1 = K_1\sigma_j\frac{l}{2} \tag{5.47}$$

跨中点的水平正弯矩 M_2:

$$M_2 = \frac{1}{20}K_1\sigma_j l^2 \tag{5.48}$$

边跨自由端弯矩 M_3:

$$M_3 = 0$$

式中　M_1,M_2——踵板上的纵向弯矩(肋支点或跨中),kN·m;

　　　　σ_j——踵板边缘处的竖向压应力,kPa;

　　　　l——踵板的水平净跨长(两肋之间的净距离),m;

　　　　K_1——土压力荷载分项系数,按照《公路路基设计规范》(JTG D30—2015)附录H、表H.0.1-5(表3.18)选取,取1.4。

（2）横向弯矩

在图 5.27 墙踵板法向应力作用下产生的横向弯矩,最大值出现在墙踵板的根部。根据法向应力分布,参照悬臂式挡土墙立壁板的弯矩、剪力计算方法分别计算墙各部最大剪力和弯矩（为了简化计算可取纵向 1 m 宽度进行计算）,然后进行相关的配筋设计。

5.4.4　扶肋设计计算

1）计算模型和计算荷载

扶肋可视为锚固于墙踵板上的 T 形变截面悬臂梁,立壁作为该 T 形梁的翼缘板,翼缘板的有效计算宽度由墙顶向下逐渐加宽,如图 5.28(a)、(b)所示,为了简化计算,只考虑墙背主动土压力的水平分力,而肋、墙面板的自重及土压力的垂直分量忽略不计。

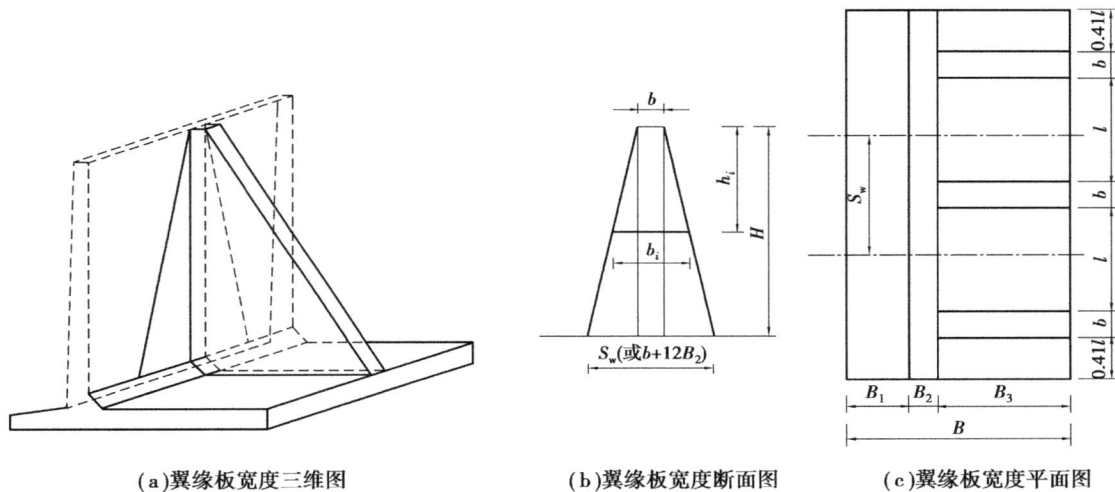

(a)翼缘板宽度三维图　　**(b)翼缘板宽度断面图**　　**(c)翼缘板宽度平面图**

图 5.28　扶肋计算图示

2）土压力分布

根据计算的假定,只有水平土压力 E_x 的作用,忽略垂直压力的影响,得到水平土压力沿竖向的分布,如图 5.29 所示。

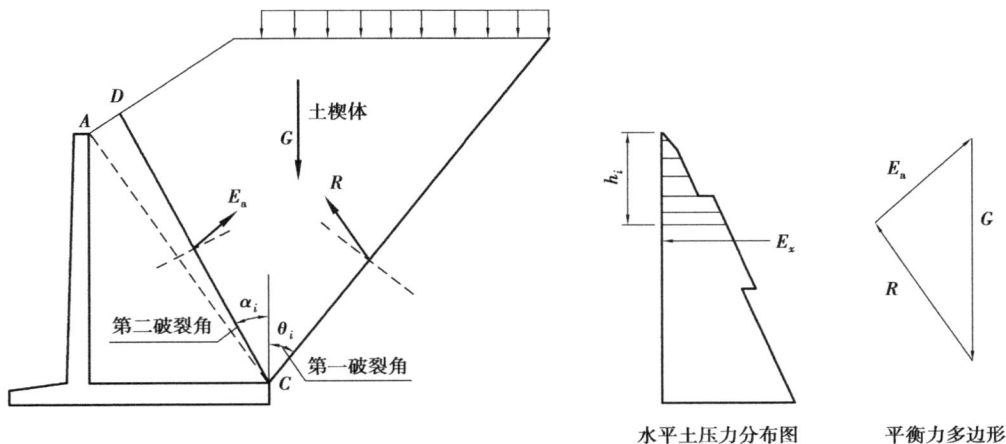

图 5.29　立壁板计算图示

3) 内力计算

根据计算得到水平土压力的分布,就可计算任意位置处(距肋顶面的高度)肋的内力(剪力、弯矩)。

① 剪力:

$$V_i = K_1 A_{pi} S_w \qquad (5.49)$$

② 弯矩:

$$M_i = K_1 A_{pi} h_{si} S_w \qquad (5.50)$$

对于中间跨 $S_w = l + b$ 且 $S_w \leqslant b + 12B_2$;对于悬臂(边)跨 $S_w = 0.9l + b$ 且 $S_w \leqslant b + 12B_2$。

式中 V_i——距肋顶点距离为 h_i 处的剪力,kN;

A_{pi}——距肋顶点距离为 h_i 处以上水平分布土压力的面积(单位宽度),kN;

S_w——两肋之间的距离,m,对中跨 $S_w = l + b$,边跨 $S_w = 0.9l + b$;

l——两肋之间的净距离,m;

M_i——距肋顶点距离为 h_i 处的弯矩,kN·m;

b——肋的厚度,m;

h_{si}——距肋顶点距离为 h_i 处以上水平分布土压力的面积的形心到肋弯矩计算点的距离,m;

K_1——土压力荷载分项系数,按照《公路路基设计规范》(JTG D30—2015)附录 H、表 H.0.1-5(表3.18)选取,取1.4。

4) 翼缘宽度 b_i 的计算

扶壁式挡土墙肋的翼缘宽度是变化的,计算位置从上到下,b_i 从窄变宽。顶部 $b_i = b$,底部 $b_i = S_w$ 或 $b + 12B_2$,中间直线变化。其计算公式为:

$$b_i = b + \frac{12B_2 h_i}{H_1} \qquad (5.51)$$

或

$$b_i = b + \frac{h_i}{H_1} l \qquad (5.52)$$

式中 b_i——在计算点处(距肋顶点 h_i 处)肋翼缘板的计算宽度,m;

b——肋的厚度,m;

B_2——墙面板的厚度,m;

h_i——肋计算点处距肋顶点的距离,m;

H_1——墙面板的高度(墙面板顶点到墙面板根部的距离);

l——两肋之间的净距离,m。

5.4.5 配筋设计

扶壁式挡土墙的立壁、墙趾板、踵板按矩形截面配筋受弯构件配置钢筋(参照悬臂式挡土墙章节的配筋计算公式),如图5.30所示,而扶肋按 T 形截面计算配筋。

1) 立壁

立壁的水平受力钢筋分为内外侧两种钢筋。

内侧水平受力钢筋 N_2,兼做背侧面板的构造钢筋,布置在立壁靠填土一侧,承受水平负弯矩。该钢筋沿墙长方向布置,如图 5.30(b)所示;沿墙高度方向的分布钢筋,为方便施工和满足构造要求,全墙高度范围可按距墙顶 $H_1/2$ 墙高范围板条(即受力最大板条)的固端负弯矩 M_1 配筋[M_1 为扶肋处支点弯矩设计值,按式(5.39)计算],如图 5.30(a)所示。

外侧水平受拉钢筋 N_3,布置在中间跨立壁临空一侧,承受水平正弯矩。该钢筋沿墙长方向通长布置以增加挡土墙的整体性,如图 5.30(a)所示。N_3 钢筋沿墙高的布置,为方便施工和满足构造要求,全墙高度范围内可按距墙顶 $H_1/2$ 墙高范围板条(即受力最大板条)的跨中正弯矩 M_2 配筋[M_2 为扶肋跨中弯矩设计值,按式(5.41)计算]。

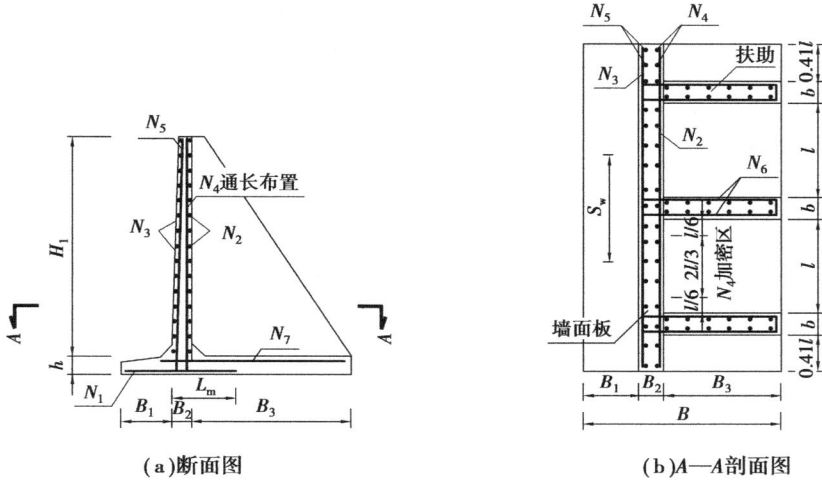

图 5.30　扶壁式挡土墙受力钢筋布置示意图

立壁的竖向受力钢筋,也分内外两侧。内侧竖向受力钢筋 N_4 布置在靠填土一侧,承受立壁的竖向负弯矩。为满足构造要求的间距不大于 20 cm,一般也通长布置到墙顶,如图 5.30(a)所示。沿墙长方向布筋,从图 5.24 可以看出,在跨中部 $2l/3$ 范围内按跨中的最大竖向负弯矩 M_D 配筋[竖向负弯矩 M_D 按式(5.42)计算],靠近扶肋两侧各 $l/6$ 部分按 $M_D/2$ 配筋如图 5.24(b)所示,但考虑锚固段长度后,截断省不了多少钢材,为了方便施工操作,一般也按最大竖向负弯矩 M_D 配筋。

外侧竖向受力钢筋 N_5,布置在立壁临空一侧,承受立壁的竖向正弯矩,按 $M_D/4$ 配筋[竖向负弯矩 M_D 按式(5.42)计算]。该钢筋通长布置,兼作立壁的分布钢筋之用。

连接立壁与扶肋的分布拉筋 N_6[图 5.31(a)]。该钢筋承受钢筋间距水平条块间的支点剪力兼架立作用,在扶肋水平方向通长布置。

2)墙踵板

墙踵板顶面横向水平钢筋 N_7 是为了使墙面板承受竖直负弯矩的钢筋 N_4 得以发挥作用并满足墙踵板承受弯矩和剪力而设置。该筋位于墙踵板顶面,垂直于立壁方向,如图 5.31(a)所示,承受与墙面板竖直最大负弯矩相同的弯矩。钢筋 N_7 与 N_4 钢筋布置相同,在垂直于墙面板方向,一端插入立壁一个钢筋锚固长度,另一端伸至墙踵端,作为墙踵板纵向钢筋 N_8 的定位钢筋。如钢筋 N_7 的间距很小,可将其中的 1/2 在墙踵板宽度中部加一个钢筋锚固长度处切断。

墙踵板顶面和底面纵向水平受拉筋 N_8,N_9[图 5.31(a)],承受墙踵板在扶肋处的负弯矩和跨中正弯矩。一般墙踵板的弯矩很小,通常按构造配筋通长布置。

连接墙踵板与扶肋之间的钢筋 N_{10}[图 5.31(a)]。该钢筋的布置方法与墙面板和扶壁之间的水平拉筋 N_6 相同;一般延至扶肋的顶面,作为扶肋两侧的分布钢筋。在垂直于立壁方向的钢筋分布与墙踵板顶面纵向水平钢筋 N_8 相同。

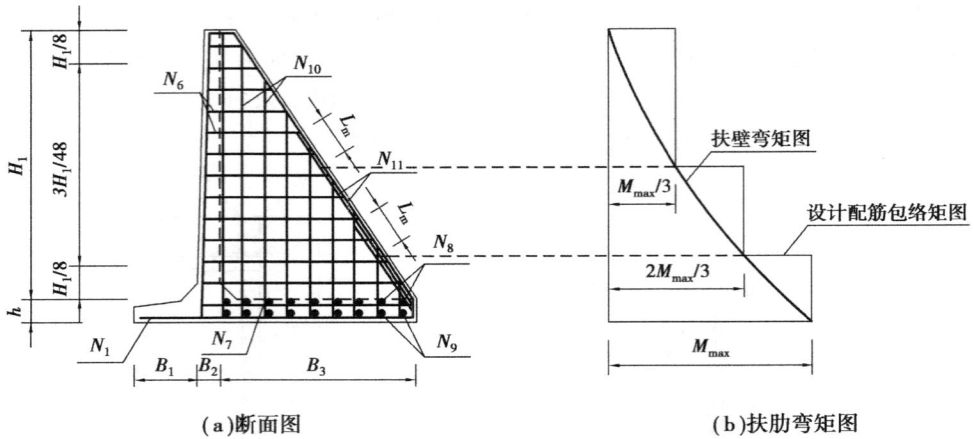

(a)断面图 (b)扶肋弯矩图

图 5.31 墙踵板和扶壁受力钢筋布置示意图

3)墙趾板

同悬臂式挡土墙墙趾板的钢筋布置。

4)扶肋

扶肋背侧的受拉钢筋 N_{11}[图 5.31(a)],应根据扶肋的弯矩图,选择 2~3 个截面,分别计算所需的钢筋根数。为节省混凝土,钢筋 N_{11} 可多层排列,但不得多于 3 层。其间距应满足规范要求,必要时可采用束筋。各层钢筋上端应按不需此钢筋的截面再延长一个钢筋锚固长度,必要时,可将钢筋沿横向弯入墙踵板的底面。

5)T 形截面配筋计算

按照《公路钢筋混凝土及预应力混凝土桥涵设计规范》(JTG 3362—2018)第 5.2.3 条:仅采用纵向体内钢筋的翼缘位于受压区的 T 形或 I 形截面受弯构件[图 5.32(a)、(b)],其正截面抗弯承载力应按下列规定计算:

(1)当符合下列条件时

$$f_{sd}A_s \leqslant f_{cd}b'_f h'_f + f'_{sd}A'_s \tag{5.53}$$

应以宽度为 b'_f 的矩形截面计算。

(2)当不符合上述公式的条件时

计算中应考虑截面腹板受压作用,其正截面抗弯承载力应按下列规定计算:

$$\gamma_0 M_d \leqslant f_{cd}\left[bx\left(h_0 - \frac{x}{2}\right) + (b'_f - b)h'_f\left(h_0 - \frac{h'_f}{2}\right)\right] + f'_{sd}A'_s(h_0 - \alpha'_s) \tag{5.54}$$

受压区高度 x 应按下列公式计算:

$$f_{sd}A_s = f_{cd}\left[bx + (b'_f - b)h'_f\right] \tag{5.55}$$

6)T 形截面裂缝宽度计算

参照悬臂式挡土墙裂缝宽度验算部分内容进行验算。

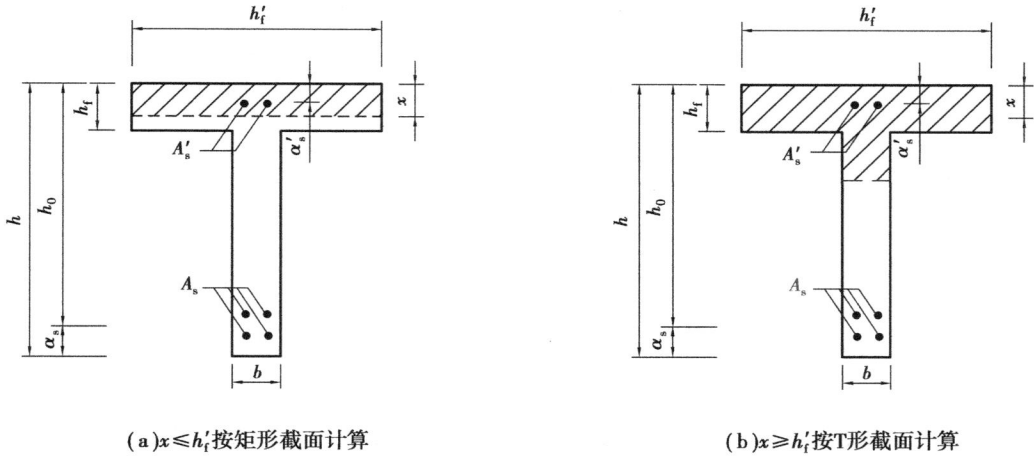

（a）$x \leqslant h'_f$ 按矩形截面计算　　　　　　　（b）$x \geqslant h'_f$ 按T形截面计算

图 5.32　T形截面受弯承载力计算示意图

实例 4　悬壁式挡土墙设计实例

1）项目概况

某三级公路（兼有市政功能），路幅宽度 20 m，设计速度 30 km/h；双向 4 车道，部分区域为回填土，填方较厚，局部达到 14 m，道路两侧为规划场地，为减少道路侵占场平，道路两侧采用挡土墙支挡，原未压实回填土地基承载力较低约为 180 kPa，为了满足地基承载力要求，3.5～5 m 高度采用悬臂式、5.5～11 m 高度采用扶壁式挡土墙进行支挡，如图 5.33 所示。要求先进行场平施工，场平后进行强夯，减小回填土的工后沉降，并提高土体的地基承载力。

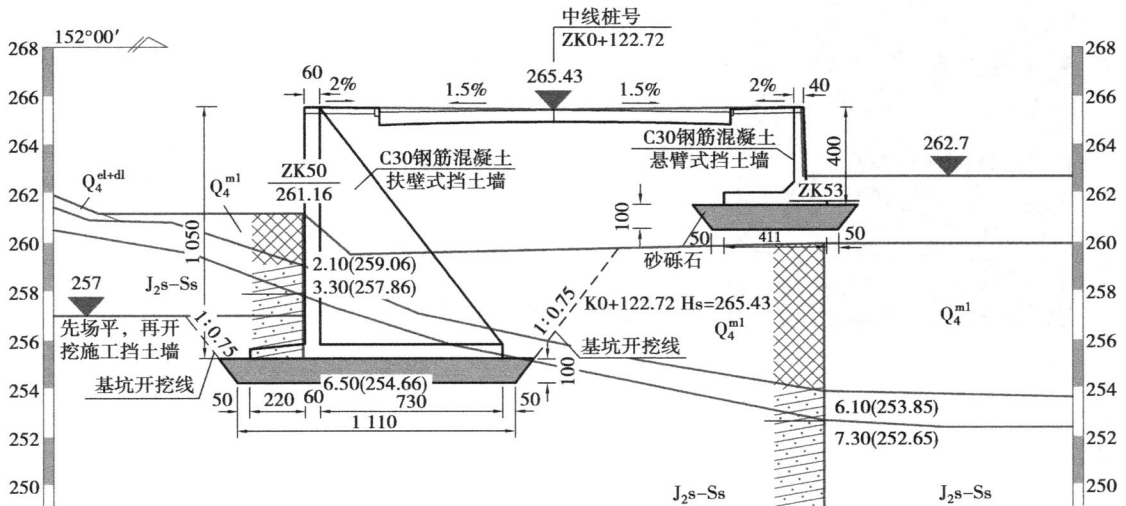

图 5.33　悬臂式挡土墙剖面布置图

挡土墙上方荷载情况，道路人行道宽 3 m，车行道宽 14 m，人行道比车行道高 0.25 m。挡土墙顶上安置人行栏杆,栏杆中心位于墙顶面侧后 15 cm,高度 1.13 m。栏杆自重 0.45 kN/m(45 kg/m),栏杆挡土墙栏杆水平推力 0.75 kN/m,栏杆扶手上的竖向力采用 1 kN/m。

本案对悬臂式挡土墙计算进行介绍。

2)挡土墙计算基本参数的选取

根据勘察报告计算参数取值,见表 5.4。

表 5.4　挡土墙计算基本参数的选取

岩土体类别	基底摩擦系数 μ	填料综合内摩擦角 /(°)	填料容重 /(kN·m^{-3})	墙背与墙后填土摩擦角 /(°)
混凝土与碎石土	0.3	—	—	—
粉质黏土与石混合填料	—	30	20.5	15

注:①挡土墙与基底摩擦系数:根据勘察报告选取,结合《公路路基设计规范》(JTG D30—2015)表 H.0.2-1(表 3.3)和地区经验复核,取 0.3 较合理。

　　②挡土墙后采用粉质黏土与石方混合填筑,土石比为 7:3,综合内摩擦角取 30°,填料重度为 20.5 kN/m³,参照《公路路基设计规范》(JTG D30—2015)表 H.0.1-4(表 1.6)结合地区经验和填料要求选用。

3)悬臂式挡土墙计算参数输入详解

(1)挡土墙尺寸拟定

一般参照类似项目经验或者《17J008 挡土墙图集》等,先初步拟定挡土墙尺寸。尺寸参数输入如图 5.34 所示。

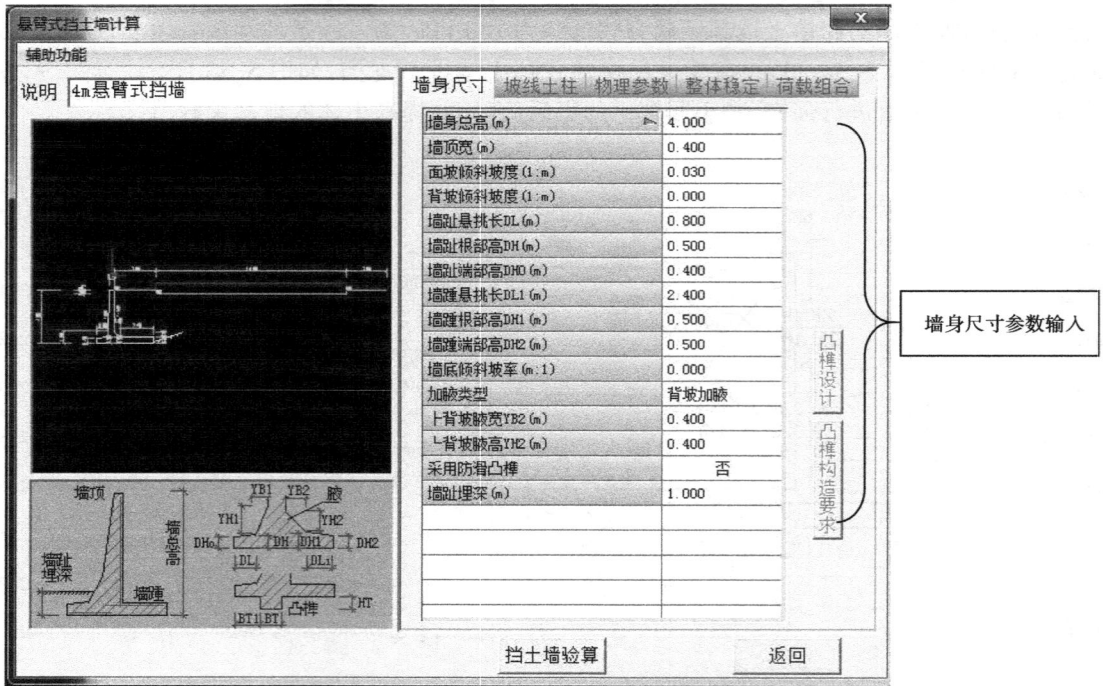

图 5.34　悬臂式挡土墙尺寸参数输入

（2）地面线、车辆荷载等边界条件的输入

地面线、车辆荷载等边界条件,将主要影响土压力的大小,应与实际一致。输入界面如图5.35(a)、(b)所示。

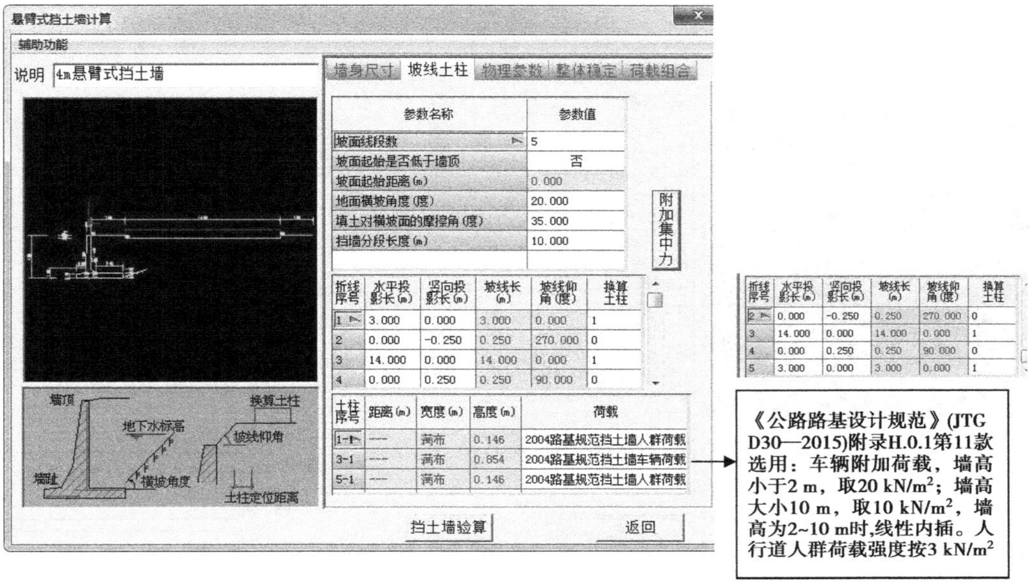

(a)悬臂式挡土墙地面线、车辆荷载参数输入

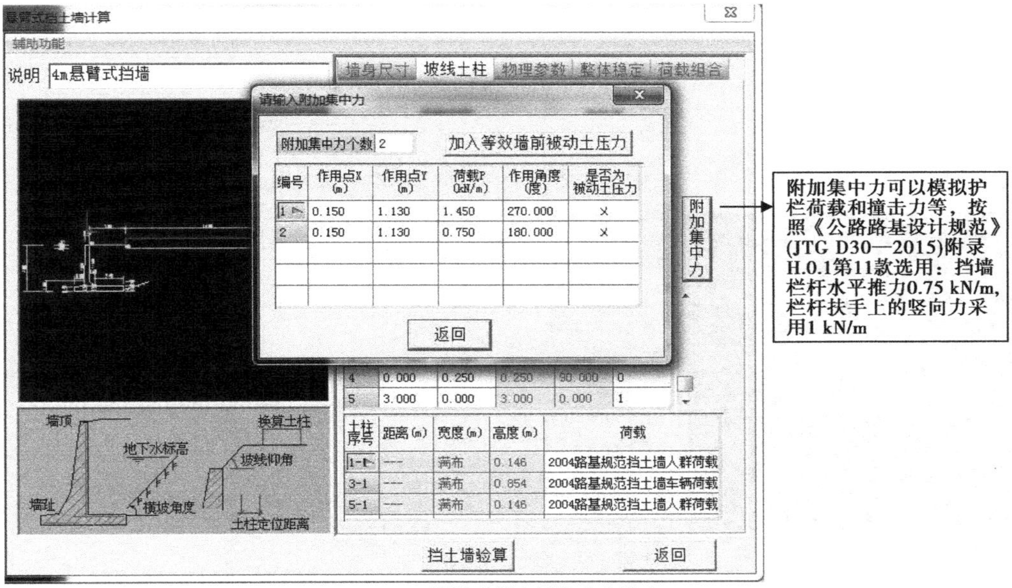

(b)悬臂式挡土墙集中力输入

图5.35　地面线、车辆荷载信息输入

注意:1. 栏杆的水平力作用点在挡土墙顶后0.15 m,距离墙顶1.13 m,水平推力0.75 kN/m;竖向荷载作用点在挡土墙顶后0.15 m,距离墙顶1.13 m,竖向合力1.45 kN/m。

2. 理正6.5版本中用的《公路路基设计规范》(JTG D30—2004)与《公路路基设计规范》(JTG D30—2015)中的车辆、人群荷载一致。

（3）填料、地基土、墙身材料等物理参数输入

填料、地基土主要影响挡土墙的土压力和抗滑移、抗倾覆验算,墙身材料参数影响结构设计,输入界面如图 5.36(a)、(b)所示。

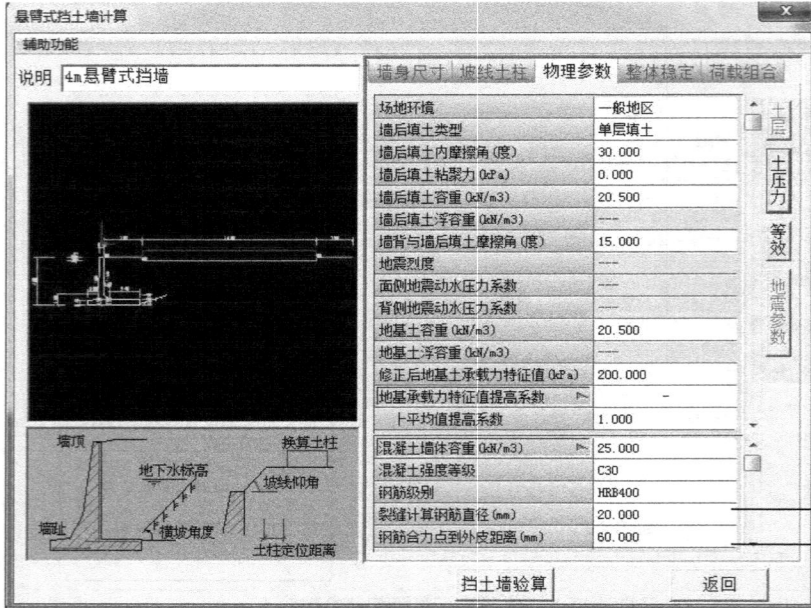

钢筋直径参照类似项目经验选取

钢筋合力点到外皮距离=c+d/2,c为混凝土保护层最小厚度,按照《公路钢筋混凝土及预应力混凝土桥涵设计规范》(JTG 3362—2018)表9.1.1取值,d为主筋直径

（a）

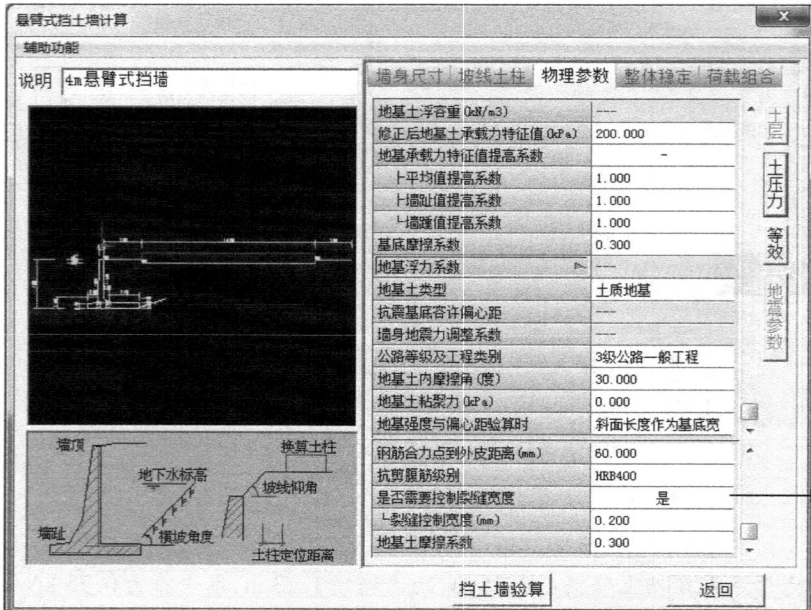

裂缝宽度需控制,按照《公路钢筋混凝土及预应力混凝土桥涵设计规范》(JTG 3362—2018)表6.4.2取值(很多时候配筋面积是裂缝宽度控制)

（b）

图 5.36　挡土墙填料、地基土、墙身参数输入

（4）整体稳定性计算

由于目前版本未考虑挡土墙的抗力，计算结果失真，一般不采用挡土墙的整体稳定性计算功能。

（5）荷载组合输入

荷载组合根据《公路路基设计规范》2015 附录 H 表 H.0.1-5（表 3.18、表 3.19）选用，输入界面如图 5.37 所示。

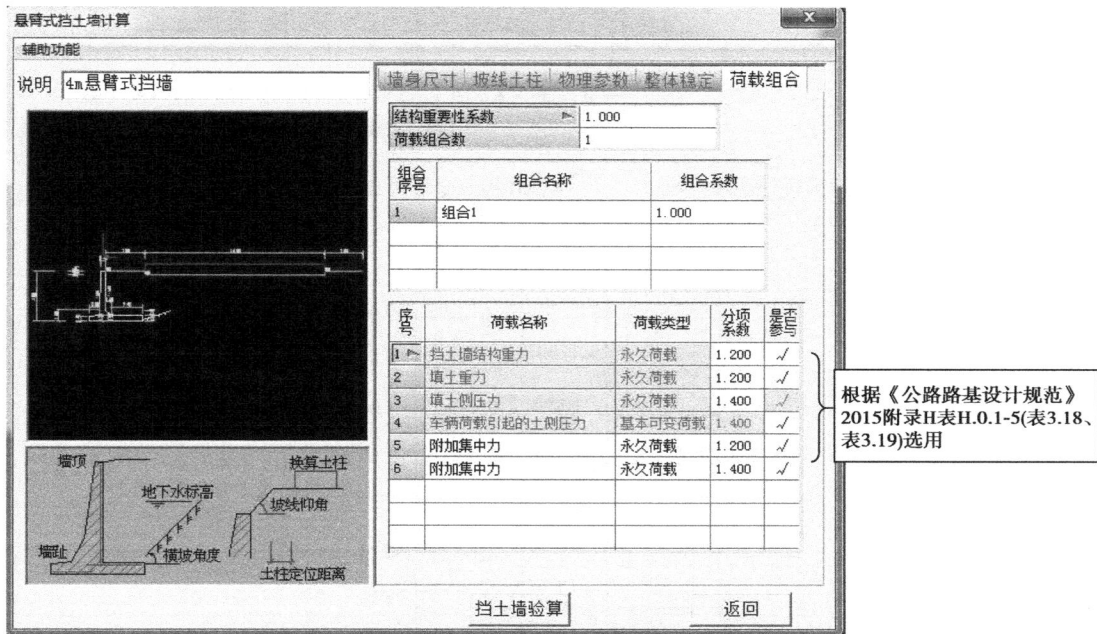

图 5.37　悬臂式挡土墙荷载组合参数输入

（6）一般地区悬臂式挡土墙理正计算结果

一般地区悬臂式挡土墙理正计算的主要结果如图 5.38 至图 5.41 所示，主要结果汇总表见表 5.5。

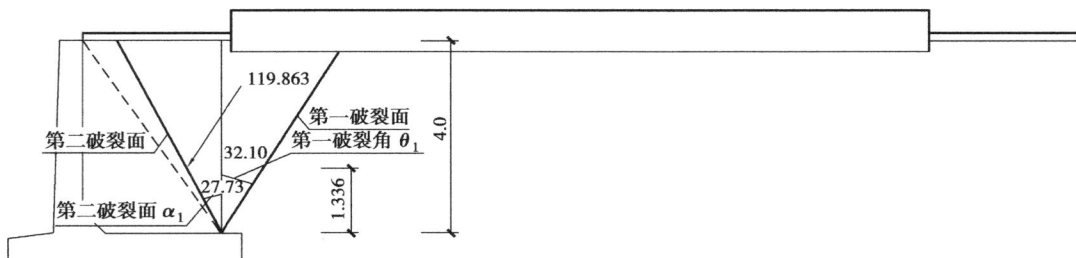

图 5.38　全墙第二破裂角楔形体
（尺寸单位：m；力单位：kN）

图 5.39 楔形体力的多边形图示
（力单位：kN）

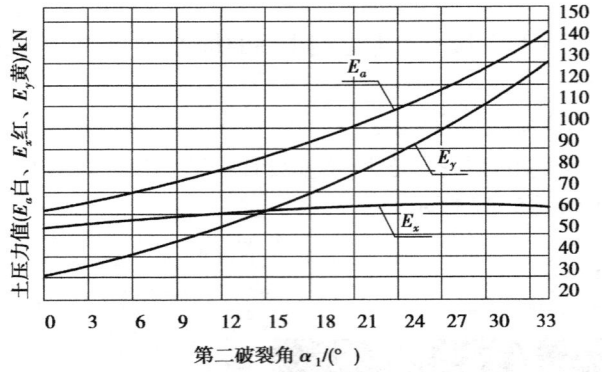

图 5.40 全墙第二破裂角与土压力关系图

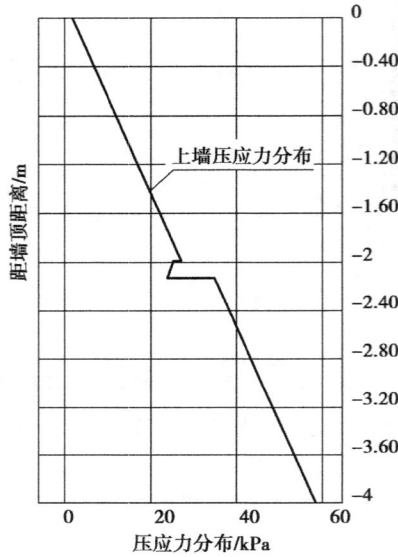

图 5.41 全墙土压力强度分布

表 5.5 悬臂式挡土墙一般工况主要验算项目汇总表

验算项目		规范要求值	计算结果
抗滑移	抗滑移稳定系数	1.3	1.484
	滑移稳定方程/kN	>0	24.187
抗倾覆	抗滑倾覆稳定系数	1.5	8.471
	倾覆稳定方程/(kN·m)	>0	687.988
基底偏心和应力	作用于基底合力偏心距/m	$B/6 = 4.105/6 = 0.684$	0.032
	基底最大应力/kPa	200	81.695

续表

验算项目		规范要求值	计算结果
墙趾板强度计算	墙趾根部弯矩/(kN·m)	—	20.74
	墙趾根部剪力/kN	—	52.185
	纵向受拉钢筋构造配筋面积/mm²	—	880
	裂缝宽度/mm	0.2	0.063
墙踵板根部强度计算	墙踵根部弯矩/(kN·m)	—	29.999
	墙踵根部剪力/kN	—	34.679
	纵向受拉钢筋构造配筋面积/mm²	—	880
	裂缝宽度/mm	0.2	0.064
墙踵板加腋根部强度计算	墙踵板加腋根部弯矩/(kN·m)	—	45.744
	墙踵板加腋根部剪力/kN	—	40.802
	纵向受拉钢筋构造配筋面积/mm²	—	880
	裂缝宽度	0.2	0.108
立壁距墙顶0.875 m处强度计算	弯矩	—	3.767
	剪力	—	5.918
	纵向受拉钢筋构造配筋面积/mm²	—	732.5
	裂缝宽度/mm	0.2	0.015
立壁距墙顶1.75 m处强度计算	弯矩/(kN·m)	—	13.713
	剪力/kN	—	18.083
	纵向受拉钢筋构造配筋面积/mm²	—	785
	裂缝宽度/mm	0.2	0.046
立壁距墙顶2.625 m处强度计算	弯矩/(kN·m)	—	37.829
	剪力/kN	—	39.336
	纵向受拉钢筋构造配筋面积/mm²	—	837.5
	裂缝宽度/mm	0.2	0.112
立壁距墙顶3.5 m处强度计算	弯矩/(kN·m)	—	85.067
	剪力/kN	—	69.906
	纵向受拉钢筋构造配筋面积/mm²	—	890
	裂缝宽度/mm	0.2	0.224
	满足裂缝宽度的配筋面积/mm²	—	1 100

4）悬臂式挡土墙配筋操作

（1）调用配筋交互界面

根据计算结果，可进行施工图配筋。界面如图5.42所示。

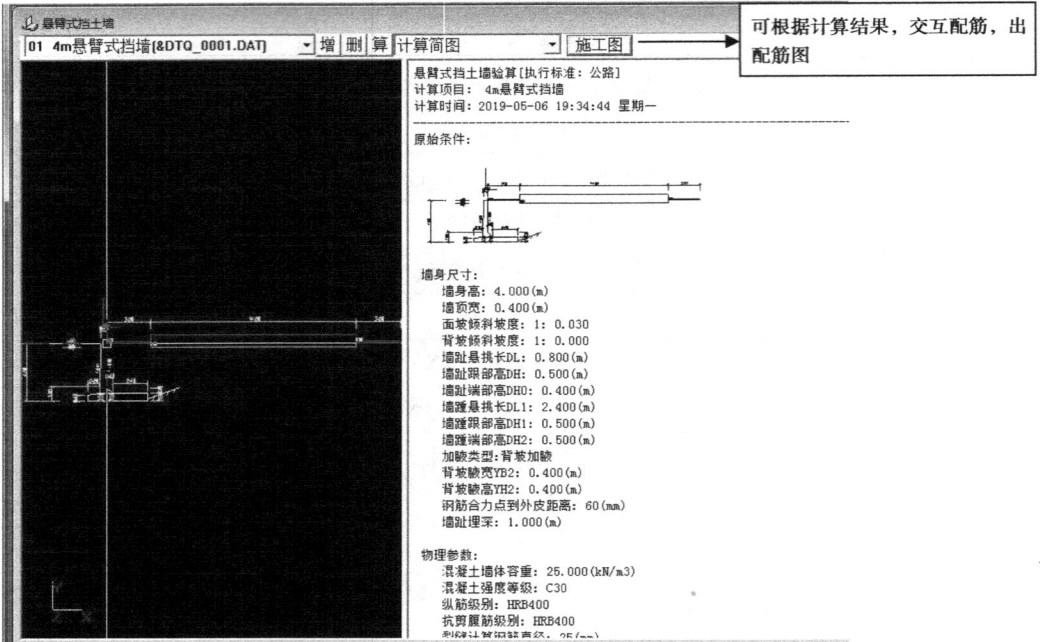

图5.42　调用配筋交互界面

（2）墙面板配筋交互界面

根据计算结合构造要求，对墙面板配筋参数输入，界面如图5.43所示。

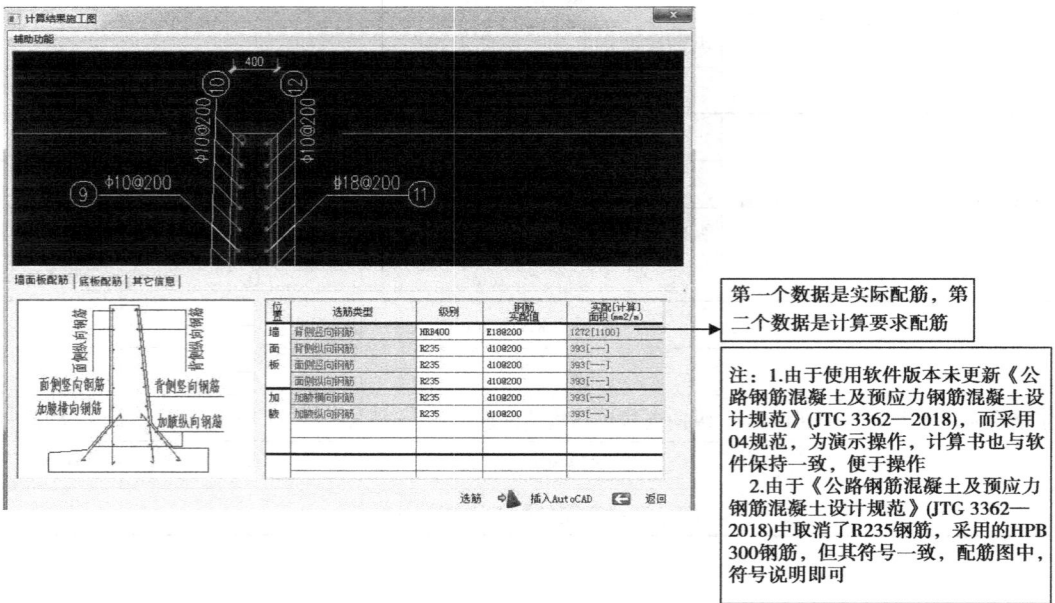

图5.43　墙面板配筋交互界面

（3）底板配筋交互界面

根据计算结合构造要求,对墙面板配筋参数输入,界面如图 5.44 所示。

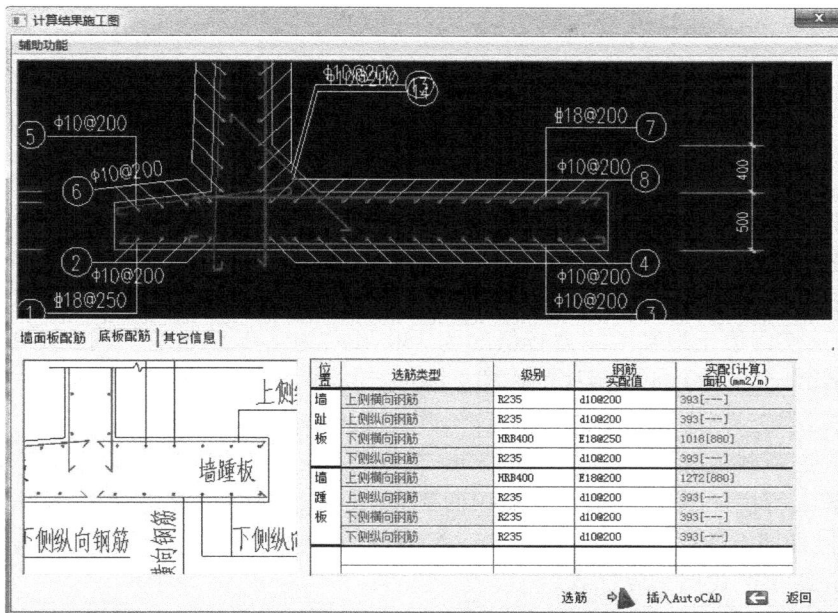

图 5.44　底板配筋交互界面

（4）锚固段长度、保护层厚度及出图比例交互界面

锚固段长度、保护层厚度及出图比例交互界面,如图 5.45 所示。

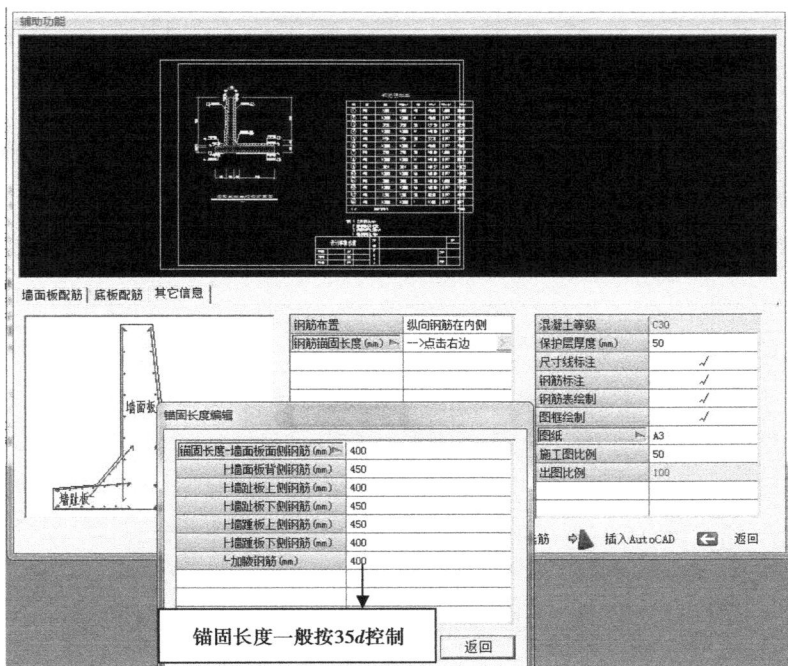

图 5.45　锚固段长度、保护层厚度及出图比例交互界面

（5）配筋成果图

此版本暂无架立钢筋，钢筋架立困难，需要补充，且钢筋端部处理需完善，将软件出图经过完善后的成果图（见附图4、附图5）。

实例5　扶壁式挡土墙设计实例

1）项目概况

某三级公路兼有市政功能，路幅宽度20 m，设计速度30 km/h；双向4车道，部分区域为回填土，填方较厚，局部达14 m，道路两侧为规划场地，为减少道路侵占场平，道路两侧采用挡土墙支挡，原未压实回填土地基承载力较低约为180 kPa，为了满足地基承载力要求，3.5~5 m高度采用悬臂式、5.5~11 m采用扶壁式挡土墙进行支挡，如图5.46所示，要求先进行场平施工，场平后进行强夯，减小回填土的工后沉降，并提高土体的地基承载力。

挡土墙上方荷载情况，道路人行道宽3 m，车行道宽14 m，人行道比车行道高0.25 m。挡土墙顶上安置人行栏杆，栏杆中心位于墙顶面侧后15 cm，高度1.13 m。栏杆自重0.45 kN/m（45 kg/m），栏杆挡土墙栏杆水平推力0.75 kN/m，栏杆扶手上的竖向力采用1 kN/m。

本实例介绍扶壁式挡土墙计算。

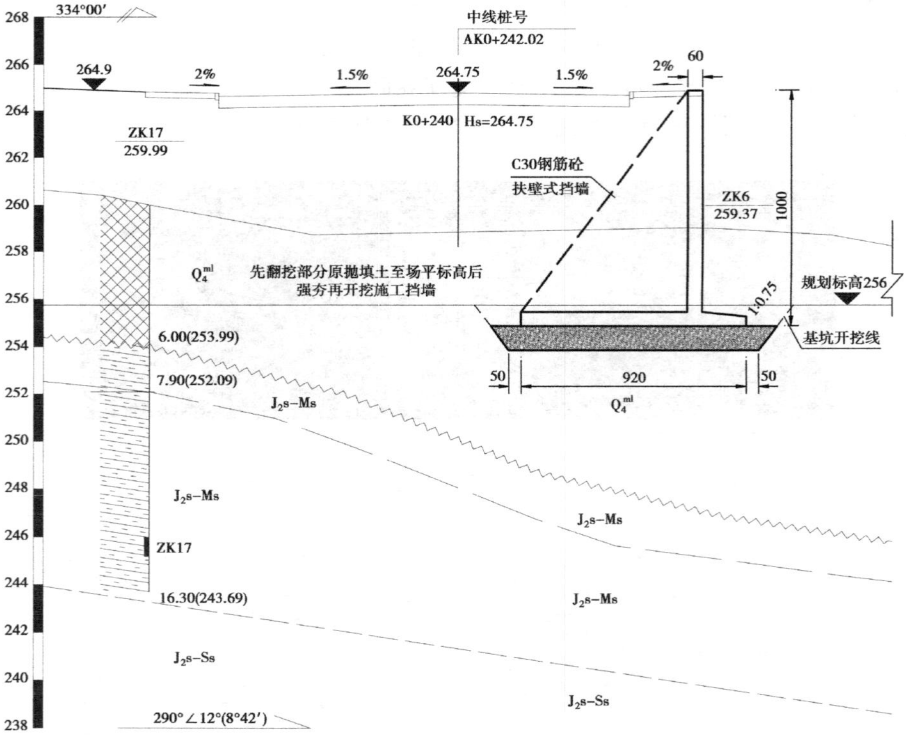

图5.46　扶壁式挡土墙剖面布置图

2）挡土墙计算参数的选取

根据勘察报告计算参数取值，见表5.6。

表 5.6　挡土墙计算基本参数的选取

岩土体类别	参　数			
	基底摩擦系数 μ	填料综合内摩擦角 /(°)	填料容重 /(kN·m^{-3})	墙背与墙后填土摩擦角 /(°)
混凝土与碎石土	0.3	—	—	—
粉质黏土与石回填	—	30	20.5	15

注:①挡土墙与基底摩擦系数:根据勘察报告选取,结合《公路路基设计规范》(JTG D30—2015)表 H.0.2-1(表3.3)和地区经验复核,取 0.3 较合理。

②挡土墙后采用粉质黏土与石方混合填筑,土石比为 7∶3,综合内摩擦角取 30°,填料重度为 20.5 kN/m^3,参照《公路路基设计规范》(JTG D30—2015)表 H.0.1-4(表1.6)结合地区经验和填料要求选用。

3)扶壁式挡土墙计算参数输入详解

(1)挡土墙尺寸拟定

一般参照类似项目经验或者《17J008 挡土墙图集》等,先初步拟定挡土墙尺寸。尺寸参数输入如图 5.47 所示。

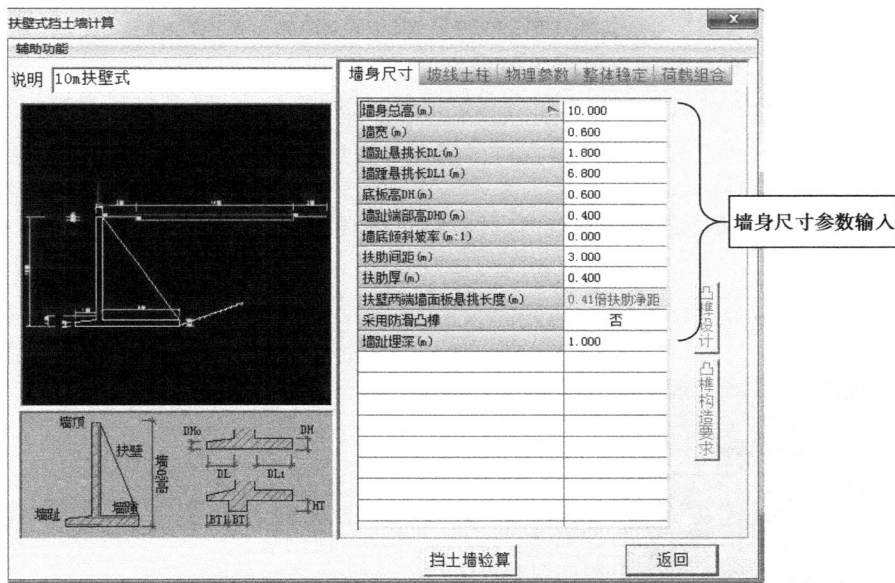

图 5.47　扶壁式挡土墙墙身尺寸参数输入

(2)地面线、车辆荷载等边界条件的输入

地面线、车辆荷载等边界条件,将主要影响土压力的大小,应与实际一致。输入界面如图 5.48 所示。

注意:1.附加集中力可以模拟护栏荷载和撞击力等,按照《公路路基设计规范》(JTG D30—2015)附录 H.0.1 第 11 款选用:挡土墙栏杆水平推力 0.75 kN/m,栏杆扶手上的竖向力采用 1 kN/m。

2.本项目栏杆的水平力作用点在挡土墙顶后 0.15 m,距离墙顶 1.13 m,水平推力 0.75 kN/m;竖向荷载作用点在挡土墙顶后 0.15 m,距离墙顶 1.13 m,竖向合力 1.45 kN/m。

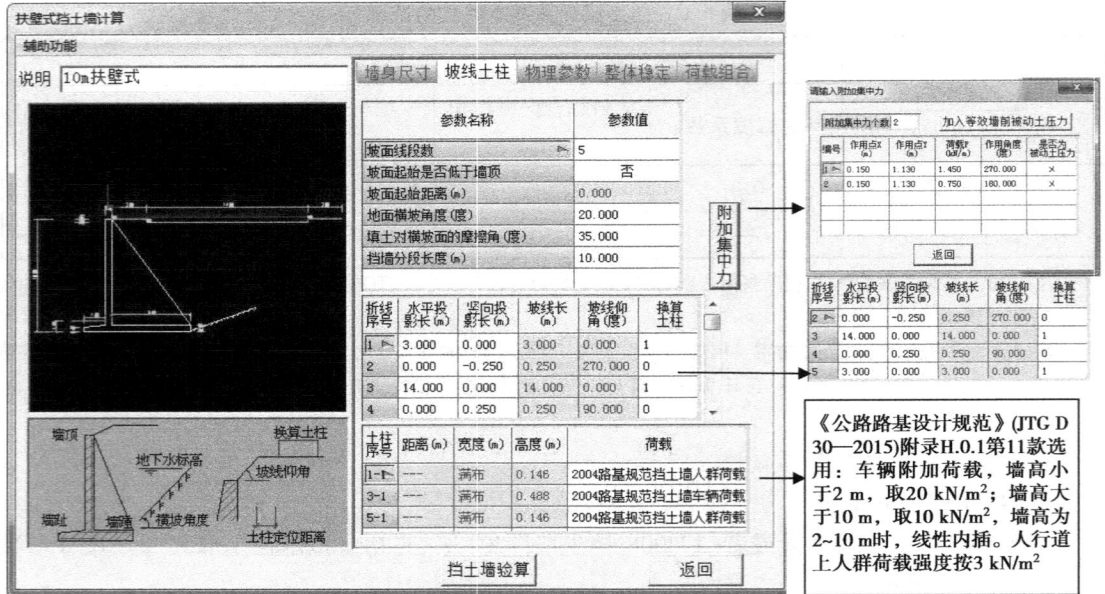

图 5.48　扶壁式挡土墙地面线、车辆荷载参数输入

（3）填料、地基土、墙身材料等物理参数输入

填料、地基土主要影响挡土墙的土压力和抗滑移、抗倾覆验算，墙身材料参数影响结构设计，输入界面如图 5.49（a）、（b）所示。

（4）整体稳定性计算

由于目前的版本未考虑挡土墙的抗力，计算结果失真，一般不采用挡土墙的整体稳定性计算功能。

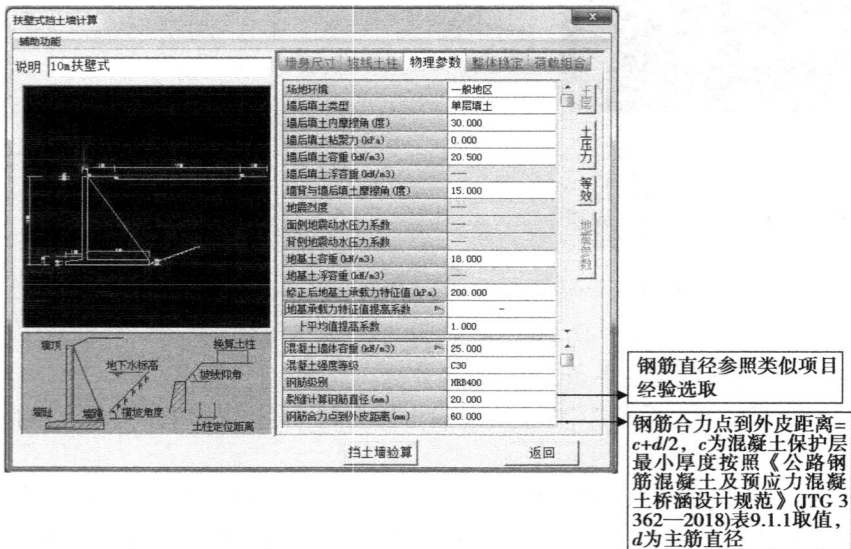

（a）扶壁式挡土墙填料、地基土、墙身参数输入

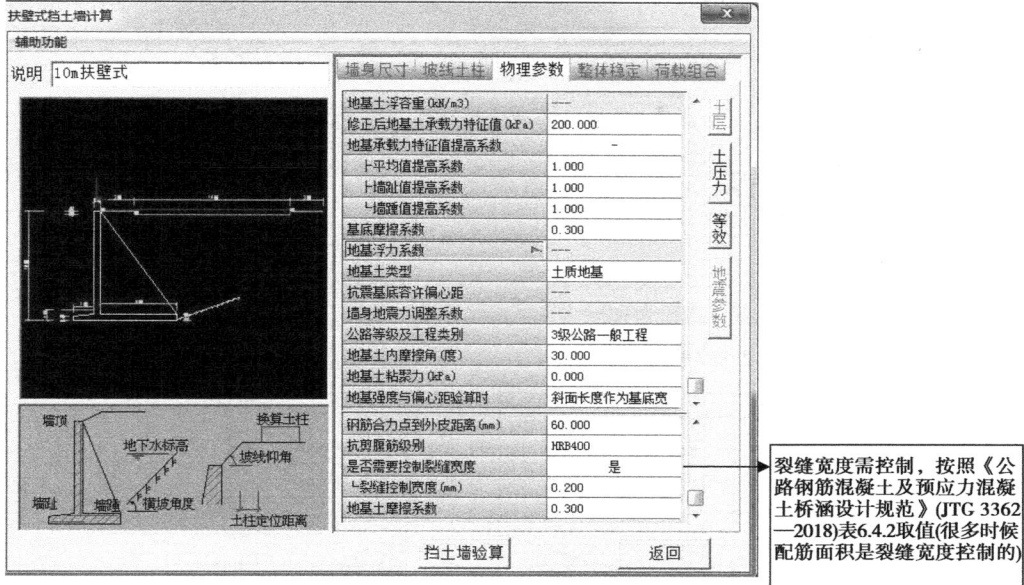

（b）扶壁式挡土墙填料、地基土、墙身参数输入

图 5.49 填料、地基土、墙身号数输入

（5）荷载组合输入

荷载组合根据《公路路基设计规范》（JTG D30—2015）附录 H、表 H. 0. 1-5（表 3.18、表 3.19）选用，输入界面如图 5.50 所示。

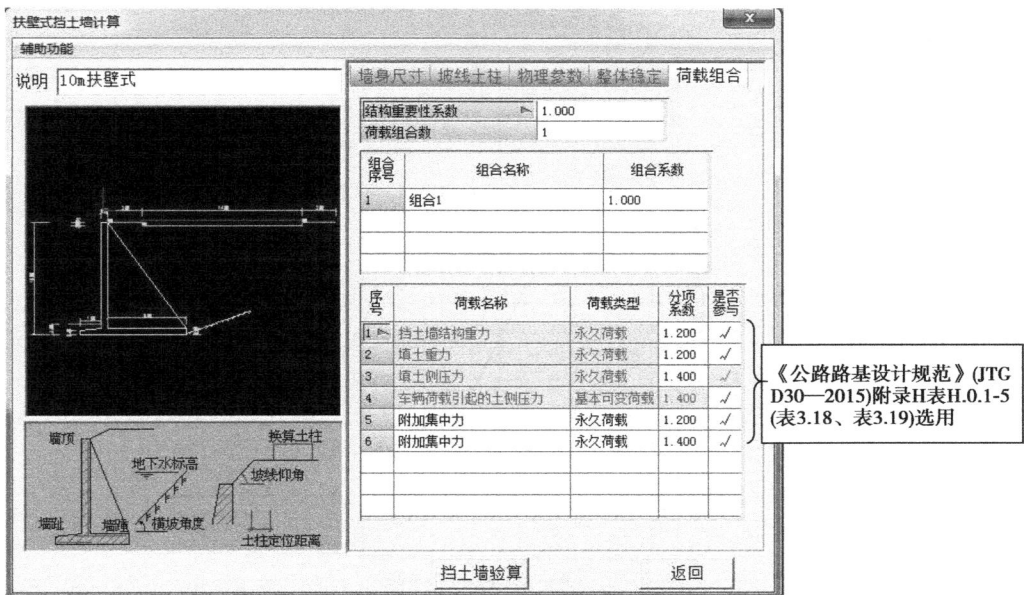

图 5.50 扶壁式挡土墙荷载组合参数输入

（6）一般地区悬臂式挡土墙计算结果

主要计算结果如图 5.51 和图 5.54 所示，结果汇总见表 5.7。

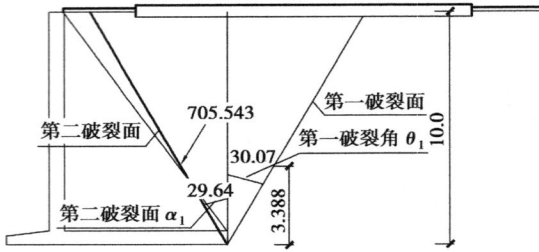

图 5.51　全墙第二破裂角楔形体
（尺寸单位：m；力单位：kN）

图 5.52　楔形体力的多边形图示
（力单位：kN）

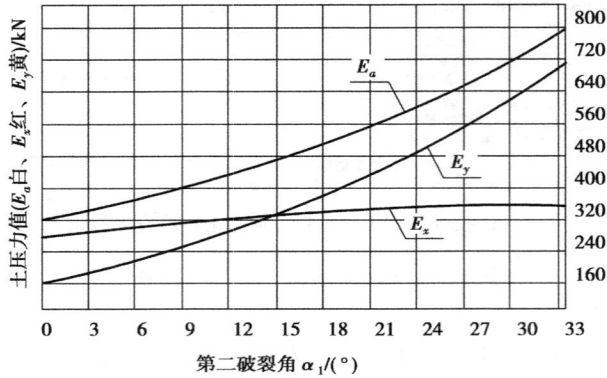

图 5.53　全墙第二破裂角与土压力关系图

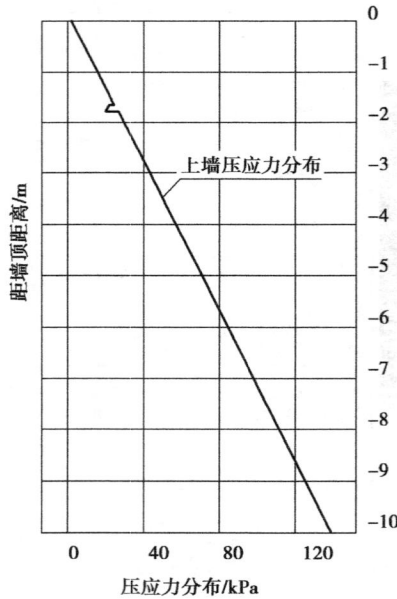

图 5.54　全墙土压力强度分布

184

表 5.7 扶壁式挡土墙一般工况主要验算项目汇总表

验算项目		规范要求值	计算结果
抗滑移	抗滑移稳定系数	1.3	1.371
	滑移稳定方程/kN	>0	93.637
抗倾覆	抗滑倾覆稳定系数	1.5	7.186
	倾覆稳定方程/(kN·m)	>0	7 947.129
基底偏心和应力	作用于基底合力偏心距/m	$B/6 = 9.2/6$	0.007
	基底最大应力/kPa	200	178.301
墙趾板强度计算	墙趾根部弯矩/(kN·m)	—	315.777
	墙趾根部剪力/kN	—	351.149
	纵向受拉钢筋构造配筋面积/mm²	—	1 080
	裂缝宽度/mm	0.2	0.368
	满足裂缝宽度的配筋面积/mm²		3 377.625
墙踵板与肋板连接支座强度计算	墙踵根部弯矩/(kN·m)	—	31.535
	墙踵根部剪力/kN	—	72.772
	纵向受拉钢筋构造配筋面积/mm²	—	1 080
	裂缝宽度/mm	0.2	0.066
墙踵板跨中强度计算	墙踵板跨中弯矩/(kN·m)	—	23.465
	墙踵板跨中剪力	—	0
墙踵板跨中强度计算	纵向受拉钢筋构造配筋面积/mm²	—	1 080
	裂缝宽度/mm	0.2	0.04
立壁与肋柱连接支座水平方向强度计算	弯矩/(kN·m)	—	26.497
	剪力/kN	—	61.147
	纵向受拉钢筋构造配筋面积/mm²	—	1 080
	裂缝宽度/mm	0.2	0.047
立壁跨中水平方向强度计算	弯矩/(kN·m)	—	15.898
	剪力/kN	—	0
	纵向受拉钢筋构造配筋面积/mm²	—	1 080
	裂缝宽度/mm	0.2	0.028
立壁竖向正弯矩强度计算	弯矩/(kN·m)	—	16.987
	剪力/kN	—	0
	纵向受拉钢筋构造配筋面积/mm²	—	1 080
	裂缝宽度/mm	0.2	0.03

续表

验算项目		规范要求值	计算结果
立壁竖向负弯矩强度计算	弯矩/(kN·m)	—	67.947
	剪力/kN	—	0
	纵向受拉钢筋构造配筋面积/mm²	—	1 080
	裂缝宽度/mm	0.2	0.121
肋柱距墙顶2.35 m处强度计算	弯矩/(kN·m)	—	76.882
	剪力/kN	—	90.696
	纵向受拉钢筋构造配筋面积/mm²	—	1 792
	裂缝宽度/mm	0.2	0.017
肋柱距墙顶4.7 m处强度计算	弯矩/(kN·m)	—	557.158
	剪力/kN	—	344.464
	纵向受拉钢筋构造配筋面积/mm²	—	3 152
	裂缝宽度/mm	0.2	0.041
肋柱距墙顶7.05 m处强度计算	弯矩/(kN·m)	—	1 820.013
	剪力/kN	—	756.721
	纵向受拉钢筋构造配筋面积/mm²	—	4 512
	裂缝宽度/mm	0.2	0.065
肋柱距墙顶9.4 m处强度计算	弯矩/(kN·m)	—	4 237.894
	剪力/kN	—	1 327.464
	纵向受拉钢筋构造配筋面积/mm²	—	5 872
	裂缝宽度/mm	0.2	0.089

4)扶壁式挡土墙配筋图

(1)调用施工图配筋交互界面

根据计算结果,可进行施工图配筋,界面如图5.55所示。

(2)墙面板配筋交互界面

根据计算结合构造要求,对墙面板配筋参数输入,界面如图5.56所示。

(3)墙底板配筋交互界面

根据计算结合构造要求,对墙面板配筋参数输入,界面如图5.57所示。

(4)扶肋配筋交互界面

根据计算结合构造要求,对扶肋配筋参数输入,界面如图5.58所示。

(5)锚固段长度、保护层厚度及出图比例信息交互界面

锚固段长度、保护层厚度及出图比例信息交互界面,如图5.59所示。

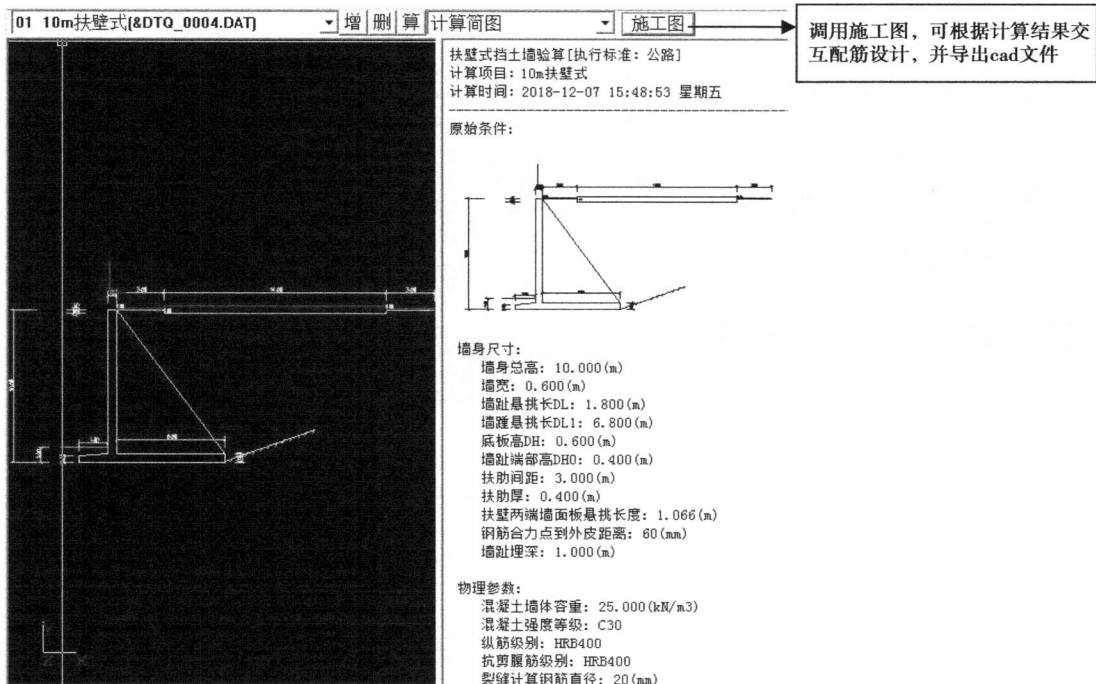

调用施工图，可根据计算结果交互配筋设计，并导出cad文件

图 5.55 调用施工图配筋交互界面

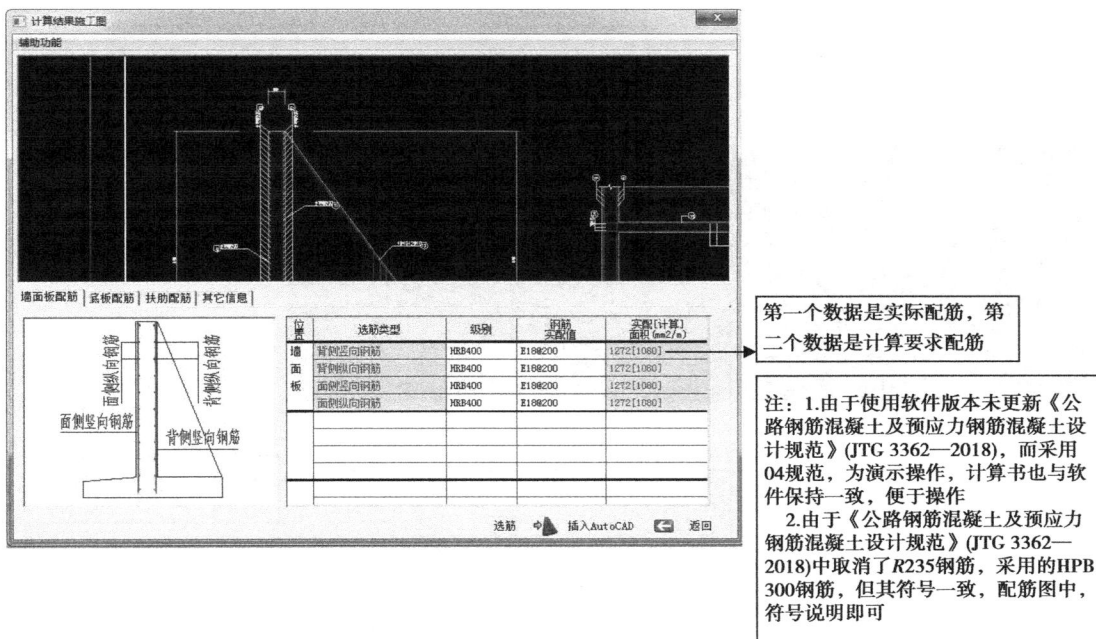

第一个数据是实际配筋，第二个数据是计算要求配筋

注：1.由于使用软件版本未更新《公路钢筋混凝土及预应力钢筋混凝土设计规范》(JTG 3362—2018)，而采用04规范，为演示操作，计算书也与软件保持一致，便于操作

2.由于《公路钢筋混凝土及预应力钢筋混凝土设计规范》(JTG 3362—2018)中取消了R235钢筋，采用的HPB300钢筋，但其符号一致，配筋图中，符号说明即可

图 5.56 墙面板配筋交互界面

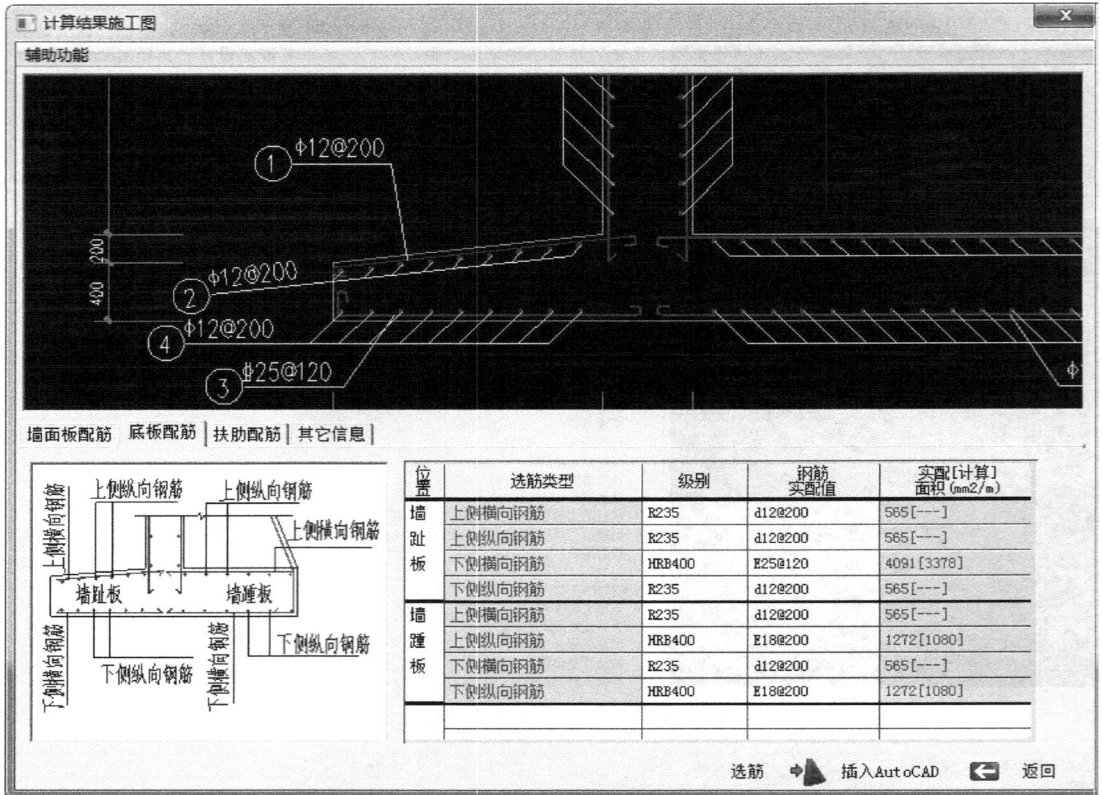

图 5.57　墙底板配筋交互界面

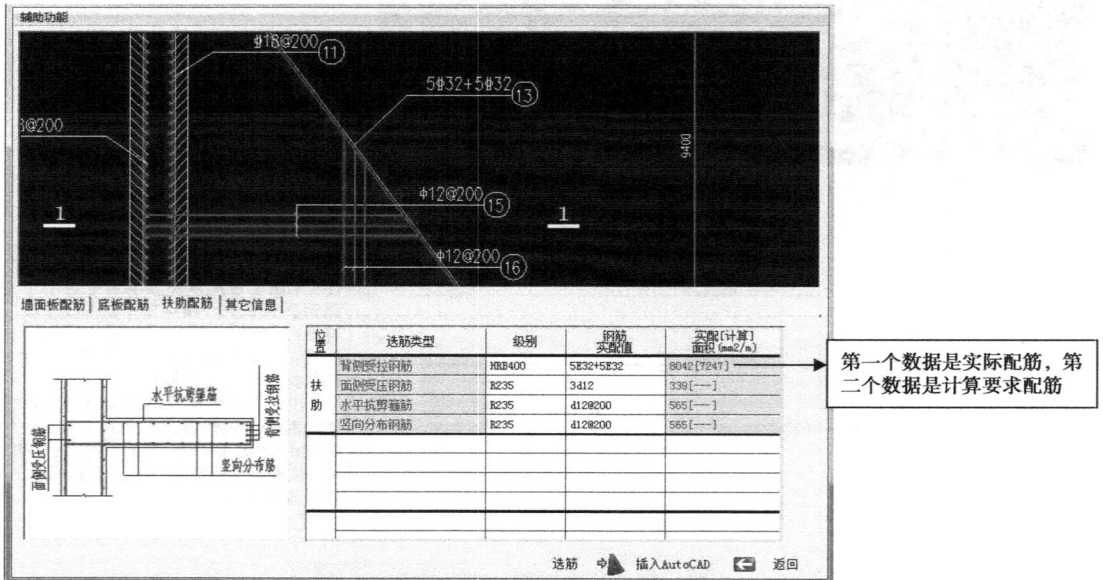

图 5.58　扶肋配筋交互界面

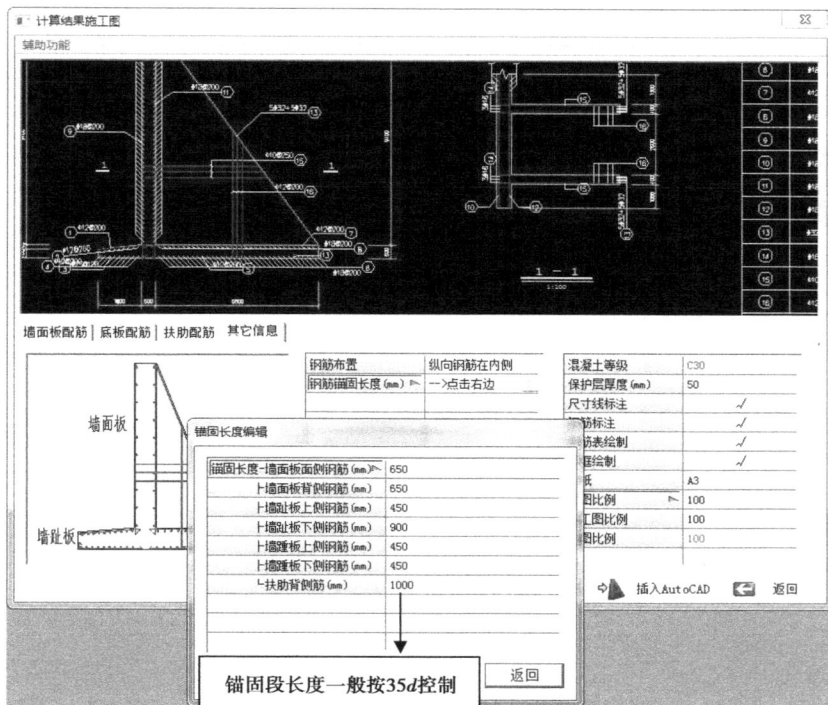

图 5.59　锚固段长度、保护层厚度及出图比例信息交互

（6）配筋图导出 cad 文件

配筋图导出 cad 文件，界面如图 5.60 所示。软件出图修改完善后的成果图见附图 6.7。

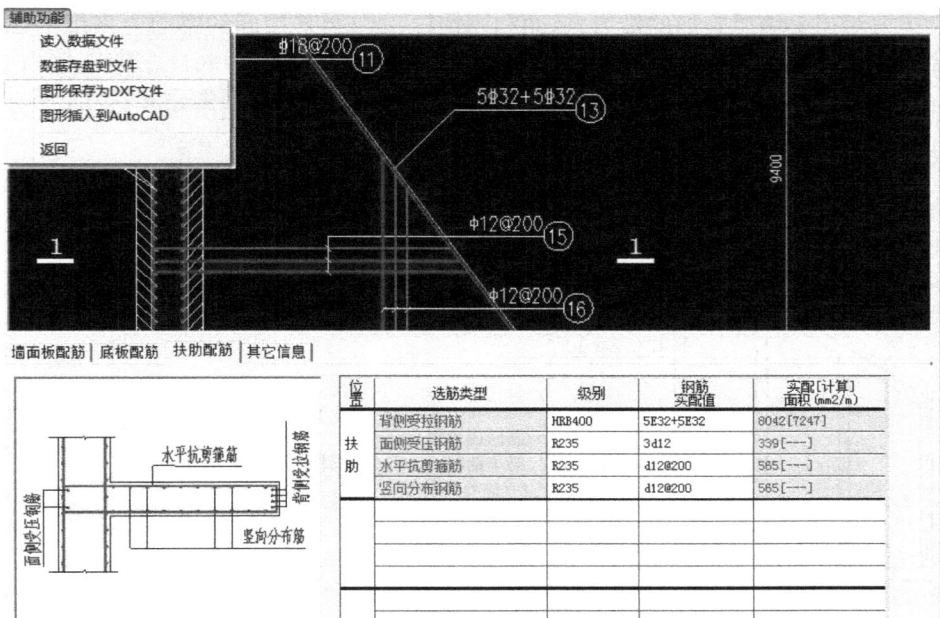

图 5.60　配筋图导出 cad 文件

第**6**章

锚杆(索)挡土墙

6.1 锚杆(索)挡土墙概述

6.1.1 锚杆(索)挡土墙的概念及分类

锚杆(索)挡土墙是利用锚杆(索)技术形成的一种挡土构造物。锚杆是一种受拉杆,它的一端与挡土墙连接,另一端通过钻孔、插入锚杆(索)、灌浆、养护等工序锚固在稳定的地层中,以承受土压力对挡土墙所施加的推力,从而利用锚杆(索)与地层间的锚固力来维持挡土墙的稳定。锚杆挡土墙是由挡土板、肋柱和锚杆组成的,如图6.1所示。肋柱是挡土板的支座,锚杆(索)是肋柱的支座,墙后的侧向土压力作用于挡土板上,并通过挡土板传给肋柱,再由肋柱传给锚杆,由锚杆与周围地层之间的锚固力,即锚杆(索)抗拔力使之平衡。

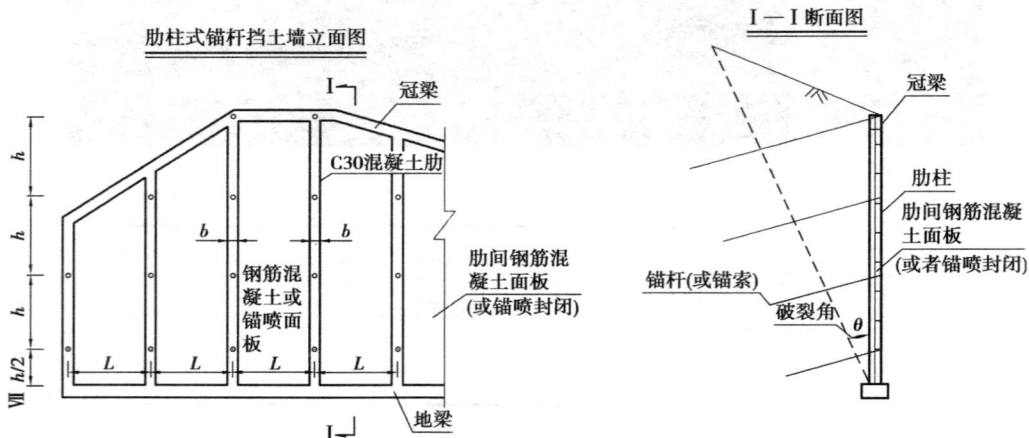

图6.1 肋柱式锚杆挡土墙

190

根据挡土墙的结构形式可分为板肋式锚杆挡土墙、格构式锚杆挡土墙(也称锚杆框架,见图 6.2)和排桩式锚杆挡土墙;根据锚杆类型可分为非预应力锚杆挡土墙和预应力锚杆(索)挡土墙,由于排桩式锚杆挡土墙是桩、锚组合结构,本章不做详细介绍。

板肋式锚杆挡土墙适用于边坡开挖受限(无放坡条件)或开挖高度不高且自稳能力较强的挖方岩质边坡和缺乏石料的地区。

格构式锚杆挡土墙适用于下滑力较大的顺层边坡或绿化要求较高的岩质边坡,下滑力较大的岩质边坡使用时要采用逆做法施工,确保施工安全。

排桩式锚杆挡土墙适用于下列地质情况的边坡:

①位于滑坡区或切坡后可能引发滑坡的边坡。

②切坡后可能沿外倾软弱结构面滑动、破坏后果严重的边坡。

③高度较大、稳定性较差的土质边坡。

④边坡塌滑区内有重要建筑物基础或Ⅳ类岩质边坡和土质边坡。

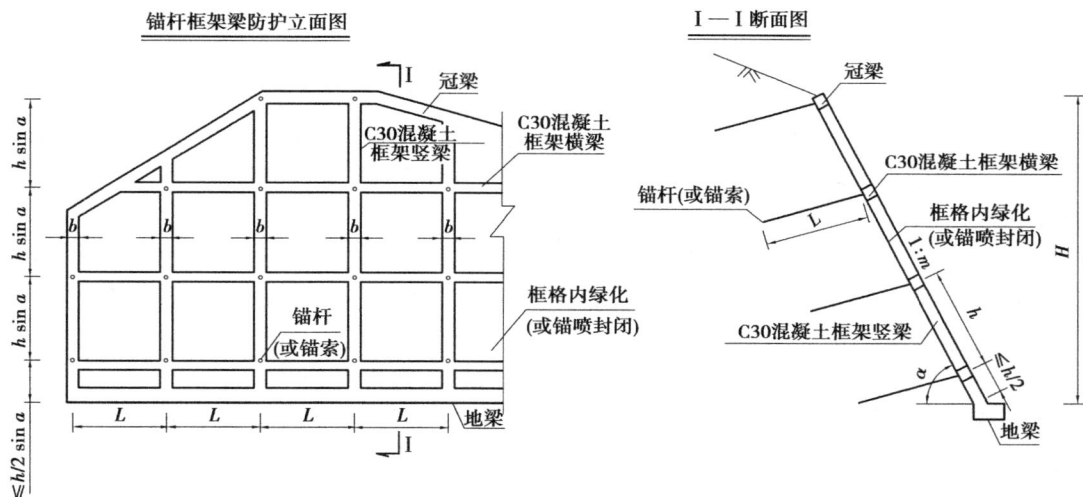

图 6.2　锚杆框架梁

6.1.2　锚杆(索)挡土墙的特点

①构件断面小、结构质量小,使挡土墙的结构轻型化,与重力式挡土墙相比,可节约大量的圬工和节省工程投资。

②利于挡土墙的机械化、装配化施工,可减轻笨重的体力劳动,提高劳动生产率。

③不需要开挖大量基坑,能克服不良地基挖基的困难,并利于施工安全。但对于锚杆挡土墙也有不足之处,如施工工艺要求较高,要有钻孔、灌浆等配套的专用机械设备,且要耗用一定的钢材。

6.2　锚杆(索)挡土墙的构造

锚杆(索)挡土墙可根据地形设计为单级或多级,每级墙的高度不宜大于 8 m(锚杆挡土墙),具体高度应视地质和施工条件而定。

6.2.1 肋柱式锚杆挡土墙构造

肋柱式锚杆挡土墙构造按照《公路路基设计规范》(JTG D30—2015)第5.4.8条:

①肋柱式锚杆挡土墙的肋柱间距宜为2.0~3.0 m。肋柱高度宜垂直布置或向填土一侧仰斜,但斜度不应大于1:0.05。

②多级肋柱式锚杆挡土墙的平台,宜用厚度不小于0.15 m的C15混凝土封闭,并设置向墙外倾斜2%的横坡。

③每级肋柱上的锚杆层数,可设计为双层或多层。锚杆可按弯矩相等或支点反力相等的原则布置,向下倾斜。每层锚杆与水平面的夹角宜为15°~20°,锚杆层间距不小于2.0 m。

④肋柱受力方向的前后侧面应配置通长受力钢筋,钢筋直径不应小于12 mm。

⑤挡土板宜采用等厚度板,板厚不得小于0.30 m。预制墙面板应预留锚杆的锚定孔。

6.2.2 框架梁构造

框架梁构造按照《公路路基设计规范》(JTG D30—2015)第5.5.11条:

①框架梁、地梁与单墩截面可采用矩形或T形,截面宽度不得小于0.3 m;框架单元形状可采用矩形或菱形,矩形的梁单元尺寸不宜小于3 m×3 m,菱形的梁单元尺寸不宜小于5 m×3 m。

②框架梁设计宜分单元进行,梁内弯矩、剪力应按框架梁或连续梁计算。地梁与单锚墩设计应按两地梁或两单锚墩中至中的距离计算作用荷载,地梁弯矩、剪力应根据梁上锚的根数,按简支梁或连续梁计算。梁结构应按现行《混凝土结构设计规范》(GB 50010—2010)的有关规定进行计算,结构重要性系数为1.0,永久荷载的分项系数为1.35。

③框架梁、地梁与单锚墩应采用钢筋混凝土,梁内主筋应分单元配置通长钢筋。单锚墩设计应根据锚固力大小,满足岩体承载力要求,并配置适量的构造钢筋。

④梁底嵌入坡面岩体内深度不宜小于0.20 m。

6.2.3 锚杆与肋柱的连接

当肋柱为就地现浇时,可将锚杆钢筋伸入肋柱内,其锚固长度应满足《公路钢筋混凝土及预应力混凝土桥涵设计规范》(JTG 3362—2018)第9.1.4条的规定;当锚杆与主筋焊接时,应满足《钢筋焊接及验收规程》(JGJ 18—2012)相关要求。当采用拼装时,锚杆和肋柱之间可采用螺栓连接或焊接短钢筋连接,如图6.3所示。

6.2.4 伸缩缝

锚杆挡土墙现浇混凝土构件的伸缩缝间距不宜大于15~20 m,在地质突变处也应设置。

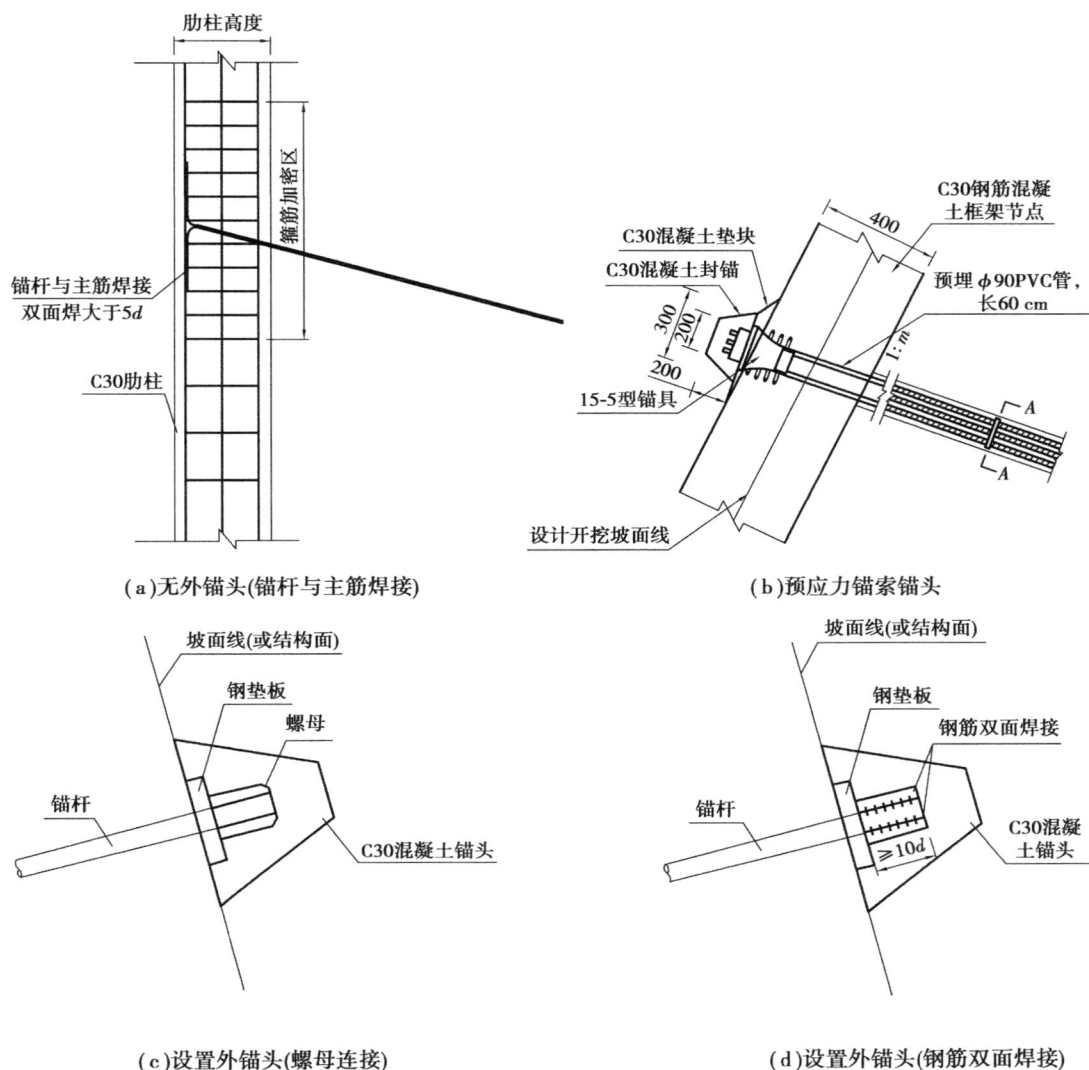

(a)无外锚头(锚杆与主筋焊接)

(b)预应力锚索锚头

(c)设置外锚头(螺母连接)

(d)设置外锚头(钢筋双面焊接)

图6.3 锚杆与肋柱的连接形式

6.3 锚杆(索)挡土墙设计

6.3.1 土压力计算

由于墙后岩(土)层中有锚杆的存在,造成比较复杂的受力状态,因此土压力的计算至今没有得到很好解决。目前设计中大多仍按库仑主动土压力进行近似计算,库仑主动土压力计算方法参照第 2 章相关内容。

对于多级挡土墙,按库仑土压力计算时,墙后岩土体可视为超载,分级进行计算。计算上级墙时,视下级墙为稳定结构,可不考虑下级墙对上级墙的影响;计算下级墙时,则应考虑上级墙的影响,但各行业规范的计算方法有所差异。按相应的土压力分布图考虑,导致挡土板和肋柱设计时差异很大。

(1)《公路路基设计规范》(JTG D30—2015)附录 H,第 H.0.5 条第 2 款

当为多级墙时,可按延长墙背分别计算各级墙后的主动土压力[即土压力采用梯形或三角形分布,见图 6.4(a)、(b)]。

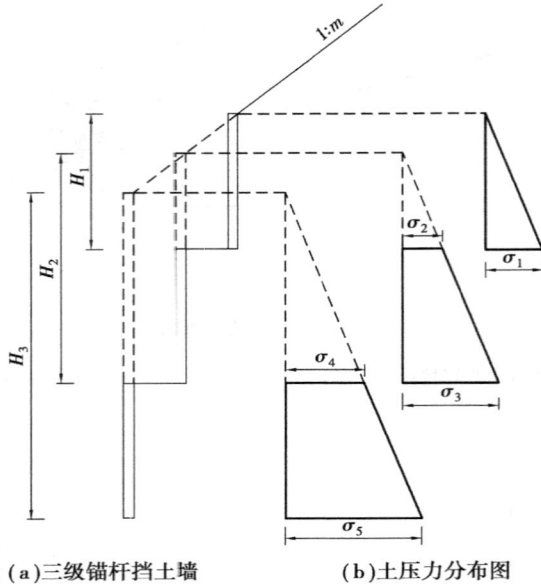

(a)三级锚杆挡土墙   (b)土压力分布图

图 6.4 公路行业多级挡土墙土压力分布

(2)按《铁路路基支挡结构设计规范》(TB 10025—2019)相关规范

第 11.2.1 条:墙背主动土压力可按库仑理论计算,锚杆挡土墙为多级时,可按实际墙背法或延长墙背法计算墙背土压力[实际墙背法是根据破裂角的范围确定墙顶挡土墙是否对下级挡土墙产生作用,见图 6.5(a)、(b)]。

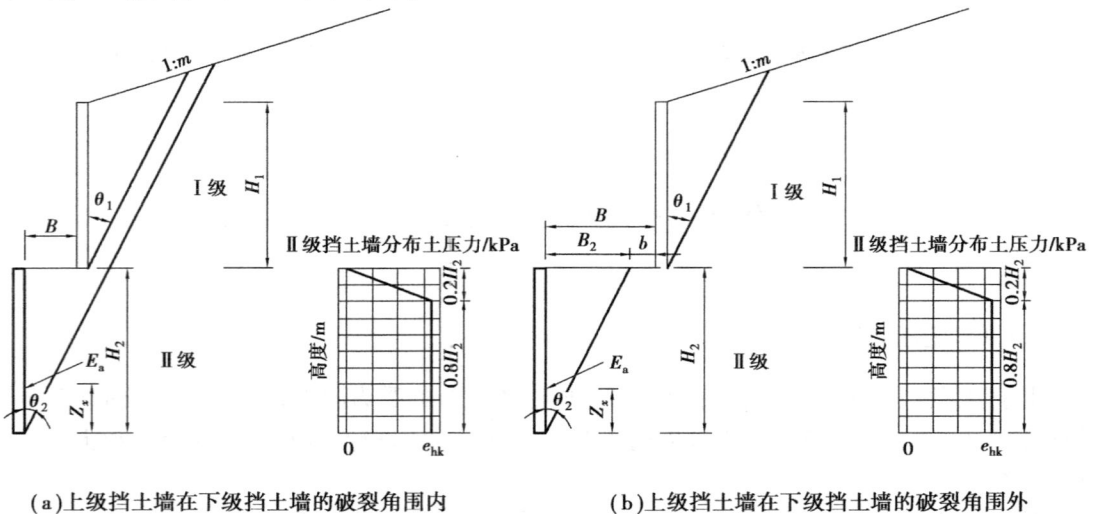

(a)上级挡土墙在下级挡土墙的破裂角围内   (b)上级挡土墙在下级挡土墙的破裂角围外

图 6.5 铁路行业多级挡土墙土压力分布图

第11.2.2条:对岩质边坡以及坚硬、硬现状黏性土和密实、中密砂土类边坡,当采用逆做法施工时,岩土压力分布可按图6.7确定,其中的e_{hk}可按下式计算:

对岩质边坡:
$$e_{hk} = \frac{E'_h}{0.9H} \qquad (6.1a)$$

对土质边坡:
$$e_{hk} = \frac{E'_h}{0.875H} \qquad (6.1b)$$

式中　e_{hk}——岩土压力水平应力,kN/m^2;

　　　H——锚杆挡土墙高度,m;

　　　E'_h——岩土压力的水平分力修正值,kN。

(3)按《建筑边坡工程技术规范》(GB 50330—2013)规范

第9.2.3条:确定岩土自重产生的锚杆挡土墙侧压力分布,应考虑锚杆层数、挡土墙位移大小、支护结构刚度和施工方法等因素,可简化为三角形、梯形或当地经验图形。

第9.2.4条:填方锚杆挡土墙和单排锚杆的土层锚杆挡土墙的侧压力,可近似按库仑理论取为三角形分布,如图6.6(a)、(b)所示。

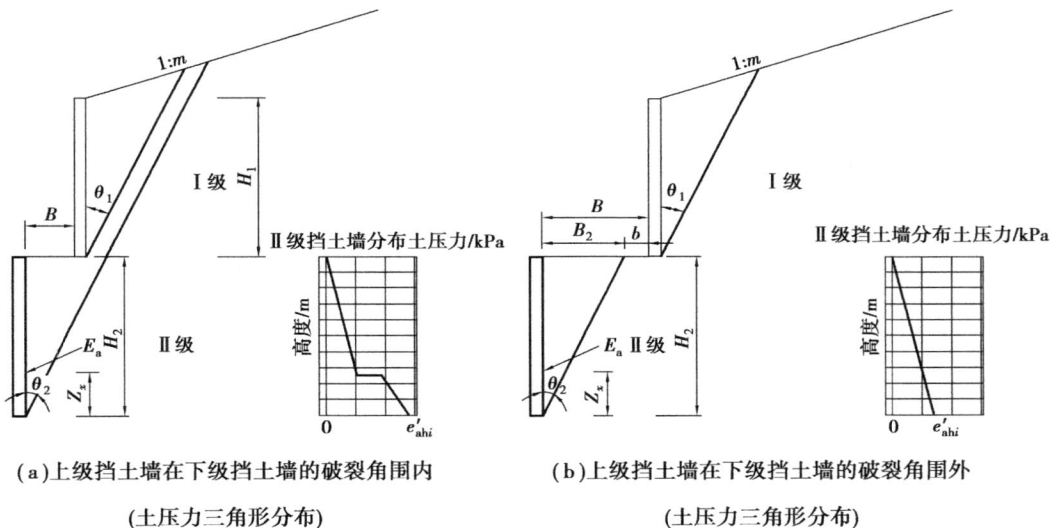

(a)上级挡土墙在下级挡土墙的破裂角围内

(土压力三角形分布)

(b)上级挡土墙在下级挡土墙的破裂角围外

(土压力三角形分布)

图6.6　建筑行业多级挡土墙三角形分布图

第9.2.5条:对岩质边坡以及坚硬、硬塑状黏性土和密实、中密砂土类边坡,当采用逆做法施工的、柔性结构的多层锚杆挡土墙时,侧压力分布可近似按图6.7确定;其中的e'_{hk}按下式计算:

对岩质边坡:
$$e'_{hk} = \frac{E'_{ah}}{0.9H} \qquad (6.2)$$

对土质边坡:
$$e'_{hk} = \frac{E'_{ah}}{0.875H} \qquad (6.3)$$

式中　e'_{hk}——相应于作用的标准组合时,侧向岩土压力水平分力修正值,kPa;

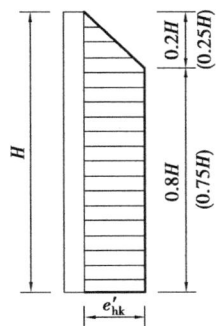

图6.7　侧压力分布图

(括号中适用于土质边坡)

E'_{ah}——相应于作用的标准组合时,每延米侧向岩土压力水平分力修正值,kN;

H——挡土墙高度,m。

(4)对比以上规范荷载分布计算模型,可得如下结论

①《公路路基设计规范》(JTG D30—2015)对锚杆挡土墙设计,主要是"适用于岩土质挖方边坡,下强上弱"原则,导致下部锚杆及肋柱设置较强,而弱化上部锚杆及肋柱。尤其对于多级挡土墙采用延长墙背法计算,对于下墙结构设计相对保守。

②《铁路路基支挡结构设计规范》(TB 10025—2019)对锚杆挡土墙设计,主要是"适用于岩土质挖方边坡,采用匀腰脚"原则,相对公路规范,下部锚杆及肋柱设置相对弱化,而强化了中部结构设计。

③《建筑边坡工程技术规范》(GB 50330—2013)对锚杆挡土墙设计,是"要区分岩土质边坡,并参考了锚杆的布置、土体的性质状态,综合选择荷载形式"原则,综合了铁路规范和公路规范几种模式,考虑更细致全面。但对于填方采用锚杆挡土墙,施工墙背回填及碾压对锚杆的附加应力对肋柱的影响控制难度较大,应慎重选择。

(5)对于锚杆挡土墙荷载分布模型的建议

由于荷载分布形式对于结构设计将产生较大影响,希望更多的专家学者能结合锚杆挡土墙施工运营监测资料,进一步研究分析锚杆挡土墙的荷载分布形式,完善统一锚杆挡土墙荷载分布形式,让锚杆挡土墙设计更加经济、合理。

6.3.2 挡土板的设计

墙面板混凝土强度等级宜为 C30,墙面板可采用钢筋混凝土槽形板、空心板和矩形板,有时也采用拱形板。预制矩形板的厚度一般不得小于 15 cm,现浇时不宜小于 20 cm,挡土板的宽度按吊装能力确定,一般采用 0.5 m 或者 1 m。挡土板两端与肋柱的搭接长度不得小于 10 cm。挡土板上应设置泄水孔,当挡土板为预制时,泄水孔和吊装孔可合并设置。

挡土板以肋柱为支点,当采用槽形板、矩形板和空心板等预制构件时,挡土板可按简支板计算内力;当采用拱形板预制构件时,挡土板可按双铰拱板计算内力;在现浇结构中,挡土板常做成与肋柱连在一起的连续板,按连续梁计算内力。

挡土板直接承受土压力,对每一块挡土板来说,承受的荷载为梯形分布荷载,而且每一块板所承受的荷载是不同的。在设计中,一般将挡土板自上而下的分为若干个区段,每一区段(工程习惯上按 5 m 分段)内的挡土板厚度相同,并按区段内最大荷载进行计算,如图 6.8 所示,但挡土板的规格不宜过多。

1)视挡土板为简支板时的内力计算

计算图式如图 6.9 所示,跨中最大弯矩 M_{max} 和最大剪力 Q_{max} 分别为:

$$M_{max} = \frac{1}{8}ql^2 \tag{6.4}$$

$$Q_{max} = \frac{1}{2}ql \tag{6.5}$$

式中　l——计算跨径,即肋柱间净距加一个搭接长度,m;

q——土压力,即挡土板宽度范围内的土压力,kPa。

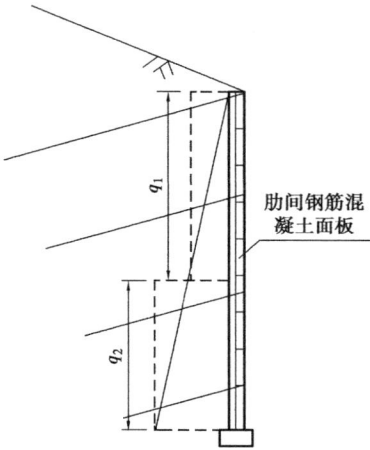

图 6.8　挡土板土压力分布计算区段

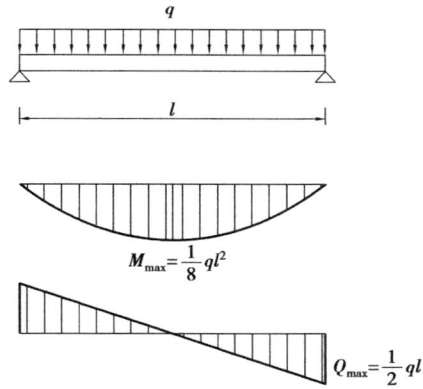

图 6.9　视挡土板为简支梁的内力计算图示

2)双铰拱板计算内力

双铰拱为一次超静定结构,计算图式如图 6.10 所示。在均布荷载作用下,水平推力为:

$$H_{\mathrm{P}} = -\frac{\Delta_{2P}}{\delta_{22}} = -\frac{m_1 q \dfrac{R^4}{EI} + m_1' q \dfrac{R^2}{EA}}{\left(n_1 R^2 + K_1 \dfrac{I}{A}\right)\dfrac{R}{EI}} \qquad (6.6)$$

式中　H_{P}——均布荷载作用下的拱脚水平推力,kN;

　　　δ_{22}——当 $H_{\mathrm{P}} = 1$ 时,拱脚产生的水平位移(即常变位);

　　　Δ_{2P}——荷载作用下拱脚产生的水平位移(即荷变位);

　　　R——圆弧曲线半径,m;

　　　I,A——截面惯性矩,m^4,以及截面积,m^2;

　　　E——材料的弹性模量,kPa。

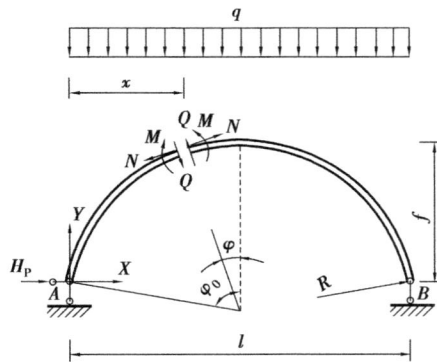

图 6.10　挡土板为双铰拱板内力计算图

$$
\begin{cases}
m_1 = \left(-\cos^3 \varphi_0 + \dfrac{1}{2}\cos \varphi_0 \right) \varphi_0 + \dfrac{1}{2}\sin \varphi_0 - \dfrac{7}{6}\sin^3 \varphi_0 \\[2mm]
m_1' = \dfrac{2}{3}\sin^3 \varphi_0 \\[2mm]
n_1 = \varphi_0 (1 + 2 \cos^2 \varphi_0) - 3 \sin \varphi_0 \cos \varphi_0 \\[2mm]
K_1 = \varphi_0 + \sin \varphi_0 \cos \varphi_0
\end{cases}
\tag{6.7}
$$

式中 φ_0——拱圆弧半圆心角,rad。

因温度变化引起的拱脚水平推力为:

$$
H_{\mathrm{P}} = \frac{l\,\alpha_t t}{\delta_{22}} = \frac{l\,\alpha_t t}{\left(n_1 R^2 + K_1 \dfrac{I}{A} \right) \dfrac{R}{EI}}
\tag{6.8}
$$

式中 H_t——因温度变化引起的拱脚水平推力,kN;

l——两脚拱挡土板的计算跨径,m;

α_t——材料的温度膨胀系数,针对混凝土 $\alpha_t \approx 1 \times 10^{-5}$;

t——温度变化值,上升为正,下降为负,℃。

当求得拱脚水平推力后,则圆弧两铰拱挡土板在任意截面处弯矩 M_x、轴力 N_x 和剪力 Q_x 分别为:

$$
\begin{cases}
M_x = M_{\mathrm{p}} - H_y = M_{\mathrm{p}} - H_x R(\cos \varphi - \cos \varphi_0) \\[2mm]
N_x = H_x \cos \varphi + P_{\mathrm{p}} \sin \varphi
\end{cases}
\tag{6.9}
$$

$$
Q_x = \pm H_x \cos \varphi \mp P_{\mathrm{p}} \chi \cos \varphi
$$

式中 H_x——水平推力,按荷载组合的需要计算确定,kN;

$M_{\mathrm{p}}, P_{\mathrm{p}}$——计算荷载作用下任意截面处的弯矩和垂直力,kN·m,kN。

$$
\begin{cases}
M_{\mathrm{p}} = \dfrac{1}{2}qR^2 (\sin^2 \varphi_0 - \sin^2 \varphi) \\[2mm]
P_{\mathrm{p}} = qR \sin \varphi
\end{cases}
\tag{6.10}
$$

求得各内力后便可根据内力值的大小确定挡土板的截面尺寸,并按照《公路钢筋混凝土及预应力混凝土桥涵设计规范》(JTG 3362—2018)进行相应的配筋设计,可参照本书悬臂式挡土墙配筋设计相关内容。

6.3.3 肋柱的设计

肋柱混凝土强度等级宜为 C30。肋柱截面多为矩形,也可设计为 T 形。立柱的截面尺寸除应满足强度、刚度和抗裂要求外,还应满足挡板的支座宽度、锚杆钻孔和锚固等要求。肋柱截面宽度不宜小于 300 mm,截面高度不宜小于 400 mm。装配式肋柱应考虑肋柱在搬动、吊装过程以及施工中锚杆可能出现受力不均等不利因素,故在肋柱内外两侧不切断钢筋,应配置通长的受力钢筋。当肋柱的底端宜按自由端计算时,为防止底端出现负弯矩,在受压侧应适当配置纵向钢筋。

肋柱截面尺寸应按截面计算弯矩确定,并满足构造要求。截面配筋,考虑肋柱的受力及变形情况较复杂,一般采用双向配筋,并在肋柱的内外侧配置通长的主要受力钢筋,钢筋直径不应小于 12 mm。并按照《公路钢筋混凝土及预应力混凝土桥涵设计规范》(JTG 3362—2018)

进行相应的配筋设计,配筋设计包括按最大正负弯矩确定纵向受拉钢筋截面积;计算斜截面的剪应力,确定箍筋数量;抗裂性计算。

(1)结构计算

按照《公路路基设计规范》(JTG D30—2015)第 H.0.5 条:锚杆挡土墙钢筋混凝土构件的承载能力极限状态计算、正常使用极限状态验算及构造要求等,除应按本规范的规定执行外,其他未列内容应按现行《公路钢筋混凝土及预应力混凝土桥涵设计规范》(JTG 3362—2018)的有关规定执行。

①作用于锚杆式挡土墙上的作用(或荷载),应符合《公路路基设计规范》(JTG D30—2015)第 H.0.1 条的规定。

②当为多级墙时,可按延长墙背法分别计算各级墙后的主动土压力。

③肋柱设计计算应符合下列规定:

a.作用于肋柱上的作用(或荷载),应取相邻两跨面板跨中至跨中长度上的作用(或荷载);

b.视肋柱基底地质构造、地基承载力大小和埋置深度,肋柱与基底连接可设计为自由端或铰支端,肋柱应按简支梁或连续梁计算其内力值及锚杆处的支承反力值;

c.肋柱截面强度验算和配置钢筋时应采用内力组合设计值,其作用(或荷载)分项系数应符合本规范第 H.0.1 条的规定;

d.采用预制肋柱时,还应作运输、吊装及施工过程中锚杆不均匀受力等荷载下肋柱截面强度验算;

e.装配式挡土板可按以肋柱为支点的简支板计算,计算跨径为肋柱间的净距加板两端的搭接长度。

④现浇板壁式锚杆挡土墙,其墙面板的内力计算,可分别沿竖直方向和水平方向取单位宽度,按连续梁计算。竖直单宽梁的计算荷载为作用墙面板上的压力;水平单宽梁的计算荷载为该段墙面板所在位置土压力的最大值。

(2)肋柱的内力计算

肋柱承受的是由挡土板传递来的土压力,因肋柱上的锚杆(拉杆)层数和肋柱基础的嵌固程度的不同,其内力计算图式也不同。当锚杆(拉杆)层数为三层或三层以上时,内力计算图式可近似地看成连续梁(梁两端的悬臂长度不宜超过中跨的一半,避免支点出现负反力情况)。支点根据实际情况采用铰支模拟。

连续梁的内力计算。肋柱上下两端自由,承受梯形分布土压力,计算图式如图 6.11 所示。

采用竖向连续梁的计算方法,根据桩在底端的条件,将该端点简化成自由、简支(计算时宜采用自由)。按连续梁求解梁的内力和支点的反力,根据连续梁的弯矩和剪力进行结构配筋,配筋部分可参照本书悬臂式挡土墙配筋设计相关内容。根据支点的反力进行锚杆的设计。

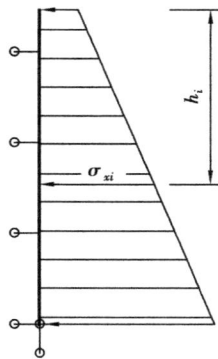

图 6.11　肋柱计算图式

肋柱荷载计算公式(荷载):

$$q_i = K_1 \sigma_{xi} l \tag{6.11}$$

式中　q_i——作用肋上的荷载,kN;

K_1——土压力荷载分项系数,按照《公路路基设计规范》(JTG D30—2015)附录 H、表

H.0.1-5(表3.18)选取,取1.4。

σ_{xi}——第 i 类板块计算的水平土压力,kPa,取同一跨中该类型板最下面板块底边缘的水平土压力,作为该类型板上荷载;

l——板的水平计算跨长(两肋之间的间距),m。

注意:当求得的支点反力为压力时,取为0,说明锚杆布置不合理需调整。

6.3.4 锚杆(索)的设计

1)锚杆(索)的布置构造

锚杆布设时要考虑墙面板构件的预制、运输、吊装和构件的合理性,以及锚杆施工条件和受力特点等。砂浆锚杆,孔径一般采用 $\phi75 \sim \phi200$ mm,采用地质钻机钻孔、孔内安放钢筋或钢绞线、灌注水泥砂浆的方法,使其锚固于稳定的地层内。水泥砂浆的强度等级一般不低于M30。锚杆按《公路路基设计规范》(JTG D30—2015)第5.5节要求设计。

2)锚杆截面设计

锚杆截面设计主要是确定锚杆所用材料的规格和截面积,并根据锚杆的布置和灌浆管的尺寸确定钻孔的直径。

锚杆一般采用带螺纹的 HRB400 钢筋或高强度钢筋,直径一般为 16 ~ 32 mm,锚杆根据受力大小可采用单根钢筋或采用束筋,当采用束筋时,不超过3根。锚索一般采用高强度钢绞线。锚孔的直径根据锚杆(索)直径、保护层厚度及施工机具情况综合确定。

图6.12 锚杆设计锚固力计算图示

作用于肋柱上的侧压力由锚杆承受,锚杆为轴心受拉构件,锚杆的轴向设计力可根据支点的反力计算(图6.12):

$$P_d = \frac{N}{\cos(\varepsilon - \alpha)} \tag{6.12}$$

式中 P_d——锚杆设计锚固力,kN;

  N——连续梁支点反力,kN;

  α——肋柱与竖直面夹角,(°);

  ε——锚杆与水平面夹角,(°)。

锚杆体截面积应按式(6.13)计算,锚杆预应力张拉控制应力 σ_{con} 应符合表6.1的规定。

表6.1 预应力筋的张拉控制应力 σ_{con}

锚杆类型	σ_{con}	
	钢绞线	预应力螺纹钢筋
永久	$\leq 0.5 F_{ptk}$	$\leq 0.70 F_{ptk}$
临时	$\leq 0.65 F_{ptk}$	$\leq 0.80 F_{ptk}$

$$A = \frac{K_1 \cdot P_d}{F_{ptk}} \tag{6.13}$$

式中 A——锚杆体截面积,m^2;

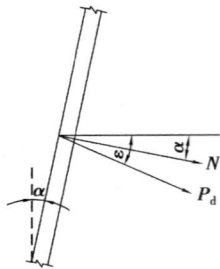

K_1——安全系数,按照《公路路基设计规范》(JTG D30—2015)表5.5.6-4选取,见表6.2;

F_{ptk}——锚杆体材料抗拉强度标准值,kPa。

表6.2　预应力锚杆锚固体设计安全系数

安全系数	公路等级	安全系数	
		锚杆服务年限≤2年 (临时性锚杆)	锚杆服务年限>2年 (永久性锚杆)
K_1	高速公路、一级公路	1.8	2.0
	二级及二级以下公路	1.6	1.8
K_2	高速公路、一级公路	1.8~2.0	2.0~2.2
	二级及二级以下公路	1.5~1.8	1.7~2.0

注:如果在土体或全风化岩中,应取表中较高值。

3)锚杆长度设计

《公路路基设计规范》(JTG D30—2015)第5.5.6条:**锚固体承载能力由注浆体与锚孔壁的黏结强度、锚杆与注浆体的黏结强度及锚杆强度等三部分控制,设计时应取最小值**。锚杆总长度由锚固段长度、自由段长度和外露段长度组成,各部分确定应满足下列要求:一是在确定锚杆锚固段长度时,应分别对锚杆黏结长度 L_r 和 L_g 进行计算,实际锚固段长度应取 L_r 和 L_g 中的大值,且不应小于3 m,也不宜大于10 m;二是锚杆自由段长度受稳定地层界面控制,在设计中应考虑自由段伸入滑动面或潜在滑动面的长度不小于1.0 m,且自由段长度不得小于5.0 m。

①锚杆宜采用黏结型锚固体,地层与注浆体间黏结长度应按式(6.14)计算。

$$L_r = \frac{K_2 \cdot P_d}{\pi \cdot d \cdot f_{rb}} \tag{6.14}$$

式中　L_r——地层与注浆体间黏结长度,m;

　　　K_2——安全系数,按照《公路路基设计规范》(JTG D30—2015)表5.5.6-4(表6.2)选取;

　　　P_d——锚杆设计锚固力,kN;

　　　d——锚固段钻孔直径,m;

　　　f_{rb}——地层与注浆体间黏结强度设计值,kPa。黏结强度设计值应通过试验确定,当不具备试验条件时可参考《公路路基设计规范》(JTG D30—2015)表5.5.6-1(表6.3)、表5.5.6-2(表6.4)。

②注浆体与锚杆体间黏结长度应满足式(6.15)要求。

$$L_g = \frac{K_2 \cdot P_d}{n \cdot \pi \cdot d_g \cdot f_b} \tag{6.15}$$

式中　L_g——注浆体与锚杆体间黏结长度,m;

　　　d_g——锚杆体材料直径,m;

　　　f_b——注浆体与锚杆体间黏结强度设计值,kPa,应通过试验确定,当不具备试验条件时可参照《公路路基设计规范》(JTG D30—2015)表5.5.6-3(表6.5)选用;

　　　n——锚杆体根数,根。

表 6.3　岩体与注浆体界面黏结强度特征值

岩体类型	饱和单轴抗压强度 R_C/MPa	黏结强度 f_{rb}/kPa
极软岩	$R_C < 5$	150 ~ 250
软岩	$5 \leqslant R_C < 15$	250 ~ 550
较软岩	$15 \leqslant R_C < 30$	550 ~ 800
较硬岩	$30 \leqslant R_C < 60$	800 ~ 1 200
坚硬岩	$R_C \geqslant 60$	1 200 ~ 2 400

注:①表中数据适用于注浆强度等级为 M30;
　　②表中数据仅适用于初步设计,施工时应通过试验验证;
　　③岩体结构面发育时,取表中下限值。

表 6.4　土体与锚固体黏结强度特征值

土体类型	土的状态	黏结强度 f_{rb}/kPa
黏性土	坚硬	60 ~ 80
	硬塑	50 ~ 60
	软塑	30 ~ 50
砂土	松散	90 ~ 160
	稍密	160 ~ 220
	中密	220 ~ 270
	密实	270 ~ 350
碎石土	稍密	180 ~ 240
	中密	240 ~ 300
	密实	300 ~ 400

注:①表中数据适用于注浆强度等级为 M30;
　　②表中数据仅适用于初步设计,施工时应通过试验验证。

表 6.5　钢筋、钢绞线与砂浆之间的黏结强度设计值 f_b

锚类型	水泥浆或水泥砂浆强度等级	
	M30	M35
水泥砂浆与螺纹钢筋间/MPa	2.40	2.70
水泥砂浆与钢绞线、高强钢丝间/MPa	2.95	3.40

注:①当采用两根钢筋点焊成束的做法时,黏结强度应乘 0.85 折减系数;
　　②当采用三根钢筋点焊成束的做法时,黏结强度应乘 0.7 折减系数。

4)非预应力全黏结锚杆杆材及锚固构造要求

按照《公路路基设计规范》(JTG D30—2015)第 5.5.9 条:杆体材料宜采用 HRB400 钢筋、杆体直径宜为 16 ~ 32 mm。钻孔直径不宜小于 42 mm,且不宜大于 100 mm。杆体钢筋保护层厚度,采用水泥砂浆时,不应小于 8 mm,采用树脂时不应小于 4 mm。长度大于 4 m 或杆体直径大于 32 mm 的锚杆,应采取居中的构造措施。

5)预应力锚杆杆材及锚固构造要求

按照《公路路基设计规范》(JTG D30—2015)第 5.5.7 条:预应力锚杆由锚固段、自由段和锚头构成,锚头由垫墩、钢垫板和锚具组成。锚固段内的预应力筋每隔 1.5~2.0 m 应设置隔离架。预应力筋的保护层厚度不应小于 20 mm,临时性锚杆预应力筋的保护层厚度不应小于 10 mm。锚杆材料可根据锚固工程性质、锚固部位、工程规模选择高强度低松弛的钢绞线、预应力用螺纹钢筋。

6)锚杆试验与监测设计应要求

按照《公路路基设计规范》(JTG D30—2015)第 5.5.12 条:锚杆试验包括基本试验和验收试验。施工前,应进行锚杆基本试验。基本试验数量取工作锚杆数量的 3%,且不少于 3 根。施工后,应进行锚杆验收试验。锚杆验收试验的数量取工作锚杆的 5%,且不少于 3 根。当有特殊要求时,可适当增加。锚杆试验内容及要求应符合现行《锚杆喷射混凝土支护技术规范》(GB 50086—2015)的有关规定。

锚杆监测包括施工期监测和运营期监测,监测数量应取工作锚杆数量的 10%,监测项目及其方法可按《公路路基设计规范》(JTG D30—2015)附录 F 表 F-3 选定,监测点应设置在边坡锚固区的关键部位。运营期监测周期应为公路建成营运后不少于一年。

实例6　肋柱锚杆挡土墙设计实例

1)项目概况

某三级公路(带市政功能),车道数为双向两车道。K0+078~K0+255 段,由于道路左侧规划学校,学校场平规划标高为 242.8,受业主委托,在道路支挡结构设计时,结合学校规划将支挡结构一并考虑,由于学校场平开挖后,学校场平与道路路面高差为 4~15.8 m,道路与学校场平范围主要为侏罗系中统沙溪庙组砂、泥岩(J_{2s}),结合地质情况分析后,拟采用锚杆挡土墙对道路进行防护,如图 6.13 所示。

挡土墙上方荷载情况,道路标准路幅宽 12 m,其组成形式为:2.5 m 人行道+3.5 m 车行道+3.5 m 车行道+2.5 m 人行道。人行道比车行道高 0.25 m。挡土墙后安置人行栏杆,栏杆位于墙顶面侧后 0.5 m,高度 1.13 m。栏杆自重 0.45 kN/m(45 kg/m),栏杆挡土墙栏杆水平推力为 0.75 kN/m,栏杆扶手上的竖向力采用 1 kN/m。

2)挡土墙计算基本参数的选取

(1)结构重要性系数

三级公路;根据《建筑抗震设计规范》(GB 50011—2010)划分,场地抗震设防烈度为 6 度,地震动峰值加速度值为 $0.05g$,为第一组,可不进行抗震验算,仅验算组合Ⅱ。结构重要性系数:$\gamma_0 = 1.0$。

(2)荷载等级

车辆荷载:《公路路基设计规范》(JTG D30—2015)挡土墙车辆荷载。

人群荷载:3.0 kN/m^2。

（3）岩体物理力学指标（表6.6）

表6.6　岩土（体）力学性质指标取值表

岩土性质	天然重度 γ /（kN·m^{-3})	饱和重度 γ_{sat} /（kN·m^{-3})	地基承载力特征值 f_{a0}/kPa	岩（土）体内摩擦角 φ /（°）	岩（土）体凝聚力 c /kPa	天然抗压强度标准值 f_{rk} /MPa	饱和抗压强度标准值 f_{rk} /MPa	基底摩擦系数 μ
填土	19.0*	19.5*	—	28*（天然）/24*（饱和）	0	—	—	0.30
强风化泥岩	24.0*	—	400	—	—	—	—	0.30
中等风化泥岩	25.0*	—	1 000	32	730	11.81	7.82	0.50

注：①岩体抗拉强度为320 kPa,岩层层面、软弱结构面凝聚力 c_s 取 40 kPa,内摩擦角 ϕ_s 取 15°,硬性结构面凝聚力取 50 kPa,内摩擦角取18°;泥岩岩体等效内摩擦角取50°;中风化泥岩岩体水平抗力系数取 60 MN/m^3;锚杆与泥岩的黏结强度特征值取 300 kPa;砂岩分布局限,其设计参数可按泥岩取值。

②带"*"为经验值。

（4）剖面情况及锚杆布置

因道路上方布置有市政管网,故顶排锚杆,距离道路顶最小距离 2 m;为避免锚杆与岩层层面小角度相交（其他坡面岩层视倾角11°9′）,锚杆入射角采用20°,如图6.13 所示。

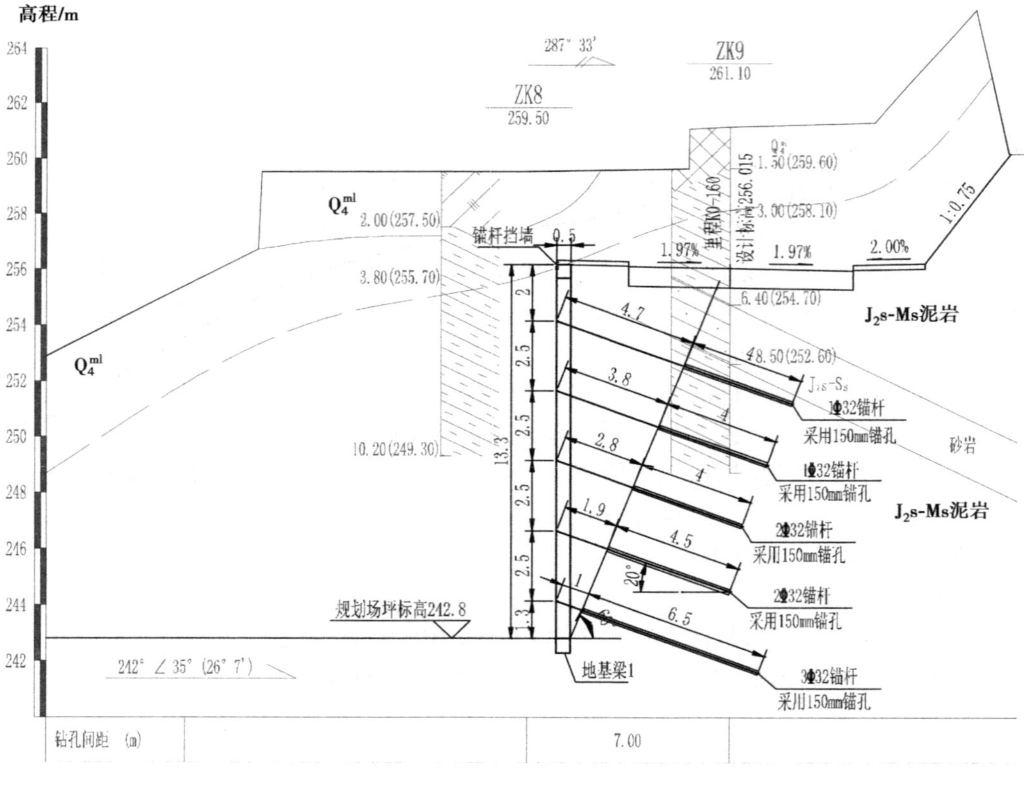

图6.13　剖面情况及锚杆布置图

3)理正锚杆式挡土墙计算参数输入详解

(1)模块的选择

选择"挡土墙设计"模块,选择"公路行业"下的"锚杆式挡土墙",如图 6.14 所示。

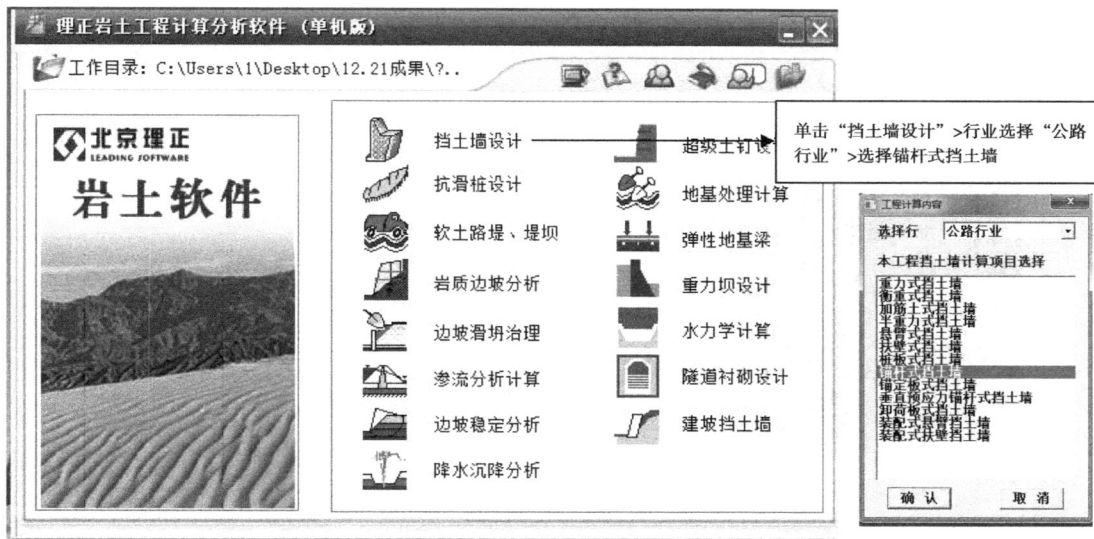

图 6.14　计算模块的选择

(2)挡土墙尺寸拟定

一般参照类似项目经验,先初步拟定挡土墙尺寸,进行试算确定,此处直接进行验算,如图 6.15 所示。

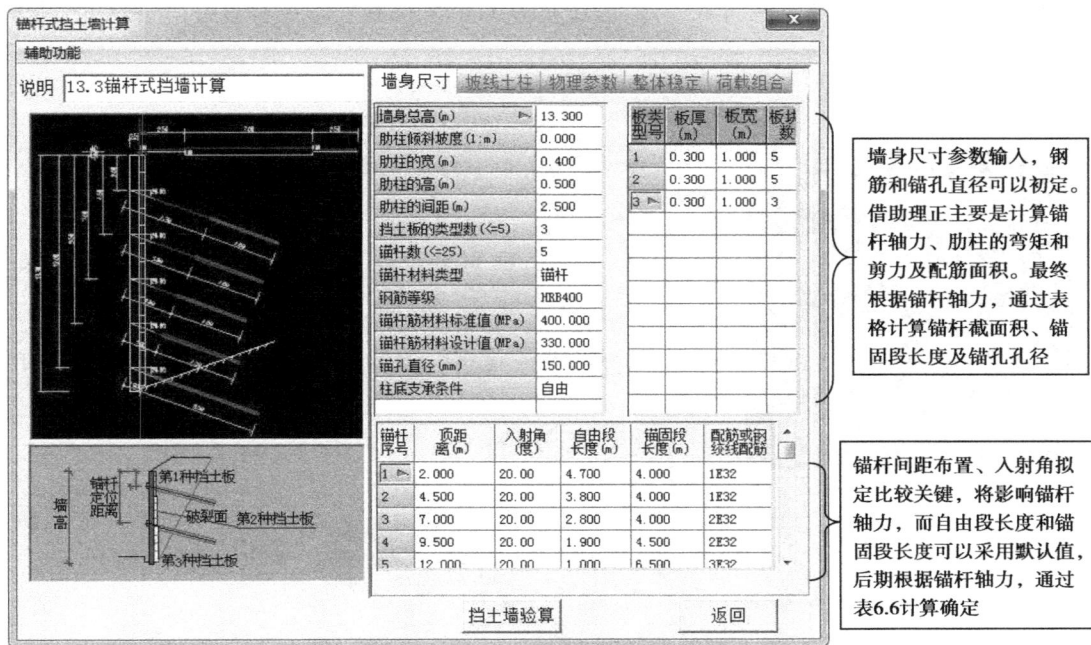

图 6.15　肋柱锚杆挡土墙尺寸的输入

注意:设计过程首先将锚杆的轴力计算出来,再按照《公路路基设计规范》(JTG D30—2015)第5.5节的公式计算确定锚杆的配筋、锚孔直径、锚固长度,计算详表见6.7。

(3)地面线、车辆荷载等边界条件的输入

地面线、车辆荷载等边界条件是支挡设计的重要边界条件,要与实际及规范匹配。输入界面如图6.16、图6.17所示。

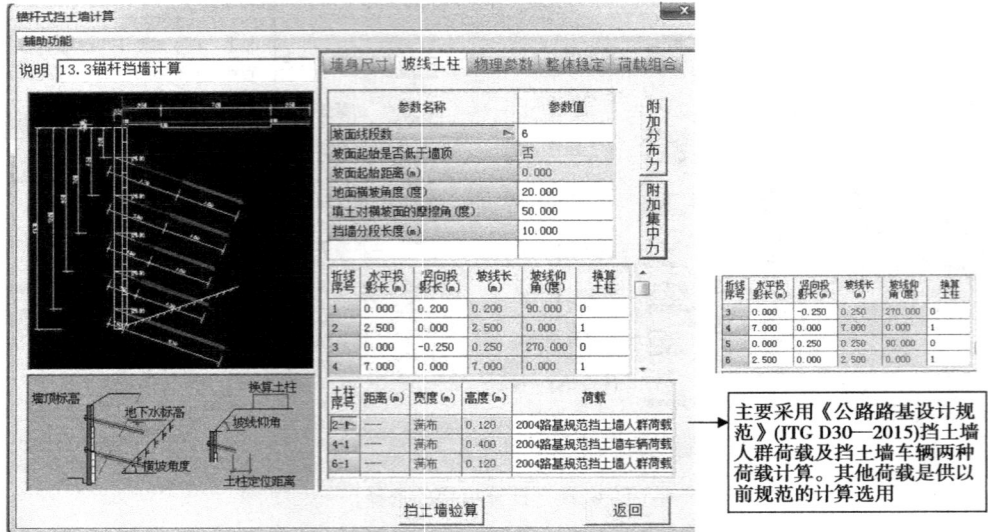

图6.16　肋柱锚杆挡土墙地面线、荷载的输入

注意:《公路路基设计规范》(JTG D30—2004)与《公路路基设计规范》(JTG D30—2015)规范的挡土墙人群荷载与车辆荷载一致,因理正岩土6.5版本中还是采用的2004规范提法,但实质相同。

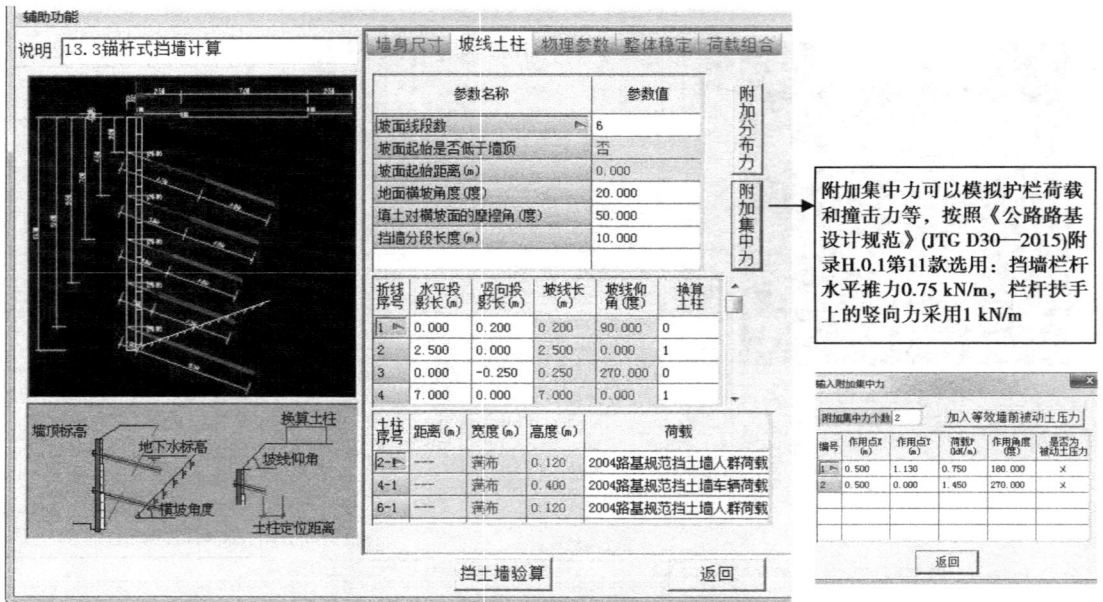

图6.17　肋柱锚杆挡土墙荷载、附加力输入

注意:栏杆的水平力作用点在挡土墙顶后 0.5 m,距离墙顶 1.13 m,水平推力 0.75 kN/m;竖向荷载作用点在挡土墙顶后 0.5 m,距离墙顶 0 m,竖向合力 1.45 kN/m。

(4)填料、土压力及墙身材料等物理参数输入

填料、土压力及墙身材料参数是支挡结构设计的重要边界参数,要与实际及规范匹配。操作如图 6.18、图 6.19 所示。

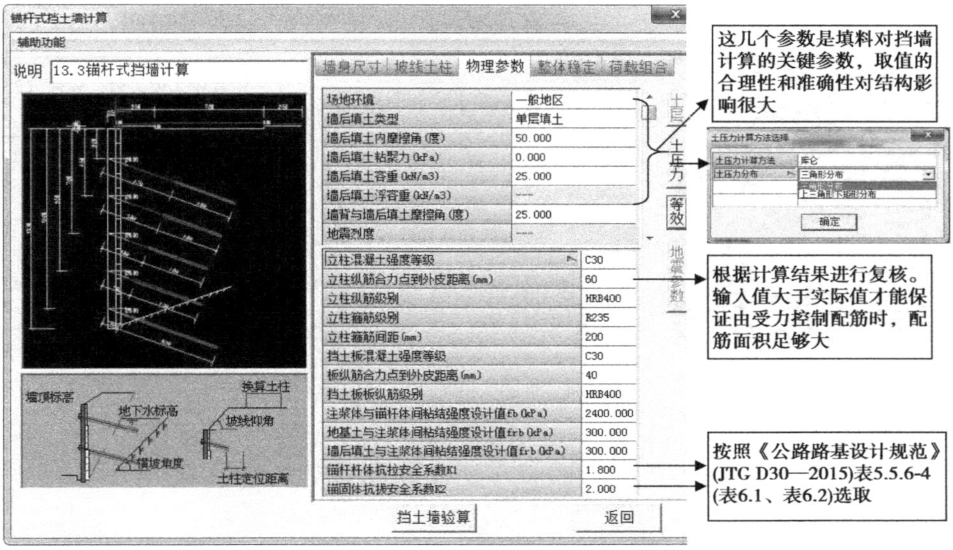

图 6.18　肋柱锚杆挡土墙填料、土压力及墙身参数输入

注意:土压力分布可选择三角形分布、上三角形和下矩形分布。《公路路基设计规范》(JTG D30—2015)采用三角形分布,《铁路路基支挡结构设计规范》(TB 10025—2019)采用上三角形 + 下矩形分布,《建筑边坡工程技术规范》(GB 50330—2013)根据岩土体性质采用不同的荷载形式。

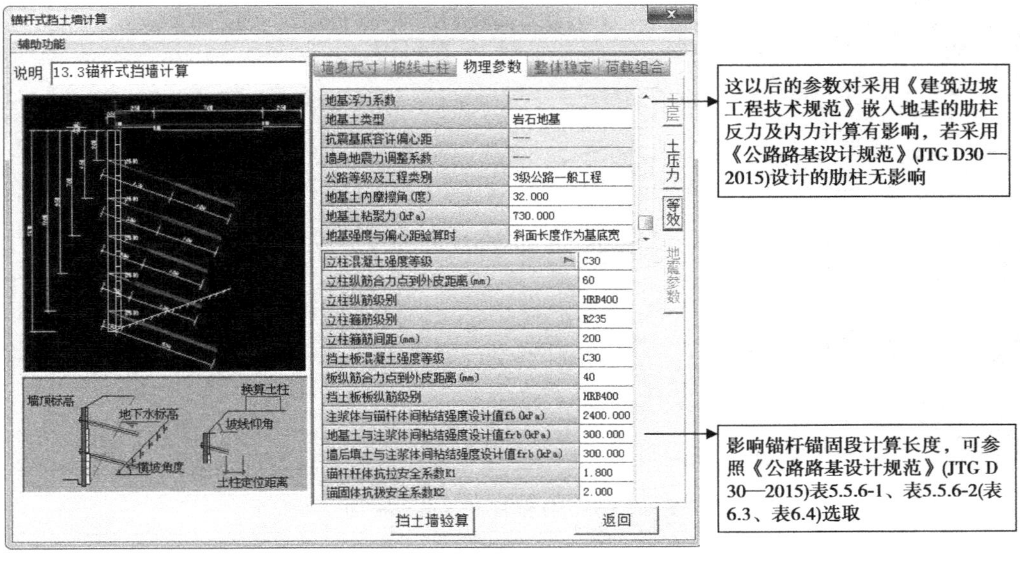

图 6.19　肋柱锚杆挡土墙墙身参数输入

207

（5）荷载组合

理论上的荷载组合方式有很多种，但根据挡土墙场地环境和挡土墙主要荷载，按照《公路路基设计规范》（JTG D30—2015）附录 H 表 H.0.1-5（表 3.18、表 3.19）进行组合，表 3.19 列出挡土墙常用的最不利组合。输入界面如图 6.20 所示。

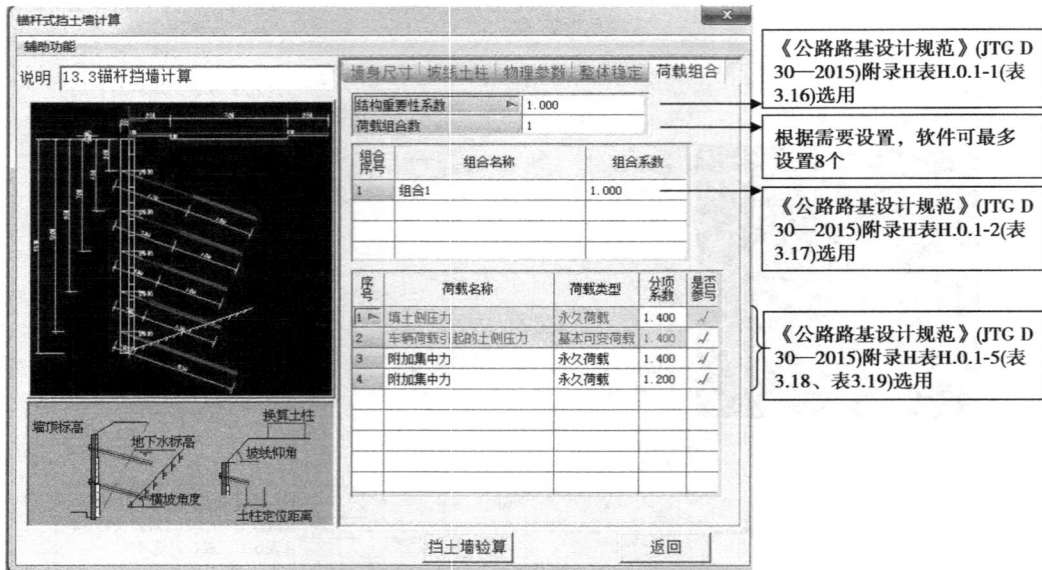

图 6.20　肋柱锚杆挡土墙荷载组合参数输入

（6）计算结果查询

可通过下拉菜单查看计算各个组合下的荷载、弯矩、剪力、配筋信息，如图 6.21 所示。

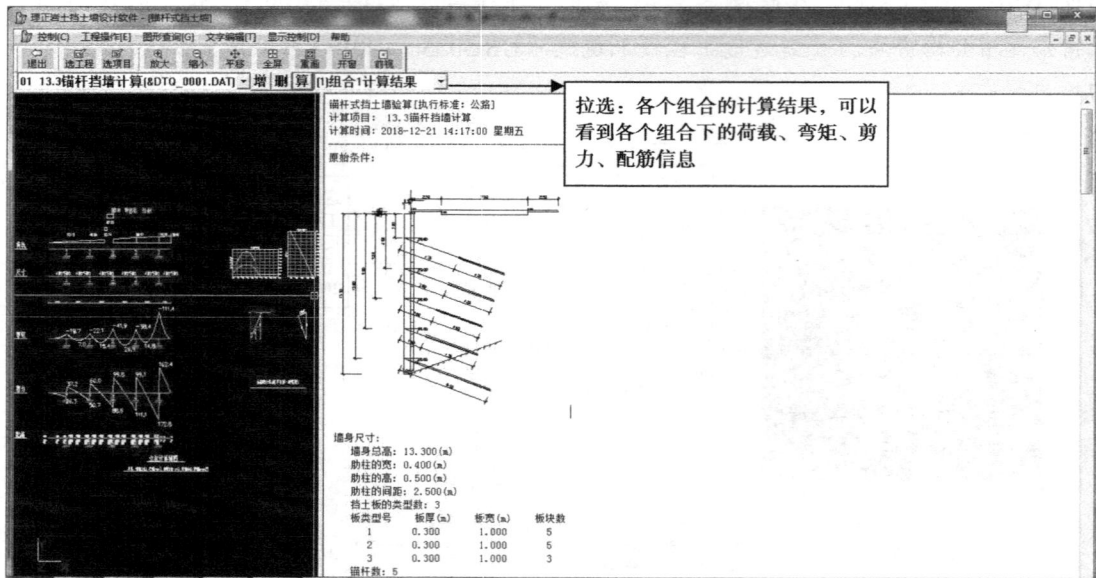

图 6.21　肋柱锚杆计算结果查询

（7）计算结果

锚杆式挡土墙主要结果如图6.22至图6.25所示,详细计算书参见实例5:肋柱锚杆挡土墙(土压力三角形分布)理正计算结果。

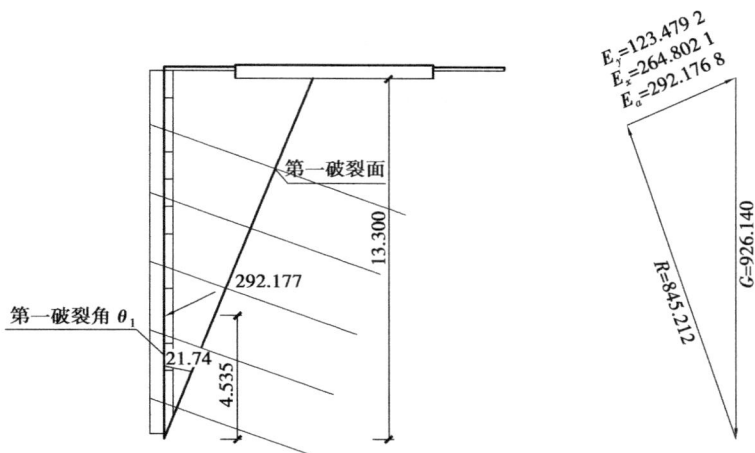

图6.22　破裂角及土压力矢量图(尺寸单位:m;力单位:kN)

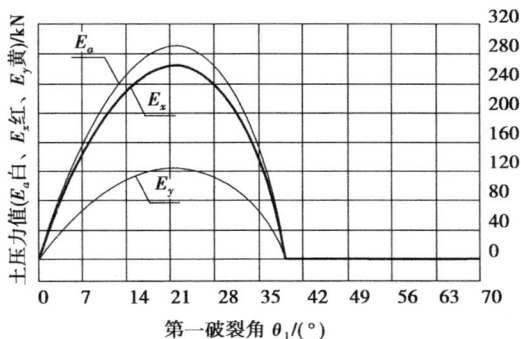

图6.23　破裂角及土压力曲线图

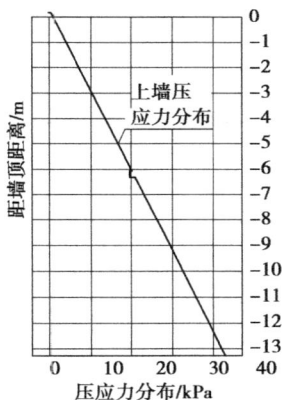

图6.24　分布土压力图

（8）理正计算结果的应用

①根据锚杆轴向拉力进行锚杆的设计,锚杆的布置如图6.13所示(包括钢筋面积、锚孔大小、锚固段长度3个方面,见表6.7)。

②根据肋柱的弯矩、剪力进行肋柱的配筋设计及抗裂验算。

根据以理正算结果:第1~第4跨,弯矩剪力接近,为方便施工,可采用统一的配筋方式,选取最大弯矩、最大剪力进行设计(注:理正6.5版本中,公路行业未进行抗裂验算)。

选取跨号:4(从上至下第3根锚杆处)的弯矩和剪力进行配筋设计(软件提供信息为):背侧最大弯矩41.9(kN·m)、剪力103.46(kN)、背侧纵筋400(mm²)、面侧纵筋400(mm²)、抗剪箍筋96(mm²)。

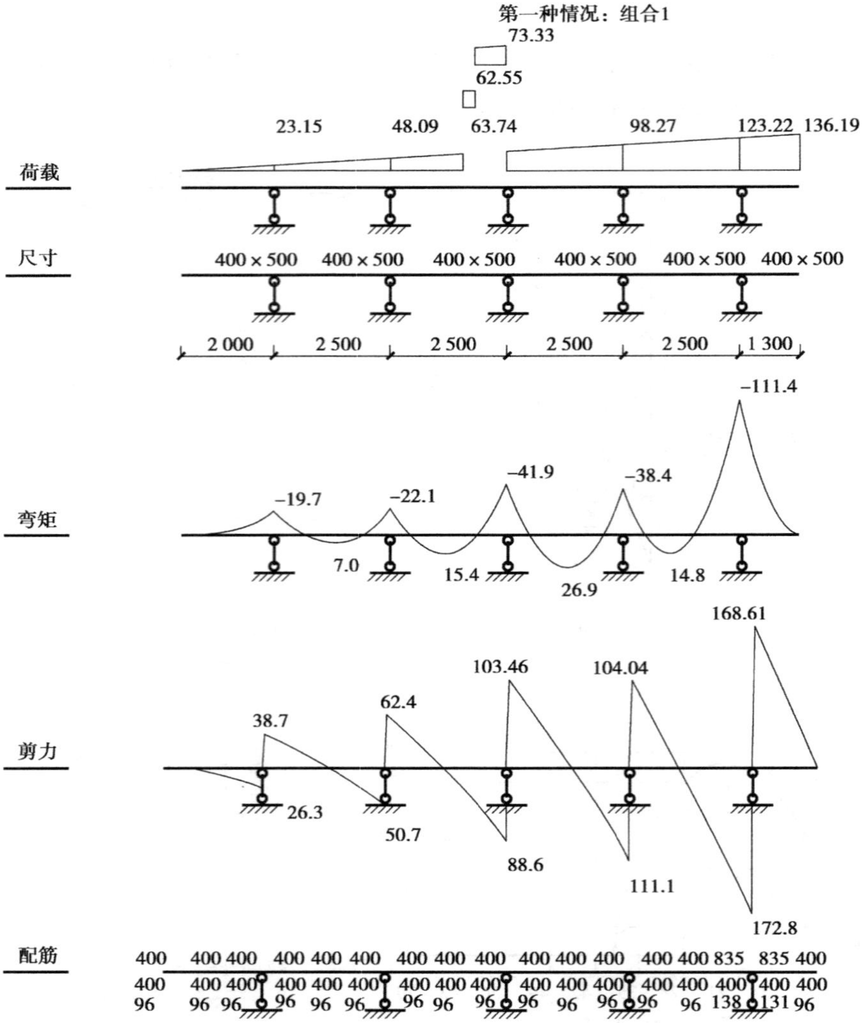

第一种情况：组合1

图6.25　弯矩、剪力及配筋初步结果图

（尺寸单位:mm;力单位:kN;弯矩:kN·m;钢筋面积:mm²）

偏安全的将第5～第6跨采用相同配筋设计,弯矩剪力最大值（软件提供信息为）:在跨号为6（从上至下第5根锚杆处）背侧弯矩111.4（kN·m）、剪力168.61（kN）、背侧纵筋835（mm²）、面侧纵筋400（mm²）、抗剪箍筋138（mm²）。

根据《公路钢筋混凝土及预应力混凝土桥涵设计规范》（JTG 3362—2018）第6.4.2条规定:项目处于Ⅰ类一般环境,钢筋混凝土构件裂缝宽度允许值为0.2 mm,据此从上至下第3根锚杆处:计算配筋面积为835 mm²（设计配筋:4根18钢筋,面积为1 017.9 mm²,裂缝宽度为0.16 mm,裂缝宽度计算见表6.8）;箍筋选用Φ8HPB300钢筋,间距20 cm,截面积为2×50.3 = 100.6 mm² > 96 mm²。断面配筋如图6.26所示。

表 6.7　锚杆设计计算表

锚杆设计基本信息输入						1. 锚杆抗拉承载力检算			2. 锚固体与地层的锚固长度检算						3. 钢筋与锚固砂浆的锚固长度检算					
单孔锚杆轴向拉力设计值 N_t/kN	单孔锚筋根数 n	钢筋直径 d_s/m	锚杆类型	荷载安全系数 K_1	钢筋抗拉强度设计值 f_y/kPa	单孔所需锚杆截面面积/m²	设计单孔锚杆截面面积/m²	检算结果	安全系数 K_2	锚孔直径 d/m	地层与锚固体锚结强度特征值 f_{rb}/kPa	锚固段所需长度 l_a/m	设计锚固段长度/m	检算结果	安全系数 K_2	钢筋与锚固砂浆的粘结强度特征值 f_b/kPa	成束钢筋系数 β	锚固段所需长度 l_a/m	设计锚固段长度/m	检算结果
68.9	1.00	0.032	永久	1.8	330 000	0.000 376	0.000 804	满足	2	0.150	300	1.0	4.0	满足	2	2 400	1.00	0.57	4.0	满足
120.4	1.00	0.032	永久	1.8	330 000	0.000 657	0.000 804	满足	2	0.150	300	1.7	4.0	满足	2	2 400	1.00	1.00	4.0	满足
204.4	2.00	0.032	永久	1.8	330 000	0.001 115	0.001 608	满足	2	0.150	300	2.9	4.0	满足	2	2 040	0.85	1.00	4.0	满足
228.9	2.00	0.032	永久	1.8	330 000	0.001 249	0.001 608	满足	2	0.150	300	3.2	4.5	满足	2	2 040	0.85	1.12	4.5	满足
363.4	3.00	0.032	永久	1.8	330 000	0.001 982	0.002 413	满足	2	0.150	300	5.1	6.5	满足	2	1 680	0.70	1.43	6.5	满足

表 6.8　裂缝宽度计算表

截面信息输入										计算相关参数			计算结果			
b 截面宽度/mm	h 截面高度/mm	E_s 普通钢筋的弹性模量/MPa	M_s 设计弯矩/(kN·m)	h_0 自纵向受拉钢筋合力点至受压边缘的距离/mm	c 最外排纵向受拉钢筋的混凝土保护层厚度/mm	d 受拉钢筋直径/mm	受拉区钢筋根数/根	A_s 受拉区纵向钢筋截面面积/mm²	a_s 为受拉钢筋重心至边缘的距离/mm	C_1 钢筋表面形状系数	C_2 长期效应影响系数	C_3 与构件受力性质有关的系数	A_{te} 有效受拉混凝土截面面积/mm²	ρ_{te} 纵向受拉钢筋的有效配筋率	σ_{ss} 钢筋应力/MPa	W_{cr} 最大裂缝宽度/mm
400	500	210 000	41.9	446	40	28	2	1 231.5	54	1	1.5	1	43 200	0.028 5	87.684 7	0.13
400	500	210 000	111.4	446	40	28	4	2 463.0	54	1	1.5	1	43 200	0.057 0	116.564	0.15

从上至下第 5 根锚杆处:计算配筋面积为 835 mm²(若设计配筋:4 根 18 钢筋,面积为 1 017.9 mm²,裂缝宽度为 0.44 mm,显然是由裂缝宽度控制配筋设计,调整为 4 根 28 钢筋,配筋面积为 2 463 mm²,裂缝宽度为 0.15 mm,裂缝宽度计算见表 6.8);箍筋选用 Φ10HPB300 钢筋,间距 20 cm,截面积为 2×78.5 = 157 mm² > 138 mm²。

由此可见,在多数情况下,裂缝(正常使用极限状态)确定的配筋比受力(承载能力极限状态)计算的配筋面积更大,因此结构的抗裂验算应作为设计配筋的重要环节(裂缝的控制将影响结构的耐久性)。

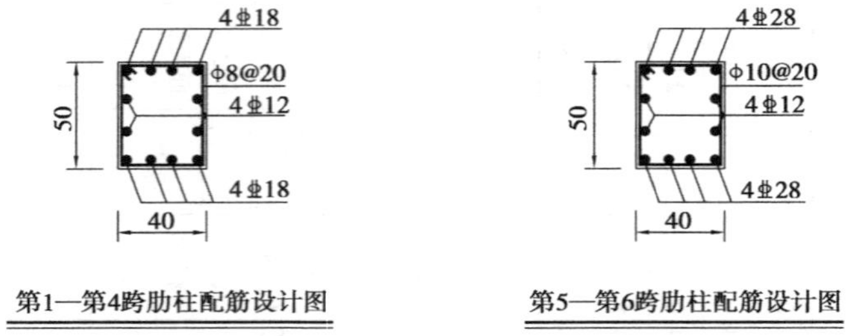

第1—第4跨肋柱配筋设计图   第5—第6跨肋柱配筋设计图

图 6.26　肋柱按照三角形荷载分布形式配筋设计图

为便于施工,将锚杆框架梁采用统一对称配筋,配筋图如附图 8 所示。

(9)将荷载分布形式改为:上(0.2H)三角形 + 下(0.8H)矩形布置

①荷载形式改为:上(0.2H)三角形 + 下(0.8H)矩形布置,其余各项与案例 6(土压力三角形分布)相同,如图 6.27、图 6.28 所示。

②计算结果如图 6.29 至图 6.32 所示,主要计算结果见案例 6:肋柱锚杆挡土墙(土压力三角形 + 矩形分布)理正计算结果。

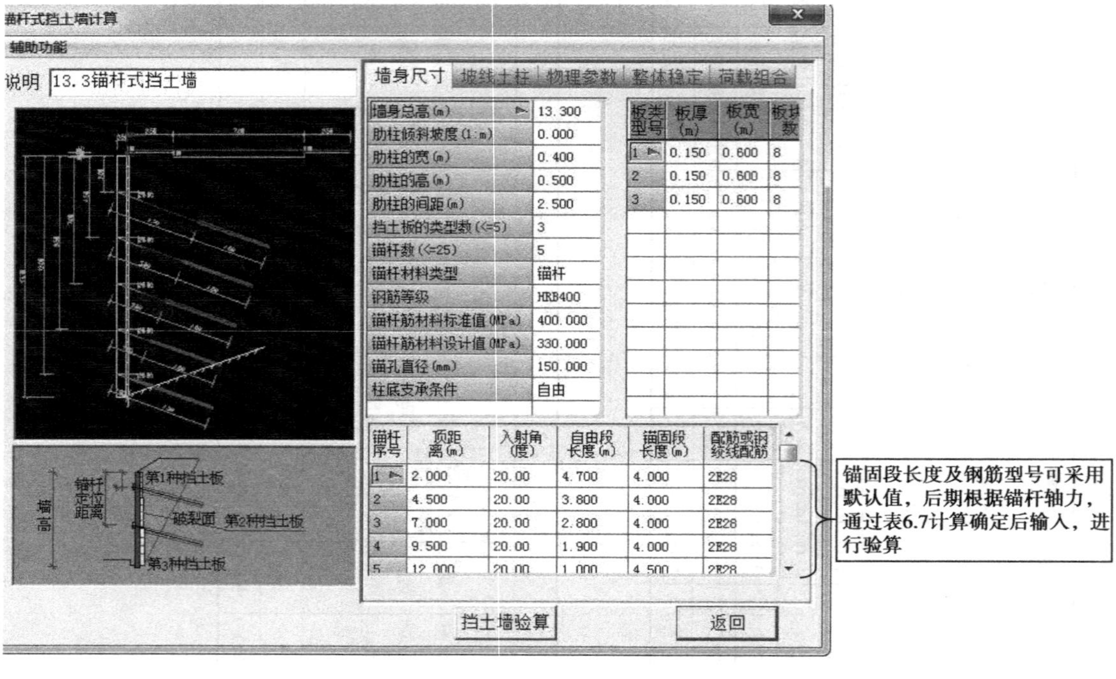

图 6.27　将锚杆的锚固段长度修改

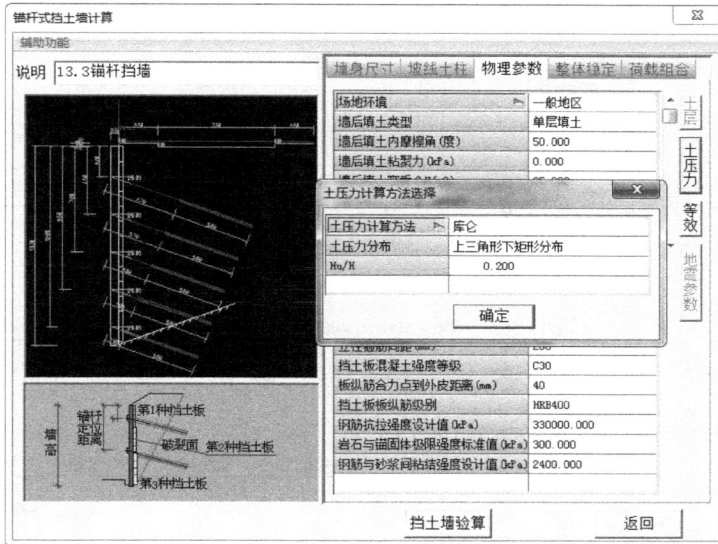

图 6.28 肋柱按照上三角形下矩形分布形式配筋设计图

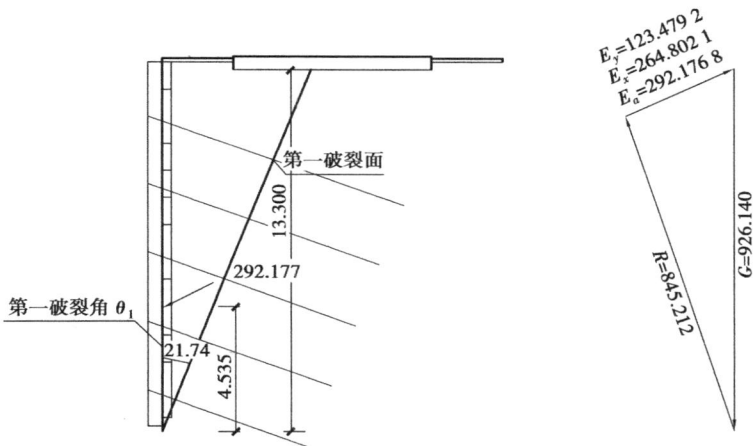

图 6.29 破裂角及土压力矢量图(尺寸单位:m;力单位:kN)

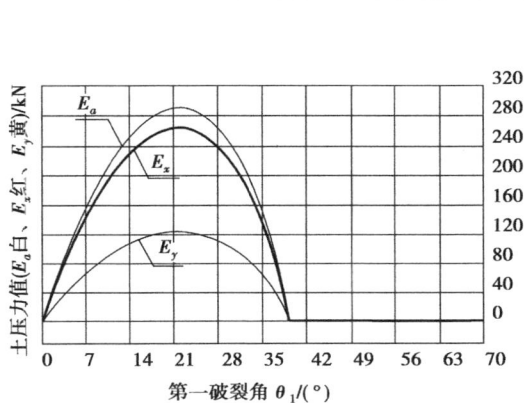

图 6.30 破裂角及土压力曲线图

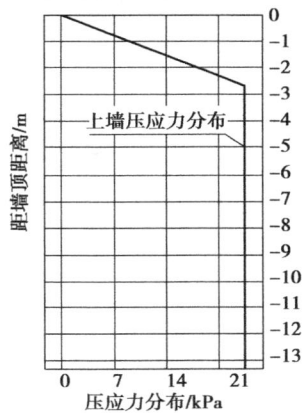

图 6.31 分布土压力图

213

第一种情况：组合1

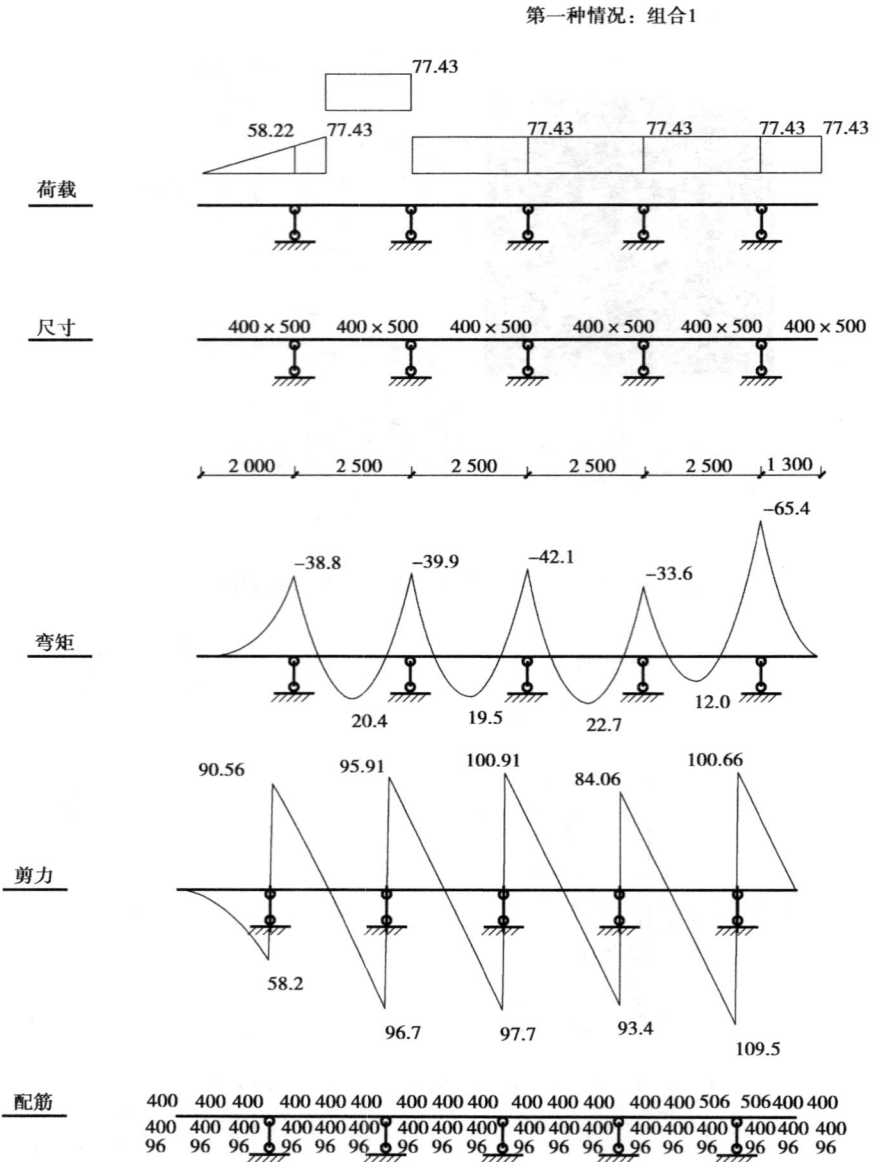

图 6.32　弯矩、剪力及配筋初步结果图

（尺寸单位：mm；力单位：kN；弯矩：kN·m；钢筋面积：mm²）

③根据锚杆轴向拉力进行锚杆的设计。

锚杆的设计包括钢筋面积、锚孔大小、锚固段长度 3 个方面，见表 6.9。

表 6.9　锚杆设计计算

锚杆设计基本信息输入					1. 锚杆抗拉承载力检算				2. 锚固体与地层的锚固长度检算						3. 钢筋与锚固砂浆的锚固长度检算					
单孔锚杆轴向力设计值 N_t/kN	单孔锚筋根数 n	钢筋直径 d_s/m	锚杆类型	荷载安全系数 K_1	钢筋抗拉强度设计值 f_y/kPa	单孔所需锚筋截面积/m²	设计单孔锚杆截面积/m²	检算结果	安全系数 K_2	锚孔直径 d/m	地层与锚固体粘结强度特征值 f_{rb}/kPa	锚固段所需长度 l_a/m	设计锚固段长度/m	检算结果	安全系数 K_2	钢筋与锚固砂浆的粘结强度特征值 f_b/kPa	成束钢筋系数 β	锚固段所需长度 l_a/m	设计锚固段长度/m	检算结果
158.4	2.00	0.028	永久	1.8	330 000	0.000 864	0.001 232	满足	2	0.150	300	2.2	4.0	满足	2	2 040	0.85	0.88	4.0	满足
205.0	2.00	0.028	永久	1.8	330 000	0.001 118	0.001 232	满足	2	0.150	300	2.9	4.0	满足	2	2 040	0.85	1.14	4.0	满足
210.6	2.00	0.028	永久	1.8	330 000	0.001 149	0.001 232	满足	2	0.150	300	3.0	4.0	满足	2	2 040	0.85	1.17	4.0	满足
188.9	2.00	0.028	永久	1.8	330 000	0.001 03	0.001 232	满足	2	0.150	300	2.7	4.0	满足	2	2 040	0.85	1.05	4.0	满足
223.7	2.00	0.028	永久	1.8	330 000	0.001 22	0.001 232	满足	2	0.150	300	3.2	4.5	满足	2	2 040	0.85	1.25	4.5	满足

表 6.10　裂缝宽度计算表

截面信息输入										计算相关参数				计算结果		
b 截面宽度/mm	h 截面宽度/mm	E_s 普通钢筋的弹性模量/MPa	M_s 设计弯矩/(kN·m)	h_0 自纵向受拉钢筋合力点至受压边缘的距离/mm	c 最外排纵向受拉钢筋的混凝土保护层厚度/mm	d 受拉钢筋直径/mm	受拉区钢筋根数/根	A_s 受拉区纵向钢筋截面面积/mm²	a_s 为受拉钢筋重心至受拉区边缘的距离/mm	C_1 钢筋表面形状系数	C_2 长期效应影响系数	C_3 与构件受力性质有关的系数	A_{te} 有效受拉混凝土截面面积/mm²	ρ_{te} 纵向受拉钢筋的有效配筋率	σ_{ss} 钢筋应力/MPa	W_{cr} 最大裂缝宽度/mm
400	500	210 000	42.1	451	40	18	4	1 017.9	49	1	1.5	1	39 200	0.026 0	105.412	0.13
400	500	210 000	65.43	449	40	22	4	1 520.5	51	1	1.5	1	40 800	0.037 3	110.158	0.14

④根据肋柱的弯矩、剪力进行肋柱的配筋设计及抗裂验算。

根据以上计算结果:第1～第4跨,弯矩剪力接近,为方便施工,可采用统一的配筋方式,选取最大弯矩、最大剪力进行设计(注:理正6.5版本中,公路行业未进行抗裂验算)。

选取跨号:4(从上至下第3根锚杆处)的弯矩和剪力进行配筋设计(软件提供信息为):背侧弯矩42.1 kN·m、剪力100.19 kN、背侧纵筋400 mm²、面侧纵筋400 mm²、抗剪箍筋96 mm²。

偏安全的将第5～第6跨采用相同配筋设计,弯矩剪力最大值(软件提供信息为):在跨号为6(从上至下第5根锚杆处)背侧弯矩65.43 kN·m、剪力100.66 kN、背侧纵筋506 mm²、面侧纵筋400 mm²、抗剪箍筋96 mm²。

根据《公路钢筋混凝土及预应力混凝土桥涵设计规范》(JTG 3362—2018)第6.4.2条规定:项目处于Ⅰ类一般环境,钢筋混凝土构件裂缝宽度允许值为0.2 mm,据此从上至下第3根锚杆处:计算配筋面积为400 mm²(设计配筋:4根12钢筋,面积为452.4 mm²,裂缝宽度为0.35 mm,不满足要求;调整配筋:采用4根18钢筋,面积为1 017.94 mm²,裂缝宽度为0.17 mm,裂缝宽度计算见表6.10);箍筋选用Φ8HPB300钢筋,间距20 cm,截面积为2×50.3 = 100.6 mm² > 96 mm²。

从上至下第5根锚杆处:计算配筋面积为506 mm²(若设计配筋:4根14钢筋,面积为615.8 mm²,裂缝宽度为0.41 mm,显然裂缝宽度不满足要求;调整为4根22钢筋,配筋面积为1 520.5 mm²,裂缝宽度为0.14 mm,裂缝宽度计算见表6.10);箍筋选用Φ8HPB300钢筋,间距20 cm,截面积为2×50.3 = 100.6 mm² > 96 mm²。配筋图如图6.33所示。

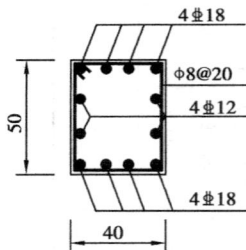

第1~第4跨肋柱配筋设计图　　　　　　第5~第6跨肋柱配筋设计图

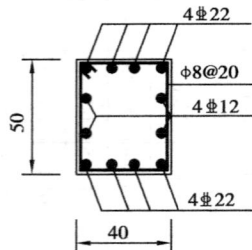

图6.33　肋柱按照上(0.2H)三角形 + 下(0.8H)矩形荷载分布形式配筋设计图

其配筋图与附图8的配筋图类似,可参考前图。

第 **7** 章
桩基托梁挡土墙

7.1　桩基托梁挡土墙概述

桩基托梁挡土墙最早从铁路部门实施,20 世纪 60 年代成昆铁路在陡峻山坡的路堤曾采用桩基托梁挡土墙。据统计,有铁西、白果、拉白等 8 处,全长 283.23 m,使用效果明显,技术可靠,节省投资。20 世纪 90 年代初,宝成铁路增建第三线工程建设中,陡坡路堤多处采用桩基托梁挡土墙方案,主要用于紧邻既有线、陡坡岩堆、河岸支挡、陡坡拦石墙等地段。在河岸严重冲刷、高路堤陡坡地段,采用桩基托梁挡土墙,能解决河岸支挡基础埋藏较深的困难。达州至成都铁路东段隧道洞口路堑深基础边坡支挡、横南铁路岩堆路肩深基础挡土墙,以及广梅汕铁路稳定性较差的陡坡覆盖土路堤,均采用桩基托梁挡土墙,取得较好的技术经济效益。国道鹧鸪山隧道引道陡坡路基工程,由于采用桩基托梁挡土墙结构形式,保证了施工便道畅通,解决了深基坑开挖带来的困难。

桩基托梁挡土墙是挡土墙、托梁与桩基形成的组合结构体系(图 7.1、图 7.2)。**桩基托梁主要用于地面横坡陡峻且稳定性较差的松散覆盖土(深基坑开挖失稳风险大)、基岩埋藏较深(常规方法处理后,地基承载力仍不满足设计要求)或与既有建筑结构基础紧邻基础无法开挖等地段。**采用桩基托梁挡土墙可将基底置于稳定土层中,以节约上部挡土墙截面,节省圬工,减少对坡体扰动。挡土墙一般采用重力式或衡重式,桩基托梁挡土墙一般设在路肩或路堤地段。

7.2　桩基托梁挡土墙构造

桩基托梁挡土墙应按"安全可靠、经济合理、方便实用"的原则设计。主要包含挡土墙高度及截面尺寸、桩间距、桩的尺寸、托梁尺寸的确定及相关配筋设计等内容。

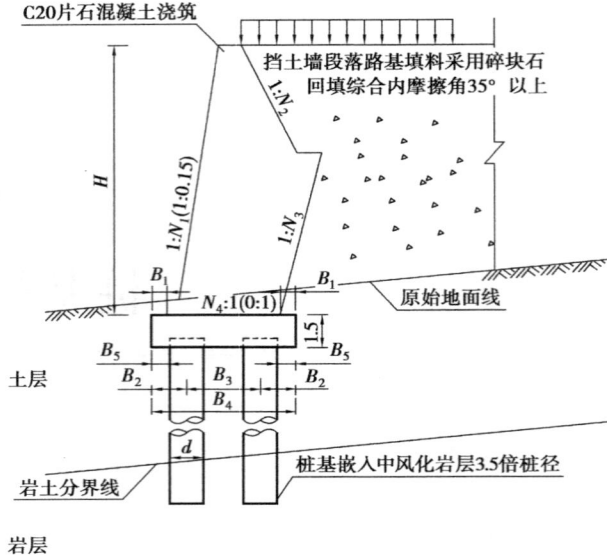

图 7.1 桩基托梁挡土墙断面图

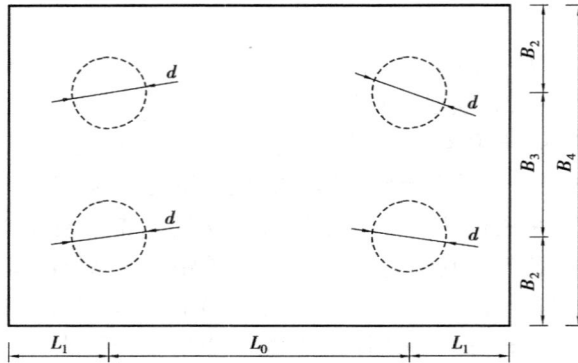

图 7.2 桩基托梁挡土墙平面图

7.2.1 上部挡土墙构造

挡土墙截面尺寸参照第 3 章重力式挡土墙章节,设计面坡适当放缓,让墙趾和墙踵应力比值控制在 1.3 范围内为宜。挡土墙的高度应满足托梁基底不至于悬空,挡土墙基底竖向永久荷载合力作用点宜与托梁截面中心线、桩中心(或者群桩形心)重合(有时为了方便施工,也可让桩在承台中部,通过调整挡土墙尺寸,控制挡土墙基底竖向永久荷载与托梁的偏心距,并加强桩的配筋)。托梁可设为连续梁或简支梁,连续梁下的桩宜按等间距分布;简支梁一般做成支端悬出的简支梁(根据正负弯矩相等和便于施工操作,多做成总长 L 为 10 m 一跨,中跨 L_0 为 $0.6L$,两端悬臂 L_1 为 $0.2L$ 的布置方式,见图 7.3)。

7.2.2 桩基构造

根据《公路桥涵地基与基础设计规范》(**JTG 3363—2019**)第 **6.2.6** 条:端承桩钻(挖)孔

桩中心间距不应小于 **2** 倍桩径(图 **7.1** 中 **B3**)。边桩(或角桩)外侧与托梁边缘距离(图 **7.1** 中 **B5**),对于直径(或边长)小于或等于 **1.0 m**,不应小于 **0.5** 倍桩径(或边长),且不应小于 **250 mm**;对于直径大于 **1.0 m** 的,不应小于 **0.3** 倍桩径(或边长),且不应小于 **500 mm**。

位于斜坡上的桩,桩按悬臂桩设计时,锚固点的选择一般按襟边宽度不小于 3~5 倍桩高(6~10 m),如图 4.5 所示。矩形截面时,桩截面的短边尺寸不宜小于 1.25 m,桩间距宜为 5~8 m。

7.2.3　托梁构造

本书介绍的托梁,与工业和民用建筑中的转换梁的作用及受力模式较为一致,根据《高层建筑混凝土结构技术规程》(JGJ 3—2010)中第 10 章的相关规定:转换梁(托梁)与转换柱(桩基)截面中线宜重合。转换梁(托梁)截面高度不宜小于计算跨度的 1/8。

托梁高度可按《铁路路基支挡结构设计规范》(TB/0025—2019)第 15.3.2 条,托梁截面尺寸宜为矩形,厚度不宜小于 800 mm。根据《公路钢筋混凝土及预应力混凝土桥涵设计规范》(JTG 3362—2018)第 8.4.2 条说明,梁的计算跨径 L_0 与梁的高度 h_t 之比 $L_0/h_t \leqslant 5$ 的受弯构件称为深受弯构件,当 $L_0/h_t > 5$ 时,按照一般梁计算。

托梁结构作为挡土墙结构的承重构件,圬工结构的挡土墙自重较大,因此,托梁结构梁高较高,一般工程中采用的托梁结构高度 ≥0.8 m,托梁结构的高度根据上部挡土墙的高度的增加而增加。托梁结构在采用双桩结构(挡土墙纵向)的一般情况下分段长度采用 10 m,悬臂采用的总长约占托梁总长的 20%(图 7.3)。控制托梁悬臂的长度可以使托梁结构在线性均布荷载(悬臂自重、竖向土压力等)作用下桩顶负弯矩与跨中正弯矩相当,在配筋上可以使梁上下部分配筋较为一致,方便设计和施工。托梁的宽度在工程中一般为挡土墙底面宽度加 1 m,主要考虑挡土墙襟边要求。

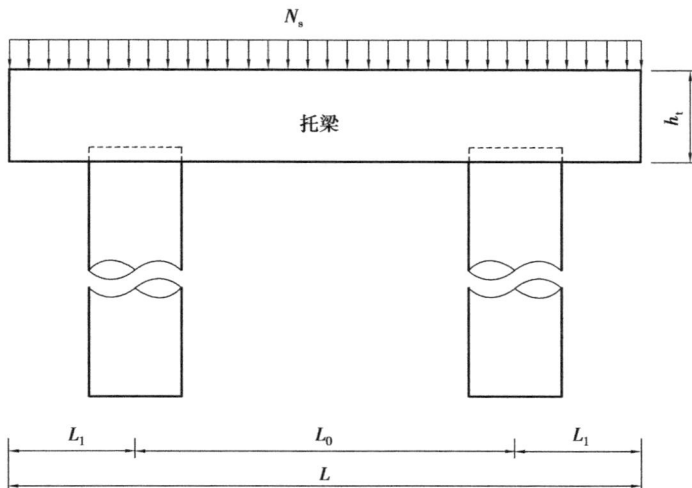

图 7.3　桩基托梁立面图

桩基托梁挡土墙,在挡土墙高度为 8 m 以下时,可采用单排桩托梁;当挡土墙高度在 8 m 以上时,若挡土墙宽度足够宽,横向宜采用双排桩托梁(图 7.4),以加强桩基托梁整体的安全性。

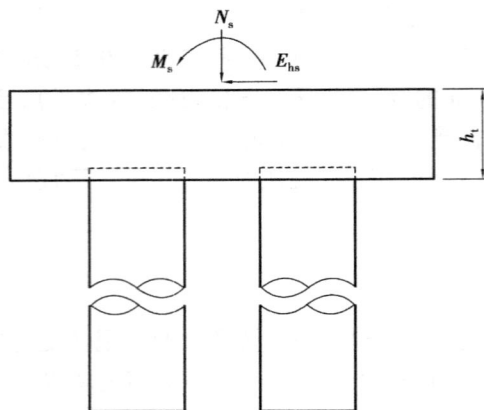

图 7.4　桩基托梁断面图

7.3　桩基托梁挡土墙设计

7.3.1　挡土墙的土压力计算

当托梁顶部埋置于天然稳定地面线下时,土压力按图 7.5 的计算方法与一般挡土墙一样,计算的土压力较小,且未考虑托梁侧的土压力(受力清晰,软件计算容易模拟)。当托梁底置于原始地面时,按图 7.6 计算土压力,可根据边界条件按库仑土压力计算,如果要简化计算,也可从托梁边做一辅助线,计算出虚线上的土压力(目前软件计算难度大些)。

上部挡土墙的土压力参见第 3 章重力式挡土墙计算的相关内容。

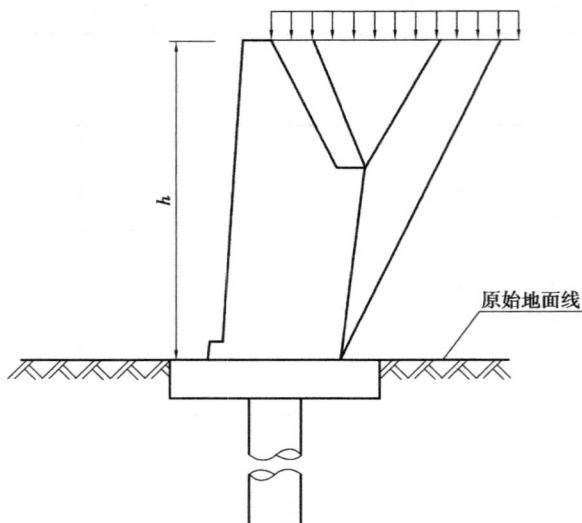

图 7.5　托梁顶部埋置于天然稳定地面线下土压力计算

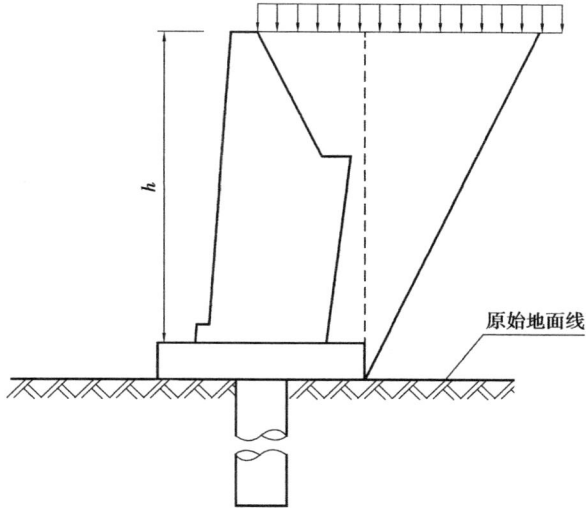

图 7.6 托梁底部当托梁底置于原始地面时地面线上土压力计算

7.3.2 托梁上的外力计算

挡土墙结构承载能力极限状态,应根据《公路路基设计规范》(JTG D30—2015)附录 H、表 H.0.1-5(表 3.18)采用不同的荷载分项系数,故设计应根据荷载分类,进行力和偏心距的汇总计算,本书以衡重式浸水挡土墙为例,进行介绍,如图 7.7 所示。

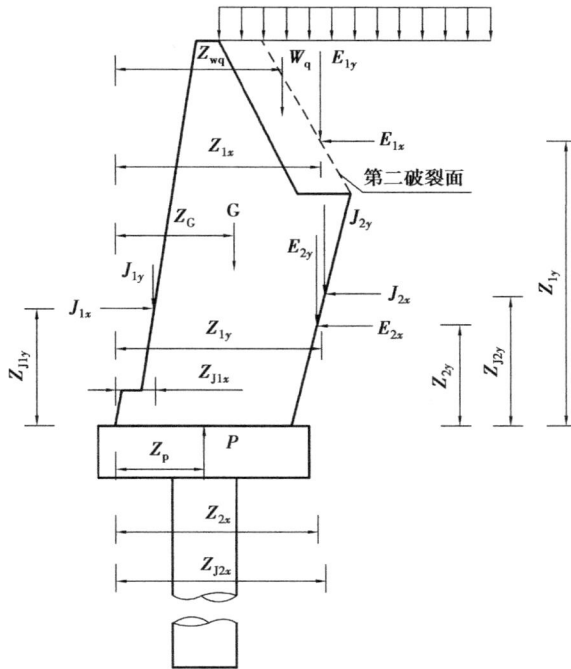

图 7.7 衡重式挡土墙受力力系

1) 垂直恒载的及垂直恒载对承台顶部中心的弯矩

$$N_h = G + W_q \tag{7.1a}$$

$$M_{Nh} = G\left(Z_G - \frac{B}{2}\right) + W_q\left(Z_{wq} - \frac{B}{2}\right) \tag{7.1b}$$

式中　N_h——垂直恒载,kN;

M_{Nh}——垂直恒载对承台顶部中心的弯矩,kN·m;

G——挡土墙自重,kN;

W_q——恒重台与第二破裂角间土体自重,kN;

Z_G——挡土墙自重到墙趾的距离,m;

B——挡土墙基底宽度,m;

Z_{Wq}——恒重台与第二破裂角间土体自重到墙趾的距离,m。

2) 主动土压力合力及主动土压力对承台顶部中心的弯矩

$$E_X = E_{1x} + E_{2x} \tag{7.2a}$$

$$E_Y = E_{1y} + E_{2y} \tag{7.2b}$$

$$M_E = E_{1x}Z_{1y} + E_{2x}Z_{2y} + E_{1y}\left(Z_{1x} - \frac{B}{2}\right) + E_{2y}\left(Z_{2x} - \frac{B}{2}\right) \tag{7.2c}$$

式中　E_X——土压力水平向合力,kN;

E_Y——土压力竖向合力,kN;

M_E——主动土压力对承台顶部中心的弯矩,kN·m;

E_{1x}——上墙水平向土压力(重力式挡土墙时取 E_{1x} 为0),kN;

E_{1y}——上墙竖向土压力(重力式挡土墙时取 E_{1y} 为0),kN;

E_{2x}——下墙水平向土压力,kN;

E_{2y}——下墙竖向土压力,kN;

Z_{1x}——上墙竖向土压力 E_{1y} 到墙趾的垂直距离,m;

Z_{1y}——上墙水平向土压力 E_{1x} 到墙趾的水平距离,m;

Z_{2x}——下墙竖向土压力 E_{2y} 到墙趾的垂直距离,m;

Z_{2y}——下墙水平向土压力 E_{1x} 到墙趾的水平距离,m。

注意:1. 土压力竖向正负号规定:竖直向下为正,反之为负,土压力水平向正负号规定:水平向面坡为正,反之为负。

2. 弯矩正负号规定:绕墙趾向外转动为正,反之为负。

3) 静水压力合力及其对承台顶部中心的弯矩

$$J_X = J_{1x} + J_{2x} \tag{7.3a}$$

$$J_Y = J_{1y} + J_{2y} \tag{7.3b}$$

$$M_J = J_{1x}Z_{J1y} + J_{2x}Z_{J2y} + J_{1y}Z_{J1x} + J_{2y}Z_{J2x} \tag{7.3c}$$

式中　J_X——静水压力水平向合力,kN;

J_Y——静水压力竖向合力,kN;

M_J——静水压力对承台顶部中心的弯矩,kN·m;

J_{1x}——墙面静水压力水平向合力,kN;

J_{1y}——墙面静水压力竖向合力,kN;

J_{2x}——墙背静水压力水平向合力,kN;

J_{2y}——墙背静水压力竖向合力,kN;

Z_{J1y}——墙面静水压力水平向合力 J_{1x} 到墙趾的垂直距离,m;

Z_{J1x}——墙背静水压力竖向合力 J_{1y} 到墙趾的水平距离,m;

Z_{J2y}——墙背静水压力水平向合力 J_{2x} 到墙趾的垂直距离,m;

Z_{J2x}——墙面静水压力竖向合力 J_{2y} 到墙趾的水平距离,m。

注意:1. 水压力水平方向正负号规定,水平向墙面侧为正,反之为负。

2. 弯矩正负号规定:绕墙趾向外转动为正,反之为负。

4)水浮力合力及其对承台顶部中心的弯矩

$$P_Y = P \tag{7.4a}$$

$$M_P = P\left(Z_P - \frac{B}{2}\right) \tag{7.4b}$$

式中　P_Y——水浮力合力,kN;

M_P——水浮力合力对承台顶部中心的弯矩,kN·m;

P——挡土墙基底浮力,kN;

Z_P——挡土墙基底浮力到墙趾的距离,m;

B——挡土墙基底宽度,m。

5)托梁顶点中点设计竖向力、设计水平力及设计弯矩

$$N_s = \gamma_G N_h + \gamma_{Q1} E_Y + \gamma_{Q4} J_Y + \gamma_{Q3} P_Y \tag{7.5a}$$

$$E_{hs} = \gamma_{Q1} E_x + \gamma_{Q4} J_x \tag{7.5b}$$

$$M_s = \gamma_G M_{Nh} + \gamma_{Q1} M_E + \gamma_{Q4} M_J + \gamma_{Q3} M_J \tag{7.5c}$$

式中　N_s——托梁顶竖向力设计值,kN;

M_s——托梁顶弯矩设计值,kN·m;

E_{hs}——托梁顶水平力设计值,kN;

γ_G——垂直恒载分项系数(按表3.18选用,一般取1.2);

γ_{Q1}——主动土压力的分项系数(按表3.18选用,一般取1.4);

γ_{Q3}——水浮力分项系数(按表3.18选用,一般取0.95);

γ_{Q4}——静水压力分项系数(按表3.18选用,一般取1.05);

其余符号同前。

7.3.3　托梁的内力计算

1)托梁的内力计算

(1)竖直面内的内力

如果不考虑地基反力的作用,可将托梁看成支承于桩上的连续梁或简支梁(每跨两个或多个支点),这种方法比较保守,但设计结构偏安全(由于桩基托梁挡土墙桩基一般进入中风化基岩,桩的沉降很小。托梁下土体被开挖扰动,托梁下土层在上部附加荷载作用下,土体可能有附加沉降,导致托梁下与土体接触不紧密甚至脱空;如果在回填土上的桩基托梁挡土墙,托梁下土体本身固结沉降未完成,可能导致托梁下与土体接触不紧密甚至脱空,工程上偏安全的忽略地基反力)。

如果要考虑地基的反力,首先求出作用于梁上的荷载,将桩顶作为托梁的竖向约束,其余地方再按弹性地基梁考虑弹簧刚度模拟进行计算,这种方法更接近实际,但计算较复杂(勘察过程一定探明土体的固结状态已经完成,托梁与土体不存在脱空的可能性,方可采用这种设计方法,以确保结构安全)。

(2)水平面内的内力

由于托梁底部和土体有脱空可能性,设计过程不考虑托梁底的摩擦力,仅考虑水平方向的荷载和桩身的抗力,确保桩结构安全。

(3)桩基托梁采用整体模型计算

桩基托梁挡土墙,桩基和托梁可按《公路桥涵地基与基础设计规范》(JTG D63—2019)附录 L 按 m 法计算弹性桩水平位移及作用效应的有关规定进行计算,可采用桥梁博士或者 Midas 软件进行相关计算(关于桩与土体之间的接触,采用土体弹簧刚度进行模拟,参照第 4 章 4.3 节相关内容)。

(4)桩基托梁计算

忽略承台底土的支承作用,按一般支端悬出简支梁计算(模型与图 7.8 一致,为双支点),托梁的竖向弯矩和剪力按表 7.1 计算。

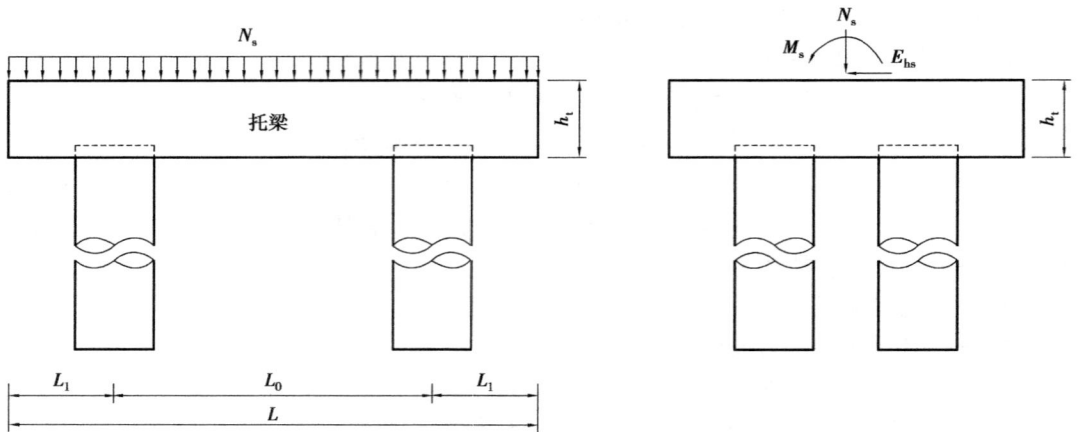

图 7.8　桩基托梁整体计算模型

托梁每延米自重:

$$q = B_c h_t \gamma_c \tag{7.6}$$

式中　q——托梁每延米自重,kN/m;

B_c——承台宽度,m;

h_t——承台高度,m;

γ_c——承台重度,一般取 25 kN/m³。

水平面的托梁刚度很大,托梁受弯变形极小,最终水平方向的荷载主要由桩基承受,故应重点验算桩基的受弯和抗剪承载能力。而桩在计算受力时,可以认为水平荷载是共同承担,将所有的水平荷载均分在各个桩上,结合软件模拟桩的计算。

表 7.1　桩基托梁支端悬出简支梁内力近似计算公式

桩基托梁支端悬出简支梁内力计算公式	
内力位置	内力计算公式
支座弯矩	$M_0 = -(N_s + \gamma_G q)L_1^2/2$
跨中弯矩	$M_z = (N_s + \gamma_G q)L \times L_0/4 - (N_s + \gamma_G q)(L_0/2 + L_1)^2/2$
悬出端最大剪力	$Q_1 = (N_s + \gamma_G q)L_1$
L_0 范围内最大剪力	$Q_0 = (N_s + \gamma_G q)L/2 - (N_s + \gamma_G q)L_1$

注:以上公式未考虑深梁($L_1/h_t > 5$)问题,且未考虑桩与承台的刚性固结特点,为近似计算,采用有 midas 等限元建立整体模型计算,结果更精确。

2)桩的内力计算

(1)桩顶外荷载计算原则

①当托梁顶埋入原始地面下,可按顶部作用有竖向力、弯矩和横向推力,托梁两侧土压力忽略不计的悬臂桩计算(条件允许的情况下,建议采用这种方式设计)。

②当托梁底位于原始地面,托梁底以上均为填筑土,可按顶部作用有竖向力、弯矩和横向推力,桩应考虑托梁高度范围的主动土压力的悬臂桩计算。

(2)竖向承载力验算

单桩轴向受压承载力容许值。由于桩基托梁,桩的竖向荷载较大,一般为嵌岩桩。单桩轴向受压承载力特征值 R_a 根据《公路桥涵地基与基础设计规范》(JTG D63—2019)第 6.3.7 条计算:

$$R_a = c_1 A_p f_{rk} + u \sum_{i=1}^{m} c_{2i} h_i f_{rki} + \frac{1}{2} \zeta_s u \sum_{i=1}^{n} l_i q_{ik} \tag{7.7}$$

式中　R_a——单桩轴向受压承载力特征值,kN,桩身自重与置换土重(当自重计入浮力时,置换土也计入浮力)的差值计入作用效应;

　　　c_1——根据岩石强度、岩石破碎程度等因素而确定的端阻发挥系数,按照《公路桥涵地基与基础设计规范》(JTG 3363—2019)表 6.3.7-1(表 7.2)采用;

　　　A_p——桩端截面面积,m^2,对于扩底桩,取扩底截面面积;

　　　f_{rk}——桩端岩石饱和单桩抗压强度标准值,kPa,黏土岩取天然湿度单轴抗压强度标准值,f_{rk} 小于 2 MPa 时,按支承在土层中的桩计算(f_{rki} 为第 i 层的 f_{rk} 值);

　　　c_{2i}——根据岩石强度、岩石破碎程度等因素而定的第 i 层岩层的侧阻发挥系数,按照《公路桥涵地基与基础设计规范》(JTG 3363—2019)表 6.3.7-1(表 7.2)采用;

　　　u——各土层或各岩层部分桩身周长,m;

　　　h_i——桩嵌各岩层的厚度,m,不包括强风化层、全风化层及局部冲刷线以上基岩;

　　　m——岩层的层数,不包括强风化层和全风化层;

　　　ζ_s——覆盖土层的侧阻力发挥系数,根据桩端 f_{rk} 确定:当 $f_{rk} = 2$ MPa 时,$\zeta_s = 1.0$,当 $f_{rk} = 15$ MPa 时,$\zeta_s = 0.8$,当 $f_{rk} = 30$ MPa 时,$\zeta_s = 0.5$,当 $f_{rk} = 60$ MPa 时,$\zeta_s = 0.2$,ζ_s 值可内插值用,当 $f_{rk} > 60$ MPa 时,ζ_s 可按 $f_{rk} = 60$ MPa 取值;

　　　l_i——承台底面或局部冲刷线下各土层的厚度,m;

q_{ik}——桩侧第 i 层土的侧阻力标准值,kPa,应采用单桩摩阻力试验值,当无试验条件时,对于钻(挖)孔桩按照《公路桥涵地基与基础设计规范》(JTG 3363—2019)表6.3.3-1 选用,对于沉桩按照《公路桥涵地基与基础设计规范》(JTG 3363—2019)表 6.3.5-1 选用;

n——土层的层数,强风化和全风化岩层按土层考虑。

由于桩基托梁挡土墙,可视为桩与承台铰接,桩基一般部分在土中,一部分在岩层中。桩身的压屈长度可视桩顶为铰接,桩身压屈长度 l_p 可参照《建筑桩基技术规范》(JGJ 94—2008)第5.8.4 条计算,桩身露出地面长度 l_0,桩的入土长度 h、桩侧和桩底土质条件按照《建筑桩基技术规范》(JGJ 94—2008)表 5.8.4-1 确定,见表 7.3。

表 7.2　系数 c_1,c_2 值

岩石层情况	c_1	c_2
完整、较完整	0.6	0.05
较破碎	0.5	0.04
破碎、极破碎	0.4	0.03

注:①当入岩深度≤0.5 m 时,c_1 乘以 0.75 的折减系数,$c_2=0$;
　　②对于钻孔桩,系数 c_1,c_2 应降低 20% 采用,桩端沉渣厚度 t,$d≤1.5$ m 时,$t≤50$ mm,
　　　$d>1.5$ m 时,$t≤100$ mm;
　　③对于中风化层作为持力层的情况,c_1,c_2 应分别乘以 0.75 的折减系数。

表 7.3　桩身的压屈长度 l_0

单桩与单排桩			
桩底支承于非岩石土中		桩底嵌于岩石内	
$h<4.0/a$	$h≥4.0/a$	$h<4.0/a$	$h≥4.0/a$
$l_p=1.0×(h+l_0)$	$l_p=0.7×(l_0+4.0/a)$	$l_p=0.7×(h+l_0)$	$l_p=0.7×(l_0+4.0/a)$

表中 $\alpha=\sqrt[5]{\dfrac{mb_1}{EI}}$,$EI=0.85E_CI_0$。

式中　m——非岩石地基水平抗力系数的比例系数,kN/m^4,可参照表 4.3 取值;

　　　　b_1——桩的计算宽度,m,可按式(4.6)至式(4.9)计算;

　　　　EI——桩身抗弯刚度;

E_{C}——桩的混凝土抗压弹性模量,kPa;

I_0——桩身换算截面惯性矩,m^4。

公式中具体的含义参见《建筑桩基技术规范》(JGJ 94—2008)第5.8.4条。当桩基全部埋置于土层中时,$l_0 = 0$。

（3）正截面承载力验算

桩基托梁挡土墙的桩,受水平荷载和竖向荷载较大,桩的受力本质是压弯构件。桩的计算理论可参考《公路桥涵地基与基础设计规范》(JTG 3363—2019)附录 L 进行计算,对于设计应用,采用 midas-civil 进行桩基托梁整体建模计算,可计算出桩的轴力、剪力和弯矩,根据桩的轴力和弯矩进行桩的配筋设计。

图 7.9　沿周边均匀配筋的圆形截面

桩按偏心受压构件的正截面抗压承载力计算。由于桩为压弯构件,可按照《公路钢筋混凝土及预应力混凝土桥涵设计规范 》(JTG 3362—2018)第5.3.8条进行正截面验算:截面内纵向普通钢筋数量不少于 8 根的情况,沿周边均匀配置纵向钢筋的圆形截面钢筋混凝土偏心受压构件(图 7.9),其正截面抗压承载力计算应符合下列规定:

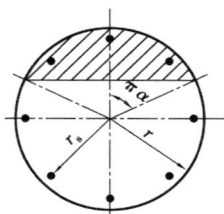

$$\gamma_0 N_{d} \leq N_{ud} = \alpha_{r} f_{cd} A \left(1 - \frac{\sin 2\pi\alpha}{2\pi\alpha} \right) + (\alpha - \alpha_{t}) f_{sd} A_{s} \tag{7.8}$$

$$\gamma_0 N_{d} \eta\, e_0 \leq M_{ud} = \frac{2}{3} f_{cd} A r \frac{\sin^3 \pi\alpha}{\pi} + f_{sd} A_{s} r_{s} \frac{\sin \pi\alpha + \sin \pi\alpha_{t}}{\pi} \tag{7.9}$$

$$\alpha_{t} = 1.25 - 2\alpha \tag{7.10}$$

式中　A——圆形截面面积,m^2;

A_{s}——全部纵向普通钢筋截面面积,m^2;

N_{ud}——正截面抗压承载力设计值,kN;

M_{ud}——正截面抗弯承载力设计值,$kN \cdot m$;

η——偏心距增大系数;

r——圆形截面的半径,m;

r_{s}——纵向普通钢筋重心所在圆周的半径,m;

e_0——轴向力对截面重心的偏心距,m;

α——对应于受压区混凝土截面面积的圆心角(rad)与 2π 的比值;

α_{t}——纵向受拉普通钢筋截面面积与全部纵向普通钢筋截面面积的比值,当 α 大于 0.625时,α_{t} 取 0。

当混凝土强度等级在 C30 ~ C50、纵向钢筋配筋率为 0.5% ~ 4% 时,沿周边均匀配置纵向钢筋的圆形截面钢筋混凝土偏心受压构件正截面抗压承载力可按照《公路钢筋混凝土及预应力混凝土桥涵设计规范 》(JTG 3362—2018)附录 F 确定。

《公路钢筋混凝土及预应力混凝土桥涵设计规范 》(JTG 3362—2018)第5.3.9条:对长细比 $l_0/i > 17.5$ 的构件,应考虑偏心受压构件的轴向力承载能力极限状态偏心距增大系数 η。矩形、T 形、I 形和圆形截面偏心受压构件的承载能力极限状态偏心距增大系数可按下列公式计算:

$$\eta = 1 + \cfrac{1}{\cfrac{1\ 300\ e_0}{h_0}}\left(\cfrac{l_0}{h}\right)^2 \zeta_1\ \zeta_2 \tag{7.11}$$

$$\zeta_1 = 0.\ 2 + 2.\ 7\ \frac{e_0}{h_0} \leqslant 1.\ 0 \tag{7.12}$$

$$\zeta_2 = 1.\ 15 - 0.\ 01\ \frac{l_0}{h} \leqslant 1.\ 0 \tag{7.13}$$

式中　l_0——构件的计算长度,m,按照《公路钢筋混凝土及预应力混凝土桥涵设计规范》(JTG 3362—2018)附录 E 确定;

e_0——轴向力对截面中性轴的偏心矩,m,不小于 20 mm 和偏压方向截面最大尺寸的 1/30 两者之间的较大值;

h_0——截面有效高度,m,对圆形截面取 $h_0 = r + r_s$,r 为圆形截面的半径,r_s 为纵向普通钢筋重心所在圆周的半径;

h_s——截面高度,m,对圆形截面取 $h = 2r$;

ζ_1——荷载偏心率对截面曲率的影响系数;

ζ_2——构件长细比对截面曲率的影响系数。

案例 7　桩基托梁挡土墙设计案例

1)项目概况

某临河四级公路升级改造为三级公路,由于紧邻城区,道路受规划标高限制,局部段落可能受设计洪水位淹没(挡土墙按浸水挡土墙考虑)。由于本段挡土墙土层较厚(6~8 m),土层下方为砂岩和泥岩,其中泥岩的饱和单轴抗压强度为 5.42 MPa,本段落最高挡土墙高 14 m,左侧为既有道路和铁路,右侧临河,将重力式挡土墙基础置于基岩上,且存在坑内涌水问题,不易实施;加之基坑开挖后,对左侧道路整体稳定性存在安全风险。综合考虑采用桩基托梁挡土墙进行支挡防护,如图 7.10 所示。

挡土墙上方荷载情况,道路人行道宽 2 m,车行道宽 14 m,人行道比车行道高 0.25 m。挡土墙顶上安置人行栏杆,栏杆位于墙顶面侧后 50 cm,高度 1.13 m。栏杆自重 0.45 kN/m (45 kg/m),栏杆挡土墙栏杆水平推力 0.75 kN/m,栏杆扶手上的竖向力采用 1 kN/m。

本案例与第 3 章案例 1 为同一项目,上部结构衡重式挡土墙验算见第 3 章案例 1 一般工况计算相关内容,本章节为一般工况的下部结构桩基托梁的计算。

2)计算基本参数的选取

根据勘察报告提供的相关参数进行计算,见表 7.4。(与《公路桥涵地基与基础设计规范》(JTG 3363—2019)附录 L 表 L.0.2-1 及《铁路路基支挡设计规范》(TB 10025—2019)附录 L 表 L.0.3 参数范围及地区项目经验一致。)

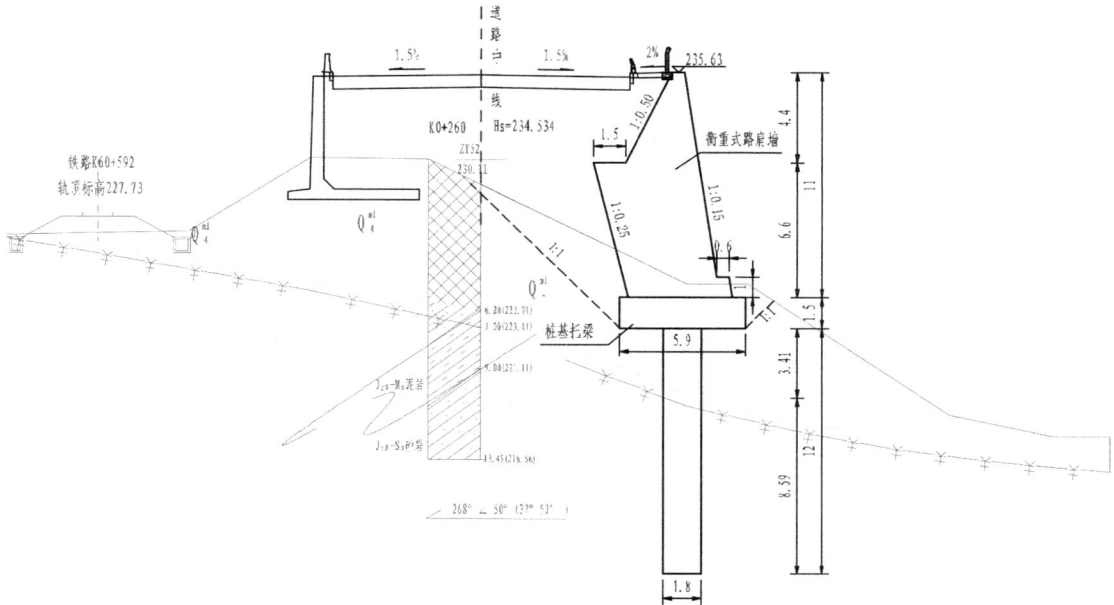

图 7.10 桩基托梁挡土墙剖面布置图(尺寸单位:m)

表 7.4 岩土体物理参数

项 目		素填土	粉质黏土	泥岩	砂岩
岩土体重度/(kN·m⁻³)	天然	20.0*	19	24.5	24.2
	饱和	21.0*	20	24.8	24.5
岩石单轴抗压强度 标准值/MPa	天然	—	—	8.78	43.11
	饱和	—	—	5.42	31.15
承载力特征值[f_{a0}]/kPa	土层	150(压实)	150(可塑状)	—	—
	强风化	—	—	300*	500*
	中等风化	—	—	500	1 500
岩土体水平抗力系数	土比例系数/(MN·m⁻⁴)	6*	10*	—	—
	岩体/(MN·m⁻³)	—	—	60*	420*

注:表中带 * 号为经验值。

3)托梁顶部外荷载的计算

(1)上部结构计算

上部结构计算主要是指挡土墙部分的计算,上部结构衡重式挡土墙验算见第 3 章案例 1 一般工况计算相关内容,其荷载及力作用位置如图 7.11 所示,按照本章 7.3 节相关公式计算桩基托梁上外荷载,计算结果见表 7.5。

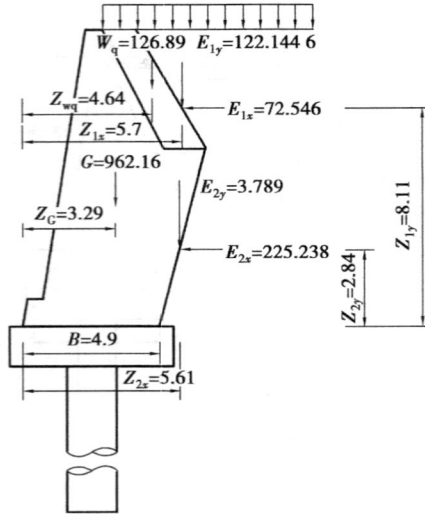

图 7.11 桩基托梁挡土墙挡土墙荷载示意图

表 7.5 一般工况承台顶外荷载计算表

11 m 一般挡土墙计算	
传递到托梁顶面每延米的水平推力、竖向力和弯矩	
1. 垂直恒载的及垂直恒载对承台顶部中心的弯矩	
$N_h = G + W_q$	1 089.050
$M_{Nh} = G(Z_G - B/2) + Q_q(Z_{Wq} - B/2)$	$-1\ 086.104$
式中 G——挡土墙自重,kN;	962.160
W_q——衡重台与第二破裂角间土体自重,kN;	126.890
Z_G——挡土墙自重到墙趾的距离,m;	3.290
B——挡土墙基底宽度,m;	4.900
Z_{Wq}——衡重台与第二破裂角间土体自重到墙趾的距离,m。	4.640
2. 主动土压力合力及主动土压力对承台顶部中心的弯矩	
$E_X = E_{1x} + E_{2x}$	297.798
$E_Y = E_{1y} + E_{2y}$	125.935
$M_E = E_{1x}Z_{1y} + E_{2x}Z_{2y} + E_{1y}(Z_{1x} - B/2) + E_{2y}(Z_{2x} - B/2)$	819.190
式中 E_{1x}——上墙水平向土压力,kN;	72.560
E_{1y}——上墙竖向土压力,kN;	122.146
E_{2x}——下墙水平向土压力,kN;	225.238
E_{2y}——下墙竖向土压力,kN;	3.789
Z_{1y}——上墙水平土压力 E_{1x} 到墙趾的垂直距离,m;	8.110
Z_{1x}——上墙竖向土压力 E_{1y} 到墙趾的水平距离,m;	5.700

续表

11 m 一般挡土墙计算	
Z_{2y}——下墙水平土压力 E_{2x} 到墙趾的垂直距离,m;	2.840
Z_{2x}——下墙竖向土压力 E_{2y} 到墙趾的水平距离,m。	5.610
3.托梁顶点中点每延米设计竖向力、设计水平力及设计弯矩	
$N_s = \gamma_G N_h + \gamma_{Q1} E_Y$	1 483.169
$E_{hs} = \gamma_{Q1} E_X$	416.917
$M_s = \gamma_G M_{Nh} + \gamma_{Q1} E_Y$	−156.459
式中　γ_G——垂直恒载分项系数;	1.200
γ_{Q1}——主动土压力的分项系数。	1.400

注:偏心靠近墙踵侧 e 为负,靠近墙趾侧 e 为正。

（2）下部结构荷载计算

桩基托梁上外荷载按照《公路路基设计规范》(JTG D30—2015)附录 H,表 H.1.0-5(表3.18)考虑荷载的分项系数,按承载能力极限状态和正常使用极限状态进行验算。

4)桩基托梁下部结构计算步骤

（1）托梁及桩基尺寸的选定

本例讲述的托梁构造上采用《公路钢筋混凝土及预应力混凝土桥涵设计规范》(JTG 3362—2018)中梁的相关规定。根据类似项目经验,托梁的高度取值 1.5 m,托梁的宽度采用 5.9 m(挡土墙的底部宽度加前后侧各 0.5 m 襟边),托梁的节段长度与挡土墙划分的段落一致,一般为 10 m。本例中岩层位于地面线以下 5.4 m,为了确保安全,桩基采用机械成孔,圆形桩基础,参照类似项目经验,桩径采用 1.8 m,桩基中心间距取 3 ~4 倍桩径,本例取值 6 m(图 7.12)。

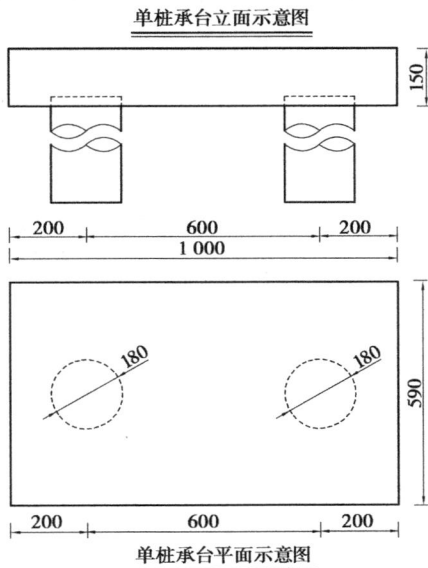

图 7.12　桩基托梁布置图

（2）计算模型的选定

根据以上荷载计算,本项目采用简支梁模型进行计算,计算模型及荷载如图7.13所示。

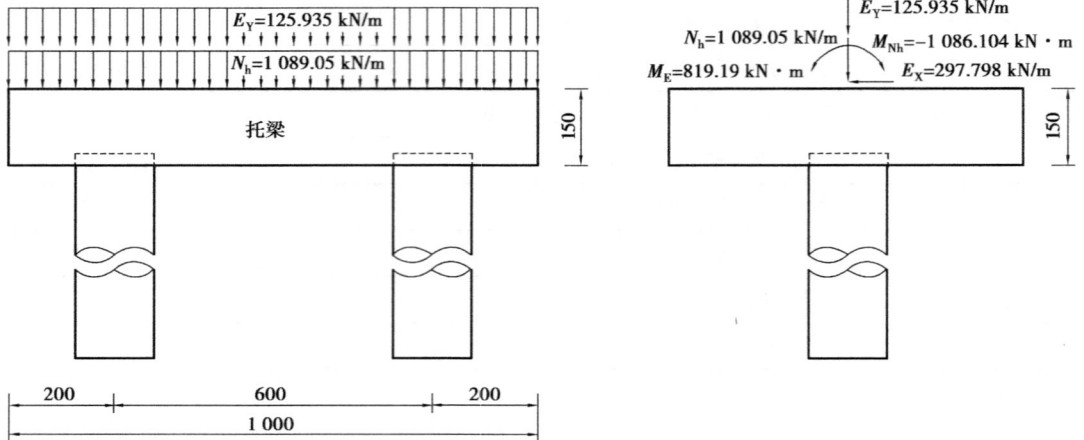

图7.13　桩基托梁整体计算模型

（3）桩基托梁模型的建立

本例模型的建立采用 midas civil 2019 版本。

①估算桩基长度。本例中,桩基础嵌入岩石中,根据工程及地区相关经验,桩基长度需要嵌入中等风化岩层不小于 $3d$（d 为桩基直径,以桩基襟边 $3d$ 起算,见图7.14）,根据以上规定初定桩基长度12 m,将荷载汇总计算单桩轴向荷载,见表7.6。

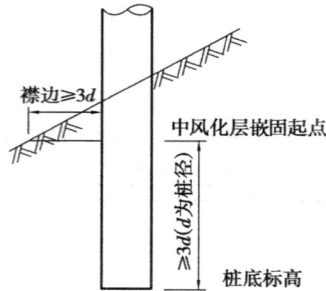

图7.14　桩基嵌岩示意图

表7.6　桩基竖向荷载汇总表（未考虑分项系数）

竖向荷载	每延米的荷载/($kN \cdot m^{-1}$)	10 m 长度的荷载/kN
挡土墙自重	962.16	9 621.6
衡重台上土体自重	126.89	1 268.9
上墙竖向土压力	122.145	1 221.45
下墙竖向土压力	3.789	37.89
托梁自重	230.1	2 301

注:桩身每延米自重与置换土重差值为 20.358 kN。

以表 7.6 计算出单根桩基所受竖向荷载为 $N=7\ 469.7$ kN。在桩基长度 12 m 的情况下，单桩轴向受压承载力容许值根据《公路桥涵地基与基础设计规范》（JTG 3363—2019）第 6.3.7 条 $R_a = c_1 A_p f_{rk} + u\sum_{i=1}^{m} c_{2i} h_i f_{rki} + \frac{1}{2}\zeta_s u \sum_{i=1}^{n} l_i q_{ik}$ 计算 R_a，见表 7.7（考虑嵌入段襟边的原因，因而嵌入岩石段为 8.5 m，计算中按照 8.5 m 嵌入段计算单桩轴向受压承载力容许值）。

表 7.7 单桩轴向受压承载力计算表

参数	单位	数值	备注
端阻发挥系数 c_1	无量纲	$0.6\times0.8\times0.75$	参见表 7.2
桩端截面面积 A_p	m²	$\pi\times0.9^2$	
桩端岩石饱和抗压强度标准值 f_{rk}	kPa	31150	砂岩用饱和抗压强度，对黏土质岩取天然湿度单轴抗压强度标准值
桩身周长 u	m	$\pi\times1.8$	
侧阻发挥系数 c_2	无量纲	$0.05\times0.8\times0.75$	参见表 7.2
桩嵌入各岩层部分的厚度 h_i	m	8.5	不包括强风化层和全风化层
桩嵌入各岩层的饱和抗压强度标准值 f_{rki}	kPa	31150	砂岩用饱和抗压强度，对黏土质岩取天然湿度单轴抗压强度标准值
覆盖土的侧阻力发挥系数 ζ_s	无量纲	0.2	
各土层的厚度 l_i	m	3.5	入岩之前的土层厚度，包括强风化层和全风化层
桩侧第 i 层土的侧阻力标准值 q_{ik}	kPa	50	

由表 7.7 计算得 $R_a = 73\ 471.7$ kN，大于单桩轴向受压承载力容许值 7 469.7 kN，故本次桩基长度 12 m 满足竖向承载力要求。

②结构离散及模型建立。对于托梁单元划分，一般情况下 0.5~1 m 都能满足工程精度要求，单元划分越细，结果越精确，但计算耗费的时间越长，前处理及后处理花费的时间就越长，本例托梁按照每 1 m 划分一个单元。对于托梁单元建模中采用梁单元进行建立，截面选取设计截面的中腹板，如图 7.15 所示。

桩基单元采用用户自定义截面，桩基 0.25 m 一个单元，每延米划分 4 个单元，每根桩 48 个单元，两根桩一共 96 个。托梁单元按照 1 m 一个，共 10 个单元，建立的模型如图 7.16 所示。

③边界条件的添加。根据结构的实际受力状态，桩基单元采用土弹簧形式添加边界条件，托梁与桩基连接点采用刚性连接进行模拟。本例中应特别注意，托梁下的地质情况以砂岩为主，桩身大部分位于砂岩中，因此在选择"k"法和"m"法时，以"k"法为主，将覆盖土层转换为 k 值。

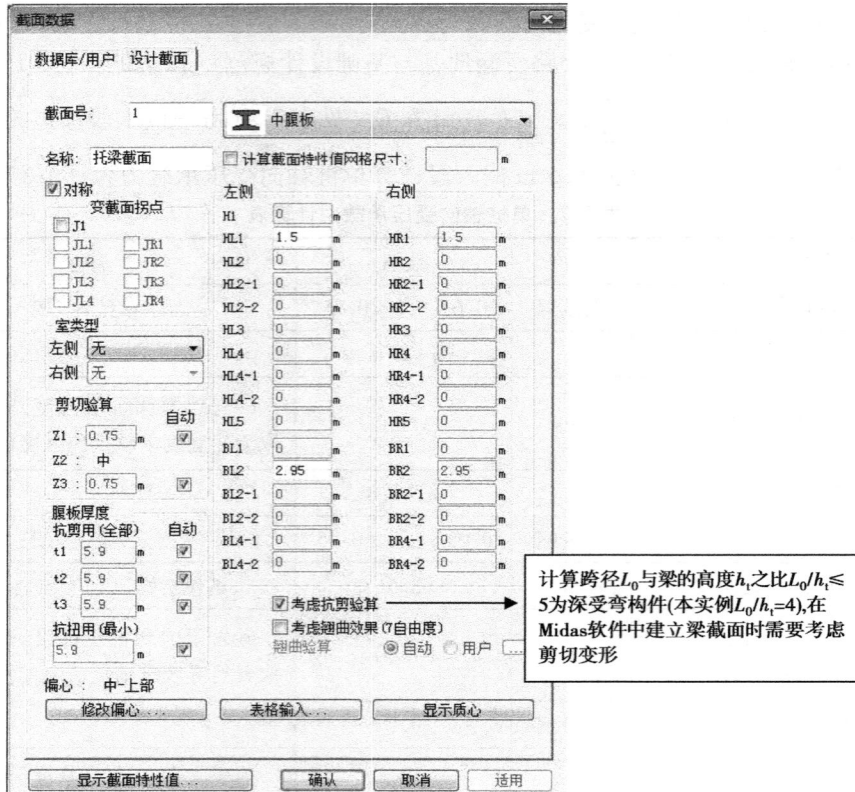

图 7.15　深梁计算参数设置

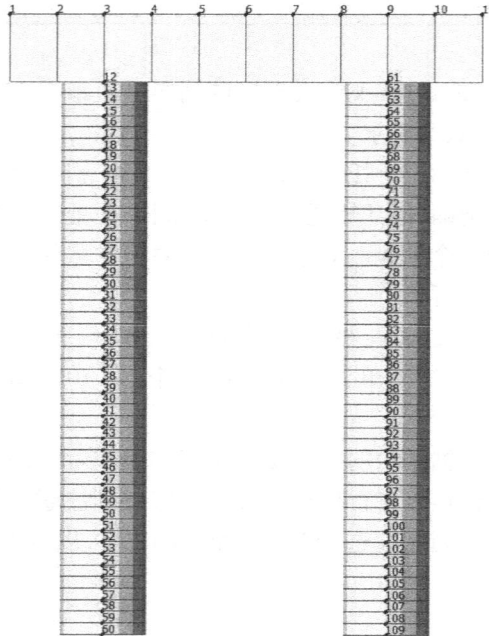

图 7.16　模型节点编号

根据《公路桥涵地基与基础设计规范》(JTG 3363—2019)附录 L,确定桩基的计算宽度 b_1,桩土模拟的部分详细参见本书第 4 章 4.3 节抗滑桩设计相关内容。需要注意的是托梁底部 3.5 m 范围为素填土区域。现将桩基桩土模拟计算的弹簧系数的主要节点计算如下:

节点 12 换算节点 K 值为:$0.25/2 \times 6 = 0.75$ MN/m³;节点 13 换算节点 K 值为:$0.25 \times 6 = 1.5$ MN/m³,……,节点 12 ~ 26 土层弹簧系数换算结果见表 7.8。

节点 26 位于岩土分界处,上半单元换算节点 K 值为:$(3.25 + 0.25/2) \times 6 = 20.25$ MN/m³,下半单元采用岩石 K 值为 420 MN/m³;故节点 26 的 XY 方向弹簧系数为:$[(3.25 + 0.25/2) \times 6 + 420)] \times 0.125 = 138.678$ MN/m = 138 678.75 kN/m。

节点 27 ~ 59 的 XY 方向弹簧系数为:$420 \times 0.25 \times 2.52 \times 1\,000$ kN/m = 264 600 kN/m。

节点 60 的 XY 方向弹簧系数为:$420 \times 0.125 \times 2.52 \times 1\,000$ kN/m = 132 300 kN/m。

表 7.8 节点 12 ~ 26 土层弹簧系数换算结果

距离地面深度 z_i	节点编号	m 值 /(MN·m⁻⁴)	换算成节点 K 值 /(MN·m⁻³)	桩基的计算宽度 b_p/m	XY 方向弹簧系数/(kN·m⁻¹)
0	12	6	0.75	2.52	236.25
0.25	13	6	1.5	2.52	945
0.5	14	6	3	2.52	1 890
0.75	15	6	4.5	2.52	2 835
1	16	6	6	2.52	3 780
1.25	17	6	7.5	2.52	4 725
1.5	18	6	9	2.52	5 670
1.75	19	6	10.5	2.52	6 615
2	20	6	12	2.52	7 560
2.25	21	6	13.5	2.52	8 505
2.5	22	6	15	2.52	9 450
2.75	23	6	16.5	2.52	10 395
3	24	6	18	2.52	11 340
3.25	25	6	19.5	2.52	12 285
3.5	26	6	20.25	2.52	138 678.75

④荷载的添加。本例中,荷载包括自重(托梁与桩基、挡土墙自重、衡重台上土自重),土体产生的水平土压力、竖向土压力、土压力产生的弯矩。本例荷载除需要考虑表 7.5 的荷载外,还可考虑整体温度的升降、混凝土收缩徐变对结构产生的影响。注意不需将竖向土压力及水平土压力定义为施工阶段荷载,按照水平土压力(EH)荷载类型添加[定义为水平土压力(EH)荷载采用的分项系数软件将与《公路路基设计规范》(JTG D30—2015)附录 H、表 H.0.1-5(表 3.18)中规定相匹配],竖向土压力和水平土压力、土压力产生的弯矩不需要定义荷载组,不需要在施工阶段激活,程序会按照永久荷载进行添加并且计入相关的分项系数,如图 7.17

所示(土侧压力对结构的承载能力不利时,分项系数为1.4;对结构的承载能力有利时,分项系数为1.0;本例中的土侧压力为竖向土压力和水平土压力,不包含土的重力)。

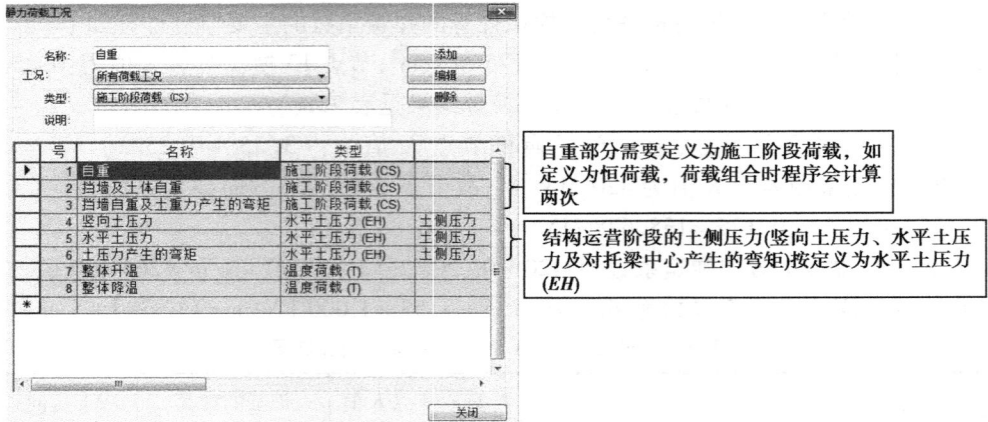

图7.17　荷载添加及荷载类型选择

⑤施工阶段的定义。本例中将施工阶段定义为3个阶段:第一阶段桩基托梁结构的成形(30天);第二阶段挡土墙荷载的添加(20天);第三阶段考虑钢筋混凝土的收缩徐变天数(3 650天)。建模时应注意,施工阶段中不需要将土侧压力激活,如图7.18所示。

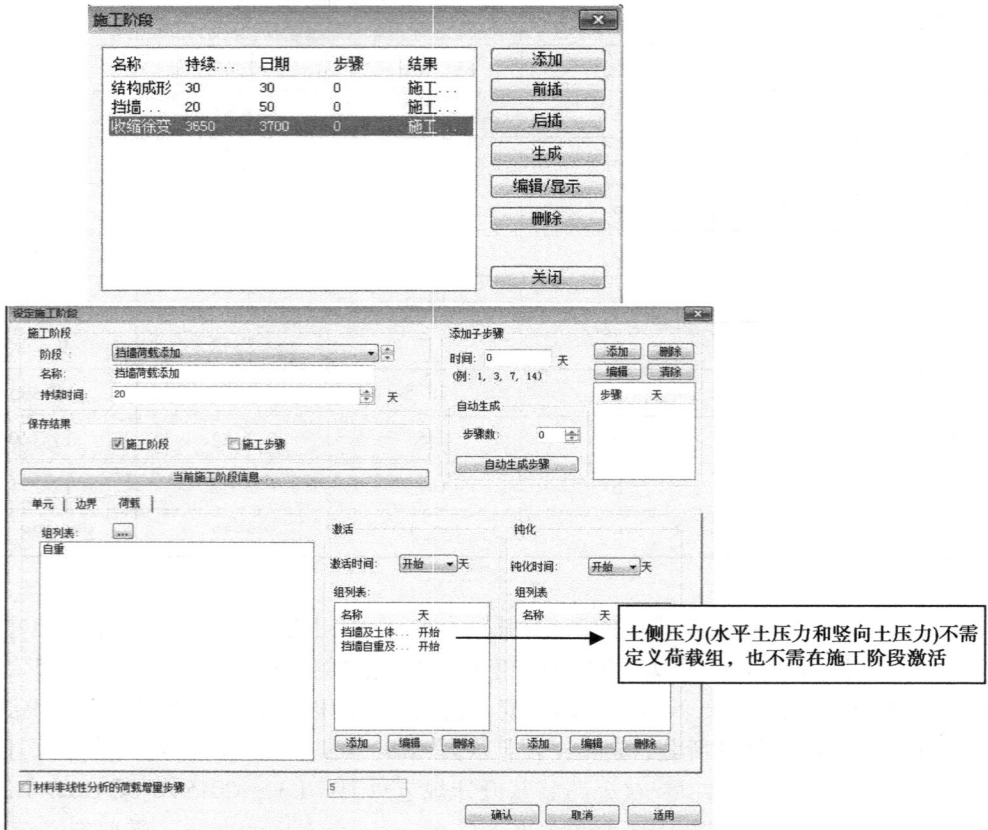

图7.18　施工阶段的定义

⑥运行模型及内力查看。模型运行完成后,采用程序自动荷载组合,如图 7.19 所示,程序按照《公路桥涵设计通用规范》(JTG D60—2015)进行荷载组合并计入相应的分项系数,与《公路路基设计规范》(JTG D30—2015)附录 H、表 H.0.1-5(表 3.18)中规定一致。

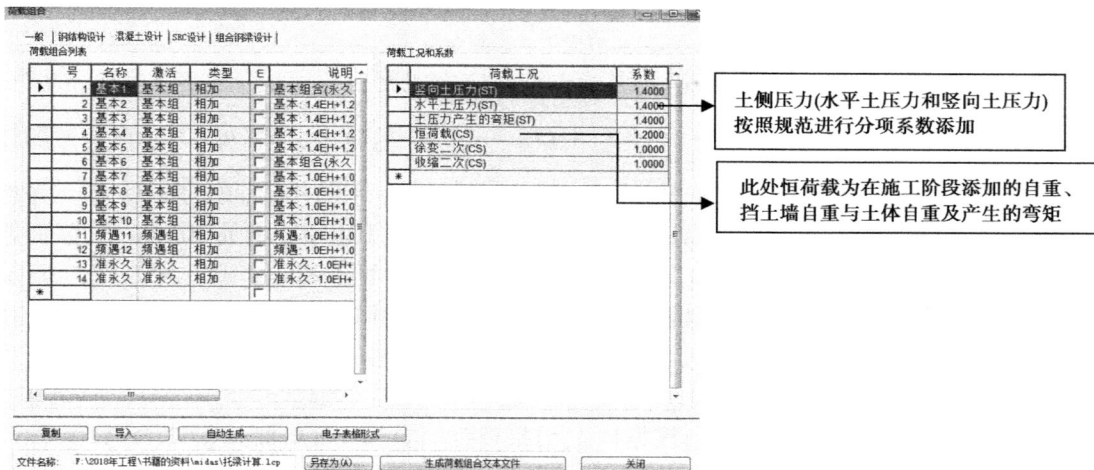

图 7.19　荷载组合及分项系数输入

组合 1～组合 10 为基本组合(图 7.19),为了查看组合 1—组合 10 状态下(Midas 按照《公路桥涵设计通用规范》(JTG D60—2015)的相关荷载分项系数,进行了可能的所有组合,故其组合结果将分布在一定范围内)托梁结构产生的最不利内力值,可采用包络图的方式查看,如图 7.20 所示。

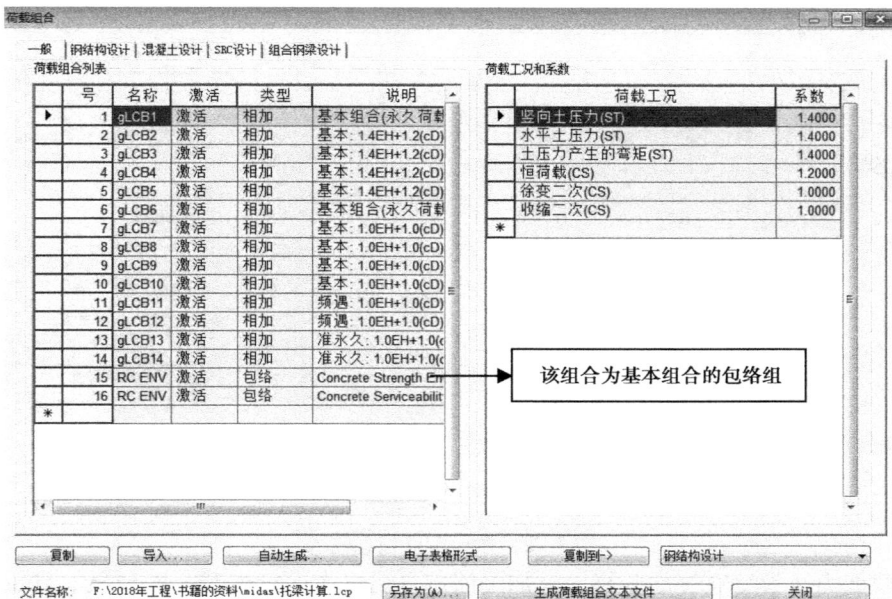

图 7.20　基本组合的包络组查询

在考虑荷载组合系数的情况下,正弯矩最大为 4 905.3 kN·m,负弯矩最大为 4 764.2 kN·m,正负弯矩数值接近(图 7.21),便于充分发挥截面的抗弯强度,同时进行双侧配筋设计。

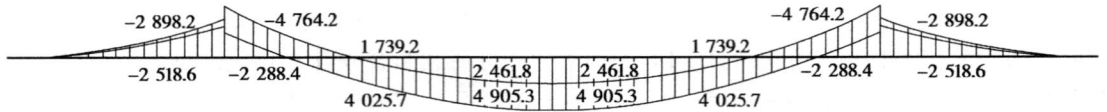

图 7.21　承载能力极限状态托梁弯矩包络图

⑦承台配筋设计。根据《公路钢筋混凝土及预应力混凝土桥涵设计规范》(JTG 3362—2018)第 5.2.2 条 $\gamma_0 M_d \leqslant f_{cd} bx \left(h_0 - \dfrac{x}{2} \right) + f'_{sd} A'_s (h_0 - \alpha'_s) + (f'_{pd} - \sigma'_{p0}) A'_p (h_0 - \alpha'_p)$ 进行配筋计算(需要注意的是:本例中桩基需要伸入托梁 10 cm,故本例在计算中 a 考虑为 0.15 m,a' 考虑为 0.07 m),根据相关计算内容,计算出正弯矩区域需要配置 HRB400 钢筋 20 mm 直径,间距为 15 cm,负弯矩区域配筋方式与正弯矩区域一致。按照最小配筋率 $\max\{0.2, 45 f_{td}/f_{sd}\}$,计算出最小配筋率为 0.2%,按照最小配筋率底部采用配筋双层 HRB400 钢筋 20 mm 直径,间距 15 cm,底层钢筋距离托梁底面 0.15 m。顶部采用双层 HRB400 钢筋 20 mm 直径,间距 15 cm,顶层钢筋距离托梁顶部 0.07 m。

⑧截面配筋信息输入。模型中根据以上结果,将结构的配筋添加到软件中,如图 7.22 所示。

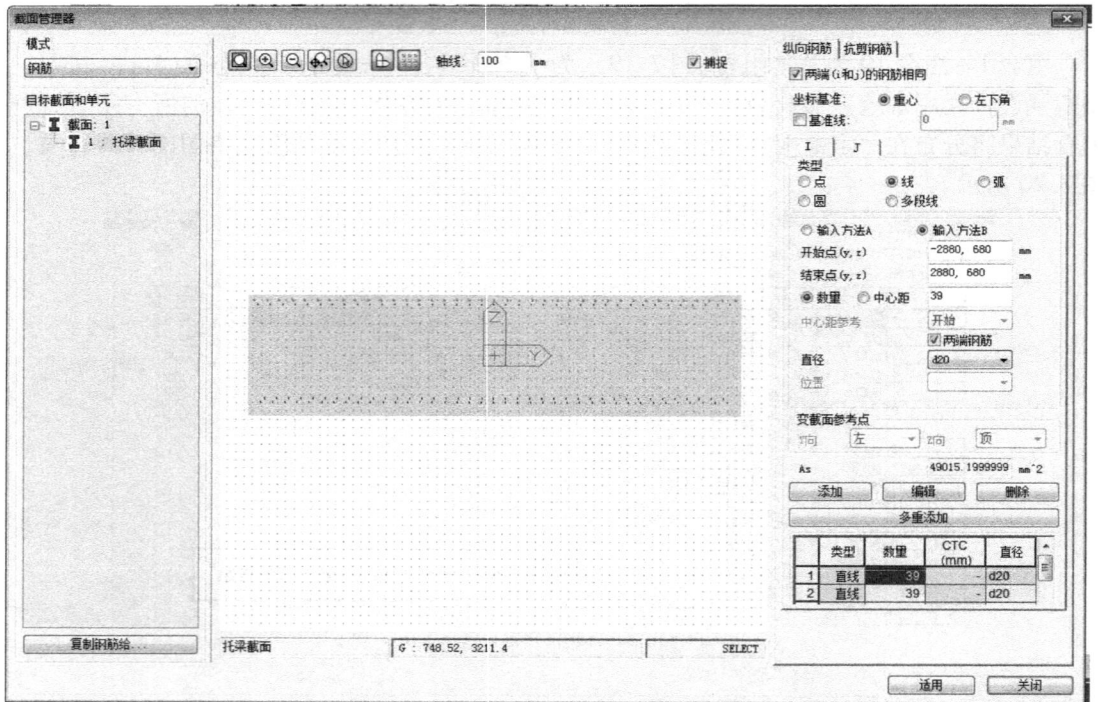

图 7.22　截面配筋信息输入

⑨承载能力及裂缝宽度的验算。添加配筋信息后再次运行模型。模型导入 Midas CDN 中采用 RC 验算。根据验算结果查看梁单元的裂缝验算结果和抗弯承载能力验算等相关验算,根据计算结果,承载能力极限状态钢筋有富余(图 7.23),但结构裂缝接近规范值 0.2 mm(图 7.24),配筋面积是由裂缝控制而非承载能力控制。

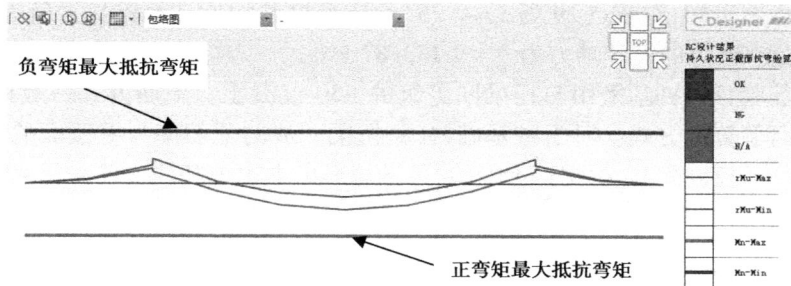

图 7.23　RC 验算抗弯承载能力包络图

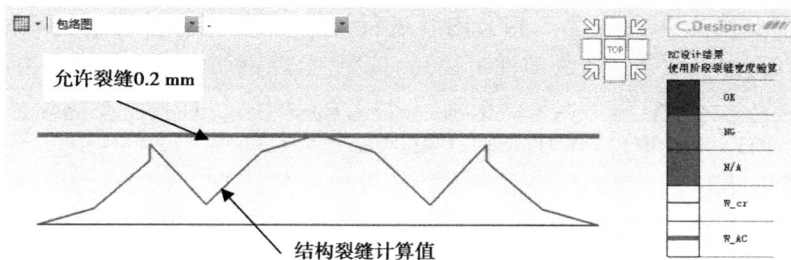

图 7.24　RC 验算裂缝宽度包络图

⑩桩基内力结果。根据整体模型可提取出基本组合下桩基的弯矩(图 7.25)、轴力(图 7.26)、剪力图(图 7.27)。

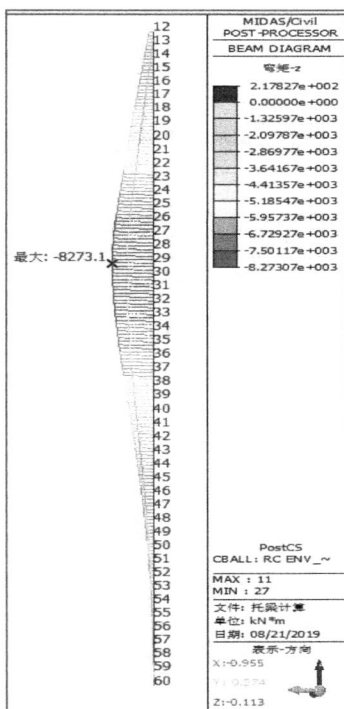

图 7.25　桩基 M_z 方向弯矩图
(单位:kN·m)

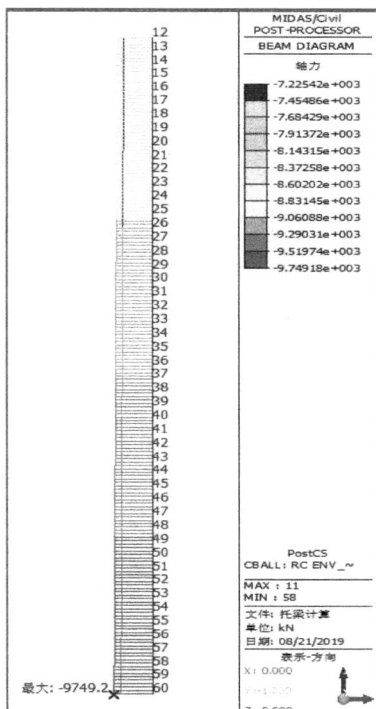

图 7.26　桩基 F_x 方向轴力图
(单位:kN)

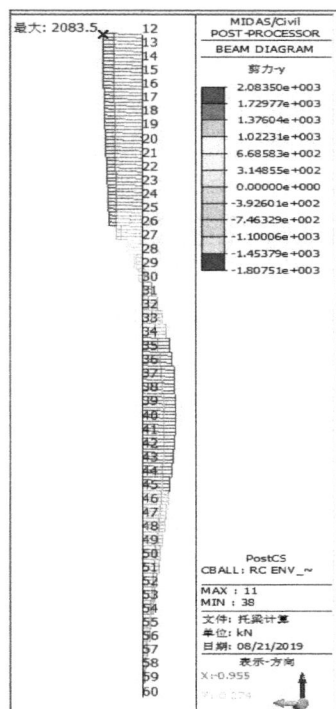

图 7.27　桩基 F_y 方向剪力图
(单位:kN)

从以上内力图可知,在节点 29 处 $z = 4.25$ m,该处桩基的设计弯矩最大值为 $M = 8\ 273.1$ kN·m,查询节点 29 处的设计轴力为 $N = 9\ 133.87$ kN。

⑪桩基配筋验算。桩基采用与托梁同等级的 C30 混凝土。配筋方式一般按照经验值先配置钢筋后进行验算的方式。对于桩基础,公路桥梁一般的配筋率为毛截面的 7‰ ~ 8‰,间距按照 12 ~ 15 cm 控制配筋,根据以上经验,可试算得出本次桩基的主筋采用 42 根 25 mm 直径的 HRB400 钢筋。

计算偏心距:

$$e_0 = \frac{M_d}{N_d} = \frac{8\ 273.1}{9\ 133.87}\ m = 0.906\ m$$

桩基的计算长度 l_p 采用表 7.3 相关内容进行计算,根据以上计算桩基长细比为:$l_p/i = 8.4/0.45 = 18.67 > 17.5$(此处 i 为惯性半径)。按照《公路钢筋混凝土及预应力混凝土桥涵设计规范》(JTG 3362—2018)第 5.3.9 条按式(7.11)至式(7.13)计算。本例 $\zeta_1 = 1.63 > 1.0$ 取 $\zeta_1 = 1.0$;$\zeta_2 = 1.103 > 1.0$ 取 $\zeta_2 = 1.0$,$\eta = 1.032$。

根据《公路钢筋混凝土及预应力混凝土桥涵设计规范》(JTG 3362—2018)5.3.8 条:按式(7.8)至式(7.10)计算,本例中 $\alpha = 0.403\ 6$,$\alpha_t = 0.442\ 9$(参照《简明钢筋混凝土结构计算手册(第 2 版)》近似公式)。通过式(7.10)求得:$N_n = 9\ 879.9$ kN,$\gamma_0 N_d = 1.0 \times 9\ 133.87$ kN < $N_n = 9\ 879.9$ kN,偏心受压满足规范要求。

⑫桩基配筋验算软件操作。桩基部分在 Midas civil 中采用编辑构件类型,将桩截面定义为柱,在自由长度定义中将 L_y 和 L_z 填入计算的 l_p,在定义计算长度系数 K 中,将 K_y 和 K_z 填入 1,如图 7.28 所示(前面 l_0 计算中已经计算了相关的系数)。

将相关的计算结果导入 Midas CDN 中采用 RC 验算,如图 7.29 所示(注意在导入 CDN 时需要对构件进行再次定义)。根据验算结果查看柱单元偏心受压承载能力验算结果(图 7.30)及抗裂验算结果(图 7.31),结构承载能力及抗裂验算均满足规范要求,可按以上配筋出图,托梁和桩配筋结果如附图 9、附图 10 所示。

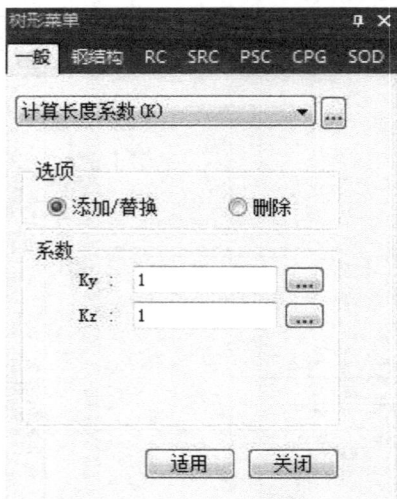

图 7.28 桩的计算长度系数输入　　图 7.29 CDN 中桩的相关参数定义

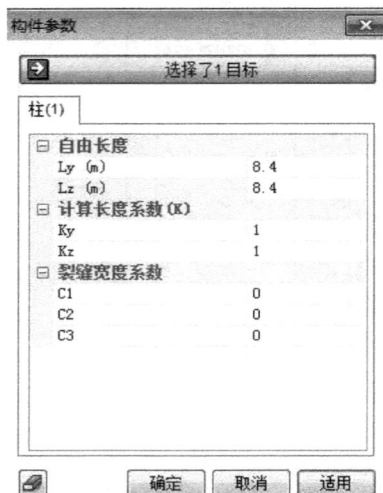

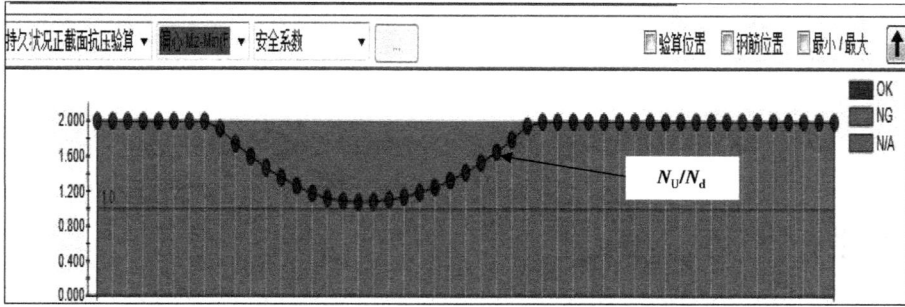

图 7.30　持久状况下正截面抗压验算安全系数包络图

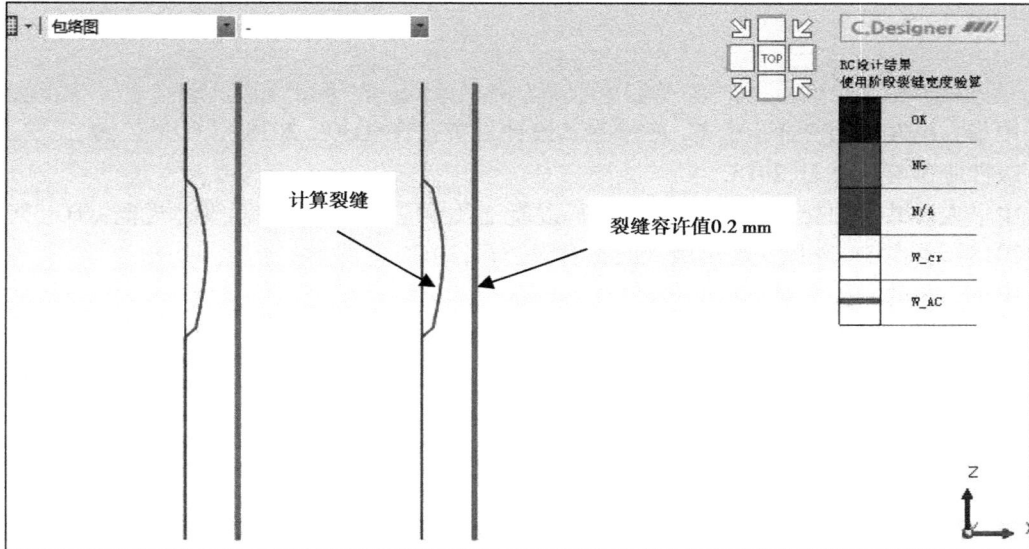

图 7.31　使用阶段裂缝宽度验算(RC 柱)

参考文献

［1］ 中华人民共和国交通运输部.公路路基设计规范:JTG D30—2015［S］.北京:人民交通出版社股份有限公司,2015.

［2］ 中华人民共和国交通运输部.公路钢筋混凝土及预应力混凝土桥涵设计规范:JTG 3362—2018［S］.北京:人民交通出版社股份有限公司,2018.

［3］ 中华人民共和国交通运输部.公路桥涵地基与基础设计规范:JTG 3363—2019［S］.北京:人民交通出版社股份有限公司,2019.

［4］ 中华人民共和国交通运输部.公路滑坡防治设计规范:JTG/T 3334—2018［S］.北京:人民交通出版社股份有限公司,2019.

［5］ 中华人民共和国交通运输部.公路工程抗震规范:JTG B02—2013［S］.北京:人民交通出版社,2013.

［6］ 中华人民共和国交通运输部.公路圬工桥涵设计规范:JTG D61—2005［S］.北京:人民交通出版社,2005.

［7］ 国家铁路局.铁路路基支挡结构设计规范:TB 10025—2019［S］.北京:中国铁道出版社,2019.

［8］ 中交第二公路勘察设计研究院有限公司.公路挡土墙设计与施工技术细则［M］.北京:人民交通出版社,2008.

［9］ 中华人民共和国住房和城乡建设部.建筑边坡工程技术规范:GB 50330—2013［S］.北京:中国建筑工业出版社,2013.

［10］ 中华人民共和国建设部.建筑桩基技术规范:JCJ 94—2008［S］.北京:中国建筑工业出版社,2008.

［11］ 中华人民共和国住房和城乡建设部.建筑基坑支护技术规程:JGJ 120—2012［S］.北京:中国建筑工业出版社,2012.

［12］ 中华人民共和国住房和城乡建设部.堤防工程设计规范:GB 50286—2013［S］.北京:中国计划出版社,2013.

［13］ 重庆市国土资源和房屋管理局.地质灾害防治工程设计规范:DB 50/5029—2004［S］.重庆:重庆市建设委员会,2004.

［14］ 陈忠达,等.路基支挡工程［M］.北京:人民交通出版社,2013.

［15］陈忠达.公路挡土墙设计［M］.北京:人民交通出版社,1999.

［16］李海光,等.新型支挡结构设计与工程实例［M］.北京:人民交通出版社,2011.

［17］郑颖人,等.边坡与滑坡工程治理［M］.北京:人民交通出版社,2007.

［18］尉希成,周美玲.支挡结构设计手册［M］.2 版.北京:中国建筑工业出版社,2004.

［19］汪班桥.支挡结构设计［M］.北京:冶金工业出版社,2012.

［20］交通部第二公路勘察设计院.公路设计手册　路基［M］.2 版.北京:人民交通出版社,1996.

［21］杨文渊.实用土木工程手册［M］.3 版.北京:人民交通出版社,2000.

桩基托梁衡重式挡墙说明

一、采用规范

本设计图依据《公路路基设计规范》（JTG D30—2015）。

《公路桥涵工程设计规范》（JTG D61—2005）。

二、适用范围

本标准图适用于抗震烈度Ⅵ度，设计水平基本地震加速度0.05g，土质地基、地基承载力不足，墙高8～14.5 m的衡重式挡土墙肩采用桩基托梁。

三、设计资料

1. 荷载：《公路路基设计规范》（JTG D30—2015）挡土墙车辆荷载。
2. 墙背填料综合内摩擦角：φ=30°。
3. 填料容重：γ=20.5 kN/m³。
4. 墙身容重：γ=23 kN/m³。
5. 桩基托梁与挡墙基底摩擦系数：μ=0.6。
6. 桩基托梁衡重式挡土墙基底抗滑动稳定系数为荷载组合Ⅰ，Ⅱ，$K_c=1.3$。沿倾覆稳定系数：$K_0 \geq 1.5$。

四、材料及构造

1. 石料采用石质一致、不易风化、无裂缝，抗压强度不小于MU30，其规格应符合石料有关技术要求。
2. 根据挡土墙的受力性能，衡重式挡土墙采用C20片石混凝土与方混合回填，比例7:3，混凝土中掺入不多于其体积20%的片石料回填以满足路基填筑要求。填料粒径采用7:3，墙底面坡与墙身端面坡一致。
3. 基底逆坡应符合设计要求，以保证墙身稳定，端面坡与墙底面坡不低于设计值。
4. 基底应置于基面内，基底承载力不得低于计算。

当墙前地面横坡较大时，其墙边坡度应为如下确定：

基础情况	墙边宽度 L/m
	一般时
岩质地基	1.5

5. 墙身在高出地面以上部分应分层设置泄水孔，泄水孔，泄水孔间距约2～3 m，上下交错布置，孔内预埋φ100 mmPVC管，最低排泄水孔底部应高出地面30 cm，在挡墙端背50 cm范围内应回填砂砾或卵石（最大粒径不超过8 cm）等透水性材料作为排水反滤层，在泄水孔上下部应采用粗颗粒覆盖，不宜使积水渗入基底。
6. 挡土墙应根据地形及地质变化情况设置沉降缝，间距一般为10～15 m，缝宽为2 cm，沉降缝内用沥青麻絮（或沥青木板）沿墙内、外、顶三边填塞，填塞深度为20 cm。

五、施工注意事项

1. 施工前应做好地面排水工作，在松软地层或地层堆积层地段，破碎或风化严重的岩石地区基坑不得全段开挖以免在挡土墙完工以前发生土体坍塌，而应采用跳槽开挖，分段砌筑的办法施工。
2. 挡土基础应满足埋置深和墙边宽度要求。
3. 基坑开挖后，若发现地基承载力与设计要求有出入，应按实际情况变更设计，施工过程中应加强开挖基坑监测，可根据实际情况，调整开挖坡率，确保施工安全。
4. 墙趾处的基坑在墙身砌筑一定高度后应及时回填密实，并做成外倾斜坡，以免成外积水下渗，影响墙身的稳定。
5. 挡土墙片石石料强度不低于20%，且片石重不超过20%，浇筑过程采取有效措施，避免大体积混凝土墙身的开裂。

分次浇筑时应确保挡土墙的整体性。

6. 墙背回填需待墙身强度达到70%以上方可进行，墙背填料应符合要求，回填应逐层夯实，墙后1.5 m范围内应采用小型压实机械碾压，分层厚度不应超过0.2 m。

当墙后地面横坡陡于1:5时，应先按合阶，然后再回填。

7. 石料强度、混凝土标号应应符合设计要求。
8. 除符合上述设计要求外未尽事宜请按照《公路路基施工规范》《大体积混凝土施工规范》要求执行。

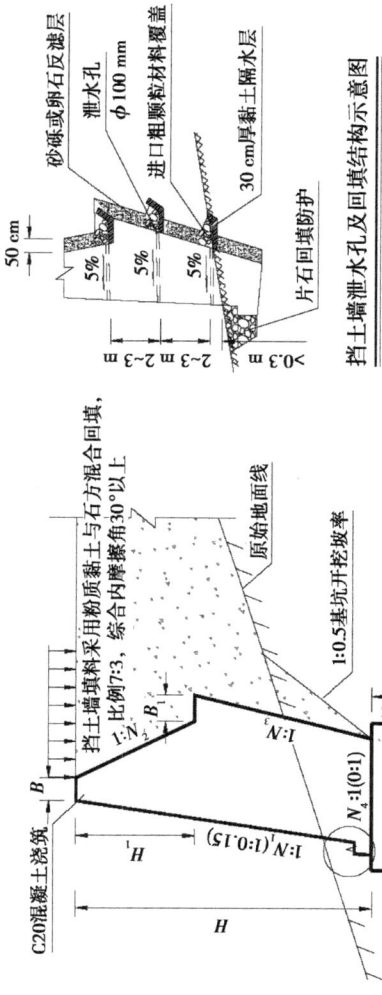

挡土墙泄水孔及回填结构示意图

单桩衡重式路肩挡土墙标准横断面图

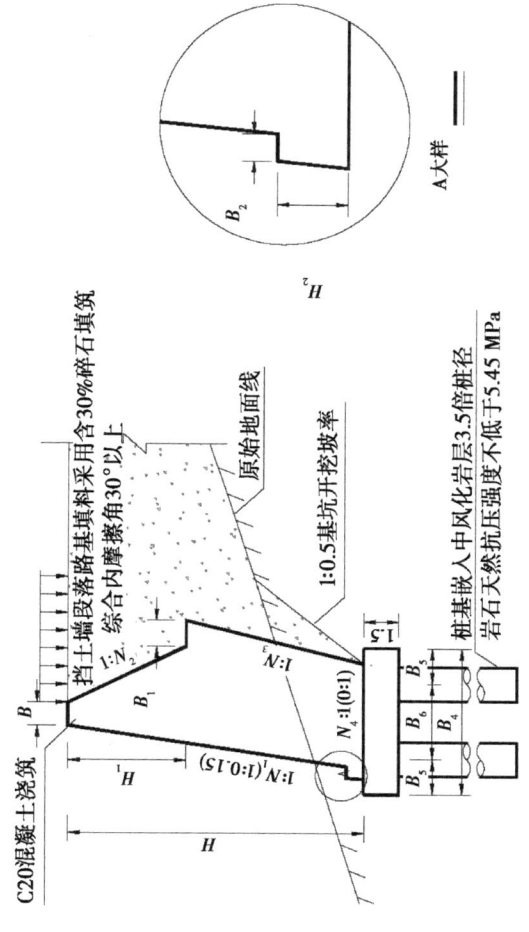

桩基嵌入中风化岩层3.5倍桩径
岩石天然抗压强度不低于5.42 MPa

双桩衡重式路肩挡土墙标准横断面图

桩基嵌入中风化岩层3.5倍桩径
岩石天然抗压强度不低于5.45 MPa

挡土墙端填料采用含30%碎石填筑，综合内摩擦角30°以上

×××设计有限公司 | ×××线×××段至×××段改建工程 | 桩基托梁挡土墙设计图 | 设计 | 复核 | 审核 | 图号 SⅢ-9-1 | 日期 2019.02

附图 1 桩基托梁挡土墙设计图

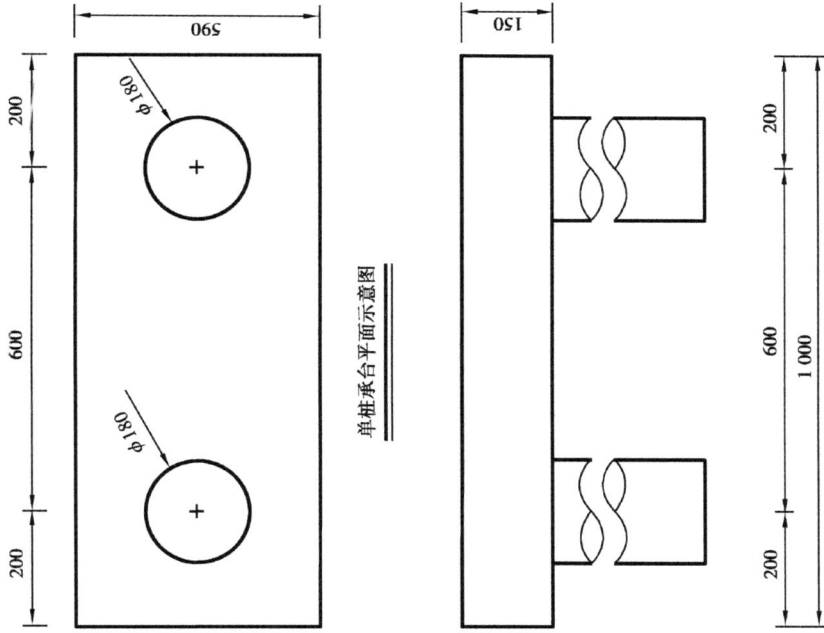

双桩承台平面示意图

双桩承台立面示意图

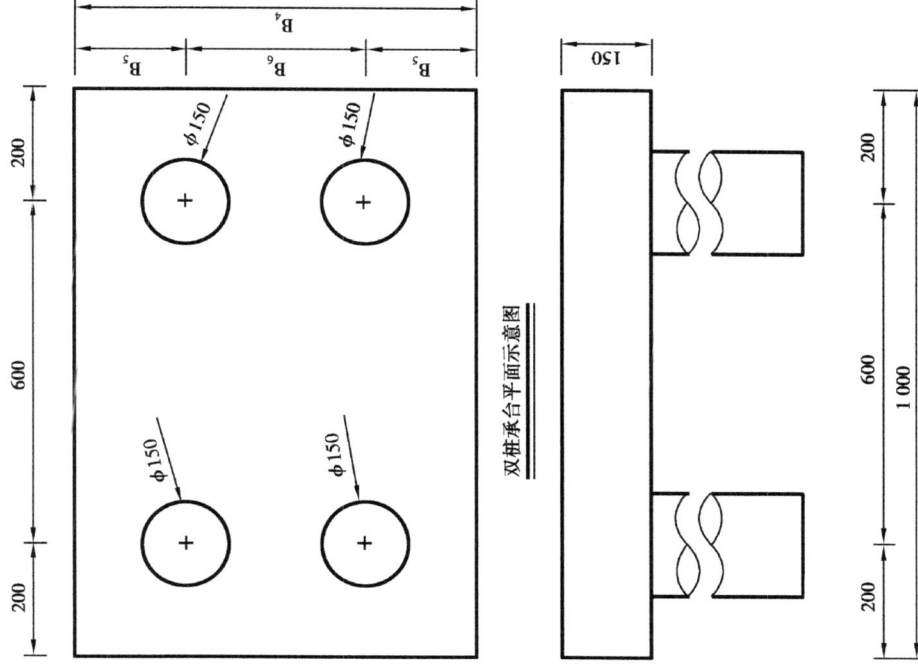

单桩承台平面示意图

单桩承台立面示意图

桩基托梁衡重式路肩式墙肩墙尺寸及数量（每延米）

面坡 N_1	上端背坡 N_2	下端背坡 N_3	基底逆坡 N_4	尺寸							承台宽度 B_4/m	桩径/m	装排数	桩至承台边缘宽度 B_5/m	桩中距宽度 B_6/m	截面面积 /m²	反滤层体积 /m³
				H	B	B_1	H_1	B_2	H_2	B_3							
0.15	0.50	0.25	0.00	8.00	0.60	1.00	3.20	0.60	1.00	3.80	4.80	1.80	1	2.40		22.36	3.76
				8.50	0.60	1.00	3.40	0.60	1.00	3.90	4.90	1.80	1	2.45		24.53	3.75
				9.00	0.60	1.10	3.60	0.60	1.00	4.10	5.10	1.80	1	2.55		27.40	4.00
				10.00	0.60	1.30	4.00	0.60	1.00	4.50	5.50	1.80	1	2.75		33.40	4.50
				11.00	0.60	1.50	4.40	0.60	1.00	4.90	5.90	1.80	1	2.95		40.10	5.00
				12.00	0.60	1.70	4.80	0.60	1.00	5.30	6.30	1.50	2	1.65	3.00	47.40	5.50
				13.00	0.60	1.90	5.20	0.60	1.00	5.70	6.70	1.50	2	1.85	3.00	55.33	6.00
				14.00	0.60	2.10	5.60	0.60	1.00	6.10	7.10	1.50	2	1.675	3.75	63.88	6.50

×××设计有限公司	×××线×××至×××段改建工程	桩基托梁挡土墙设计图	设计	复核	审核	图号	SⅢ-9-1	日期	2019.02

附图 2　桩基托梁挡土墙尺寸参数表

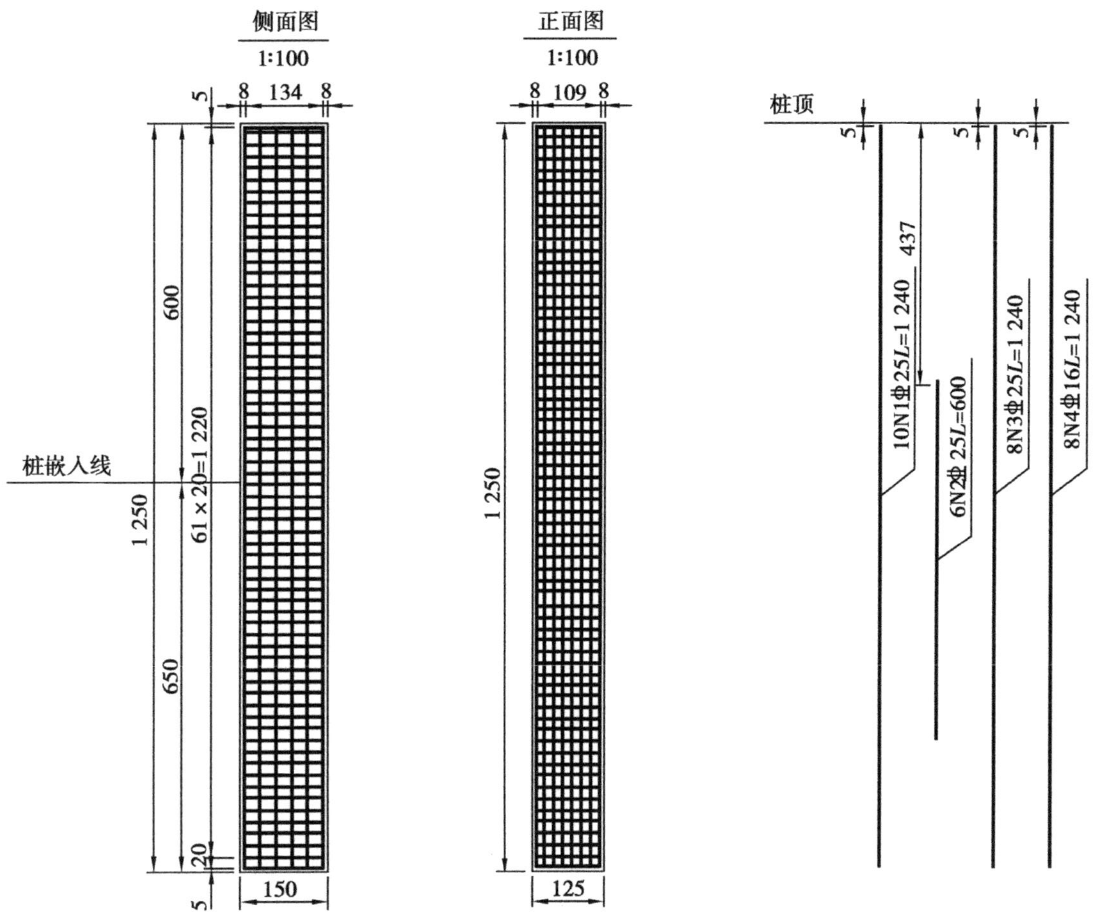

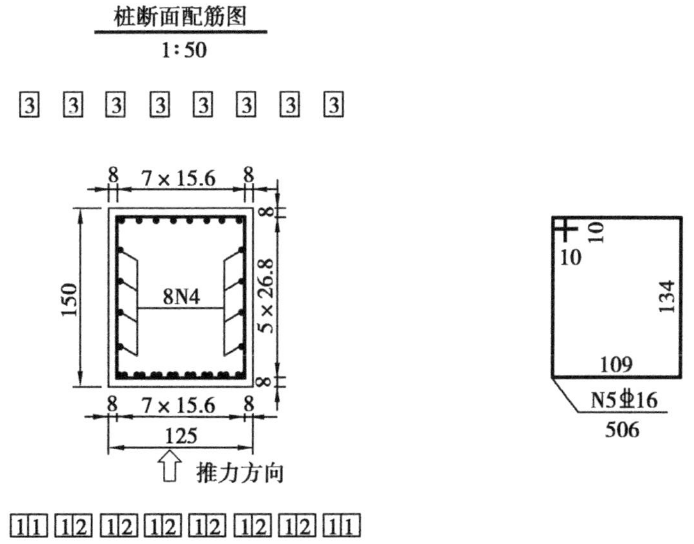

桩断面配筋图
1:50

桩面配筋图
1:50

正面图
1:100

侧面图
1:100

推力方向

桩顶

桩嵌入线

单桩工程数量表

编号	直径/mm	根数/根	单根长/cm	总长/m	单重/(kg·m⁻¹)	小计重量/kg	合计重量/kg	C30混凝土/m³
N1	Φ25	10	1 240	124	3.853	477.772		
N2	Φ25	6	600	36	3.853	138.708	1650.5	23.44
N3	Φ25	8	1 240	99.2	3.853	382.218		
N4	Φ16	8	1 240	99.2	1.578	156.538		
N5	Φ16	62	506	313.72	1.578	495.05		

说明：

1.本图尺寸除钢筋直径以mm计外，其余均以cm计。

2.图中HRB400级钢筋用Φ表示。

3.N1背筋靠山侧布置，面筋靠前缘剪出口侧布置。

4.图中主筋保护层系从边缘主钢筋中心到桩边缘尺寸。

附图 3　抗滑桩配筋设计图

回填土悬臂式路肩墙说明

一、采用规范
本设计图依据交通部标准《公路路基设计规范》（JTG D30—2015）。

二、适用范围
本标准图适用于抗震烈度Ⅵ度，设计基本地震加速度0.05g，土质地基，墙高3-6m的悬臂式路肩挡土墙。

三、设计资料
1.荷载：《公路路基设计规范》（JTG D30—2015）挡土墙车辆荷载。
2.墙背填料计算内摩擦角：φ=30°。
3.填料容重：γ=20.5 kN/m³。
4.墙身容重：γ=25 kN/m³。
5.基底摩擦系数：μ=0.3。
6.挡土墙稳定系数应根据荷载组合，Ⅱ，抗滑动稳定系数K_c≥1.3；抗倾覆稳定系数K_0≥1.5。

四、材料及构造
1.石料采用石质一致、不易风化、无裂缝，抗压强度不小于MU30，其规格应符合石料填筑料要求。
2.根据挡土墙的受力性能，挡土墙采用C30钢筋混凝土浇筑。挡土墙背采用粉质黏土与石方混合回填，比例7:3，填料粒径和压实度满足路基填料要求。
3.基底设置50cm厚砂砾石垫层，垫层及基底2B深度范围内压实度不得小于0.96，对抛填土应采用"翻挖夯实+强夯"的方式进行处理。基底承载力不得低于设计值：

当墙前地面横坡较大时，其褥边宽度较大时，其禁止宽度按下表确定：

基岩情况	褥边宽度L/m
	一般时
土质地基	1.5~2.5

五、施工注意事项
1.施工前应做好地面排水工作，在松软地层或地层或边坡积层地段，破碎较风化严重的岩石以及有外倾结构面的岩石地区基坑不得全段开挖，以免在挡土墙完工以前发生主体滑塌，而应采用跳槽开挖，分段砌筑的办法施工。
2.基坑开挖后，若发现地基承载力与设计要求有出入，应按实际情况变更设计，施工过程加强开挖基坑监测，调整开挖坡率，确保施工安全。
3.挡土墙应根据地形及地质变化情况设置沉降缝，同国一般为10-15 m，缝宽为2 cm，沉降缝内用沥青麻絮（或沥青木板）沿墙内、外、顶三边填塞，填塞深度为20 cm。
4.挡土墙趾处的基坑在墙身砌筑一定高度后应及时回填夯实，以免积水下渗，影响墙身的稳定。
5.挡土墙分次浇筑时应确保挡土墙的整体性。

4.墙身每在高出地面以上部分应分层设置泄水孔，上下交错布置，孔内预埋φ100 mm PVC管，最低排泄水孔距地面30 cm，在挡土墙背50 cm范围内应回填砂砾或卵石（最大粒径不超过8 cm）等透水性材料作为排水反滤层，在泄水孔进口处应采用粗颗粒级配料覆盖，在排泄水孔下部应设置隔水基底，不得使积水渗入基底。

挡土墙标准横断面图

砂砾或卵石反滤层
砂砾或卵石垫层
泄水孔 φ100 mm
50 cm
50 cm
B
2~3 m

挡土墙泄水孔及回填结构示意图

原始地面线
基坑开挖线
30 cm厚素土隔水层
进口粗颗粒材料覆盖
砂砾石
1:0.75
1:0.1
片石回填
B
50 cm

6.墙背回填需待待墙身强度达到70%以上方可进行，墙背填料应符合要求，回填应逐层夯实，墙后1.5 m范围内应采用小型压实机械震压，分层厚度不应超过0.2 m。
当墙后地面横坡陡于1:5时，应先挖台阶，然后再回填。
7.石料强度、混凝土标号应符合设计要求。
8.除符合上述设计要求外，未尽事宜请按照《公路路基施工规范》要求执行。

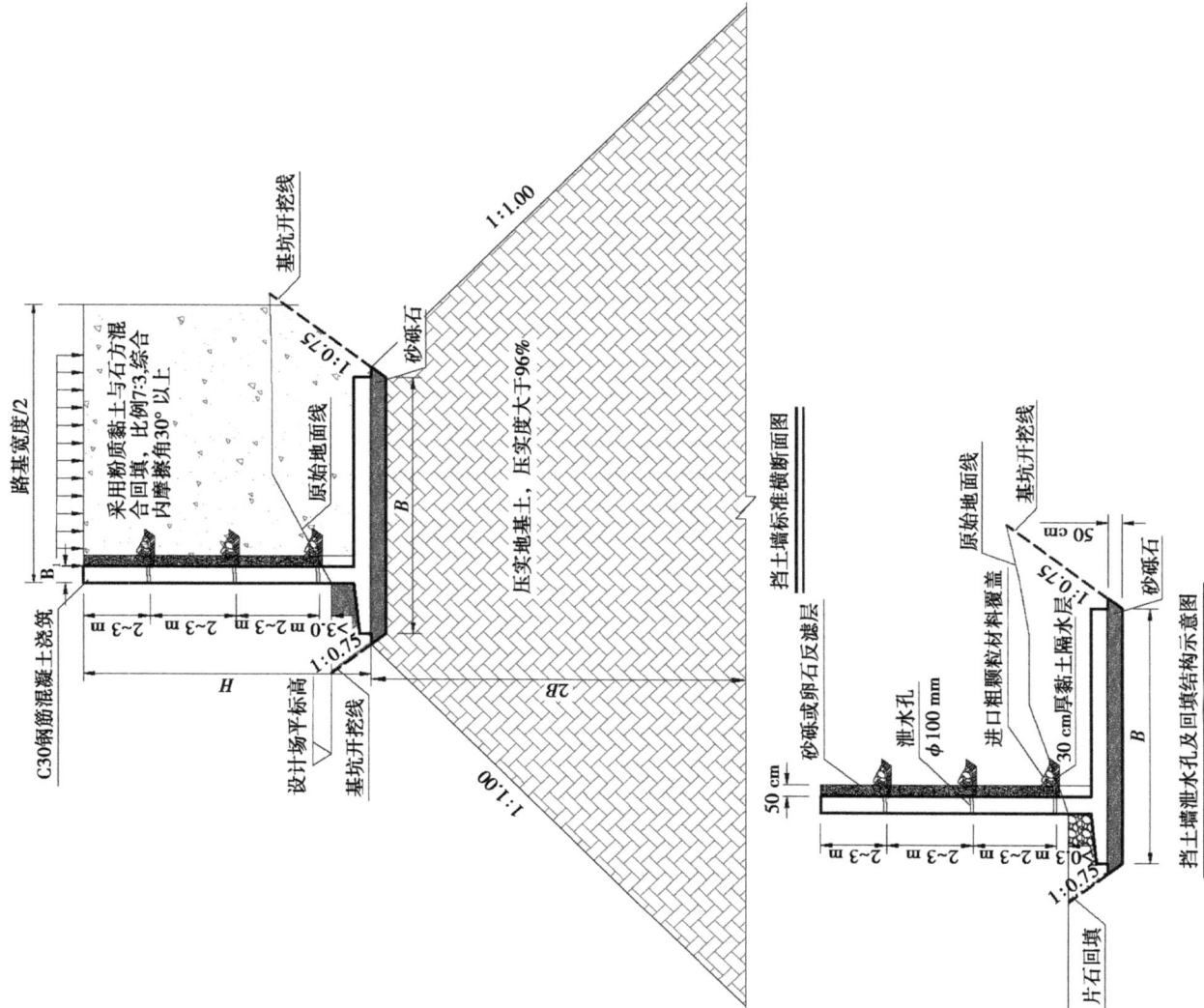

设计场平标高
设计场平标高
C30钢筋混凝土浇筑
路基宽度/2
采用粉质黏土与石方混合回填，比例7:3，综合内摩擦角30°以上。
压实地基土，压实度大于96%
原始地面线
基坑开挖线
基坑开挖线
1:0.75
1:0.75
1:1.00
1:1.00
3.0
2~3 m
2~3 m
2~3 m
B
B
B
H
2B

附图4　悬臂式挡土墙设计图

钢筋明细表(10 m)

编号	直径	型式	单根长/mm	根数	总长/m	单重/(kg·m⁻¹)	总重/kg
①	Φ18	⌐ 5 733	5 733	50	286.65	2.000	573.30
②	Φ18	⌐ 3 524	3 524	50	176.20	2.000	352.40
③	Φ10	10 000	10 000	5	50.00	0.617	30.85
④	Φ10	10 000	10 000	19	190.00	0.617	117.23
⑤	Φ10	10 000	10 000	18	180.00	0.617	111.06
⑥	Φ10	3 964	3 964	50	198.20	0.617	122.29
⑦	Φ10	1 172	1 172	50	58.60	0.617	36.16
⑧	Φ10	10 000	10 000	5	50.00	0.617	30.85
⑨	Φ10	10 000	10 000	14	140.00	0.617	86.38
⑩	Φ10	3 206	3 206	50	160.30	0.617	98.91
⑪	Φ10	10 000	10 000	14	140.00	0.617	86.38
⑫	Φ10	1 760	1 760	50	88.00	0.617	54.30
⑬	Φ10	502	502	200	100.40	0.617	61.95
⑭	Φ10	534	534	175	93.45	0.617	57.66
合计							1819.72

C30混凝土36.76 m³，Φ18钢筋925.7 kg，Φ10钢筋894.02 kg

说明：1.尺寸单位均为mm；

2.图中混凝土等级C30；

3.钢筋保护层厚度50 mm；

4.图中Φ表示HRB400钢筋，图中φ表示HPB300钢筋；

5.悬臂式挡墙应每隔10 m设置一道沉降缝，缝宽2~3 cm，用沥青麻絮填塞深度15~20 cm；

6.墙背侧应设置30 cm砂砾石反滤层，墙面侧应设置φ100PVC管作泄水孔，泄水孔间距2~3 m，底排泄水孔应离地面线30 cm；挡土墙后采用不易崩化的碎风化砾石回填，填料密实度与路基相同；

7.基底应设50 cm级配良好的砂砾石垫层并夯实，其中砾石应占全重的30%~50%，其压实度不得小于97%；

8.地基承载力不得小于90 kPa。

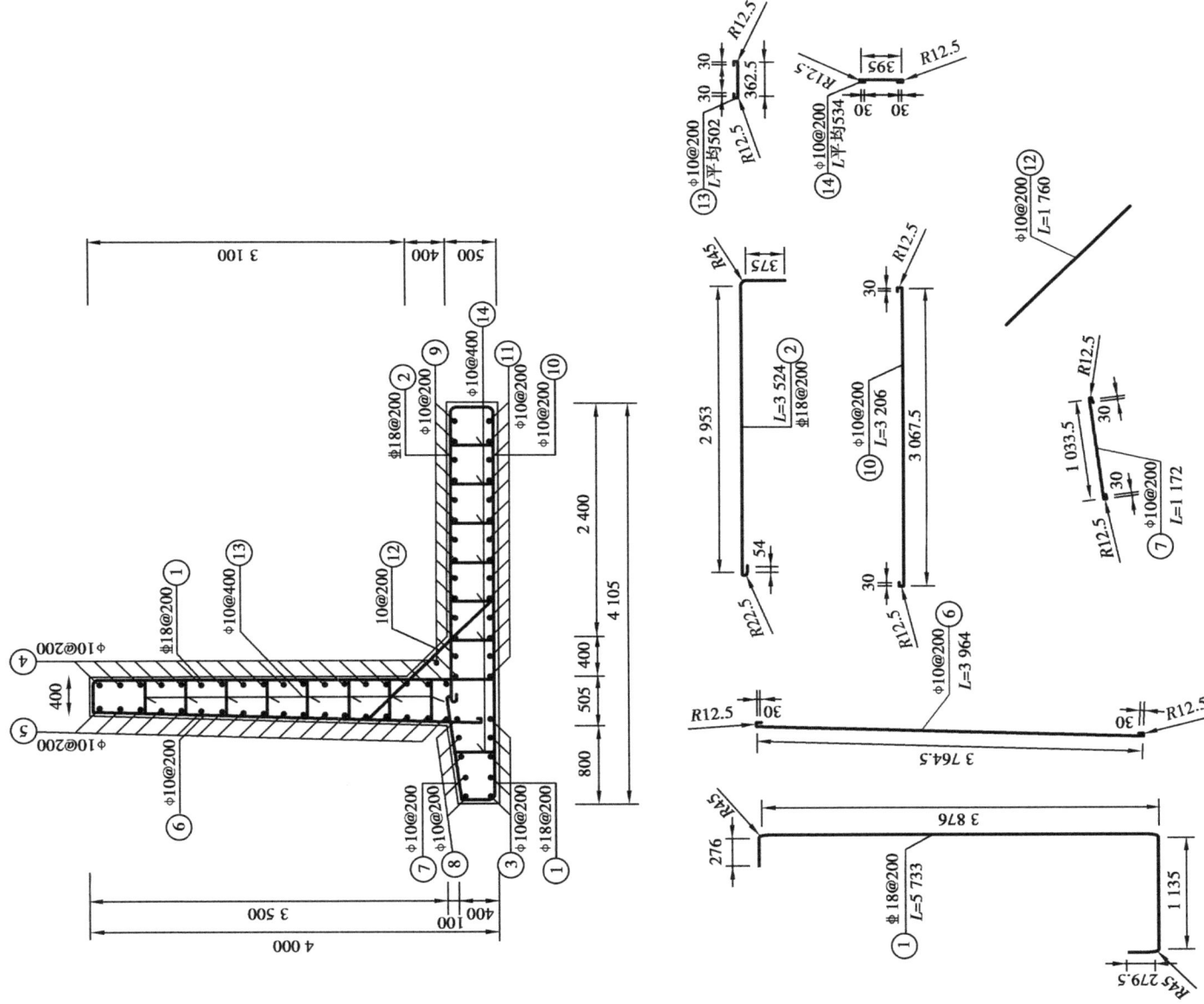

附图5　4 m 悬臂式挡土墙配筋图

| x×x 设计有限公司 | x×x线x×x至x×x段改建工程 | 悬臂式挡土墙设计图 | 悬臂式挡土墙配筋图 | 设　计 | 复　核 | 审　核 | 图　号 SⅢ-9-1 | 日　期 2019.02 |

回填土扶壁式路肩墙说明

一、采用规范

本设计图依据交通部标准《公路路基设计规范》（JTG D30—2015）。
《公路桥涵设计通用规范》（JTG D61—2005）。

二、适用范围

本标准图适用于抗震烈度Ⅵ度，设计基本地震加速度0.05g，土质地基、墙高7~11m的扶壁式路肩挡土墙。

三、设计资料

1.荷载：《公路路基设计规范》（JTG D30—2015）挡土墙车辆荷载。
2.墙背填料计算内摩擦角：$\varphi=30°$。
3.填料容重：$\gamma=20.5$ kN/m³。
4.墙身容重：$\gamma=25$ kN/m³。
5.基底摩擦系数：$\mu=0.3$。
6.基底稳定系数采用Ⅰ、Ⅱ抗震组合：荷载组合$K_c \geq 1.3$；抗滑滑动稳定系数$K_c \geq 1.3$；抗倾覆稳定系数$K_0 \geq 1.5$。

四、材料及构造

1.石料采用石质一致、不易风化、无裂缝，抗压强度不小于MU30，其规格应符合石料有关技术要求。
2.根据挡土墙的受力性能，挡土墙采用C30钢筋混凝土浇筑，挡土墙墙背采用粉质黏土与石方混合回填，比例7:3,填料容重和压实度应满足路基填料要求。
3.基底设置50cm厚砂砾石垫层，垫层及基底压实度2B宽度范围地土体压实度不得低于0.96，对抛填体应采用"翻挖碾压+强夯"的方式进行处理。基底承载力应按下表确定。当墙趾前地面横坡较大时，其襟边宽度应取大值：

基岩情况	襟边宽度L/m
	一般时
土质地基	1.5~2.5

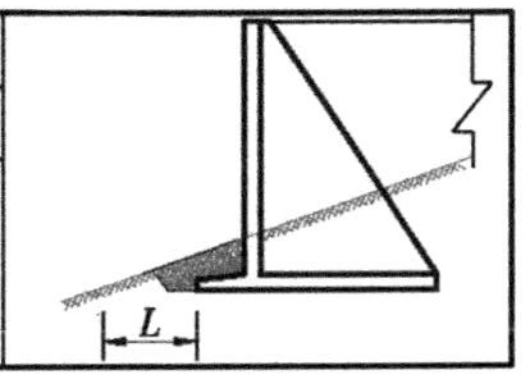

五、施工注意事项

1.施工前应做好排水工作，在软弱地层或碎裂积层地段、碎裂或强风化严重的岩石以及有外倾结构面的岩石地区基坑不得全段开挖，以免在挡土墙完工以前发生土体坍塌，而应采用跳槽开挖，分段砌筑的办法施工。
2.挡土墙基础应满足地基承载力与禁止要求，并满足相应挡土墙地基承载力要求。
3.挡土墙开挖后，若发现地基承载力与设计要求有出入，应按实际情况变更设计，施工过程加强开挖基坑监测，可根据实际情况，调整开挖坡率，确保施工安全。
4.墙趾处的基坑宜在挡土墙砌筑一定高度后回填夯实，并做成外倾斜坡，以免成坑下渗，影响墙身的稳定。
5.挡土墙分段浇筑时应确保挡土墙整体性。

4.墙身在高出地面以上部分应分层设置泄水孔，泄水孔间距2~3m，上下交错布置，孔内预埋φ100mmPVC管，最低排泄水孔底部高出地面30cm，在墙背土墙背50cm范围应回填砂砾或卵石（最大粒径不超过8cm）等透水性材料作为排水反滤层，在泄水孔进口处应采用粗颗粒覆盖，在排泄水孔下部应设置隔水层，不得使积水渗入基底。
5.挡土墙应根据地形及地质变化情况设置沉降缝，同距一般为10~15m，沉降缝缝内用沥青麻絮（或油青木板）沿墙内、外、顶三边填塞，缝宽为2cm。填塞深度为20cm。

6.墙背回填需待墙身强度达到70%以上方可进行，墙背填料应符合要求，回填应逐层夯实。
墙后1.5m范围内应采用小型压实机械碾压，分层厚度不应超过0.2m。
当墙后地面横坡陡于1:5时，应先挖台阶，然后再回填。
7.石料强度，混凝土标号应符合设计要求。
8.除符合上述设计要求外，未尽事宜请按照《公路路基施工规范》要求执行。

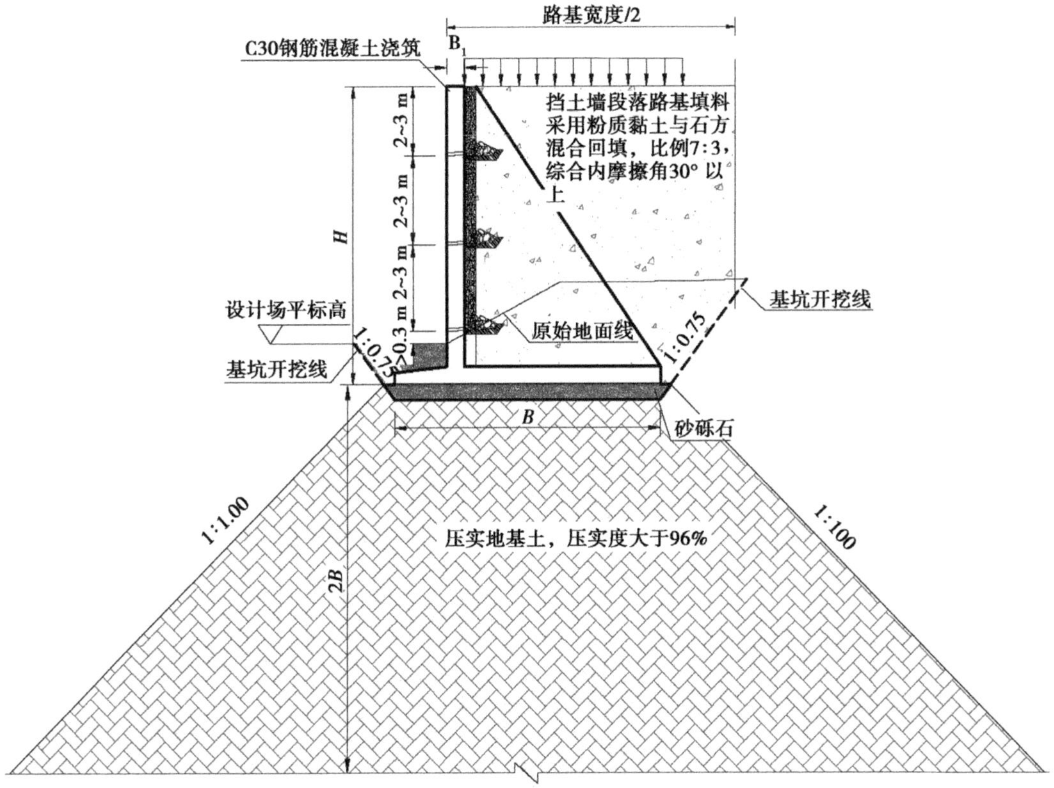

挡土墙标准横断面图

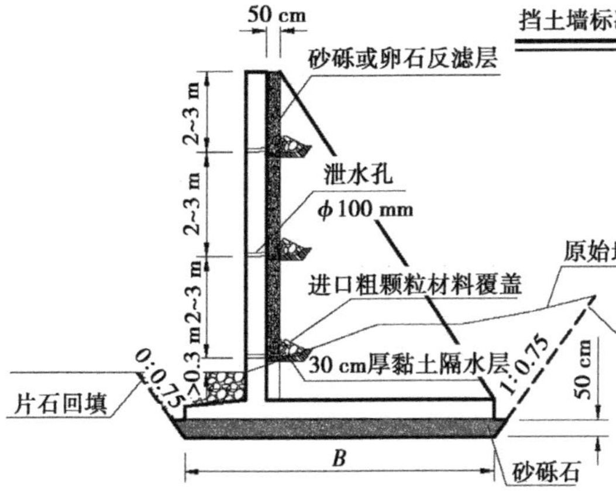

路基宽度/2
挡土墙段落路基填料采用粉质黏土与石方混合回填，比例7:3，综合内摩擦角30°以上
C30钢筋混凝土浇筑
原始地面线
基坑开挖线
设计场平标高
压实地基土，压实度大于96%
1:100
1:0.75
砂砾石

挡土墙泄水孔及回填结构示意图

50cm
砂砾或卵石反滤层
泄水孔 φ100 mm
进口粗颗粒材料覆盖
30cm厚黏土层
原始地面线
基坑开挖线
片石回填
砂砾石
1:0.75
0.75

×××设计有限公司	×××线×××至×××段改建工程	扶壁式挡土墙设计图	设计	复核	审核	图号	S Ⅲ—9—1	日期	2019.02

附图6 扶壁式挡土墙设计图

钢筋明细表(8.532 m)

编号	直径	型式	单根长/mm	根数	总长/m	单重/(kg·m⁻¹)	总重/kg
①	φ12	2 211	2 211	43	95.07	0.888	84.42
②	φ12	8 432	8 432	9	75.89	0.888	67.39
③	φ25	2 700	2 833	72	203.98	3.853	785.93
④	φ12	8 432	8 432	9	75.89	0.888	67.39
⑤	φ12	7 205	7 205	43	309.82	0.888	275.12
⑥	φ18	8 432	8 432	34	286.69	1.998	572.81
⑦	φ12	7 205	7 205	43	309.82	0.888	275.12
⑧	φ18	8 432	8 432	34	286.69	1.998	572.81
⑨	φ18	10 005	10 005	43	430.21	1.998	859.56
⑩	φ18	8 432	8 432	47	396.30	1.998	791.81
⑪	φ18	10 005	10 005	43	430.21	1.998	859.56
⑫	φ18	8 432	8 432	47	396.30	1.998	791.81
⑬	φ32	13 679	13 679	30	410.37	6.313	2 590.67
⑭	φ12	10 005	10 005	9	90.05	0.888	79.96
⑮	φ12		2 106~15 128	140	1 403.20	0.888	1 245.78
⑯	φ12		984~9 831	203	2 026.01	0.888	1 798.72
合计							11 718.86

C30混凝土132.03 m³,φ12钢筋3 893.90 kg,φ18钢筋4 448.36 kg,φ25钢筋785.93 kg,φ32钢筋2 590.67 kg。

说明:1.尺寸单位均为 mm;
2.图中混凝土等级为C30;
3.钢筋保护层厚度50 mm;
4.图中φ表示HRB400钢筋,图中φ表示HPB300钢筋;
5.悬臂式挡土墙应每隔10 m设置一道沉降缝,缝宽2~3 cm,用沥青麻絮填塞深度15~20 cm;
6.墙背泄水孔应设置30 cm砂砾石反滤层,墙面侧应设置 φ100PVC管作泄水孔,泄水孔同距2~3 m,底排泄水孔应距地面线30 cm;挡土墙后采用不易风化的碎块石回填,填料压实度与路基相同;
7.基底应设50 cm级配良好的砂砾石垫层并夯实,其中碎石应占全重的30%~50%,其压实度不得小于97%;
8.地基承载力不得小于180 kPa。

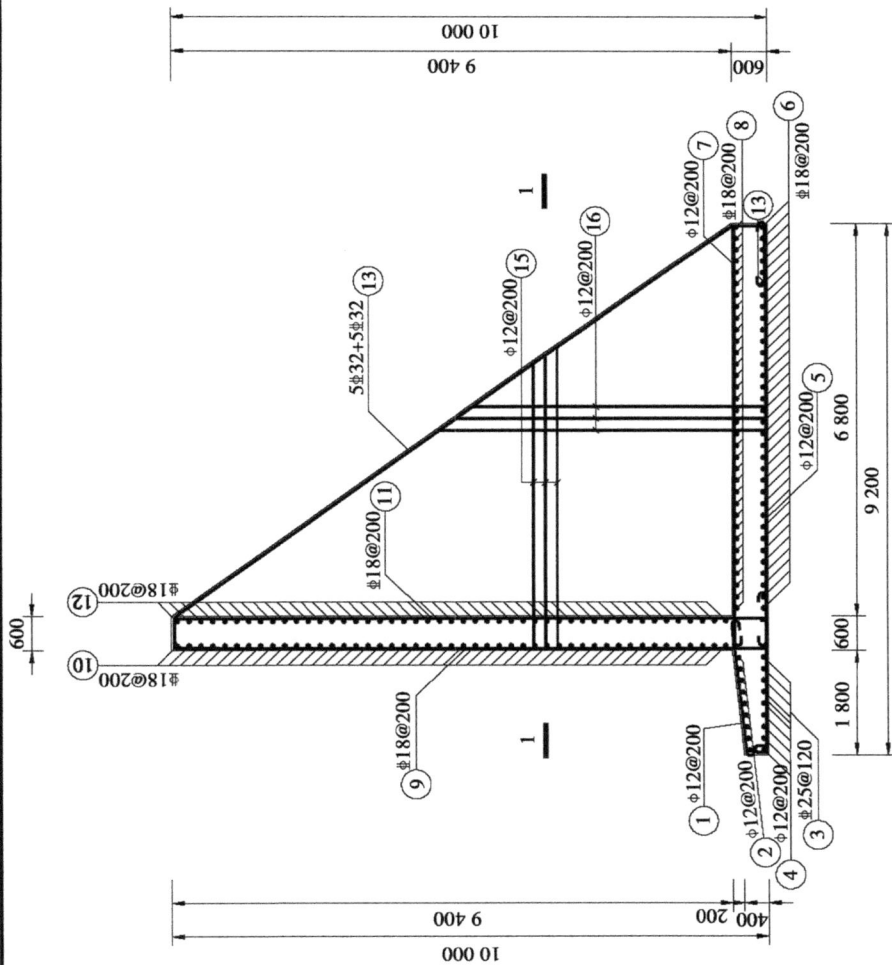

扶壁式挡土墙断面图
1:100

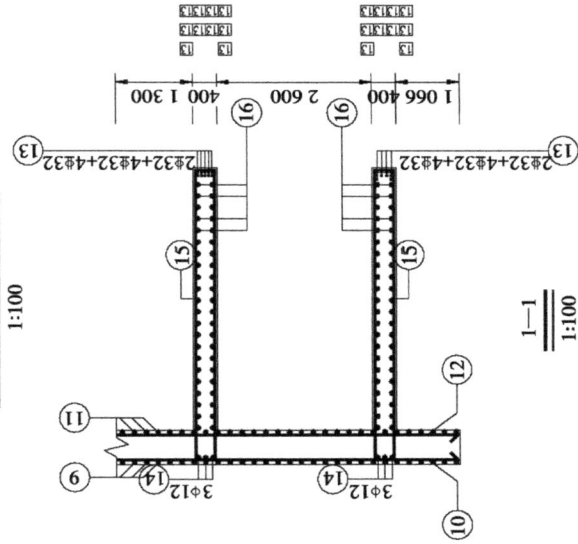

扶壁式挡土墙设计图

1—1
1:100

附图7 10 m 扶壁式挡土墙配筋图

x x x 设计有限公司　　x x x 线 x x x 至 x x x 段改建工程　　设计　　复核　　审核　　图号 SⅢ-9-1　　日期 2019.02

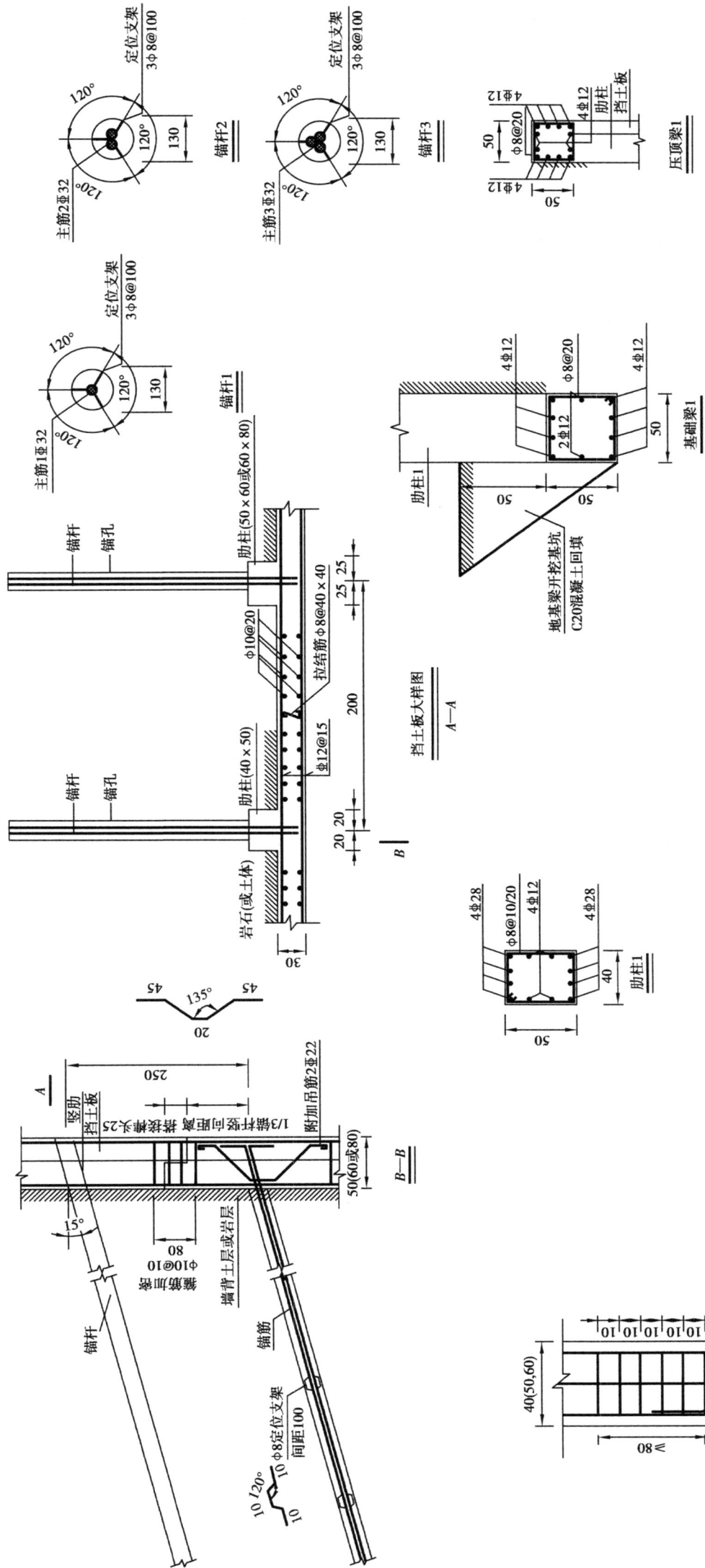

锚杆1
主筋1单32
定位支架 3Φ8@100
120° 120° 120°
130

锚杆2
主筋2单32
定位支架 3Φ8@100
120° 120° 120°
130

锚杆3
主筋3单32
定位支架 3Φ8@100
120° 120° 120°
130

压顶梁1
4单12
Φ8@20
4单12
挡土板
肋柱
50
50

基础梁1
4单12
Φ8@20
4单12
2单12
肋柱
挡土板
50
50

地基梁开挖基坑
C20混凝土回填

挡土板大样图 A—A
锚杆
锚孔
肋柱(50×60或60×80)
拉结筋 Φ8@40×40
连结筋 Φ8@40×40
25 25
25 25
Φ10@20
Φ12@15
200
20 20
岩石或土体
30
B

4单28
4单28
Φ8@10/20
4单12
肋柱
50
40

B—B
A
竖肋
挡土板
1/3锚杆长度焊接
附加吊筋2单22
250
锚杆
锚筋
墙背土层或岩层
Φ10@10
80
15°
50(60或80)
Φ8定位支架 间距100
与主筋焊接 双面焊大于5d

竖肋锚杆附近箍加密区
注：加密区外箍筋为@20
箍筋@10
竖肋
锚杆
40
80 30 30 80

锚杆与肋柱焊接锚固段大样图
C30肋柱
与主筋焊接 双面焊5d
锚杆
20 20 10 10 10 10 10 10 10
40(50,60)
80 80

说明：
1.本图尺寸除钢筋和锚孔以mm计，其余均以cm计。
2.锚杆挡土墙的锚筋、挡土板均采用C30混凝土浇筑，Φ为HRB300钢筋，Φ为HRB400钢筋，主筋保护层：锚固40 mm，挡土板30 mm。
3.锚筋纵筋均采用焊接，挡土板分布筋均采用焊接，焊条采用E50。
4.锚杆挡土墙应采用逆作法，信息化方法施工，严禁一次开挖完后全面施工，泥岩边坡开挖后应一次开挖分段槽开挖，泥岩边坡开挖后应及时施作钢筋混凝土面板，泥岩暴露时间不得超过10天。
5.但图版应设置泄水孔，Φ孔径100 mm，向外倾斜5%，并应上下左右交错布置水孔，应作厚度不小于500 mm的卵石反滤水层（紧贴岩层时不作滤水层）。
6.锚杆灌注砂浆采用M30，要求采用中细砂，特别是锚固段要采用清水清除岩渣，然后用压缩空气将孔内水吹干，灌浆管要插入孔底，保证砂浆从孔底开始灌注，以排出孔内余水。
7.灌浆前应及时清孔，锚固段灌浆要采用清水清除岩渣，保证砂浆与岩壁间充分黏结。
8.锚杆采用焊接，锚杆质量检验采用抗拔试验，抗拔试验应在施工锚杆前完成。
9.锚杆均为埋入岩层内，因此钻孔孔向，应取出岩芯柱，观察岩石裂缝，风化等情况，并做好地质编录，当锚固段岩性与设计不一致时，及时反馈设计人员，协商处理办法。
10.肋板的施工缝设在1.0/2处，1.0为板的净跨。
11.施工期间应建立变形监测网，随时掌握边坡和相邻建筑物的变形情况。
12.加强施工期的环境排水和施工用水渗入岩层内去。

××设计有限公司 ｜ ×××线×××至×××段改建工程 ｜ 锚杆挡土墙设计图 ｜ 设计 ｜ 复核 ｜ 审核 ｜ 图号 SⅢ-9-1 ｜ 日期 2019.02

附图8 锚杆挡土墙设计图

附图 9　桩基托梁配筋图

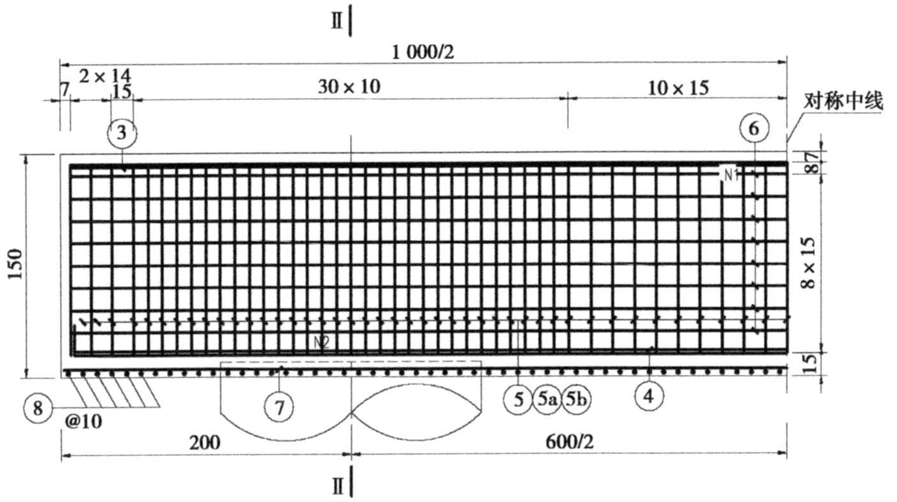

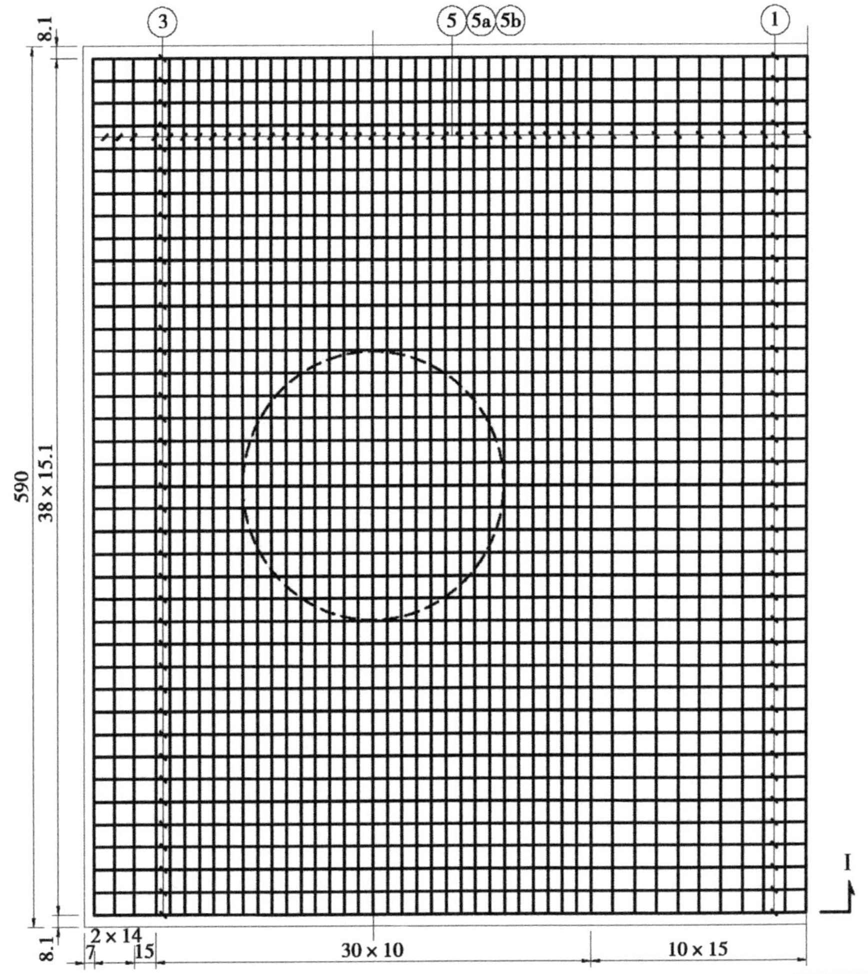

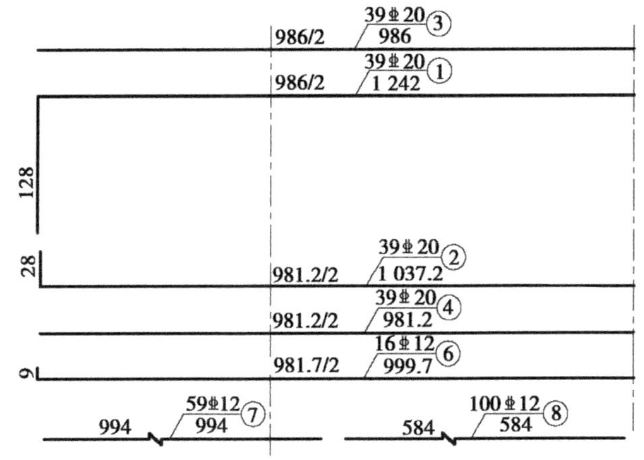

钢筋明细及材料数量表

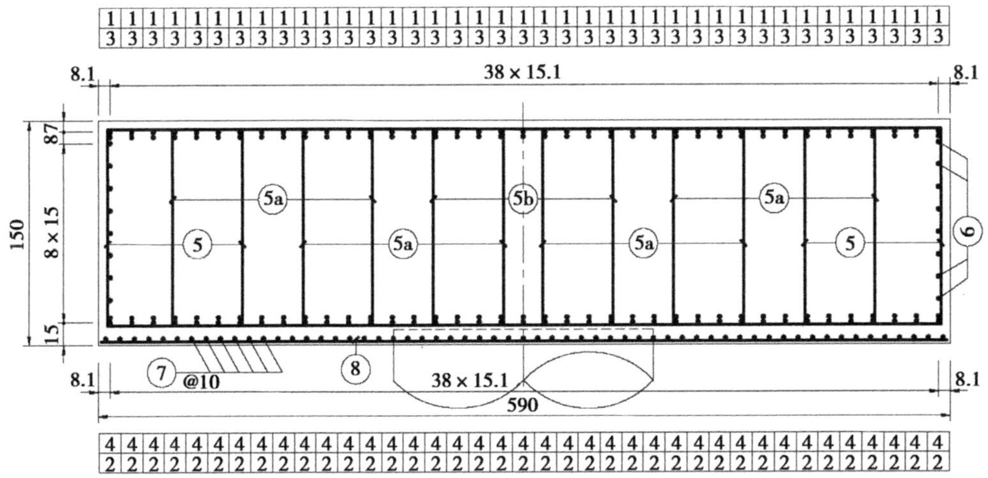

编号	直径 l/mm	单根长 l/cm	根数 /根	共长 /m	单重 /(kg·m⁻¹)	总重 /kg
1	Φ20	1 242	39	484.38	2.470	1 196.4
2	Φ20	1 037.2	39	404.51	2.470	999.1
3	Φ20	986	39	384.54	2.470	949.8
4	Φ20	981.2	39	382.67	2.470	945.2
5	Φ12	486	174	845.64	0.888	750.9
5a	Φ12	576.6	348	2 006.57	0.888	1 781.8
5b	Φ12	546.4	87	475.37	0.888	422.1
6	Φ12	999.7	16	159.95	0.888	142.0
7	Φ12	994	59	586.46	0.888	520.8
8	Φ12	584	100	584.00	0.888	518.6
托梁	Φ20			4 136.2		
合计				4 090.5		
C30混凝土				88.5 m³		

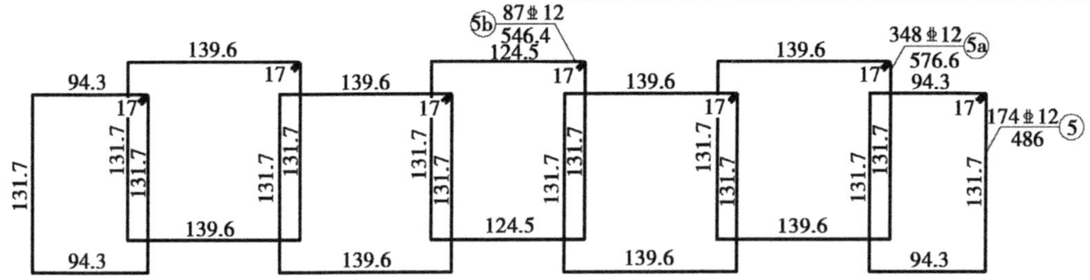

说明:
1. 本图尺寸除钢筋直径以mm为单位外, 其余均以cm为单位。
2. 钢筋焊缝均采用双面焊缝, 焊缝最小长度5d。
3. 主筋长度计算已考虑切线与弧线误差, 图中未示出弯出圆弧, 图、底缘主筋位于盖梁侧面的弯折半径按2.5d考虑。

桩基托梁挡土墙设计图	设 计		复 核	审 核	图 号	S Ⅲ－9－1	日 期	2019.02

× × × 设计有限公司 | × × × 线 × × × 至 × × × 段改建工程

桩基钢筋明细表

编号	直径 /mm	单根长 /cm	根数 /根	共长 /m	单重 /(kg·m⁻¹)	总重 /kg
1	Φ25	1 304.0	42	547.68	3.850	2 108.6
2	Φ25	516.6	6	31.00	3.850	119.3
3	Φ25	135.5	18	24.39	1.580	38.5
4	Φ16	64.0	24	15.36	1.580	24.3
5	Φ10	5 2791.1	1	527.91	0.617	325.7

一个桩基材料数量表

直径 /mm	总重 /kg	C30混凝土 /m³
Φ10	325.7	
Φ16	24.3	30.8
Φ25	2 266.4	

说明：
1.本图除钢筋直径以mm计外，其余均以cm为单位。
2.2号、3号钢筋为加劲箍，设在主筋内壁，每隔2 m设置一根。
3.4号钢筋为定位钢筋，每隔2 m设置一组，每组4根均匀设于设于加劲箍四周。
4.当受构造限制时，可适当调整桩部分主筋伸入承台的弯斜角度。

I—I 1:50

φ156.5

6Φ25 516.6 ②

18Φ25 135.5 ③

24Φ16 64.0 ④

φ180　净7.5

① 42Φ25 1 304.0

立面 1:50

承台

15°

× × ×设计有限公司　　× × ×线× × ×至× × ×段改建工程　　桩基托梁挡土墙设计图　设　计　　复　核　　审　核　　图　号　SⅢ－9－1　日　期　2019.02

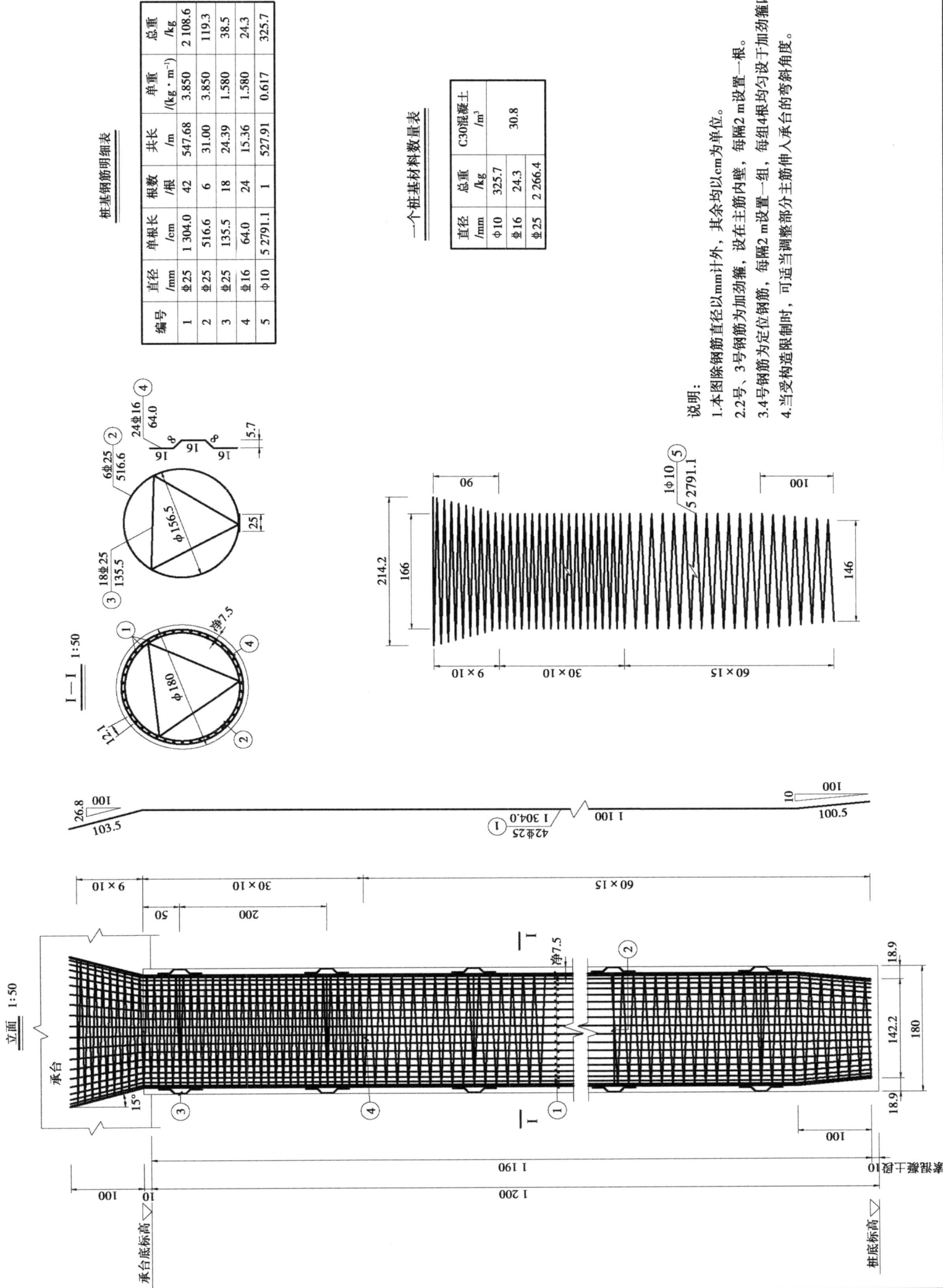

附图 10　桩基配筋图